21 世纪汽车类专业规划教材

电动汽车概论

主编　麻友良　严运兵

机械工业出版社

本书简要介绍了电动汽车的发展概况、电动汽车用动力电池的结构类型与工作原理、电动汽车驱动装置的结构类型与工作原理，详细介绍了纯电动汽车、混合动力电动汽车、燃料电池电动汽车的组成、原理及设计要点，并对电动汽车控制技术基础理论以及电动汽车的建模与仿真也作了简要介绍。本书力求文字表达通俗、简明，使读者能够系统地了解电动汽车的组成、工作原理、结构类型、关键技术。

本书可作为高等院校车辆工程等汽车类专业本科教材和研究生参考用书，也可作为高等职业院校汽车类专业教学用书，还可作为相关专业技术人员参考用书。

图书在版编目（CIP）数据

电动汽车概论/麻友良，严运兵主编．—北京：机械工业出版社，2012.1（2022.8 重印）

21 世纪汽车类专业规划教材

ISBN 978－7－111－36645－4

Ⅰ.①电…　Ⅱ.①麻…②严…　Ⅲ.①电传动汽车－概论－高等学校－教材　Ⅳ.①U469.72

中国版本图书馆 CIP 数据核字（2011）第 246114 号

机械工业出版社（北京市百万庄大街 22 号　邮政编码 100037）

策划编辑：郎　峰　责任编辑：王华庆

版式设计：霍永明　责任校对：吴美英

封面设计：张　静　责任印制：常天培

固安县铭成印刷有限公司印刷

2022 年 8 月第 1 版 · 第 7 次印刷

184mm×260mm · 15.75 印张 · 384 千字

标准书号：ISBN 978－7－111－36645－4

定价：33.00 元

电话服务　　网络服务

客服电话：010-88361066　　机　工　官　网：www.cmpbook.com

010-88379833　　机　工　官　博：weibo.com/cmp1952

010-68326294　　金　书　网：www.golden-book.com

封底无防伪标均为盗版　　机工教育服务网：www.cmpedu.com

前　　言

汽车是现代工业文明的象征，与人们的生产与生活已密不可分。但是，普通燃油汽车却给人类带来了环境污染和石油资源短缺等严峻问题，而电动汽车突出的优点是对环境的污染小，甚至可以做到零污染，不但降低汽车对石油资源的依赖程度或使其完全摆脱对石油资源的依赖，而且可以大幅度降低汽车噪声污染。因此，电动汽车已成为当今汽车领域研究与开发的热点。目前，电动汽车已进入了快速发展时期。纯电动汽车、混合动力电动汽车和燃料电池电动汽车的技术性能均已达到了很高的水平。虽然电动汽车目前还不足以与普通燃油汽车全面抗衡，但是随着电动汽车各个关键技术难题的突破、电动汽车技术性能的进一步提高以及电动汽车制造和使用成本的降低，电动汽车必将得到迅速的发展，并最终取代普通燃油汽车。

本书共分为八章，其中第一章简要介绍了发展电动汽车的意义和电动汽车的发展概况；第二、三章系统地介绍了电动汽车用蓄电池和电动机，并按基本原理、结构类型和性能特点的顺序进行编写，以便于读者循序渐进地学习，更好地掌握所学内容；第四、五、六章通过对各类电动汽车的结构类型、设计要点、关键技术及存在问题等的介绍，可使读者对纯电动汽车、混合动力电动汽车及燃料电池电动汽车的结构类型和性能特点有较为系统的了解，并为各种类型的电动汽车方案设计和结构设计打好基础；第七章简要介绍了电动汽车控制技术所涉及的相关控制理论的基本概念、控制系统的构成、控制原理，并列举了具体应用实例，有助于读者系统地了解电动汽车控制系统所用到的控制理论；第八章对电动汽车建模与仿真的方法、电动汽车总成与部件的建模及常用仿真软件等作了简要介绍，给将要从事电动汽车研究与开发工作的学生或技术人员以具体指导。

本书是作者根据多年的教学经验和相关科研经历编写而成的，可作为高等院校车辆工程等汽车类专业本科教材和研究生参考用书，也可作为高等职业院校汽车类专业教学用书，还可作为相关专业技术人员参考用书。

本书由武汉科技大学麻友良、严运兵主编，杨启梁、陶军参加编写，张光德、胡溧参与了其他相关工作。麻友良教授编写了第一、二、三、六章，严运兵教授编写了第五章和第八章以及第七章的第五节，杨启梁教授编写了第四章，陶军副教授编写了第七章的第一、二、三、四节。

在本书的编写过程中，参考了大量的书籍和有关资料，在此向这些书籍和有关资料的作者们表示衷心的感谢。由于编者水平有限，书中难免有疏漏之处，恳请读者批评指正。

编　者

目　　录

第一章　概　　述

第一节　发展电动汽车的意义

一、汽车的发展及在社会中的地位

汽车是现代文明的重要标志，已融入了现代最先进的科学技术。汽车作为一种道路交通工具，在国防建设和人民生产、生活等方面均起着十分重要的作用。

1. 汽车的发展概况

汽车是一种有轮子的道路交通工具。最早的道路交通工具是人力车和畜力车，此后又经历了蒸汽机车、电动汽车、内燃机汽车这长达100多年的汽车发展历程。

（1）人力车和畜力车　人类最早使用的车辆是用人拉的人力车以及用马、牛、驴、骆驼等拉的畜力车。在现代文明以前，这种以人力或畜力为动力的车辆是人类生产和生活中的重要交通工具。即使是高度文明的当今社会，在一些边远的地区和某些场合，人力车和畜力车还在为人类服务。

（2）蒸汽机车　在18世纪，蒸汽机的发明，使人类进入了现代文明。蒸汽机不但是工业生产中的驱动机器，而且被用作车辆的动力源。这种以蒸汽机为动力的机动车辆也被称为“汽车”。由于蒸汽机通过外部燃料燃烧产生水蒸气，再利用水蒸气的压力来推动活塞产生机械功，所以其效率较低，且车载燃料的储存量有限，车辆的操控也很不方便。因此，这种以蒸汽机为动力的汽车并未得到广泛的应用。

（3）电动汽车　在19世纪30年代，英、法等国就已经有人在研究电动汽车了。起初的电动汽车采用干电池作为电源，但这种电动汽车的实用意义不大。1881年，在法国巴黎的大街上出现了世界上第一辆以可充电蓄电池为动力电源的电动汽车。这辆三轮电动汽车是法国工程师Gustave Trouve装配的，电源是铅酸电池。1882年，英国人也造出了一辆电动三轮车，如图1-1所示。此后几年，电动汽车逐渐流行起来，并且在道路交通运输中发挥了很重要的作用。但是，由于石油的大量开采和内燃机汽车所具有的种种优势，使得电动汽车渐渐被人们所淡忘。

图1-1　早期的电动汽车

20世纪70年代的能源危机和石油短缺，使世界各国均开始考虑能够替代石油的其他能源，包括风能、太阳能、电能等可再生能源。许多国家又纷纷开始研制电动汽车。但是，随着能源危机的消失，石油价格开始下跌，加之攻克电动汽车关键技术的难度很大，开发和生产成本又很高，使得电动汽车的产业化失去了动力，因而电动汽车的发展又走入了低谷。

20 世纪 80 年代，随着全球汽车保有量的不断增加，人们不得不面对一些日益严重的问题：不可再生的石油资源逐渐枯竭、燃油汽车废气对环境造成的污染以及温室效应对环境的影响。因此，开发和使用不消耗石油资源且可实现对环境零污染的电动汽车又成为世界各国所关心的问题。直至今日，电动汽车已成为未来汽车发展的主要方向。

（4）内燃机汽车 1886 年，德国人卡尔·奔驰（Karl Benz）将一台四循环的内燃机安装在一辆三轮车后的车架上，通过链传动驱动后轮，如图 1-2 所示。这辆三轮汽车采用单缸四冲程汽油机，磁电机点火，用化油器进行油气混合。它是现代汽车的雏形，被公认为世界上第一辆汽车。因此，人们将卡尔·奔驰誉为现代汽车之父，并将 1886 年 1 月 29 日（卡尔·奔驰的三轮汽车专利批准日）作为现代汽车的诞生日。

美国福特汽车公司的创始人亨利·福特（Henry Ford）在 1896 年造出了他的第一辆四轮汽车，并于 1908 年推出了 T 型车，如图 1-3 所示。亨利·福特首创的流水线生产，使得汽车的价格降到了能被大众所接受的水平。T 型车前后总共生产了 1500 万辆，这个纪录一直到几十年后才被大众的甲壳虫超过。业界给亨利·福特的评价是“给世界装上了轮子”。

图 1-2 世界上第一辆汽车

图 1-3 亨利·福特的 T 型汽车

此后的 100 多年，汽车技术不断提高，发动机、底盘及车身结构、材料及制造工艺的不断完善，使汽车的油耗和对大气的污染程度逐渐降低，汽车的安全性和舒适性不断提高。从 20 世纪后半叶开始，电子控制技术在汽车上的广泛使用，使得汽车的经济性及尾气排放控制达到了更高的水平，汽车的安全性和舒适性也更高了。

2. 汽车在社会中的地位

现代汽车在国民经济、国防建设和人民生活等方面起着十分重要的作用。汽车的制造和应用也是衡量一个国家发达水平的重要标志。从汽车诞生到现在，汽车对人类文明产生了重大影响。汽车改变了社会形态和人们的生活，影响着人们的学习、工作乃至生活观念和生活方式。

（1）汽车优化了交通结构 作为道路交通工具，汽车具有高度的灵活性，承担了十分广泛的运输任务，运输地位居各种交通工具之首。汽车是数量最多、最普及的交通工具，在城市和乡村随处可见。在现代社会中，没有哪种交通工具所起的作用可与汽车所起的作用相媲美。汽车运输的突出优点是可以“全面铺开”，实现“门对门”的运输。其活动范围比火车、轮船和飞机广得多，并且可以非常方便地将乘客和货物运送到有路的任何地方。正因为如此，汽车早已成为最主要、最受人类青睐的交通工具。汽车在全社会的运输行业中已占据主导地位。在美国、德国、法国、英国等国家，汽车在客运总量中所占的份额达到90%左右。

（2）汽车生产促进了社会经济的发展　纵观世界历史，20世纪20年代美国经济的兴起，20世纪50年代联邦德国、意大利、法国经济的起飞，20世纪60年代日本经济的繁荣，无不以汽车工业的高速增长为前提。汽车工业已经成为一些国家经济的支柱产业。

经过改革开放30多年的高速发展，我国已成为全球第二大汽车市场和第三大汽车制造基地。汽车工业已成为我国国民经济的支柱产业。2009年我国汽车产销量均超1350万辆，首次成为世界汽车产销第一大国。2010年全年累计产销汽车超过1800万辆，又刷新了全球历史纪录。汽车产销量的增长，对国民经济增长的拉动作用十分明显。随着汽车工业的发展，汽车工业在制造业和GDP中所占的份额也越来越大。2010年，我国的汽车工业总产值超20000亿元，汽车工业增加值占GDP的份额超过了2.5%。

汽车工业发展对扩大就业有很大的促进作用。主要汽车生产国的汽车工业和相关产业所提供的就业机会约占全国总就业机会的10%。据初步估计，汽车工业就业人数与相关产业就业人数之比为1∶11，生产汽车的人数与销售、使用汽车的人数比为1∶3.8。我国汽车产业直接和间接就业人数已达到全国城镇就业总人数的11%以上。

（3）汽车工业的发展带动了相关产业的发展　汽车工业对相关产业的影响，不仅表现在生产过程中，也表现在使用过程中。它涉及原材料工业、设备制造业、配套产品业、公路建设业、能源工业、销售业、服务业和交通运输业等34个行业，波及范围很大。在美国，汽车工业消耗的橡胶量占全国橡胶销量的10%，消耗的钢铁量占全国钢铁销量的20%。据统计，汽车工业产值每增加1元，可使汽车制造的上游产业增值0.6元，可使汽车制造的下游产业增值2.67元。

我国的汽车工业在国民经济中占据重要地位，汽车工业产值的增长可使相关产业的产值随之增长，波及效果为3～5倍。

（4）汽车产业推动了科学技术的发展　现代汽车上采用了大量的新材料和新结构，特别是应用了现代电子技术，这些都极大地提高了汽车的性能。在开发汽车新材料、新结构及新控制技术的过程中，需要集中一大批优秀的科技人才，开展上千项研究工作，应用最先进的理论、最精确的计算技术、最现代化的设计方法和最完善的测试手段。在汽车制造过程中，应用了冶炼、铸造、锻压、机械加工、焊接、装配、涂装等领域的许多最新工艺技术成果，在工厂中采用数以百计的自动化生产线，并且应用了科学的生产管理手段。毫无疑问，汽车是一种高科技产品，足以体现一个社会的科学技术水平。汽车工业的发展，又促进了科学技术的繁荣。

（5）汽车提高了人类的生活质量　汽车对人类的生活产生了重要的影响。汽车的应用明显地改变了人们的生活方式，使人们的生活空间更加广阔，交流更加便利，生活半径增大，同时在一定程度上也影响了人们的思维方式，提升了人们的自尊心和信心等，使人们心情愉快，工作效率提高。私人拥有汽车，从某种意义上也反映了人们的生活水平和社会地位，且给人类生活带来以下便利：

1）汽车自由灵活，富有独立性。汽车让人们的出行时间、方式和质量发生改变。汽车能随时停留，任意选择目的地，使人们的活动范围从点扩大到面，提高了生活品质，扩大了人们的生活空间。

2）利用汽车出行具有其他交通工具无法比拟的便利性。汽车可以到达火车、轮船和飞机所不能到的地方，同时也是其他交通方式的有效补充和连接。汽车车窗敞亮，视野开阔，可接近村庄、湖光山色和名胜古迹，更有利于旅游者游览沿途风光。

二、汽车对环境及石油资源的影响

可以说，人类的生产与生活已经离不开汽车。但是，汽车在对现代文明作出巨大贡献的同时，也给人类带来了严重的负面影响，使人类面临着环境污染、石油资源短缺、道路交通事故等方面的严峻挑战。

1. 汽车对环境的影响

汽车运行时所排放的废气和发出的噪声会对环境造成严重的污染。虽然现代科学技术的运用使得汽车发动机的废气排放量和工作噪声已降得很低，但是由于城市街道上的车流过于密集，汽车排放的废气和发出的噪声对人类的生存环境还是造成了严重的影响。

（1）汽车废气排放造成污染　汽车废气中的污染物有100多种，其中对人体危害最大的是一氧化碳（CO）、碳氢化合物（HC）、氮氧化物（NO_x）、二氧化硫（SO_2）和碳微粒（C）等。

CO是一种无色无臭的有毒气体，是内燃机不完全燃烧的产物。CO被人体吸入后，能以比氧强240倍的亲和力同血液中的血红蛋白结合，形成碳氧血红蛋白，阻碍血液向肺、脑等器官输送氧气，使人产生头痛、恶心、头晕、无力、活动后呼吸困难等症状，严重时会发生昏迷，甚至死亡。

HC来自未燃烧和未完全燃烧的燃油、润滑油及其裂解产物和部分氧化产物，包含多环芳烃、醛、酮、酸等在内的200多种成分（简称为未燃烃）。当人的体内吸入较多的未燃烃后，造血机能就会受到破坏，造成贫血、神经衰弱，并降低肺的抵抗力。多环芳烃中的苯并芘及硝基烃已经被确定为致癌物质。

NO_x是汽油高温燃烧的产物，包括NO、NO_2、N_2O_4、N_2O、N_2O_3和N_2O_5等。内燃机排气中的NO_x绝大多数为NO，其次为NO_2。NO是无色并具有轻度刺激性气味的气体，含量高时能造成人和动物中枢神经系统障碍。尽管NO的直接危害性不大，但NO在大气中可以与臭氧起氧化反应，生成具有毒性的NO_2。NO_2是一种赤褐色且带刺激性气味的气体。在人体吸入NO_2后，NO_2在人体内与血液中的血红蛋白结合，使血液的携氧能力下降。NO_2对人的心、肝、肾等也有影响。

SO_2是燃料中硫的燃烧产物，是无色但有强烈气味的气体。在含量低时，SO_2主要是刺激上呼吸道黏膜。当人体吸入较高含量的SO_2时，其对呼吸道内部也有刺激作用，会使人呼吸困难、咽喉及胸部疼痛、肺部受损；当SO_2的含量达到100～300ppm[㊀]时，会引发肺水肿，随时有生命危险；当SO_2的含量高于300ppm时，会使人立即窒息而死。

碳微粒是柴油机工作时柴油燃烧不完全的产物。它的直观表现是黑烟。黑烟中的那些未燃烧的多孔性碳微粒直径为0.1～10μm，在微粒上通常附有苯并芘等致癌物质，因此，对人体也会造成伤害。

㊀ ppm为非法定计量单位，$1ppm=10^{-6}$。

汽车排出的大量二氧化碳（CO_2）虽然无毒，但会造成温室效应，使地球变暖。汽车废气中的 NO_x 和 SO_x 还会造成酸雨，污染土地、湖泊及河流。

内燃机汽车所排出的有害物质随着汽车的行驶散布于其经过的地方，并集中于离地面 20 ~ 30m 的空气层中不易散发，而这些空间正是人类生活的区域。因此，汽车排放的污染物已超过工业排放的污染物，成为城市中对人类造成危害的主要污染源。在我国，由于近几年汽车保有量的迅速上升，城市大气污染也已经明显由煤烟型污染转向煤烟和汽车尾气混合型污染，而在一些大城市，则主要是汽车尾气污染。

（2）汽车噪声污染　汽车噪声是汽车的第二公害，并随着汽车发动机功率、汽车速度及汽车流量的增加而增大。汽车噪声约占城市噪声的75%。噪声对人的影响是一个很复杂的问题，影响程度不仅与噪声的性质有关，而且还与每个人的心理、生理状态以及社会生活等因素有关。

汽车噪声源大致可分为发动机噪声和整车噪声。发动机噪声与发动机转速有关，而整车噪声与车速有关。与发动机转速有关的噪声主要有进气噪声、排气噪声、风扇噪声和发动机表面辐射噪声，还包括由发动机带动旋转的各种附件的噪声。与车速有关的噪声包括传动噪声、轮胎噪声、车体产生的空气动力噪声等。在城市街道的两侧，汽车的噪声则主要是发动机工作时发出的噪声。

汽车噪声对环境产生噪声污染，使人心情不安、烦躁、疲倦、工作效率下降。汽车噪声还干扰了人与人之间的语言交流和通信联络，影响人们的工作和生活。汽车噪声污染严重时，还会降低人的听力，甚至可致人耳聋。此外，汽车噪声会使汽车驾驶人反应时间加长，从而影响行车安全。

2. 汽车加剧了石油资源的短缺

内燃机汽车消耗的能源主要来自石油，而地球上的石油是有限且不可再生的资源。目前，全球已探明的石油储量为12000.7亿桶，按现在的开采速度将只够开采40.6年。即使还会有新的石油发现，但是随着石油消耗量的不断增加，石油资源必将有枯竭的一天。

我国虽然是世界石油生产大国，但也是石油消耗大国。总体上看，我国属于缺油的国家，已探明石油的储量仅占全球石油储量的2.3%左右，有工业开采价值的则更少。从1993年开始，我国已成为石油纯进口国。随着汽车保有量的迅速增加，我国的石油缺口将会越来越大。近几年，我国的石油产量基本维持在1.8亿t左右，但石油的进口数量则以每年上千万吨的速度增加。我国已成为世界排名第二的石油消耗大国，现在约50%的石油依赖进口。

目前世界汽车的保有量约10亿多辆，预计到2030年全球汽车保有量将突破20亿辆，其增量主要来自发展中国家。国际能源机构（IEA）的统计数据表明，全球交通领域的石油消耗量占总石油消耗量的57%（美国达67%），预计到2020年，交通领域的石油消耗量所占比例将达到62%以上。截至2011年8月底，我国汽车保有量首破1亿辆，其耗油量却已接近全国成品油总量的60%。随着我国汽车保有量的继续增加，石油的需求量也将进一步加大。据有关部门统计，到2030年，我国80%以上的石油需要依赖进口。石油已成为影响我国长远经济发展的短缺矿产资源。因此，探求石油以外的汽车动力能源是21世纪人类迫切需要解决的问题。

3. 汽车带来了道路交通事故

汽车在运行过程中发生交通事故在所难免，这也是人类不得不面对的现实。大量的汽车运行造成交通拥挤，致使交通事故频发，导致每年约有数百万人遭受车祸的伤害。相关专家的统计数据表明，交通事故已成为“世界第一公害”。当今世界，每年死于道路交通事故的人数超过100万，即约每30s就会有一人死于交通事故。自1889年世界上第一起交通事故死人至今，全球死于道路交通事故的人数高达3200多万。

道路交通事故是在人、车、路及交通环境等诸多因素共同影响下发生的。针对车辆的影响因素，现代汽车在车身结构方面充分考虑了汽车发生碰撞时，尽可能减小车内乘员受伤程度的措施，如采用防滑技术、安全气囊等电子控制技术，用以提高汽车的主动安全和被动安全性能，尽可能地减少道路交通事故，或发生交通事故后尽可能降低车内乘员的伤害程度。除此之外，还必须将人、车、路及交通环境作为一个整体进行综合考虑，比如，加强行人和驾驶人员的安全意识，改善道路交通环境，加强车辆的安全检测与维护，完善交通管理措施等。这样才能更加有效地降低道路交通事故发生率。

三、电动汽车的优势

电动汽车是一种从车载电源获得电力，用电动机驱动的车辆。电动汽车有别于在机场、码头、车站、仓库用的电动车，以及残疾人用车、高尔夫球场用车、观光游览车、电动叉车等电动车辆。它是一种与内燃机汽车有同样使用功能，必须满足道路交通安全法规各项要求的电动车辆。电动汽车的突出优势在于它对环境的污染小，可不依赖石油资源。

1. 电动汽车可以较好地解决汽车对城市环境污染的问题

电动汽车的电源（蓄电池、燃料电池、超级电容等）本身不排放有害气体。给蓄电池充电所用的电力可以来自对大气不造成污染的能源，如水能、核能、风能、地热、潮汐等。即使是用煤发电，除 SO_2 及微粒外，其排放的 CO、HC、NO_x、CO_2 等均比内燃机汽车少，而且电厂大多建在远离人口密集的城市，对居民损害较少。此外，电厂煤燃烧是固定集中排放，燃烧过程较易控制，有害物质较易清除。正因为如此，电动汽车也被称为绿色汽车。

相比于燃油汽车的内燃机，电动汽车用电动机的工作噪声很低，因此，如果全部用电动汽车替代内燃机汽车，城市的噪声污染将会明显下降。

2. 电动汽车可以解决汽车对石油资源的依赖

电动汽车用车载电源有蓄电池、燃料电池、飞轮电池、太阳电池和车载发电机组等。蓄电池充电所需的电能可充分利用水能、核能、风能、地热、潮汐、太阳能等丰富的能源转化而来。也就是说，电动汽车可以不依赖于石油资源，所节省的大量石油可缓解依赖石油的化工原料日益匮乏的压力。

3. 电动汽车可以节约大量能源

电动汽车用蓄电池可利用晚间富余的电力进行充电，从而避免大量富余电力的浪费，提高电网电能的利用率。电动汽车还可在减速、制动和下坡时，将电动机转换为发电机，实现能量回馈，进一步提高了能量的利用率。

第二节 电动汽车的发展概况

一、电动汽车的发展历史

电动汽车在100多年的汽车发展历史中，经历了三次发展机遇。

1. 第一次发展机遇

1859 年法国著名物理学家普兰特（Plante）发明了第一块铅酸蓄电池，这给以后电动汽车的实用化创造了必要的条件。由于当时蓄电池和电动机的发展相比内燃机更为成熟，并且蒸汽机汽车的性能和操控也难于让人接受，因而电动汽车就成了人们用来取代马车的首选。自 1881 年法国工程师 Gustave Trouve 组装的第一辆电动三轮汽车在巴黎的街道上出现以后，电动汽车很快就进入了发展的高潮，英、美等国也先后制造出了电动汽车，电动汽车的性能也逐渐提高。例如，1890 年在美国的衣阿华州诞生的美国第一辆电动汽车，时速可达 23km/h；1899 年法国人考门·吉纳驾驶一辆 44kW 以双电动机为动力的后轮驱动电动汽车，创造了时速 106km/h 的纪录。19 世纪末 20 世纪初是电动汽车的鼎盛时期。据资料记载，在 1890 年，电动大客车就已在法国和英国的街道上行驶；1890 年全世界共有 4200 辆汽车，其中有 38% 为电动汽车，40% 为蒸汽车，22% 为内燃机汽车；1899 年，美国生产了 1575 辆电动汽车，而当时的内燃机汽车却只有 936 辆；1911 年，在巴黎和伦敦的街头已经有运营的电动出租汽车出现；到了 1912 年，在美国至少有 3.4 万辆电动汽车在运行；1915 年，美国的电动汽车年产量已达到了 5000 辆。

到了 20 世纪 30 年代末，这种以蓄电池为电源，用直流电动机产生驱动力的电动汽车逐渐消失了。其主要原因是当时的蓄电池性能较差，电动汽车的成本太高，而续驶里程太短。在这一时期，由于大量油田的开发，廉价的石油降低了汽车的使用成本，加上内燃机技术及汽车底盘技术的不断提高，并采用流水线生产方式大规模批量制造，使内燃机汽车在市场竞争中占据了绝对的优势，电动汽车被无情地淘汰了。

2. 第二次发展机遇

20 世纪 70 年代，世界性的能源危机和石油短缺使电动汽车重新获得生机，人们又想起了可不用石油资源的电动汽车。20 世纪 70 年代初，美国、英国、法国、德国、意大利和日本等汽车工业发达国家都开始发展电动汽车。20 世纪 70 年代后期，除上述国家外，澳大利亚、比利时、巴西、保加利亚、加拿大、中国、丹麦、荷兰、印度、墨西哥、芬兰、瑞士和苏联等国家都开始研发和生产电动汽车。但是石油价格在 20 世纪 70 年代末开始下跌，在电动汽车还未成为商业化产品之前，能源危机和石油短缺问题已不再严重。因此，电动汽车又遭遇了冷落，电动汽车的发展又走入了低谷。

3. 第三次发展机遇

20 世纪 80 年代以来，随着汽车保有量的不断增加，内燃机汽车排出的有害气体对人类健康及生命的影响日益突出，并且内燃机汽车需要消耗大量有限且不可再生的石油资源。于是，人们又想起了无须消耗石油资源，也不会对空气造成污染的电动汽车。电动汽车又进入了较快的发展时期。在这一时期，世界各大汽车公司纷纷投入大量的人力和资金，研究与开发新型电动汽车，包括我国在内的许多国家也都纷纷推出相关的政策，支持和鼓励电动汽车的开发和使用，使得新的电动汽车不断涌现，不仅有以蓄电池为车载电源的电动汽车（被称为纯电动汽车），而且将混合动力电动汽车（采用发动机和电动机双动力）和燃料电池电动汽车列为研发的重点。虽然电动汽车还不足以与内燃机汽车相抗衡，但在各国政策的扶持下，电动汽车的保有量也在不断地增加。随着电动汽车关键技术难题的解决、电动汽车技术性能的提高以及电动汽车制造和使用成本的降低，电动汽车必将得到迅速的发展，并最终将取代内燃机汽车。

二、电动汽车的发展现状

下面从国内外电动汽车的研发计划和电动汽车技术现状来介绍电动汽车的发展现状。

1. 国内外电动汽车的研发计划

从20世纪90年代始，电动汽车重新成为世界性的研发热点之后，世界上各大汽车公司都投入巨资开发自己的电动汽车，以便在未来电动汽车市场中夺得先机。各国政府也纷纷出台政策或制订计划，以促进本国电动汽车的发展。

（1）美国的电动汽车研发计划　美国是汽车工业最发达的国家，汽车产量和保有量均位居世界前列，每年的石油消耗量和汽车污染物的排放量也都居世界首位。为增强汽车制造业的竞争力，美国政府提出了著名的PNGV计划和FreedomCAR计划。

1）PNGV计划。PNGV（Partnership for a New Generation of Vehicles）计划于1993年由克林顿政府提出，其组织框架如图1-4所示。PNGV计划主要由商务部（DOC）、国防部（DOD）、能源部（DOE）、运输部（DOT）、环保署（EPA）、宇航局（NASA）及国家科学基金会（NSF）等联邦政府机构和三大汽车公司（通用、克莱斯勒、福特）联合实施。美国商务部代表政府负责PNGV计划的组织协调。PNGV计划的经费由联邦政府和三大汽车公司共同负担。

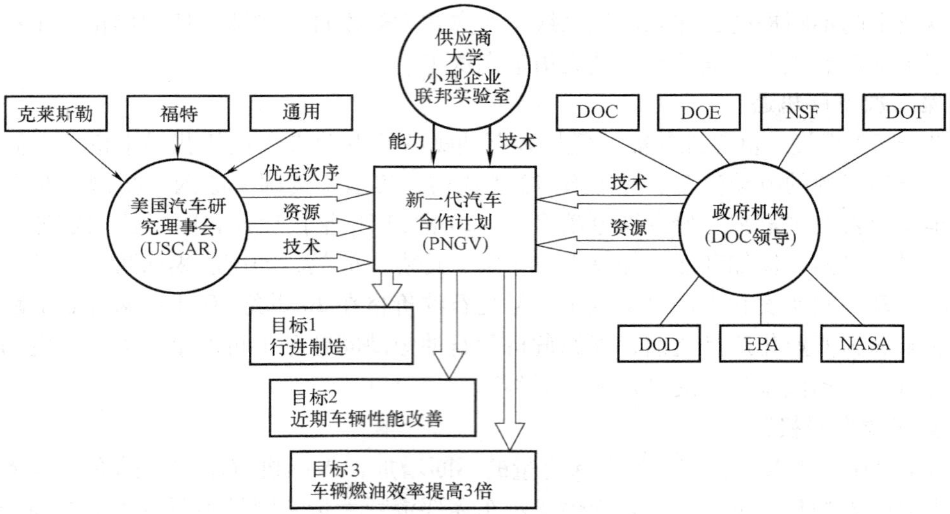

图1-4　美国PNGV计划的组织框架

PNGV计划明确地提出了要显著改善和增加美国汽车制造业的竞争力，尽快地将商业可行性的技术创新成果应用于汽车生产中，开发出燃料效率高于现行汽车3倍的新一代汽车。

PNGV计划的执行情况为：1997年完成了新一代汽车的技术选择，确定了轻质材料、混合动力、高性能发动机（四冲程直燃式）和燃料电池（PEMFC）等为PNGV计划的主要技术方向；2000年三大汽车公司陆续推出了各自的概念车；2004年生产出了电动汽车样车。

虽然PNGV计划已成为历史，但是该计划所取得的成就对美国乃至全世界的电动汽车发展都具有深远的意义。

2）FreedomCAR 计划。FreedomCAR（Freedom Cooperative Automotive Research Partnership Plan）计划于 2002 年由布什政府提出，用于替代 PNGV 计划。FreedomCAR 计划的重点为：燃料电池动力系统，氢能储存系统，国家氢能基础设施的技术开发，支持有关氢能基础设施法规和标准的研究，用于燃料电池和内燃机/电动机混合动力两类汽车的电驱动系统，新型电能储存装置，新型、轻型结构与材料的开发，内燃机用先进燃料和排放控制系统等。

FreedomCAR 计划由能源部门领导，由汽车制造者协会协调，并且有燃料供应商参与。FreedomCAR 计划的主要目标是：开发出无污染、燃料能量转换效率高、成本具有竞争力、燃料添加方便的燃料电池电动汽车，开发出排放达到或低于排放标准、成本具有竞争力的内燃机/电动机混合动力电动汽车。

（2）日本的电动汽车开发计划　日本也是汽车生产大国，汽车保有量位居世界第二，而且日本的石油资源匮乏，石油几乎全部依赖进口。因此，日本政府及日本的各大汽车公司对电动汽车的开发也十分重视。日本的混合动力电动汽车技术处于世界领先地位。日本的电动汽车研发计划主要有：低公害汽车开发普及行动计划、JHFC 示范工程和专项研究计划等。

1）低公害汽车开发普及行动计划。在 2001 年 5 月，日本政府制订了“低公害车开发普及行动计划”。该计划包括已处于实用阶段的低公害汽车的普及，燃料电池汽车等下一代低公害汽车的开发。

处于实用阶段的低公害汽车包括压缩天然气汽车、纯电动汽车、混合动力电动汽车、甲醇汽车、低油耗且低排放的认证车等五种。政府将通过实施各种措施进行普及，其目标是使处于实用阶段的低公害汽车在 2010 年前尽快普及，达到 1000 万辆以上。

燃料电池汽车等下一代低公害汽车是指燃料电池汽车和通过技术创新、采用新燃料或新技术而能减轻环境负荷的车辆。该行动计划的目标是：通过努力，在 2010 年以内，使燃料电池汽车普及 5 万辆。

2）JHFC 示范工程。JHFC（Japan Hydrogen & Fuel Cell Demonstration Project）示范工程由日本经济产业省负责实施，示范期间为 2002—2005 年，主要包括“燃料电池汽车示范研究”和“燃料电池用氢供给设施示范研究”两大工程。

燃料电池汽车示范研究：用 8 个汽车公司所制造的燃料电池轿车和公共汽车等进行道路试验，通过试验测得燃料电池汽车的运行、可靠性、环境、燃料消耗及燃料加注站等参数，然后分析评价燃料电池汽车的性能。

燃料电池用氢供给设施示范研究：对不同的燃料重整制氢的方法和氢气的储存方法进行比较分析，计划建造各种燃料（脱硫汽油、石脑油、LPG、甲醇、煤油和城市管道煤气）重整气的氢气站、碱水电解氢气站、液氢氢气站及高压氢气站等 9 个氢气站，用这些氢气站供给示范燃料电池汽车加氢气使用，以测得相关的应用数据，为燃料电池汽车用氢供给设施的推广提供经验。

3）专项研究计划。专项研究计划是针对电动汽车某项技术的研究计划。专项研究计划的主要项目有：燃料电池汽车等电动汽车用锂电池技术开发，计划完成时间为 2002—2006 年；氢能利用技术开发；质子交换膜燃料电池系统的验证研究；质子交换膜燃料电池系统的普及和基础工作，计划完成时间为 2004 年；质子交换膜燃料电池系统的技术开发，计划完成时间为 2004 年；氢气安全利用等基础技术开发，计划完成时间为 2007 年。

（3）欧盟计划　欧盟计划旨在增强欧盟各国工业的竞争力，充分调动欧盟各国的科学技术力量，避免各国科研计划重复，有效利用各国的人力和物力资源。欧盟计划与电动汽车相关的发展计划主要有：FP 系列计划、欧盟燃料电池研究发展示范计划、欧盟燃料电池巴士示范计划和欧洲电动汽车城市运输系统计划等。

1）FP5、FP6 计划。从 20 世纪 80 年代起，欧洲经济共同体投入大量资金，组织多方力量，开展了多期 FP（Framework Programme）计划。其中，FP5 计划的“能源、环境可持续发展”子项目，对燃料电池和其相关的技术进行了广泛研究，项目实施的时间为 1998—2002 年。在 2002—2006 年，实施了 FP6 计划，继续对能源、环境可持续发展进行了更加深入的研究。

2）欧盟燃料电池研究发展示范计划。在欧盟燃料电池研究发展示范（Research Development and Design，简称 R&DD）计划中，有关燃料电池方面的目标是：0.1～50MW 的电力生产燃料电池、商用燃料电池，1～5kW 的小型燃料电池；各种运输车辆和船舶用燃料电池；各种便携式燃料电池和偏远地区特殊用途燃料电池。

3）欧盟燃料电池巴士示范计划。欧盟燃料电池巴士示范计划围绕欧洲清洁城市运输（Clean Urban Transport for Europe，简称 CUTE）和欧洲生态城市运输系统（Ecological City Transport System，简称 ECTS）两大项目展开。CUTE 项目由欧盟提供财政资助，采用奔驰公司 EVOBUS 子公司生产的 Citaro 牌低地板大巴改装的燃料电池大客车作示范运行车，选择了不同气候环境和不同使用条件的 8 个国家中的 10 个城市进行示范营运。

示范燃料电池大巴的氢源由各示范运营城市因地制宜制取，以进行不同制氢方案的试验，为推广燃料电池大客车和氢能源的可持续发展获取参考数据和经验。

4）欧洲电动汽车城市运输系统计划。欧洲电动汽车城市运输系统（Electric Vehicle City Distributing Systems，简称 ELCIDIS）以法国雪铁龙 Berlingos 牌电动汽车为基本车型建立城市运输中心，进行货物和包裹的集散运输工作，并选择了欧洲国家的 6 个城市，使用 63 辆纯电动汽车和混合动力电动汽车进行此项评估工作，对电动汽车城市运输系统的效率和环境影响作出评估。

需要说明的是，欧盟计划对欧盟成员国并没有约束力，即欧盟各国可以自己制订相关的国家研究计划。

（4）我国电动汽车重大专项　我国也早已将电动汽车的研究与开发以及电动汽车的产业化列为重点项目，并制订了电动汽车发展的规划。

1）我国 863 计划的 EV、FCEV 和 HEV 研发纲领。在国家科学技术部、国家高技术研究发展计划（863 计划）中，设立了电动汽车重大专项，选择新一代电动汽车技术作为我国汽车工业自主创新和科技创新的主攻方向，组织汽车企业、高等院校和科研机构，以官（政府部门）、产（汽车企业）、学（高等院校）、研（科研院所）四位一体的方式进行联合攻关，以电动汽车的产业化技术平台为工作重点，力争在电动汽车关键技术、系统集成技术等方面取得重大突破，促进电动汽车符合现代企业制造和市场经济发展要求以及研发体系和机制的形成。

电动汽车重大专项提出“三纵、三横”的研究和开发布局，强调建立符合整车开发规律的开发程序，以燃料电池电动汽车 FCEV（包括燃料电池专项）、混合动力电动汽车 HEV 和纯电动汽车 EV 的整车为主导（三纵），带动多能源动力总成控制系统、电动机驱动系统、电池和电池管理系统（三横），并与相关材料研发紧密结合，与基础设施协调发展，与整车控制技术和电子控制技术的研发同步。电动汽车重大专项提出的“三纵、三横”布局及其组织管理模式如图 1-5 所示。

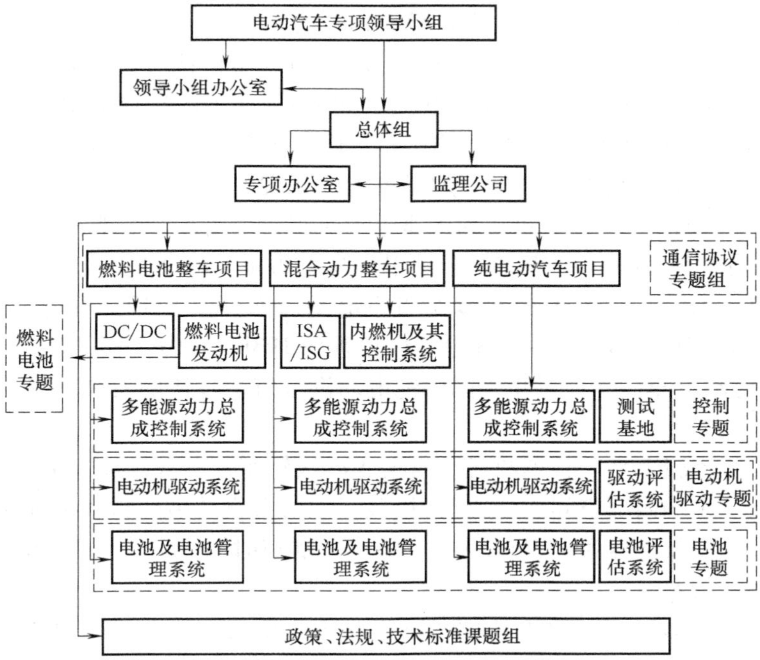

图 1-5 电动汽车重大专项“三纵、三横”布局及其组织管理模式

2）我国 973 计划的电动汽车专项计划。由国家科学技术部组织实施的国家重点基础研究发展计划（973 计划）中，也设立了电动汽车专项。电动汽车专项包含在 973 计划的能源项目之中，主要涉及氢能的规模制备、储运及相关的燃料电池基础研究。实施专项计划的目标是开发具有自主知识产权的、可持续发展的、可规模化生产的车载制氢和储氢技术，降低燃料电池的成本，有效解决燃料电池电动汽车产业化的难题，并有利于推广燃料电池的应用领域。

2. 国内外电动汽车技术状况与应用现状

目前，世界各国开发出的电动汽车有很多，这些电动汽车应用状况有三种：一种是车辆已定型，且已较大批量生产的商用化电动汽车；二是车辆还是样车或小批量生产，处于试用阶段的电动汽车；三是车辆还只是概念车，有待于测试定型。在这些电动汽车中有纯电动汽车、混合动力电动汽车和燃料电池电动汽车。

（1）纯电动汽车　以可充电的蓄电池为动力源的电动汽车被称为纯电动汽车。体现纯电动汽车性能的几个重要参数是：最高车速、加速能力、爬坡能力和一次充电后的续驶里程。

1）国外纯电动汽车简介。列举几种典型的纯电动汽车，以大概介绍国外纯电动汽车的发展现状。

①美国通用汽车公司的 EV—1 型电动轿车。EV—1 为全新设计的电动汽车，采用铅酸电池，车身采用纤维复合材料，外形更接近流线型，风阻系数仅为 0.19，后轮采用电动式

制动器，每个车轮都有制动能量回收系统。该电动汽车最高车速可达128km/h，一次充电可行驶112km（在市区）或144km（高速公路）。

②美国福特公司的Ranger电动汽车。该车以福特Ranger小型汽油车为样车，配备了以铅酸电池为电源的动力系统及电子控制系统。该电动汽车整备质量为2125kg，满载质量为2455kg，最高车速为120km/h，一次充电可行驶80km（在市区）或144km（高速公路）。

③丰田RAV—4型电动轿车。该五座电动轿车采用镍氢电池，最高车速为125km/h，最大爬坡度为28%，一次充电行驶里程为215km（10工况）。

④本田Plus电动轿车。本田Plus为四座电动轿车，采用镍氢电池，最高车速在130km/h以上，最大爬坡度为30%，一次充电行驶里程为220km（10工况）。

⑤日产ALTRAEV电动轿车。该车为四座电动轿车，采用锂离子电池，最高车速为120km/h，最大爬坡度达38%，一次充电行驶里程为193km（10工况）。

2）国内纯电动汽车简介。近年来国内纯电动汽车有了较快的发展，也达到了较高的技术水平，典型实例如下：

①荣威E1。荣威E1是一款单厢三门四座A00级轿车，车身设计运用“OneBox”概念，最大限度地拓展了车辆内部空间。荣威E1搭载了性能可靠的磷酸铁锂电池系统，最高车速为120km/h，最大续驶里程为135km，0~100km/h加速时间为16s。该车在30min内的充电量可达电池总容量的80%。

②力帆320EV电动轿车。该电动轿车以长寿命的磷酸铁锂电池组为动力系统电源，配备了高性能永磁无刷电动机及控制器，采用无级变速系统，最高车速超过100km/h，0~80km加速时间少于8s，充电后续驶里程超过100km，单位里程能耗仅为0.16kW·h/km。

③奔奔MINIEV电动轿车。该车采用永磁同步交流电动机，额定功率为20kW，最高转速可以达到9000r/min，最大转矩为160N·m，最高车速可以达到110km/h，续航里程是105km，快速充电0.5h即可，完全充电需要7h。

④北方牌BFC6110EV—1型纯电动大客车。由北京北方华德尼奥普兰客车股份有限公司制造，采用100A·h锂离子电池为动力系统电源，最高车速可达95km/h，可载客23~36人。

⑤中通纯电动豪华旅游车。该车由中通客车股份有限公司生产，采用360V交流异步电动机，电动机功率为100/150kW（额定/峰值）电源采用3.6V、90A·h的锰酸锂离子电池，额定乘员数为24~47人，最高车速为95km/h，续驶里程大于200km。

（2）混合动力电动汽车　混合动力电动汽车（HEV）是在一辆汽车上同时配备电力驱动系统和辅助动力单元（Auxiliary Power Unit，简称APU）。其中，APU是燃烧某种燃料的原动机或由原动机驱动的发电机组。目前，HEV所采用的原动机一般为柴油机、汽油机或燃气轮机。

1）国外混合动力电动汽车简介。国外，日本的混合动力电动汽车技术走在了前列。增程式混合动力电动汽车在近些年逐渐增多。下面举两例以介绍混合动力电动汽车的发展水平。

①丰田普锐斯混合动力轿车。第一代普锐斯为混联式驱动，采用排量为1.5L（45kW）的汽油发动机、30kW永磁无刷直流电动机、密封的镍氢电池，在10-15工况下的油耗为3.57L/100km、该车的CO、NO_x和HC排放水平仅相当于日本现行法规的1/10，CO_2的排放

量相当于普通汽车的1/2。这种五座轿车最高车速为140km/h。普锐斯在1997年投入商业化生产，2009年推出第三代，到2011年初丰田汽车公司已累计销售普锐斯300万辆以上。我国一汽-丰田汽车有限公司也引进生产了普锐斯混合动力轿车。

②通用雪佛兰 Volt 插电式混合动力电动汽车。该车由120kW的电动机驱动，以锂离子电池为电源，配备了1L的3缸发动机，工作时主要用于驱动发电机发电并对蓄电池进行充电，以增加电动汽车的续驶里程。该电动汽车在不进行充电的情况下可行驶64km，而当发动机持续工作时，其续驶里程则与汽车油箱的容量相关。

2）我国混合动力电动汽车简介。我国混合动力电动汽车的研究与开发比较早，现举两例以大致介绍其发展情况。

①奔腾混合动力轿车。该混合动力轿车由一汽集团生产，配备1.5L发动机、20kW永磁式电动机、288V镍氢动力电池，最高车速可达191km/h，0~100km/h加速时间为12.5s，较同类型内燃机汽车节油35%，整车排放减少30%。

②城市混合动力公交车EQ6121HEV。该车由东风电动汽车股份有限公司生产，已在武汉市公交线路营运多年。该车配备AMT机械式自动变速器，采用CAN总线通信，可载客80人，最高车速达80km/h，最大爬坡度达20%，排放达到国Ⅲ标准，较同类型内燃机汽车减少温室气体排放30%，降低油耗20%~30%。

（3）燃料电池电动汽车　燃料电池通过电化学过程直接将燃料（氢、甲醇、汽油等）转换为电能，属于一次电池。相比于内燃机汽车，燃料电池电动车在效率和排污方面都具有较大的优势。由于车载制氢技术离实用化还有较远的距离，因此，目前开发的燃料电池电动汽车大都采用高压氢气罐或液氢罐向燃料电池供氢。

1）国外燃料电池电动汽车简介。美国、日本等许多国家都对燃料电池电动汽车十分重视，燃料电池及燃料电池电动汽车技术也已具有较高的水平，现举典型实例进行说明。

①戴姆勒·克莱斯勒公司分别在1999年、2003年推出了燃料电池大客车，均采用质子交换膜燃料电池，燃料电池的功率为205kW，采用车载高压储氢方式供氢，续驶里程为250km。其中，2003年推出的燃料电池大客车的储气罐最大工作压力为35MPa。

②福特汽车公司在2000年推出了四门燃料电池电动轿车（P2000）。该车采用质子交换膜燃料电池，以储存压力为25MPa的氢气瓶作为燃料电池的氢源，其三相交流异步电动机的最大输出功率为67kW，最大输出转矩为190N·m，最高效率为91%。该车的整车质量为1514kg，最高车速可达128km/h，续驶里程为160km。

③日本丰田公司分别在2001年、2002年推出了燃料电池大客车，均采用质子交换膜燃料电池，燃料电池的功率分别为160kW、180kW，采用车载氢气高压储存方法供氢，储气压力为35MPa，续驶里程为300km。

④Macchi Ansaldo公司1997年展示的燃料电池大客车，装用Nuvera公司生产的45kW质子交换膜燃料电池，采用车载液氢方法供氢，液氢容量为600L，续驶里程为400km。

2）我国燃料电池电动汽车简介。我国对燃料电池电动汽车的研究与开发也较早，并已具有较高的技术水平，现列举典型实例进行说明。

①上海大众PASSAT领驭燃料电池轿车。该车采用40kW PEMFC质子交换膜燃料电池，车载高压氢气供氢，储气压力为35MPa，容量为154L（3.9kg），配套的动力电池为7.5A·h 375V（2.812kW·h）锂离子电池，续驶里程为250km，最高车速为128km/h。

②福田欧V氢燃料客车。该车最高车速可达到80km/h，一次加氢量为20kg，每天行驶5h，可持续行驶240km以上。

在燃料电池车领域，我国与国外的差距不大。由于集中了全国名校、科研所和大企业的优势，燃料电池汽车的关键技术有所突破。我国产的上述燃料电池汽车已在2008年北京奥运会上使用。

三、电动汽车发展展望

1. 电动汽车的前景

电动汽车发展至今，已经改变了内燃机汽车一统天下的局面。美、法、日、德、英、意、瑞等国家已率先跨入电动汽车产业化、商品化的行列，并将逐步扩大电动汽车在整个汽车中的比例。其他国家也都已将电动汽车的研发摆在极为重要的位置。我国电动汽车尚未产业化，但小批量生产的电动汽车、电动汽车样车却已有不少。为推动电动汽车的产业化，国家财政部、科学技术部将新能源汽车示范城市扩大为北京、上海、重庆等13个。可以相信，我国电动汽车的产业化很快就会到来。

根据我国汽车工业发展规划的要求，我国电动汽车产业合理而且可行的目标是：2010年后，电动汽车保有量占汽车保有量的5%～10%，年生产销售电动汽车在150万辆以上，到2030年电动汽车保有量占汽车保有量的50%以上，年生产销售电动汽车1000～1950万辆。

2. 电动汽车发展的方向

在纯电动、混合动力和燃料电池这三种电动汽车中，纯电动汽车和燃料电池电动汽车均有关键的难题在短期内不能很好地解决，而混合动力电动汽车作为向纯电动汽车的一种过渡，得到了较快的发展，也是目前产业化率较高的电动汽车。但是，混合动力电动汽车通常使用内燃机作为汽车动力源之一，不能实现零排放，且仍然需要消耗石油资源，因此，混合动力电动汽车不可能是长期发展的目标。

实际上，美国、日本等汽车工业发达国家早已将纯电动汽车和燃料电池电动汽车作为产业化的重点。我国电动汽车的发展方向、技术路径是什么？在2010年中国国际新能源汽车发展高峰论坛上，领导和专家较为一致的观点是：新能源汽车是指采用新型动力系统，主要或全部使用新型能源的汽车。据此，新能源汽车主要包括纯电动汽车、插电式混合动力汽车和燃料电池电动汽车，而普通混合动力汽车已不算新能源汽车。财政部、科学技术部、工业和信息化部、国家发展和改革委员会联合印发的《关于开展私人购买新能源汽车补贴试点的通知》，也仅补贴纯电动汽车和插电式混合动力汽车。这些均表明了我国电动汽车的发展方向，即以纯电动汽车作为我国汽车工业转型的主要战略趋向，重点推进纯电动汽车、插电式混合动力汽车的产业化，同时继续开展燃料电池技术的研究。

普通混合动力电动汽车只是一种节能减排型汽车，中期发展插电式混合动力电动汽车已经成为业界的共识。插电式混合动力电动汽车通常配备一台功率较小的内燃机，在城市街道行驶时通常采用纯电动，而发动机只是用于带动发电机对蓄电池进行充电，以增加电动汽车的续驶里程（故也被称为增程式电动汽车），当车辆长途行驶时才进入混合动力模式。由于这种混合动力电动汽车的小功率发动机可持续在最佳状态下运行，油耗和排气污染都很低，加之配用的蓄电池容量可比纯电动汽车小30%左右，因此，插电式混合动力电动汽车在今后一段时间里还将得到发展。电动汽车的发展趋势已越来越清晰，即纯电动汽车和燃料电池电动汽车是未来电动汽车的发展方向。

3. 电动汽车需解决的关键技术

电动汽车要向前发展，还面临许多需要解决的关键问题，如车载电源、电动机及驱动控制系统和能量管理系统等。

（1）车载电源 车载电源的性能及成本是制约电动汽车发展最为关键的问题，它实际上已成为电动汽车产业化的瓶颈。

1）蓄电池。目前，纯电动汽车产业化的最大问题是一次充电的续驶里程、汽车的价格和使用成本，而蓄电池则是这些问题的关键所在。要实现电动汽车的市场化，对蓄电池的比能量和能量密度、比功率和功率密度、快速和深放电的能力、自放电率、充电效率、使用寿命、安全性、成本、环保、可回收性等均有较高的要求。但是，到目前为止，现有的各类蓄电池没有一种可同时达到各项基本要求。

在电动汽车上使用的最早的铅酸电池具有比功率高、价格低的优势，但其比能量低，一般为40W·h/kg左右。这就使得使用铅酸电池的电动汽车的车载能量较少，续驶里程短，并使其最高车速、最大加速能力、最大爬坡能力受限。鉴于铅酸电池性能继续提高的潜力不大，世界各国都在研究与开发新的蓄电池，比如氢镍、钠硫、锂硫化二铁、锂聚合物和锂离子电池等。相比于铅酸电池，这些蓄电池具有比功率大、寿命长、充放电效率高、可快速充电等许多优点，已在一些电动汽车上得到应用。但是要使电动汽车市场化，蓄电池的研究与开发还有许多工作要做。

2）燃料电池。燃料电池将燃料的化学能直接转化为电能。虽然质子交换膜燃料电池是未来最有前途的汽车动力源，但是目前在许多领域的关键技术尚未完全突破。例如，至今尚未找到可以完全替代稀有贵金属铂的催化剂；由于技术不成熟，质子交换膜和极板尚不能大批量工业化生产；电堆的热管理系统还处于实验室阶段；氢燃料的制备、存储和运输的基础设施投资巨大，在关键技术和成本等方面还存在着需要解决的难题。另外，成本高依然是目前制约燃料电池电动汽车发展的最大障碍。因此，燃料电池电动汽车要实现产业化，还有许多需要攻克的难关。

（2）电动机及其控制器 电动机的作用是将电源的电能转换为机械能，并通过传动机构驱动车轮转动。电动机及其控制器的性能高低对电动汽车的动力性和经济性均有较大的影响。对电动汽车电动机及控制器的基本要求是：起动转矩大且具有较宽的恒功率范围；功率密度高；具有较大的转速范围（足以覆盖恒转矩区和恒功率区）；具有快速的转矩响应特性；在转矩/转速特性的较宽范围内具有高的效率；再生制动时的能量回收效率高；在各种工作环境下的工作可靠性好，且工作噪声小；结构尺寸小，重量小，成本低。

在20世纪60年代至80年代初，电动汽车大都采用有刷串励直流电动机。这种电动机的控制较为简单，但由于电刷的限制，转速不能太高，因而质量大、尺寸大、效率较低，电动机的故障率高。20世纪80年代后期和90年代，转差控制、矢量控制、直接转矩控制等交流电动机的调速技术日趋成熟，交流电动机驱动系统在电动汽车上的应用逐渐增多。近年来，开关磁阻电动机驱动系统开始在电动汽车中应用。开关磁阻电动机具有效率高、动态响应好、高起动转距和低起动功率等特点，但在降低噪声和转距波动、电动机模型和控制技术等方面还需进一步的探索。

研发更高效的电动机，匹配最优化的控制技术，使电动汽车的电驱动系统能达到最理想的工作状态，也是电动汽车发展过程中必须解决的关键技术之一。

（3）电动汽车能量管理系统　电动汽车能量管理系统的作用是充分地发挥电动汽车有限的车载能量，延长电动汽车的续驶里程和蓄电池的使用寿命。因此，要求电动汽车能量管理系统所具有的功能主要有：对蓄电池组的电压与电流进行监测；能对蓄电池的终止充放电进行控制；对蓄电池组中单格蓄电池状态进行监测，并能进行蓄电池均衡充电控制；能在减速与制动时进行能量回收控制等。

由于准确可靠的蓄电池模型的建立、蓄电池荷电状态（SOC）参数的监测技术等还有待进一步提高，因此，研究并开发出一个最理想的电动汽车能量管理系统，也是今后电动汽车产业化进程中需要攻克的技术难题。

第二章　电动汽车用动力电池

电动汽车用动力电池主要有蓄电池、燃料电池、超级电容、飞轮电池等。蓄电池也称为二次电池，是可通过充电反复使用的化学电池。本章主要介绍蓄电池，并对超级电容和飞轮电池作简单介绍。燃料电池的有关内容将在第六章进行介绍。

第一节　电动汽车用蓄电池概述

一、蓄电池的发展概况与存在的不足

1. 蓄电池的发展概况

1859 年法国著名物理学家 Plante 发明了第一块铅酸电池，并将其用在了电动汽车上，直到内燃机汽车上开始使用起动机，这种内阻小，可提供稳定大电流的铅酸电池才被用作汽车发动机的起动电源。铅酸电池不仅在内燃机汽车上得到普遍的应用，而且由于其具有使用安全、耐用、价格相对较低的特点，在将近一个世纪的时间里，都是电动车辆动力电池的首选。

1889—1901 年，瑞典人 Jungner 和美国人爱迪生（Edison）先后研制出了镍铁电池和镍镉电池。这两种蓄电池在各种不同用途的实际应用过程中，在结构、工艺、材料等方面都经历了多次改进，使得其性能有了大幅度的提高。在 20 世纪，先后出现了数十种不同类型的蓄电池，其中镍锌电池、镍镉电池、镍铁电池、锌空气电池、铝空气电池等都作为大容量的动力电池，在各种电动车上得到了应用。

20 世纪 80 年代，出现了镍氢电池，其性能和使用寿命都优于铅酸电池及原先已应用于电动车上的其他碱性电池。因此，镍氢电池逐渐替代了铅酸电池和其他碱性电池，在电动汽车上得到了广泛的应用。到了 20 世纪 90 年代，又出现了性能更好的锂离子电池，这种电池很快就被用作手机、数码相机及其他便携式设备的电源，而大容量的锂离子电池也被用在了电动汽车上。

目前，在各种类型的电动汽车上，应用较多的动力电池主要有铅酸电池、镍氢电池和锂离子电池等。

2. 蓄电池存在的不足

尽管新型蓄电池不断出现，各种蓄电池的性能和使用寿命也均有大幅度的提高，但是目前各种蓄电池还不能满足电动汽车对动力电池的实际需要。其主要不足归纳如下：

（1）能量密度低　目前，电动汽车用蓄电池的质量能量密度和体积能量密度均很低，比如：铅酸电池的质量能量密度只有 35～40W·h/kg，锂离子电池的质量能量密度虽然可达 150W·h/kg，但是与汽油的 10000～12000W·h/kg 能量密度相比还是相差了许多。

由于蓄电池的能量密度低，致使电动汽车的续驶里程短、车辆自身质量大。例如：一辆普通小汽车携带 50kg 汽油可行驶 600km 以上，而同类型电动汽车所配备的铅酸电池的质量

达到400kg，充足电后只能行驶100km左右。可见，要使电动汽车能达到一定的续驶里程，就不得不配备大量的蓄电池，而配备过多的蓄电池，又会使电动汽车自身过重，这不但要消耗掉一部分蓄电池的电能，也使车辆的动力性、运行效率及制动性能等下降。此外，蓄电池组的质量和所占的体积，也给整车的设计增加了难度。

（2）充电时间长　无论是哪一种蓄电池，充电时可接受的最大电流都是有限的。因此，要将放完电的蓄电池重新充足电，需要较长的时间。即使采用对蓄电池寿命有一定影响的快速充电方法，其充电时间与燃油汽车加油的时间相比也长很多。也就是说，蓄电池的充电时间长，也间接地影响了电动汽车的使用性能。

（3）价格高且使用寿命短　铅酸电池是价格相对较为便宜的蓄电池，但一辆续驶里程为100km左右的纯电动客车，其所配备的蓄电池组的价格为2万元左右。如果使用锂离子电池，其续驶里程可比铅酸电池提高不少，但其价格要高出好几倍。

无论是哪一种蓄电池，其使用寿命都低于电动汽车其他的总成部件。也就是说，一辆电动汽车在其使用寿命期限内，需要更换几次蓄电池。因此，电动汽车不仅车辆本身的成本高，而且在其使用过程中更换蓄电池还需很高的费用。

（4）汽车附件的使用受到限制　由于蓄电池的能量有限，一些能量消耗较大的辅助装置（如空调、动力转向、制动助力等）的选用必须充分考虑对蓄电池电能消耗的影响。

总之，由于蓄电池存在以上不足，导致了电动汽车的使用性能和价格不能与普通燃油汽车相抗衡，使电动汽车的产业化困难重重。随着科学技术的不断发展，可以相信，电动汽车用蓄电池的技术难关必将有所突破，蓄电池的性能和价格问题必将得到解决。

二、蓄电池的分类

蓄电池是一种化学电池，其基本组成是正极板、负极板和电解质。应用于电动汽车的蓄电池有很多，在此，通过不同的分类方法来概括不同类型的蓄电池。

1. 按蓄电池电解质分类

按照蓄电池电解质的不同，可将蓄电池分为酸性电池、碱性电池、中性电池和有机电解液电池四类。

（1）酸性电池　主要以硫酸水溶液为电解质。电动汽车用蓄电池中属于酸性电池的主要是铅酸电池。

（2）碱性电池　主要以氢氧化钾水溶液为电解质。电动汽车用蓄电池中的锌锰电池、镍镉电池、镍氢电池等均属于此类电池。

（3）中性电池　以盐溶液为电解质。这种蓄电池由于稳定性较差，目前在电动汽车上还很少使用。

（4）有机电解液电池　主要以有机溶液为电解质的蓄电池有锂电池、锂离子电池等。

2. 按蓄电池所用正、负极材料不同分类

按照蓄电池正极和负极材料的不同，可将蓄电池分为锌系电池、镍系电池、铅系电池、锂系电池及金属空气（氧气）系列电池等。

（1）锌系电池　有锌锰电池、锌银电池等。

（2）镍系电池　有镍镉电池、镍锌电池、镍氢电池等。

（3）铅系电池　比如铅酸电池。

（4）锂系电池　有锂离子电池、锂聚合物电池、磷酸铁锂电池等。

（5）金属空气电池　有锌空气电池、铝空气电池等。

三、蓄电池的性能参数与常用术语

1. 蓄电池的性能参数

（1）电压　蓄电池的电压（端电压）是指其正极与负极之间的电位差，单位为 V（伏特），是表示蓄电池性能与状态的重要参数之一。

1）开路电压：蓄电池未向外电路输出电流时的端电压。蓄电池在充足电状态下的开路电压最高，随着蓄电池放电程度的增加，蓄电池的开路电压会相应降低。

2）放电电压：蓄电池向外输出电流时的端电压。放电电压也称为工作电压，蓄电池在放电时的放电电流越大，放电电压就越低；在同样的放电电流下，随着蓄电池的放电程度增加，其放电电压也会相应降低。

3）充电电压：在充电电源对蓄电池进行充电时，蓄电池的端电压。充电电流大，蓄电池内的极化（欧姆极化、浓差极化、电化学极化）就越大，充电电压也就越高；在同样的充电电流下，蓄电池充电初期的充电电压较低，当蓄电池充足电时其充电电压达到最高。

（2）内阻　蓄电池的内阻主要与极板的材质、结构及装配工艺有关。不同的电解质呈现的电阻也不同。因此，不同类型的蓄电池，其内阻是不同的。对某种类型的蓄电池来说，随着放电程度的增加，其内阻会相应增大。蓄电池内阻的单位为 Ω（欧姆）。

（3）容量　蓄电池的容量是指在允许放电范围内所能输出的电量，单位为 A · h（安时）。容量用来表示蓄电池的放电能力。在不同条件下，蓄电池所能输出的电量（容量）是不同的。

1）理论容量：是假设蓄电池极板上的活性物质全部参加电化学反应而输出电流时，根据法拉第定律计算出的电量。理论容量通常用质量容量（A · h/kg）或体积容量（A · h/L）表示。

2）实际容量：是指充足电的蓄电池在一定条件下所能输出的电量。其值是在允许放电范围内，放电电流与放电时间的乘积。蓄电池的实际容量小于理论容量，当放电电流和温度不同时，其实际容量也会有所不同。

3）i 小时放电率容量：充足电的蓄电池以某一恒定电流放电，放电 i 小时后将蓄电池放电至终止电压，此时蓄电池所能输出的电量称为 i 小时放电率容量，通常用 C_i 表示。

4）额定容量：是指充足电的蓄电池在规定的条件下所能输出的电量。额定容量是制造厂标明的蓄电池容量，作为蓄电池性能的重要技术指标。在我国的国家标准中，用 3h 放电率容量（C_3）来定义电动汽车用蓄电池的额定容量，用 20h 放电率容量（C_{20}）来定义汽车用起动型蓄电池的额定容量。

（4）能量　蓄电池的能量是指在一定的放电条件下，蓄电池所输出的电能，单位为 W · h（瓦时）或 kW · h（千瓦时）。蓄电池的能量表示其供电能力，是反映蓄电池综合性能的重要参数。

1）标称能量：是指在一定的放电条件下蓄电池所能输出的电能。蓄电池的标称能量是其额定容量与额定电压的乘积。

2）实际能量：是指在一定的放电条件下蓄电池所能输出的电能。蓄电池的实际能量是其实际容量与放电过程的平均电压的乘积。

3）比能量：即质量比能量，是指蓄电池单位质量所能输出的电能，单位为 W·h/kg 或 kW·h/kg。蓄电池的比能量越高，汽车充足电后的行驶里程就越长。

4）能量密度：即体积比能量，是指蓄电池单位体积所能输出的电能，单位为 W·h/L 或 kW·h/L。蓄电池的能量密度越高，电动汽车的载重量和车内的空间就越大。

（5）功率　蓄电池的功率是指在规定的放电条件下，蓄电池单位时间所能输出的电能，单位为 W 或 kW。蓄电池的功率大小会影响电动汽车的加速度和最高车速。

1）比功率：即质量比功率，是指蓄电池单位质量所能输出的功率，单位为 W/kg 或 kW/kg。蓄电池的比功率越大，汽车的加速和爬坡性能就越好，最高车速也越高。

2）功率密度：即体积比功率，是指蓄电池单位体积所能输出的功率，单位为 W/L 或 kW/L。蓄电池的功率密度越高，电动汽车的载重量和车内的空间就越大。

（6）寿命　蓄电池的寿命通常用使用时间或循环寿命来表示。蓄电池经历一次充电和放电过程称为一个循环或一个周期。在一定的放电条件下，当蓄电池的容量下降到某规定的限值时，蓄电池所能承受的充放电循环次数称为蓄电池的循环寿命。

不同类型的蓄电池，其循环寿命有所不同。对于某种类型的蓄电池，其循环寿命与充电和放电电流的大小、蓄电池的温度、放电的深度等均有关系。

2. 蓄电池常用术语

（1）终止电压　终止电压是指充电或放电结束时的电压，分为充电终止电压和放电终止电压。

1）充电终止电压：蓄电池在充电结束（充足电）时，其充电电压已上升至极限，继续充电就将使蓄电池过充电，这个高限电压就称为充电终止电压。当蓄电池的充电电流较大时，在蓄电池充电过程中就有可能达到充电终止电压，且充电电流越大，达到充电终止电压的时间就越短。

2）放电终止电压：蓄电池在放完电时，其放电电压已下降至极限，继续放电将导致蓄电池过度放电，这个低限电压就称为放电终止电压。放电电流越大，放电终止电压就越低。

（2）i 小时放电率　i 小时放电率是指蓄电池以恒定的电流放电，以该恒定电流放电 i 小时，正好使蓄电池放电至终止电压（放完电）。因此，i 小时放电率的放电电流 I_i 为

$$I_i = \frac{C_i}{i} \tag{2-1}$$

式中　C_i——i 小时放电率容量（C）；

i——放电时间（h）；

I_i——i 小时放电率的放电电流（A）。

（3）i 小时充电率　i 小时充电率是指蓄电池以恒定的电流，充电 i 小时，正好使蓄电池充电至终止电压（充完电）。i 小时充电率的恒流值与 i 小时放电率的恒流值相等。

（4）过充电与过放电　蓄电池的过充电与过放电是指充电过度或放电过度。

1）过充电：蓄电池已充足电后的充电即为过充电。此外，充电电流大于蓄电池充电可接受电流时，继续以该电流充电也属于过充电。

2）过放电：蓄电池已放电至终止电压（已放完电）后，继续放电即为过放电。

（5）荷电状态　蓄电池的荷电状态 SOC（State of Charge）在数值上等于蓄电池剩余的

容量与蓄电池额定容量的比值，用于描述蓄电池在充放电过程中的存电状态。

（6）放电深度 蓄电池的放电深度 DOD（Depth of Discharge）在数值上等于蓄电池已放出的电量与蓄电池额定容量的比值，用于描述蓄电池在放电过程中所达到的放电深度。

（7）不一致性与均衡充电

1）不一致性：是指蓄电池组中的各个蓄电池的电压、容量、内阻等存在差异。如果蓄电池组有不一致性存在，则在使用过程中会使其不一致性扩大，并导致性能较差的蓄电池迅速损坏，最终导致整个蓄电池组报废。

2）均衡充电：是针对有不一致性的蓄电池组所进行的特殊充电方法，旨在减小或消除蓄电池组的不一致性。

四、电动汽车对蓄电池的性能要求

不同类型的电动汽车，对蓄电池的性能要求也有所不同。

1. 纯电动汽车对蓄电池的要求

纯电动汽车电能的唯一来源就是其蓄电池。为增加纯电动汽车的续驶里程，蓄电池的容量要足够大。但是，增大蓄电池的容量，蓄电池组的体积增大，质量也会增加，会影响车辆的动力性和整车布局。因此，纯电动汽车需要根据电动汽车的设计目标和道路行驶工况的不同来选配蓄电池。具体的要求归纳如下：

1）蓄电池的容量要足够大，以满足电动汽车续驶里程的设计目标。此外，蓄电池的容量与能量应能确保汽车在特定工况下的供电能力。例如，能保证典型连续放电电流不超过 $1C$，典型的峰值放电电流不超过 $3C$。

2）蓄电池可实现深度放电（例如，DOD 达 80%），且不会影响其寿命。要求蓄电池在必要时能在满负荷状态下工作和实现全放电。

3）蓄电池的比能量和能量密度要尽可能大，以减小蓄电池组的结构尺寸，减轻蓄电池组的质量，方便车辆的整体结构设计，确保电动汽车的动力性和乘用空间。

4）蓄电池的可接受充电电流要大。对于有制动能量回馈系统的电动汽车，还要求蓄电池的可接受充电电流要大，短时间内可接受高达 $5C$ 的脉冲电流充电，这有助于提高汽车制动能量回收的效率。

由美国能源部、电能研究所、三大汽车公司以及蓄电池生产商联合成立的美国先进电池联合会（USABC）曾制定过一个针对纯电动汽车用蓄电池性能的中期和长期目标，具体的蓄电池性能指标见表 2-1，从中可了解纯电动汽车对蓄电池性能的具体要求。

表 2-1 USABC 纯电动汽车（EV）用蓄电池的性能指标

主要指标	长期目标（2005—2008 年）
能量密度（$C/3$ 放电率）/（W·h/L）	230
比能量（$C/3$ 放电率）/（W·h/kg）	150
功率密度/（W/L）	450
比功率（80% DOD/30s）/（W/kg）	300
寿命/年	10
循环寿命/循环次数	1000（80% DOD）/1600（50% DOD）

（续）

主要指标	长期目标(2005—2008年)
功率能力和容量衰减(额定值的比例)(%)	20
最终价格(量产1万套的40kg·h电池组)/[$/(kg·h)	<100(期望达到75)
工作温度范围/℃	-40~80
充电时间/h	<6
次要指标	长期目标(2005—2008年)
效率(C/3放电,C/6充电)(%)	80
自放电率(包含热损失)	12天内<20%
维护	免维护

2. 混合动力电动汽车对蓄电池的要求

混合动力电动汽车对蓄电池容量的要求相对较低，但要求蓄电池在需要时能提供更大的瞬时功率，即短时间内能输出大电流的能力要强。具体的要求归纳如下：

1）蓄电池的峰值功率要大，可实现短时间的大功率充放电。

2）循环寿命要长，能达到1000次以上（深度放电）和40万次以上（浅度放电）。

3）蓄电池在工作时，其SOC应尽可能保持在50%~85%的范围之内。

美国能源部的FreedomCAR项目所制定的功率辅助型混合动力电动汽车用蓄电池的性能指标见表2-2，从中可了解混合动力电动汽车对蓄电池性能的具体要求。

表2-2 功率辅助型混合动力电动汽车用蓄电池的性能指标

特性	最小值	最大值
脉冲放电功率(10s)/kW	25	40
最大回馈脉冲功率(10s)/kW	20(50W·h脉冲)	35(97W·h脉冲)
总可用能量(1C放电率)/(kW·h)	0.3	0.5
循环能量效率(%)	90(25W·h循环)	90(50W·h循环)
-30℃冷起动功率(3个2s脉冲,脉冲间隔为10s搁置)/kW	5	7
寿命(在确定的SOC变化范围内)/循环次数(放电总功率)	300000(7.5MW·h)	300000(15MW·h)
寿命/年	15	15
质量/kg	40	60
体积/L	32	45
允许自放电率/(W·h/天)	50	50
正常工作温度范围/℃	-30~52	-30~52
安全工作温度范围/℃	-46~66	-46~66
年产10万套时的价格/$	500	800

3. 插电式混合动力电动汽车对蓄电池的要求

插电式混合动力电动汽车在城市街道上以纯电动方式行驶，在高速公路上长途行驶时采用混合动力方式，因而对其蓄电池的要求需要兼顾纯电动和混合动力两种模式。具体的要求归纳如下：

1）在深度放电的情况下，仍然有较长的循环寿命。

2）在低 SOC 状态下，能实现大功率电能输出，以使电动汽车在蓄电池深度放电时仍能保持其良好的加速性能。

3）在高 SOC 状态下，能接受大电流充电，以确保其制动能量回馈的效率不受 SOC 状态的影响。

4）在保持高 SOC 状态的情况下，可延长其使用寿命。

5）比能量及能量密度高，以减小蓄电池组的质量和体积。

6）安全性好。

第二节　蓄电池的原理与特性

一、铅酸电池

1. 铅酸电池的原理

（1）铅酸电池电动势的建立　铅酸电池正极板上的活性物质为二氧化铅（PbO_2），负极板上的活性物质为纯铅（Pb），电解液为硫酸的水溶液（$H_2SO_4+H_2O$）。PbO_2 和 Pb 均为难溶于水的物质，当极板浸入电解液后，正、负极板上的活性物质均会有少量被溶解电离，如图 2-1 所示。

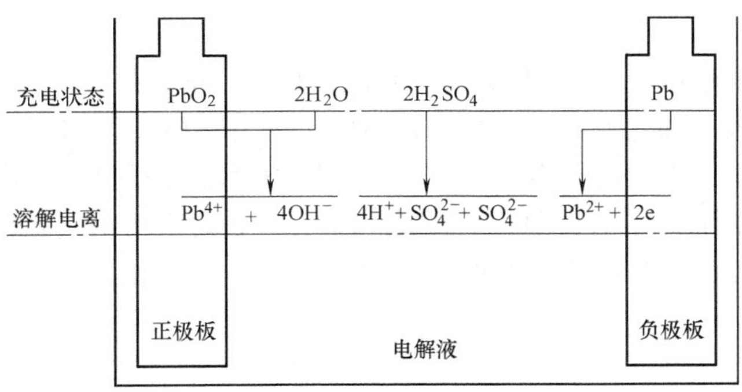

图 2-1　铅酸电池电动势建立过程

正极板处 PbO_2 溶解电离过程为

$$PbO_2+2H_2O \rightarrow Pb(OH_4)$$

$$Pb(OH)_4 \rightarrow Pb^{4+}+OH^-$$

氢氧根离子（OH^-）溶入电解液，带正电的四价铅离子（Pb^{4+}）沉附于正极板，使正极板的电位升高。

负极板处 Pb 的溶解过程为

$$Pb \rightarrow Pb^{2+} + 2e$$

二价的铅离子（Pb^{2+}）溶入电解液中，带负电的电子 e 留在负极板，使负极板的电位下降。

铅酸电池通过极板上少量活性物质的溶解电离，使正极板上聚集了正电荷（Pb^{4+}），负极板留下了负电荷（e），正、负极之间就形成了电位差，该电位差称为蓄电池的电动势。极板上活性物质的溶解电离过程是可逆的，当溶解电离的速率与其逆过程的速率达到动态平衡时，正、负极板上的电荷（Pb^{4+}和 e）数量就处于动态平衡状态。充足电的蓄电池在静止状态下，其电动势 E_j 约为 2.1V。

（2）铅酸电池的放电过程　当铅酸电池的正、负极板之间接上负载后，在蓄电池电动势的作用下，外电路就会形成放电电流，其放电过程如图 2-2 所示。

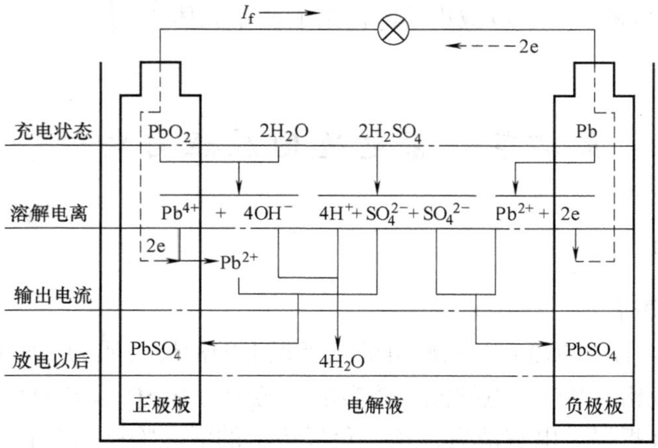

图 2-2　铅酸电池放电过程

放电电流使正极板上的 Pb^{4+} 得到 2 个电子，变成二价铅离子（Pb^{2+}），并溶于电解液中。正、负极板上 Pb^{4+} 和电子数量的减少，使原有的溶解电离动态平衡被破坏，正、负极板上的 PbO_2 和 Pb 就会继续溶解电离，使正、负极板上的电荷 Pb^{4+} 和电子得到补充。在电解液中，当 Pb^{2+} 增加至一定的含量时，就会与 SO_4^{2-} 生成硫酸铅（$PbSO_4$），并沉附于正、负极板表面。铅酸电池放电过程的电化学反应如下：

1）正极板

$$Pb^{4+} + 2e \rightarrow Pb^{2+}$$

$$Pb^{2+} + SO_4^{2-} \rightarrow PbSO_4$$

$$PbO_2 + 2H_2SO_4 \rightarrow Pb^{4+} + 2SO_4^{2-} + 2H_2O$$

2）负极板

$$Pb^{2+} + SO_4^{2-} \rightarrow PbSO_4$$

$$Pb \rightarrow Pb^{2+} + 2e$$

总结放电过程，正、负极板上的活性物质 PbO_2 和 Pb 通过不断溶解和电离来维持正、负极板之间的电位差，并逐渐转变为 $PbSO_4$；在电解液中，H_2SO_4 减少，H_2O 增加，其密度下降。

由于放电过程中沉附于正、负极板表面的 $PbSO_4$ 会阻碍电解液与极板内层的活性物质接触，因而极板内层的活性物质不能溶解电离。也就是说，极板内层的活性物质不能被利用。通常情况下的“蓄电池放完电”实际上只是利用了极板上活性物质的表层部分。

（3）铅酸电池的充电过程　铅酸电池放电后，其正、负极板上有少量的 $PbSO_4$ 呈离子状态。当接通充电电源后，在电场力的作用下形成充电电流，电子从正极板经充电电路流向负极板。铅酸电池的充电过程如图 2-3 所示。

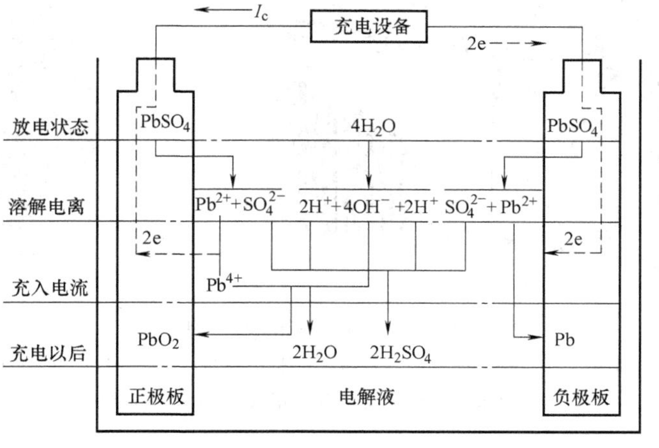

图 2-3　铅酸电池充电过程

正极板处的 Pb^{2+} 在电场力的作用下被夺走 2 个电子而变为 Pb^{4+}，Pb^{4+} 与电解液中水解出来的 OH^- 结合，生成 $Pb(OH)_4$，$Pb(OH)_4$ 又分解为 PbO_2 和 H_2O，PbO_2 沉附于正极板上；充电电流使负极板附近的 Pb^{2+} 得到 2 个电子而变为 Pb，并沉附于负极板表面。正、负极板附近的 SO_4^{2-} 与电解液中的 H^+ 生成 H_2SO_4。充电电流使电解液中的 Pb^{2+} 和 SO_4^{2-} 减少，极板上的 $PbSO_4$ 就会继续溶解电离。充电过程的电化学反应如下：

1）正极板

$$PbSO_4 \rightarrow Pb^{2+} + SO_4^{2-}$$

$$Pb^{2+} - 2e \rightarrow Pb^{4+}$$

$$Pb^{4+} + 2H_2O + 2SO_4{}^{2-} \rightarrow PbO_2 \downarrow + 2H_2SO_4$$

2）负极板

$$PbSO_4 \rightarrow Pb^{2+} + SO_4^{2-}$$

$$Pb^{2+} + 2e \rightarrow Pb \downarrow$$

总结充电过程，正、负极板上的 $PbSO_4$ 逐渐溶解电离，转化为正极板上的 PbO_2 和负极板上的 Pb，电解液中的 H_2O 减少，H_2SO_4 增加，其密度增大。

当充电接近终了时，由于极板上的 $PbSO_4$ 已较少，正、负极板处的 Pb^{2+} 数量少，部分充电电流会使水分解，变成氧气 O_2 和氢气 H_2，并从电解液中逸出，反应式为

$$2H_2O \rightarrow 2H_2 \uparrow + O_2 \uparrow$$

因此，当充电至蓄电池电解液开始有气泡冒出时，说明充电已接近终了。

铅酸电池在充、放电时，其总的电化学反应式为

$$\underset{(\text{正极板})}{PbO_2} + \underset{(\text{负极板})}{Pb} + \underset{(\text{电解液})}{2H_2SO_4} \underset{\text{充电}}{\overset{\text{放电}}{\rightleftharpoons}} \underset{(\text{正极板})}{PbSO_4} + \underset{(\text{负极板})}{PbSO_4} + \underset{(\text{电解液})}{2H_2O}$$

2. 铅酸电池的结构与类型

（1）普通铅酸电池的结构　铅酸电池除了正极板、负极板和电解液外，还有隔板、连条、极桩、壳体等其他附件，其基本结构如图2-4所示。

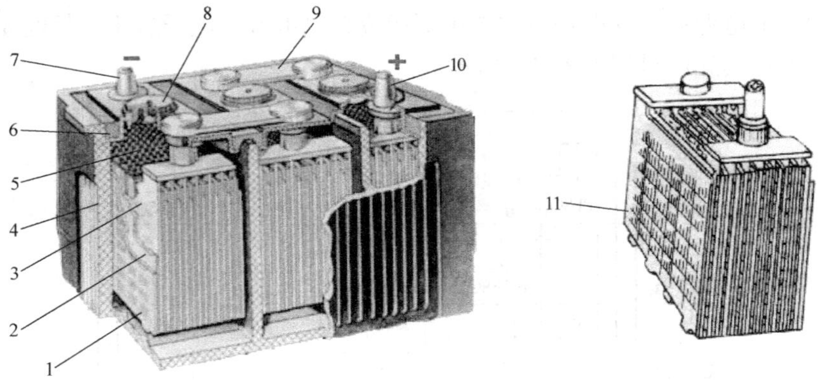

图2-4　铅酸电池的基本结构

1—负极板　2—隔板　3—正极板　4—壳体　5—护板　6—封料　7—负极桩　8—加液盖　9—连条　10—正极桩　11—极板组

正、负极板上的活性物质 PbO_2 和 Pb 由铅膏（铅粉、稀硫酸及少量添加剂的混合物）填充在用铅锑合金铸成的栅架上，经化成工艺处理后形成。在充足电状态下，正极板呈深棕色，负极板呈深灰色。多片正极板和负极板各自用横板焊接并联起来，相互嵌合安装（中间用隔板隔开）形成极板组。将极板组置于存有电解液的容器中，就构成了单格电池。

铅酸电池的单格电池标称电压为2V，因此，一块6V的铅酸电池实际上是由3个单格铅酸电池通过连条串联而成的。图2-4所示的连条外露于蓄电池盖表面，实际上现在更多的铅酸电池采用穿壁式连条，在一块蓄电池盖表面只看到两端的正极桩和负极桩。

（2）铅酸电池的类型　用于电动汽车的铅酸电池除了上面所见到的普通结构外，还有阀控电池和铅布电池等不同的类型。

阀控铅酸电池（Valve Regulated Lead Acid Battery，简称VRLAB）与普通铅酸电池的区别是：在VRLAB的盖上设有一个排气阀（也称为安全阀），当其内部气压达到限定值时，阀打开而将气体排出，然后自动关闭，以防止空气进入。VRLAB为密封结构，不会漏酸，也不排酸雾，减少了氢气和氧气的逸散，故而不会损伤设备和污染环境，且在使用过程中无须检查和补充电解液。这种密封式阀控电池也被称为免维护蓄电池。

铅布电池也称为水平铅酸电池，其结构特点是正、负极板和隔板采用卧式层叠组合，极板的外面是用高强度玻璃纤维和铅丝编织成的网状铅布，用作极板的基体，在铅布上涂以 PbO_2 和 Pb，构成双层格网板，作为水平铅布铅酸电池的正极板和负极板。铅布电池的比能量、比功率、使用寿命和快速充电性能等均优于普通铅酸电池。

3. 铅酸电池的特性

（1）铅酸电池的充电特性　铅酸电池在恒流充电状态下的充电特性如图2-5所示。在充电开始时，极板孔隙内进行电化学反应而生成 H_2SO_4，使孔隙内电解液密度迅速上升，产生浓差极化，故而导致充电电压迅速上升（A—B 段）。在随后的充电过程中，极板孔隙内的

H_2SO_4 向孔隙外扩散，当孔隙内 H_2SO_4 的生成速度与扩散速度相对平衡时，动态电动势就会相对稳定，充电电压就会随着整个容器内电解液密度的缓慢增大而逐渐上升（*B—C* 段）。当充电达 90%（*C* 点）时，电解液开始有气泡冒出（少量析气），继续充电，水的电解速度会不断上升，气泡也逐渐增多，极板表面产生电化学极化，使充电电压迅速上升（*C—D* 段），电解液呈“沸腾”状。这时，表明蓄电池已充足电，继续充电将导致过充电。

（2）铅酸电池的放电特性　铅酸电池恒流放电时的放电特性如图 2-6 所示。在开始放电时，蓄电池的端电压迅速下降（*A—B* 段），这是由于放电之初极板孔隙内电解液的 H_2SO_4 迅速消耗，其密度随之迅速下降所致。随后，极板孔隙外电解液中的 H_2SO_4 向孔隙内渗透，孔隙内的电解液密度下降缓慢，因而蓄电池端电压下降也很缓慢（*B—C* 段）。当放电接近终了时，蓄电池电压又会迅速下降（*C—D* 段）。其原因是化学反应深入到了极板的内层，加之放电后生成的 $PbSO_4$ 覆盖在极板表面而使孔隙变得越来越小，使电解液渗透困难，造成极板孔隙内电解液密度迅速下降。*D* 点是蓄电池放电的终止点，若继续放电，则为过度放电，端电压会急剧下降。过度放电会导致极板上形成粗晶体的 $PbSO_4$，在充电时不易还原成活性物质。

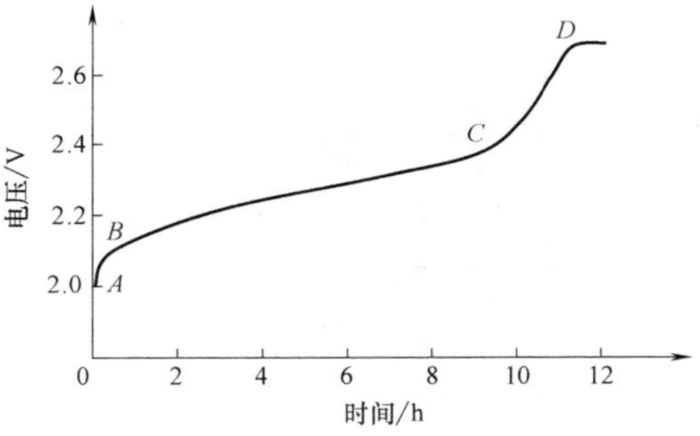

图 2-5　铅酸电池在恒流充电状态下的充电特性

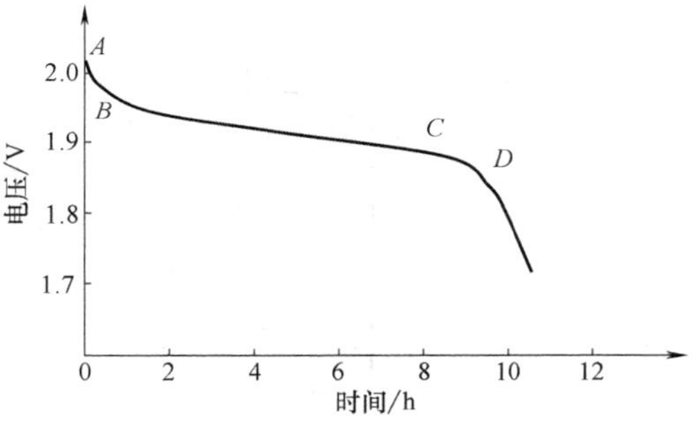

图 2-6　铅酸电池恒流放电时的放电特性

蓄电池放电终止电压与放电电流的大小有关，放电电流越大，放电时间就越短，允许放电的终止电压也越低，见表 2-3。

表 2-3　铅酸电池放电电流与终止电压的关系

放电电流/A	$0.05C_{20}$	$0.1C_{20}$	$0.25C_{20}$	$1C_{20}$	$3C_{20}$
连续放电时间/h	20	10	3	30min	5.5min
单格电池终止电压/V	1.75	1.70	1.65	1.55	1.5

（3）铅酸电池的性能特点　铅酸电池的最大优点是内阻小，可输出大电流，故而被用作发动机的起动电源。作为电动汽车的动力电池，其优点是：

1）价格低廉，这是铅酸电池用作动力电池最突出的优势。

2）单格电池的电压较高，有 2.0V，相同电压的蓄电池，其串联的单格电池数较少。

3）适用性宽，可逆性较好。

4）电能效率较高，可达 60%。

5）易于浮充使用，没有记忆效应。

6）对温度适应性较强，可在 -40 ~60℃的温度范围内工作。

7）蓄电池在工作中，其荷电状态 SOC 较容易识别。

8）可制成密封结构而实现免维护。

铅酸电池的缺点也是显而易见的，主要有：

1）比能量及能量密度较低，在电动汽车上所占的质量和体积较大。

2）寿命短，使用成本较高。

3）充电时间较长。

4）对于非密封式铅酸电池，充放电时析出的酸雾会腐蚀设备并对环境造成污染。

二、镍氢电池

1. 镍氢电池的原理

电动汽车用镍氢（Ni-MH）电池也称为镍金属氧化物电池。其基本组成有：氢氧化镍正电极、储氢合金负极及碱性电解液（如质量分数为30%的氢氧化钾水溶液）。镍氢电池的工作原理如图 2-7 所示。

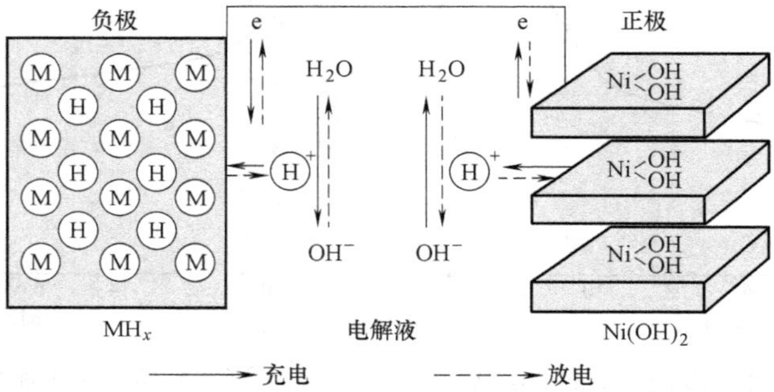

图 2-7　镍氢电池的工作原理

镍氢电池正极的活性物质为 NiOOH（放电时）和 $Ni(OH)_2$（充电时），负极的活性物质是 H_2（放电时）和 H_2O（充电时），在电解液 KOH 水溶液的作用下，进行电化学反应，完成充电和放电过程。

充电时正、负极的电化学反应为

$$Ni(OH)_2 + OH^- - e \rightarrow NiOOH + H_2O$$

$$2MH + 2e \rightarrow 2M^- + H_2 \uparrow$$

在充电时，电解液中的水被分解为氢离子和氢氧根离子，氢离子被负极吸收，负极的金属转化为金属氧化物。

放电时正、负极的电化学反应为

$$NiOOH + H_2O + e \rightarrow Ni(OH)_2 + OH^-$$

$$2M^- + H_2 \rightarrow 2MH + 2e$$

在放电时，氢离子离开负极，氢氧根离子离开正极，氢离子和氢氧根离子在电解液中结合生成水，而在正负电极之间通过外电路释放电能。

2. 镍氢电池的结构

镍氢电池常见的结构为圆柱形和长方形，如图2-8所示。

由活性物质构成电极极片的工艺主要有烧结式、拉浆式、泡沫镍式、纤维镍式、嵌渗式等。由不同工艺制备的电极，其容量、大电流放电性能等均存在较大差异。一般依据使用条件的不同，采用不同的工艺制备电池。

3. 镍氢电池的特性

（1）镍氢电池的充电特性　镍氢电池在不同充电电流下的充电特性曲线如图2-9所示。

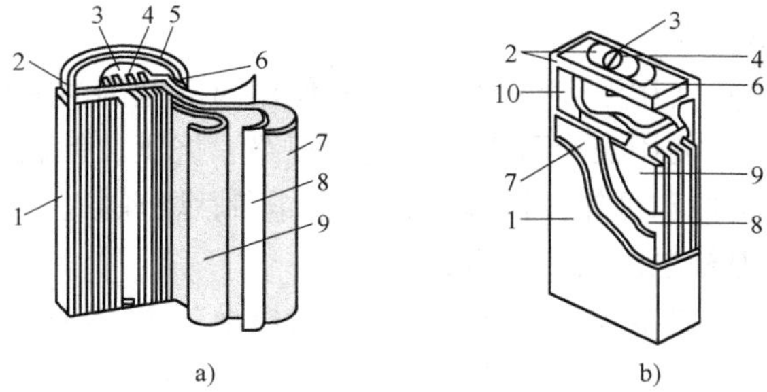

图2-8　镍氢电池的结构

a）圆柱形　b）长方形

1—负极端子（外壳）　2—绝缘垫圈　3—正极端子　4—安全阀　5—密封板　6—绝缘环　7—负电极　8—隔膜　9—正电极　10—绝缘层

在充电起始阶段，镍氢电池的充电电压迅速上升；在随后的充电过程中，充电电压上升很缓慢；当充电接近结束时，充电电压会有所下降；当停止充电后，镍氢电池内部的极化作用消失，镍氢电池的端电压逐渐下降至开路电压。

充电电流越大，充电电压就越高，充电的效率也越低。当温度过高时，也会降低蓄电池的充电效率，并容易造成充电不足。

（2）镍氢电池的放电特性　镍氢电池在不同放电电流下的放电特性如图2-10所示。

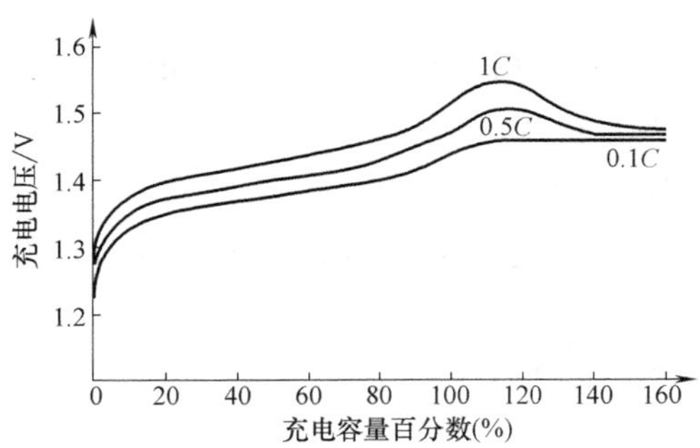

图2-9　镍氢电池在不同充电电流下的充电特性曲线

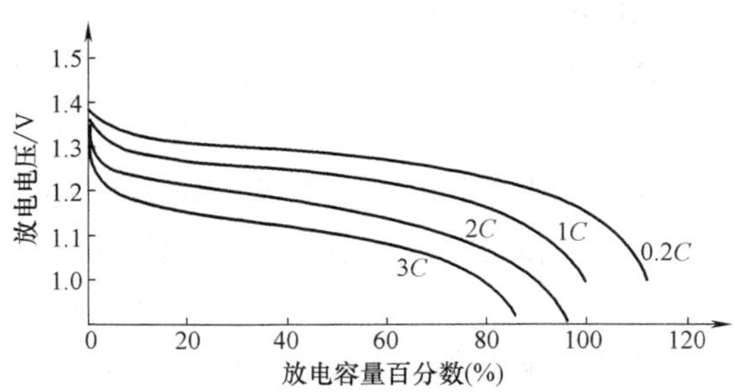

图2-10　镍氢电池在不同放电电流下的放电特性曲线

蓄电池在放电最初阶段电压迅速下降，随后下降缓慢。当接近放电终了时，蓄电池的端电压下降较快。

放电电流越大，放电电压就越低，放电时间也会越短，蓄电池所能放出的电量相应减小。当温度降低时，蓄电池放电时的端电压也会降低，放电时间也会缩短，蓄电池所能放出的电量也会相应减小。

（3）镍氢电池的性能特点　镍氢电池的优点是：

1）比功率大，商业化的镍氢电池的比功率可达到1350W·h/kg。

2）循环寿命长，电动车用镍氢电池在 80% DOD 时的循环寿命可达 1000 次以上，是铅酸电池的 3 倍多；在 100% DOD 下的循环寿命也在 500 次以上。镍氢电池用于混合动力电动汽车，其使用寿命可达 5 年以上。

3）不含铅、镉等对人体有害的金属，无污染，故而被称为 21 世纪“绿色环保电源”。

4）耐过充电、过放电能力较强。

5）无记忆效应。

6）使用温度范围宽。正常使用温度范围为 $-30\sim55$℃，储存温度范围为 $-40\sim70$℃。

7）使用安全可靠；在进行短路、挤压、针刺、安全阀工作能力、跌落、加热、耐振动等安全性和可靠性试验时，无爆炸和燃烧现象。

镍氢电池的不足有：

1）成本较高，其价格是铅酸电池的 5～8 倍。

2）单格电池的电压较低，只有 1.2V。

3）自放电的损耗较大。

4）环境温度对蓄电池的放电电压和容量有较大的影响。

三、镍镉及镍锌电池

用作动力电池的镍系电池还有镍镉（Ni-Cd）电池、镍锌（Ni-Zn）电池等。这些蓄电池比镍氢电池出现得早，目前在一些电动汽车上还有应用。

1. 镍镉电池

（1）镍镉电池的基本原理　镍镉电池也是采用氧化镍作正极的活性物质，负极的活性物质为金属镉 Cd，电解液是 KOH 水溶液。

镍镉电池在放电过程中，负极 Cd 被氧化，生成 $Cd(OH)_2$；充电时，$Cd(OH)_2$ 又被还原为 Cd。镍镉电池在充电和放电过程中负极的电化学反应为

$$Cd+2OH^-\rightarrow Cd(OH)_2+2e$$

镍镉电池在放电时，正极 NiOOH 被还原为 $Ni(OH)_2$，充电时又被氧化成 NiOOH。镍镉电池在充电和放电过程中正极的电化学反应为

$$NiOOH+H_2O+e\rightarrow Ni(OH)_2+OH^-$$

镍镉电池在充、放电时，其总的电化学反应表达式为

$$2NiOOH+Cd+2H_2O\rightarrow 2Ni(OH)_2+Cd(OH)_2$$

与铅酸电池所使用的电解液（硫酸水溶液）相比，镍镉电池的 KOH 碱性电解液在充、放电过程中，其密度不发生显著变化。

（2）镍镉电池的特点　镍镉电池的许多基本特点与镍氢电池相似。与铅酸电池相比，镍镉电池的比能量大（可达 55W · h/L），比功率也大（可超过 225W/kg），寿命长（循环寿命可达 2000 次）。此外，镍镉电池的自放电较小（<0.5%/天），快冲能力强（18min 内可达蓄电池容量的 40%～80%）。因此，镍镉电池在电动汽车上也得到了应用。

与镍氢电池相比，镍镉电池的缺点是：镉对环境污染较大，维护不当易报废；镍镉电池的开路电压较低（1.2V），价格比较高。镍镉电池的这些缺点限制了其在电动汽车上大规模地使用，有被镍氢电池完全取代的趋势。

2. 镍锌电池

（1）镍锌电池的基本原理　镍锌电池负极的活性物质是金属锌，其他与镍镉电池相同，工作原理也相似，不同之处主要是负极电化学反应不同。

镍锌电池充、放电时负极的电化学反应为

$$Zn + 2OH^- \rightarrow Zn(OH)_2 + 2e$$

镍锌电池在充、放电时，其总的电化学反应表达式为

$$2NiOOH + Zn + 2H_2O \rightarrow 2Ni(OH)_2 + Zn(OH)_2$$

（2）镍锌电池的特点　与镍镉电池相比，镍锌电池具有比功率较高、能量密度较大、单格电池电压高（1.6V）、价格相对较低且无毒性等优点。镍锌电池的致命弱点是循环寿命短（约300次），这影响了镍锌电池在电动汽车上的广泛应用。

四、锂离子电池

1. 锂离子电池的原理

锂离子电池（Li-ion Batteries）是由二次锂电池发展而来的。锂离子电池的负极活性物质是可嵌入锂离子 Li^+ 的碳（形成 Li_xC），正极活性物质是金属锂化物，如 $LiNiO_2$、$LiCoO_2$ 等，电解质是非水性的有机溶液或聚合物。其工作原理如图2-11所示。

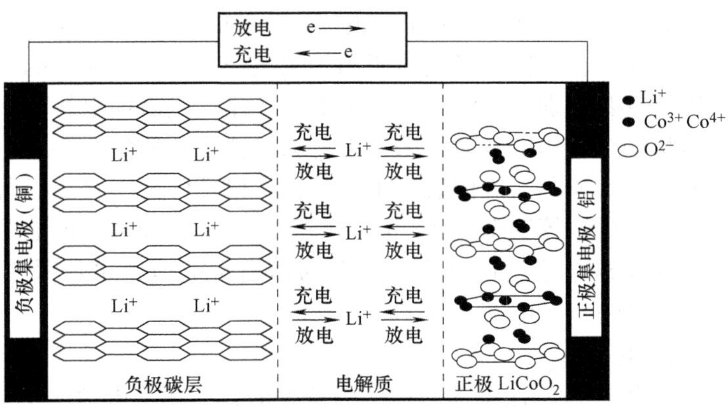

图2-11　锂离子电池的工作原理

锂离子电池在充电时，加在电池两电极的充电电场力使正极化合物释放出锂离子 Li^+，并经电解质嵌入到负极分子排列呈片层结构的碳中；锂离子电池在放电时，则是从呈片层结构的碳中析出锂离子 Li^+，并通过电解质嵌回到正极。以 CoO_2 作正电极的锂离子电池为例，其充放电过程正、负电极的电化学反应方程式为

正极：$CoO_2 + Li^+ + e \rightarrow LiCoO_2$

负极：$C_6Li \rightarrow 6C + Li^+ + e$

充电时电化学反应从右向左，放电时则从左向右。锂离子电池的充放电过程实际上就是 Li^+ 在正、负电极之间来回地嵌入和脱出的过程，因而锂离子电池也被称为“摇椅式电池”。

2. 锂离子电池的结构类型

（1）锂离子电池的基本结构　锂离子电池主要由正极、负极、隔板、电解质等组成。

一种圆柱形锂离子电池的结构示意图如图 2-12 所示。

正极：锂离子电池的正极活性物质主要是在空气中化学性质稳定的嵌锂过渡金属氧化物，如 $LiCoO_2$、$LiNiO_2$、$LiMn_2O_4$ 等，在这些物质中加入导电剂、树脂黏合剂，并均匀地涂覆在铝基体上，形成活性物质呈细薄层分布的正极。

负极：锂离子电池的负极活性物质主要是碳材料与黏合剂的混合物，将这些物质加入有机溶剂调和成膏状，并涂覆于铜基上形成负极。

电解质与隔膜：锂离子电池采用以混合溶剂为主体的有机电解质或聚合物。隔膜一般使用聚乙烯或聚丙烯材料的多微孔膜。隔膜不仅熔点较低，而且具有较高的抗穿刺强度，可起到热保险作用。

(2) 锂离子电池的种类　电动汽车用锂离子电池按其正极材料的不同分类，主要有锰酸锂离子电池、磷酸铁锂离子电池、镍钴锂离子电池及镍钴锰锂离子电池等。

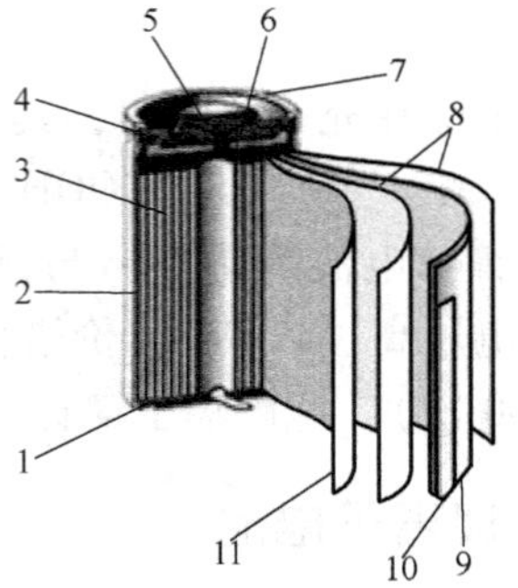

图 2-12　一种圆柱形锂离子电池的结构示意图
1、2—外壳　3—绝缘体　4—垫圈　5—顶盖
6—正极端子　7—排气阀　8—隔膜
9—负极　10—负极板　11—正极

按锂离子电池所用电解质材料的不同，锂离子电池又可以分为液态锂离子电池（Lithium Ion Battery，简称 LIB）和聚合物锂离子电池（Polymer Lithium Ion Battery，简称 LIP）两大类。液态锂离子电池和聚合物锂离子电池所用的正负极材料都是相同的，蓄电池的工作原理也基本一致。它们的主要区别在于液态锂离子电池使用的是液体电解质，而聚合物锂离子电池则以固态或胶体状聚合物作电解质，采用聚合物胶体电解质的居多。由于聚合物锂离子电池使用的胶体电解质不会泄漏，因而装配很容易，可使蓄电池很轻、很薄。此外，胶体电解质不存在漏液、燃烧或爆炸等安全上的问题。因此，聚合物锂离子电池可以用铝塑复合薄膜作外壳，从而可以提高蓄电池的比容量。聚合物锂离子电池还可以采用高分子作正极材料，其比能量可高于液态锂离子电池 50% 以上。

3. 锂离子电池的特点

(1) 锂离子电池的优点　相比于其他类型的蓄电池，锂离子电池的主要优点有：

1) 电压高，单格电池的工作电压高达 3.6～3.9V，是镍镉、镍氢电池的 3 倍。

2) 比能量大，达 100～125W·h/kg，是镍镉电池的 2 倍，镍氢电池的 1.5 倍。未来的锂离子电池，其比能量可高达 150W·h/kg。

3) 循环寿命长，新型锂离子电池的循环寿命可超过 1000 次。

4) 安全性能好，无公害，无记忆效应。

5) 自放电小，室温下充满电的锂离子电池储存 1 个月后的自放电率仅为 10% 左右，大大低于镍镉电池的 25%～30%，镍氢电池的 30%～35%。

6) 可实现安全、快速充电。

7) 允许温度范围宽，随着电解质和正极的改进，期望能扩宽到 -40～70℃。

(2) 锂离子电池的缺点　锂离子电池的缺点主要有：

1) 蓄电池的成本较高。这主要是因为正极材料 $LiCoO_2$ 的价格高（Co 的资源较少），电解质体系提纯较困难。

2）不能大电流放电。由于有机电解质体系等原因，锂离子电池的内阻较大，因此放电电流不能过大，最大的放电电流通常被限制在 2 ~ 3C。过大的放电电流会使蓄电池温度过高，影响其使用寿命。

五、锌空气电池及铝空气电池

金属空气电池是一种用空气作正极活性物质，金属作负极活性物质的蓄电池。常见的金属空气电池有锌空气电池和铝空气电池。

1. 锌空气电池

（1）锌空气电池的基本原理 锌空气电池用空气（氧）作正极，以金属锌（Zn）作负极，电解质采用氢氧化钾（KOH）水溶液。锌空气电池的电化学反应与普通碱性电池类似，在放电时，蓄电池负极上的锌与电解液中的 OH^- 发生电化学反应，释放出电子；与此同时，蓄电池正极反应层中的催化剂与电解液及氧气（通过扩散作用进入蓄电池的空气中）相接触而发生电化学反应，吸收电子。锌空气电池放电时的电化学反应方程式如下：

负极反应式为

$$Zn + 2OH^- \rightarrow ZnO + H_2O + 2e$$

正极反应式为

$$O_2 + 2H_2O + 4e \rightarrow 4OH^-$$

总反应式为

$$2Zn + O_2 \rightarrow 2ZnO$$

锌空气电池充电过程进行得十分缓慢，因此，锌空气电池正极的锌板或锌粒在放电过程中，被氧化成氧化锌而失效后，通常采用直接更换锌板或锌粒和电解质的办法，使锌空气电池完成“充电过程”。

（2）锌空气电池的特点 相比于铅酸电池，锌空气电池具有以下优点：

1）比能量高。锌空气电池的理论比能量可达 1350W · h/kg，目前锌空气电池的实际比能量只达到 180 ~ 230W · h/kg，即便如此，仍然是铅酸电池的 4.35 ~ 5.5 倍。能量密度达 230W · h/L，是铅酸电池的 2 ~ 3 倍。

2）可采用机械式“充电”方式。锌空气电池可采用更换锌板或锌粒的方式恢复其充足电的状态，这种“充电”模式可使蓄电池不再需要花很长的时间来充电，更换一块 20kW · h 的蓄电池块只需要 1min 40s。

3）大电流持续放电的能力强。锌空气电池具有大电流持续放电的能力，能够满足 EV 加速和连续爬坡的要求。

4）自放电率低。锌空气电池在电化学反应过程中，要与空气中的氧气发生作用，只要阻隔空气进入锌空气电池，就可使锌空气电池的电化学反应无法进行，锌可长时间保持活性。因此，实际使用过程中锌空气电池的自放电率很低（接近于零），可长期保持其电能。

5）性能稳定。成组的锌空气电池具有良好的一致性，没有其他类型蓄电池的充电和放电的不均匀现象；允许深度放电，容量不受放电强度和温度的影响；能在 -20 ~ 80℃ 的温度范围内正常工作。锌空气电池可以完全实现密封免维护，便于蓄电池组能量的管理。

6）安全性好。锌空气电池没有因泄漏、短路而引起蓄电池起火或爆炸的可能性。锌没有腐蚀作用，可以完全实现密封免维护，对人体不会造成伤害和危险。

7）锌可以回收利用。锌的来源丰富，生产成本较低，回收再生方便，且回收再利用的成本也较低，可以建立废蓄电池回收再生工厂。锌在循环使用过程中，不会污染环境。

锌空气电池的上述特点，使得锌空气电池在电动汽车上得到了应用。锌空气电池的比能量较高，但电子释放的速度较低，因而其比功率较低，这对电动汽车的动力性有较大的影响。此外，采用常规的充电方法，其充电时间太长，这也给其使用带来不便。

2. 铝空气电池

（1）铝空气电池的原理　铝空气电池以高纯度铝 Al（铝的质量分数为 99.99%）为负极，以空气（氧）为正极，以氢氧化钾（KOH）或氢氧化钠（NaOH）为电解质。铝空气电池的化学反应与锌空气电池类似，铝摄取空气中的氧气，在蓄电池放电时产生电化学反应，铝和氧气相互作用并转化为氧化铝。铝空气电池充放电时的电化学反应方程式为

$$2Al + 3O_2 + 3H_2 \underset{充电}{\overset{放电}{\rightleftharpoons}} 2Al(OH)_3$$

（2）铝空气电池的特点　相比于电动汽车用的其他蓄电池，铝空气电池具有以下特点：

1）比能量大。铝空气电池的理论比能量可达 8100W · h/kg。目前铝空气电池的实际比能量只达到 350W · h/kg，但这也已是铅酸电池的 7 ~ 8 倍、镍氢电池的 5.8 倍、锂电池的 2.3 倍。

2）质量轻。铝空气电池质量仅为铅酸电池质量的 12%。由于蓄电池质量大大减轻，车辆的整备质量也大幅度降低，因而可以提高车辆的装载量或延长续驶里程。

3）铝没有毒性和危险性。铝对人体不会造成伤害，可以回收循环使用，也不污染环境。

4）生产成本较低。铝的原材料丰富，生产成本较低。铝回收再生方便，回收再生成本也较低。

与锌空气电池一样，铝空气电池也可采用更换铝电极的方法来解决铝空气电池充电较慢的问题。由于铝空气电池比功率较低，充电和放电速度比较缓慢，电压滞后，自放电率较大，需要采用热管理系统来防止铝空气电池工作时的过热。

六、其他类型的蓄能装置

在电动汽车上用到的蓄能装置除蓄电池外，还有超级电容和飞轮电池。这两种储能装置的蓄能方式、充放电原理与前面所述的蓄电池均不相同。

1. 超级电容

超级电容器简称超级电容，又叫做双电层电容器（Electrical Double-Layer Capacitor）。它具有超强的储存电荷能力，是一种介于蓄电池和普通电容器之间的新型蓄能装置。

（1）超级电容的工作原理　超级电容的主要组成部件是集电极（电容板）、电解质和绝缘层。其工作原理如图 2-13 所示。

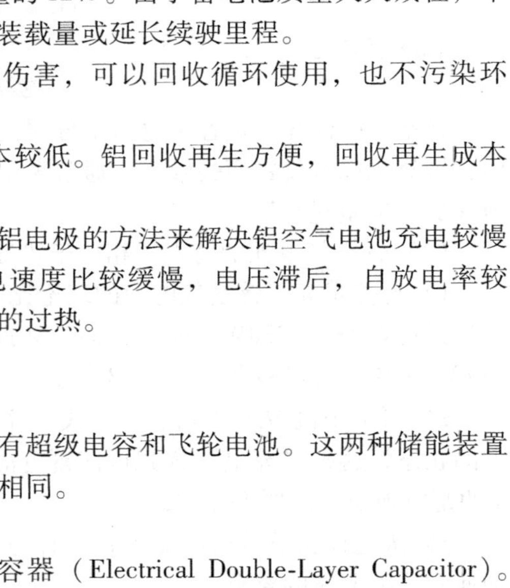

图 2-13　超级电容的工作原理

电解质和绝缘层装在两活性炭多孔化电极之间，电荷沿集电极和电解液成对排列，形成双层电容器，这样就扩大了电容器的电荷储存量。当

充电电源加在两电极上时，在靠近电极的电介质界面上产生与电极所携带的电荷极性相反的电荷并被束缚在介质界面上，形成事实上的电容器的两个电极。两个电极的距离非常小，只有几纳米，而活性炭多孔化电极可以获得极大的电极表面积，可以达到200m^2/g。因此，超级电容具有极大的电容量，可以存储很大的静电能量。目前单体超级电容的最大电容量可达5000F。

当两电极板间电动势低于电解液的氧化还原电极电势时，电解液界面上的电荷不会脱离电解液，超级电容处在正常工作状态（通常在3V以下）。如果电容器两端电压超过电解液的氧化还原电极电位，那么，电解液将发生分解，处于非正常状态。随着超级电容的放电，正、负极板上的电荷被外电路释放，电解液界面上的电荷相应减少。由此可以看出，超级电容的充放电过程始终是物理过程，没有化学反应，因而性能较化学蓄电池稳定得多。

（2）超级电容的特点　与蓄电池相比，超级电容具有以下几点优势：

1）充放电循环寿命很长。超级电容的充放电循环寿命可达500000次，或使用时间可达90000h，而蓄电池的循环寿命很难超过1000次。

2）可以提供很大的放电电流。例如，2700F的超级电容额定放电电流不低于950A，放电峰值电流可达1680A，而蓄电池通常不可能有如此高的放电电流。一些高放电电流的蓄电池，在如此高的放电电流下，其使用寿命也会明显缩短。

3）可以实现快速充电。超级电容可以在数十秒到数分钟内快速充电，而蓄电池的可接受充电电流是有限的，因此不可能在如此短的时间内充足电。

4）工作温度范围很宽。超级电容可以在很宽的温度范围内正常工作（－40～70℃），而蓄电池在高温或在低温环境下就不能正常工作。

5）安全无毒。超级电容的材料是安全和无毒的，而铅酸电池、镍镉电池均具有毒性。

虽然超级电容的能量密度不能与蓄电池相比，但是其大电流充放电的特点，使超级电容特别适合用作电动汽车的辅助电源。在车辆起步、加速、爬坡等行驶工况时，由超级电容提供大电流，在确保电动汽车动力性的同时，可有效地保护蓄电池，延长蓄电池的使用寿命。在车辆制动时，超级电容可接受大电流充电，可很好地回收制动能量。超级电容不仅可用作电动汽车的辅助蓄能装置，而且可用作电动汽车主要的或唯一的蓄能装置。

2. 飞轮电池

飞轮电池是20世纪90年代才提出的新概念电池。它突破了化学电池的局限，用物理方法实现蓄能。

（1）飞轮电池的工作原理　飞轮电池主要由飞轮、轴、轴承、电机、真空容器和电力电子变换器等组成，如图2-14所示。

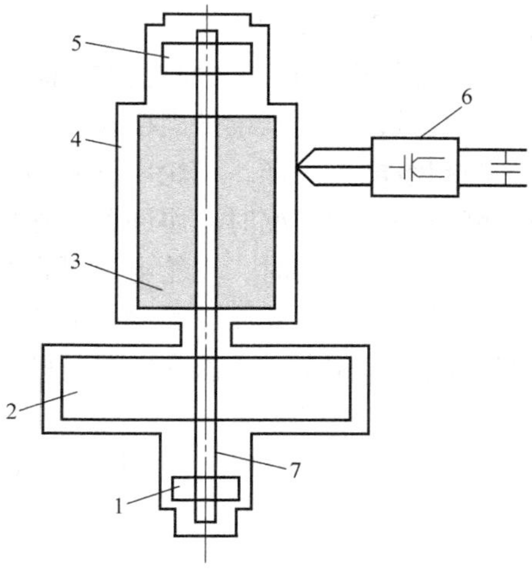

图2-14　飞轮电池的原理

1、5—轴承　2—飞轮　3—电机　4—真空容器　6—电力电子装置　7—轴

当飞轮以一定的角速度旋转时，就具有了一定的动能。飞轮是整个蓄能装置的核心部件，它直接决定了整个装置的蓄能量。对飞轮电池充电时，通过电力电子装置从外部输入电能而使电机旋转，电

机（此时作为电动机）驱动飞轮加速旋转，飞轮储存的动能（机械能）就增大。飞轮电池向外放电时，由高速旋转的飞轮带动电机（此时作为发电机）旋转，将动能转化为电能，再通过电力电子变换装置将电能转换为负载所需的频率和电压。

飞轮工作时的转速很高（可达 40000 ~ 50000r/min），用一般金属制成的飞轮无法承受这样高的转速，因而飞轮一般都采用碳纤维制成，使之在满足强度要求的同时，可减小飞轮电池的质量。

电机用于电能与机械能相互转换，实现充电（储存机械能）和放电（释放机械能）过程。飞轮电池通常采用永磁式电机，在充电时用作电动机，在外电源的驱动下，带动飞轮高速旋转，将电能转换为机械能储存；在放电时用作发电机，在飞轮的带动下发电而向外输出电能。

飞轮电池通常使用非接触式的磁悬浮轴承，以减小飞轮运转时的摩擦损耗，提高飞轮电池的能量储存效率。

飞轮在高速旋转时，周围的空气会形成强烈的涡流，造成巨大的空气阻力。因此，飞轮电池通常将电机和飞轮都密封在一个真空容器内，以减少风阻。

（2）飞轮电池的特点　飞轮电池具有以下优点：

1）能量密度高。飞轮电池的能量密度可达 100 ~ 200W · h/kg，功率密度可达 5000 ~ 10000W/kg。

2）能量转换效率高、充电快。飞轮电池工作时的能量损失很小，其能量转换效率高达 90% 以上。由于飞轮电池无最大充电电流的限制，其充电速度取决于飞轮的角加速度，因而充电很快。

3）体积小、质量轻。飞轮采用了碳纤维材料，直径一般也不大。因此，与化学电池和燃料电池相比，飞轮电池的体积小、质量轻。

4）工作温度范围宽。飞轮电池对环境温度没有严格限制。

5）使用寿命长。飞轮电池无重复深度放电影响，其循环充放电次数可达数百万次，预期寿命可达 20 年以上。

6）维护周期长。飞轮电池的轴承采用磁悬浮形式，飞轮在真空环境下运转，其机械损耗微乎其微，因而其维护周期长。

与超级电容一样，飞轮电池特别适合用作电动汽车的辅助蓄能装置，在车辆起步、加速、爬坡等行驶工况时，协助蓄电池供电，可提高电动汽车的动力性，并延长蓄电池的使用寿命。在车辆制动时，飞轮电池可很好地回收制动能量。用飞轮电池作蓄能装置的电动汽车也早被世界各国所关注。美国飞轮系统公司用其最新研制的飞轮电池将一辆克莱斯勒 LHS 轿车改成电动轿车，一次充电可行驶 600km，0 ~ 96km/h 的加速时间仅为 6.5s。

第三节　蓄电池的充电

一、蓄电池的基本充电方法

蓄电池的基本充电方法有定流充电和定压充电，在实际充电过程中，则可能是不同的充电方法分段组合使用。

1. 定流充电

定流充电是指在充电过程中使充电电流保持恒定不变的充电方法。这种充电方法在充电过程中需要适时提高充电电压，以使充电电流保持恒定，如图 2-15 所示。由于蓄电池的充电可接受电流随着蓄电池充电程度的提高而降低，因此，在充电后期，应适当减小充电电流。

定流充电的优点是能够将蓄电池完全充足，有益于延长蓄电池的使用寿命。其缺点是充电时间较长。

2. 定压充电

定压充电是指在充电过程中使充电电压保持不变的充电方法。由于充电电压为定值，因而在充电过程中，其充电电流会随着蓄电池电动势的升高而逐渐减小，如图 2-16 所示。

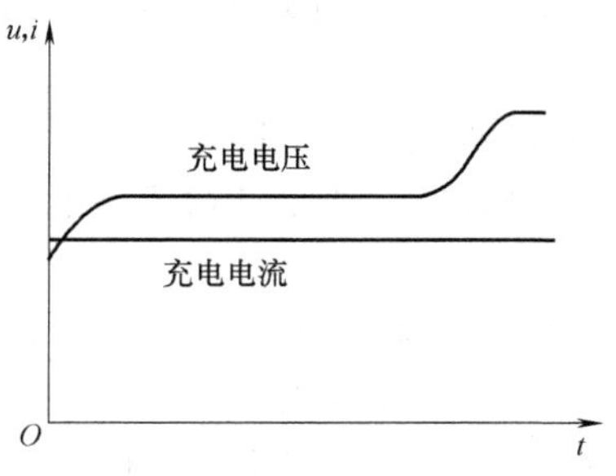

图 2-15　蓄电池定流充电特性曲线

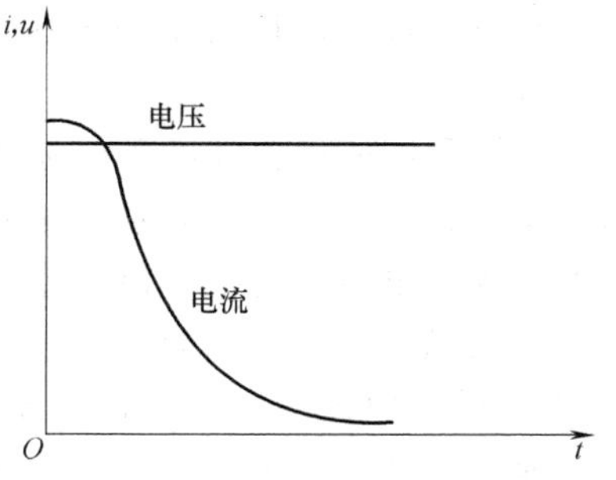

图 2-16　蓄电池定压充电特性曲线

定压充电时电压高低的确定是很重要的，适当的充电电压可使蓄电池在即将充足电时的充电电流趋于 0。充电电压过高容易造成充电初期充电电流过大和过充电，充电电压过低则会使蓄电池充电不足。在定压充电初期，由于蓄电池的电动势较低，为避免充电电流过大而对蓄电池造成不利影响，通常需要用较低的电压充电，待蓄电池的电动势有所上升后，再以规定的电压进行定压充电。

定压充电的优点是充电时间短，缺点是不容易将蓄电池完全充足，充电初期的大电流充电对蓄电池的寿命会产生不利的影响。

二、充电可接受电流与快速充电

1. 蓄电池充电可接受电流

充电可接受电流是指蓄电池在充电过程中能接受的最大充电电流，超过此电流，不但不能提高充电的速率，而且会对蓄电池造成损害。

下面以铅酸电池为例，说明充电可接受电流的含义。铅酸电池的充电可接受电流是指其在电解液只产生微量析气的前提下所能够接受的最大充电电流。1967 年美国的麦斯（J. A. Mas）经过大量试验提出了蓄电池充电可接受电流定律，即

$$i = I_o e^{-at} \tag{2-2}$$

式中　i——在充电过程中某一时刻蓄电池的充电可接受电流（A）；

I_o——开始充电时蓄电池的充电可接受电流（A）；

a——充电可接受电流衰减常数；

t——充电时间（s）。

根据蓄电池充电可接受电流定律可绘出其可接受电流曲线，如图 2-17 所示。从充电可接受电流曲线可直观地看到，在充电过程中，铅酸电池的充电可接受电流呈指数规律下降。在充电的任一时间里，只要充电电流大于当时的可接受电流，就会出现过充电现象。

2. 蓄电池的快速充电

为了满足电动汽车的使用要求，人们一直在研究快速充电的方法。具有实际意义的蓄电池快速充电方法不仅要缩短充电时间，而且要避免充电电流过大。由于在蓄电池充电过程中充电可接受电流是变化的，因此，缩短蓄电池充电时间最有效的方法是在整个充电过程中，使充电电流尽可能接近充电可接受电流。

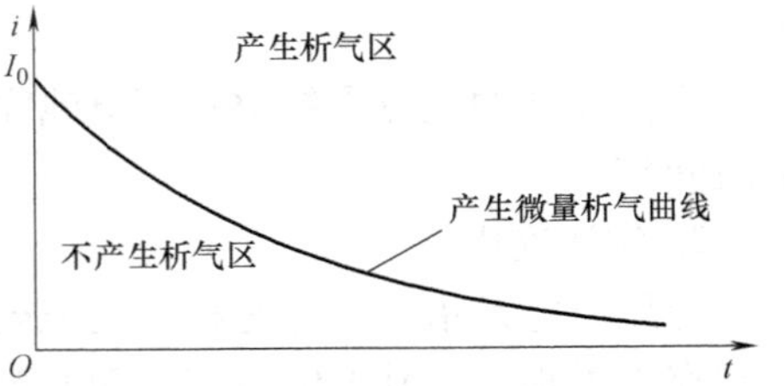

图 2-17　蓄电池充电可接受电流曲线

近几年被采用或被关注的蓄电池快速充电方法有脉冲快速充电、分段定流快速充电、变电流间歇快速充电、变电压间歇快速充电等多种。这些充电方法主要是针对铅酸电池，但对于其他类型的蓄电池来说也有借鉴作用。

（1）脉冲快速充电　脉冲快速充电是利用蓄电池充电初期可接受大电流的特点，采用 $(0.8\sim1)C_{20}$ 的大电流对蓄电池进行定流充电，使蓄电池在短时间内充入 60% 左右的电量；当单格电池电压达到 2.4V，电解液开始冒气泡时，则通过脉冲充电方法消除极化。脉冲快速充电的电流波形如图 2-18 所示。脉冲充电阶段控制方法是：先停止充电 25ms 左右，再反充电，反充电的脉宽一般为 150～1000μs，脉冲幅度为 1.5～3 倍的充电电流，接着再停止充电 25ms，然后进行正脉冲充电，周而复始。

这种形式的脉冲充电方法不仅可缩短充电时间，还可减小或消除充电过程中的极化（欧姆极化、浓差极化和电化学极化），提高充电效率。这种充电方法的缺点是不能将蓄电池完全充足，且对蓄电池的寿命也有不利的影响。

（2）分段定流快速充电　分段定流快速充电方法如图 2-19 所示。先以较大的恒定电流充电，当充电至接近充电可接受电流极限时，减小充电电流，并以该恒定电流继续充电，充电一定时间后，再减小充电电流，然后以该充电电流充电，一直到将蓄电池充足。

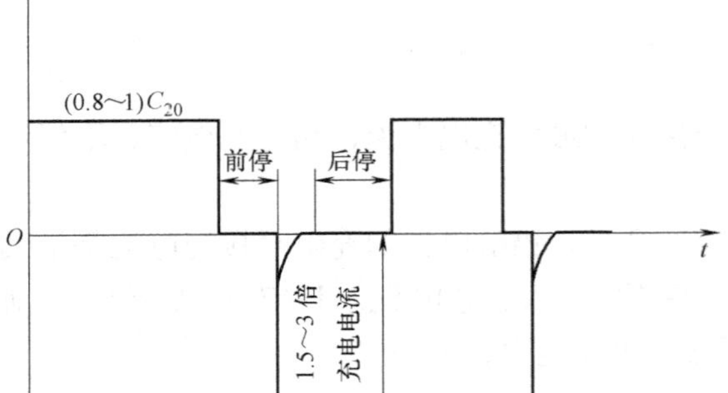

图 2-18　脉冲快速充电的电流波形

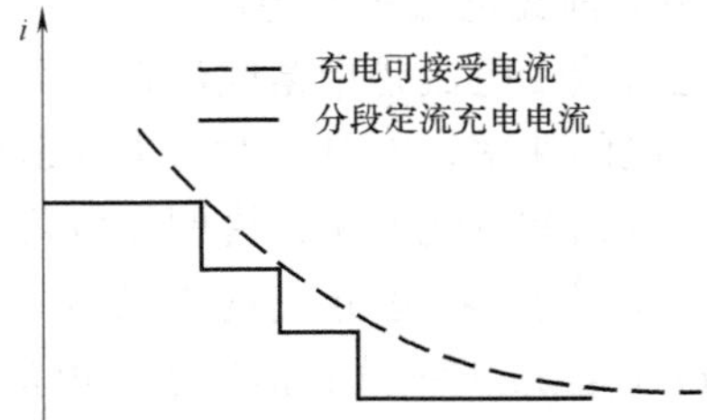

图 2-19　分段定流快速充电方法

采用分段定流快速充电的目的是使蓄电池在整个充电过程中，其充电电流尽可能地接近蓄电池的充电可接受电流。分段定流快速充电方法的关键是确定各阶段电流大小和充电时间长短。如果某阶段电流过大或充电时间过长，就容易使该阶段后期的充电电流大于充电可接受电流，造成过充电而影响蓄电池的使用寿命；如果某阶段的充电电流太小或该阶段定电流充电过早结束，则又会使该阶段后期的充电电流远离充电可接受电流曲线，导致充电时间过长。

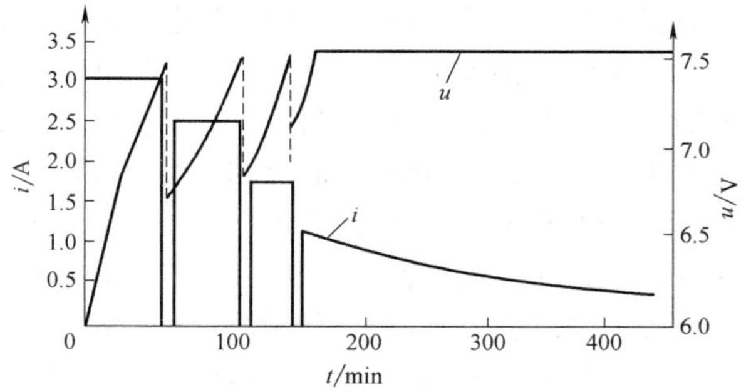

图 2-20　变电流间歇快速充电电压与电流曲线

（3）变电流间歇快速充电　变电流间歇快速充电方法是建立在定流充电和脉冲充电的基础上的。变电流间歇快速充电电压与电流曲线如图 2-20 所示。

该充电方法在充电前期采用分段定电流加间歇充电，通过大电流充电，使蓄电池在短时间内获得绝大部分充电量。充电后期采用定压充电方法，并通过小电流的过充电，可确保将蓄电池完全充足。在各段定流充电之间都设置间歇停充段，其目的是使蓄电池在充电过程中的浓差极化和欧姆极化自然得到消除，以降低蓄电池的充电电压，可使下一阶段的充电得以顺利进行，并提高充电效率。

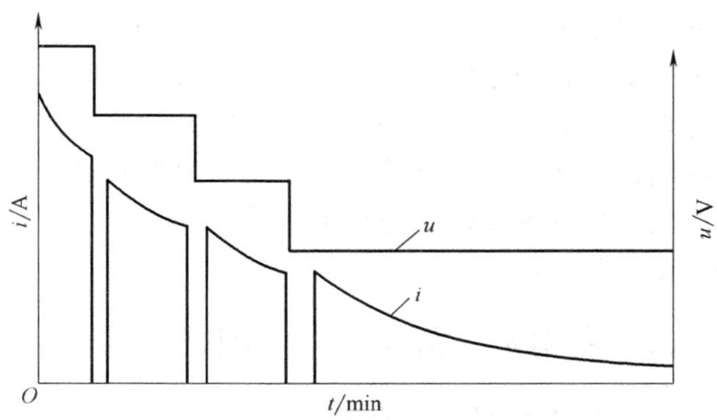

图 2-21　变电压间歇快速充电方法的充电电压和电流曲线

（4）变电压间歇快速充电法　变电压间歇快速充电方法的充电电压和电流曲线如图 2-21 所示。变电压间歇快速充电方法与变电流间歇快速充电方法不同之处在于，第一阶段不是间歇定流，而是间歇定压。

相比于分段定流快速充电方法，变电压间歇快速充电方法在每个定电压充电阶段，其充电电流是按指数规律下降的，这更符合蓄电池充电可接受电流随着充电的进行逐渐下降的特点。如果各段充电电压适当，变电压间歇快速充电可使整个充电过程的充电电流更接近于蓄电池的充电可接受电流，可有效缩短充电时间。

第四节　蓄电池性能与状态的测试

一、蓄电池性能检测的相关标准

1. 动力电池的国家标准

为了蓄电池研发、制造和使用的需要，我国颁布了动力电池的相关国家标准：GB/T 18332.1—2009《电动道路车辆用铅酸蓄电池》、GB/T 18333.1—2001《电动道路车辆用锂离子蓄电池》、GB/T 18332.2—2001《电动道路车辆用金属氢化物镍蓄电池》。这些蓄电池国家标准对最常见的三种蓄电池性能指标作出了明确的规定。例如，在《电动道路车辆用锂离子蓄电池》国家标准中，主要规定了20℃放电容量、－18℃放电容量、50℃放电容量、20℃时高倍放电容量、荷电保持与恢复能力、储存性能、循环寿命、耐振动性能和安全性（指出现漏液、放气、爆炸、起火和产生明显形变等异常现象）等性能指标；而在《电动道路车辆用铅酸蓄电池》国家标准中，规定的性能检验指标主要有3小时放电率额定容量、高倍率放电性能、低温容量放电性能、过放电性能、安全性能（指出现漏液、外壳破裂等异常现象）、密封反应效率（仅适用于阀控密封式蓄电池）、水损耗（仅适用于免维护蓄电池）、荷电能力、循环耐久能力、耐振动性能和储存性能（仅适用于干荷电蓄电池）等。

不同类型的蓄电池，性能指标及检测的方法均不尽相同，有的性能参数可使用通用的检测设备测量，有的则需要专用的设备才能检测。

2. 动力电池的行业标准

国家发改委在2006年颁布了动力电池的相关行业标准：QC/T 742—2006《电动汽车用铅酸蓄电池》、QC/T 743—2006《电动汽车用锂离子蓄电池》、QC/T 744—2006《电动汽车用金属氢化物镍蓄电池》。这三个行业标准是对此前的国家标准的继承和完善。在这三个行业标准中，对电动汽车用蓄电池的要求、试验方法、检验规则、标志、运输和储存等均作出了规定，并区分能量型蓄电池和功率型蓄电池的差别，尤其强调了对蓄电池安全性的测试要求。安全性的测试内容包括了过放电试验、过充电试验、短路试验、跌落试验、加热试验、挤压试验和针刺试验等。

二、蓄电池充放电性能的测试

1. 蓄电池充电性能的测试

蓄电池充电性能测试的项目主要是检测蓄电池的充电效率、充电可接受电流、过充电能力等。要求用作蓄电池充电性能试验充电电源的充电电压和充电电流可调，且可自动记录充电过程的电压、电流及充电时间，以便于获取所需要的蓄电池充电性能参数。

（1）充电可接受电流　蓄电池在各种荷电状态下的充电可接受电流是确定蓄电池快速充电方案的重要参数，但是，要获取准确的蓄电池充电可接受电流参数却比较困难。对铅酸蓄电池而言，可以用定流充电至电解液开始冒气泡的时间大致确定可接受电流值。定流充电至电解液开始冒气泡的时间越短，则该充电电流值就越接近充电可接受电流；如果蓄电池需要充电很长时间电解液才有冒气泡现象，则该充电电流小于可接受电流；如果蓄电池充电极短的时间电解液就大量冒气泡，则表明该充电电流已超出了充电可接受电流。

若蓄电池在各种荷电状态下的充电可接受电流大，则表明蓄电池接受快速充电的能力就强，蓄电池在使用过程中也不容易过充电。

（2）最高充电电压　蓄电池在各种充电电流下的最高充电电压也是衡量蓄电池充电性能好坏的重要参数，可由电压表测得。若充电电压高，则说明蓄电池充电过程中极化现象（欧姆极化、浓差极化和电化学极化等）较为严重，蓄电池的充电效率就低。

（3）充电效率　充电效率是指蓄电池被充入的电量（还原为蓄电池的化学能量）与充电过程中充电电源所消耗电能的比值。充电效率也是衡量蓄电池充电性能的一个重要指标。充入蓄电池的电量通常用蓄电池所放出的电量来度量，而充电消耗的总电量可通过充电过程中充电电流和时间的累积得到。

充电电流的大小、充电方法、充电时的环境温度等均会影响蓄电池的充电效率。蓄电池本身充电可接受电流的大小也会影响充电效率。一般而言，蓄电池充电初期的充电效率较高，充电后期因充电极化现象较为严重，充电效率较低。

（4）耐过充电能力 蓄电池的耐过充电能力是指蓄电池在非正常充电情况下，仍然保持良好状态的能力。它也是蓄电池充电性能的重要指标之一。不同类型的蓄电池，耐过充电性能的评价标准和测试方法也有所不同。例如，对于镍氢电池，通常要求在 1C 充电率下充电 90min 无泄漏，充电 6h 以内不发生爆炸。

2. 蓄电池放电性能的测试

蓄电池的放电性能会因放电方式的不同而不同。例如，放电电流越大，蓄电池放电过程中的端电压及终止放电电压就越低，蓄电池所能放出的电量也就越低。此外，环境的温度对蓄电池的放电性能也会有影响。蓄电池的放电性能通常用定电流放电法测试。

（1）定电流放电测试方法 定电流放电测试需要有一个能人工调节放电电流，且在放电过程中能自动控制放电电流的放电器。在放电过程中，需要自动或人工记录蓄电池的放电电流、端电压及放电时间。由于不同的放电电流，蓄电池的放电特性会有所差别，温度对蓄电池的放电特性也有较大的影响，因此，在做放电试验时，需要记录放电电流值和温度。蓄电池定电流放电性能测试电路如图 2-22 所示。

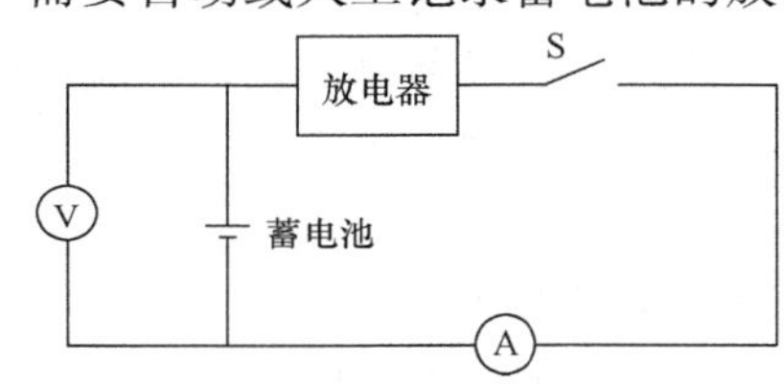

图 2-22 蓄电池定电流放电性能测试电路

（2）蓄电池放电性能的评价方法 图 2-23 所示为某蓄电池定电流放电测试时记录下的定电流放电特性曲线。从定电流放电特性曲线可知，蓄电池的放电电流越大，其端电压及放电终止电压就相对较低；温度低，蓄电池的端电压及容量均相对较低。

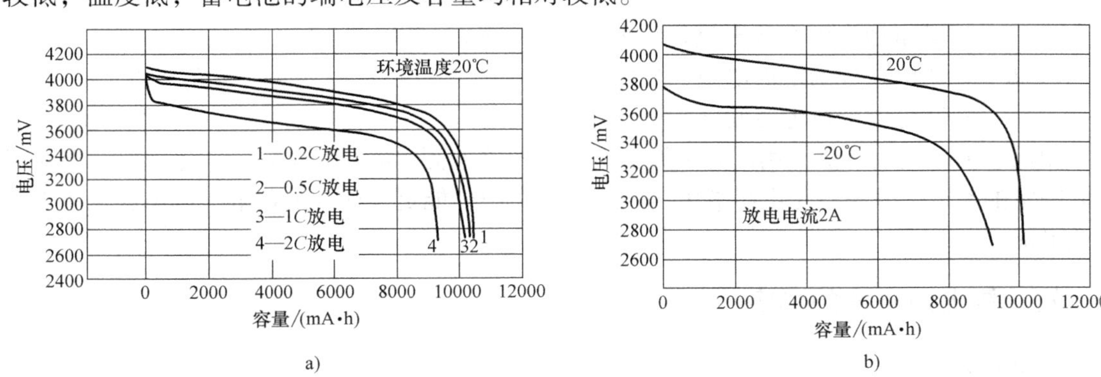

图 2-23 蓄电池的定电流放电特性曲线

a）不同电流下的放电特性曲线 b）不同温度下的放电特性曲线

放电特性曲线反映了蓄电池整个放电过程的电压变化。蓄电池的工作电压通常以中点电压表示，而蓄电池的中点电压可由蓄电池允许放电的中点时刻的放电电压确定。蓄电池的放电特性还可用电压特性反映。所谓电压特性是指蓄电池放电至标称电压的时间与蓄电池总放电时间的比值。如果蓄电池具有良好的电压特性，则说明其输出功率较高；如果正常工作电压的时间相对较长，则有利于蓄电池容量的充分发挥。

三、蓄电池容量的测定

蓄电池的理论容量是指其极板活性物质全部参加电化学反应所放出的电量，但蓄电池工作时实际放出的电量只是其中的一部分。蓄电池的实际容量与放电电流的大小和放电时的温度均有关。因此，蓄电池所标定的额定容量是在规定的放电电流和温度下所放出的电量。

蓄电池的实际容量通常用定电流放电法测定，也可用定电阻法测定。

1. 定电流放电法

用定电流放电法测定蓄电池的容量如同蓄电池的定电流放电性能测试，其测试电路可参考图2-22。以某定电流连续放电，直到蓄电池的电压降至放电终止电压，蓄电池的容量 C 由放电电流 I 和放电时间 t 的乘积（$C=It$）得到。

蓄电池在不同的定电流放电情况下，所能放出的电量是不同的，因此，蓄电池的实际容量必须标明其放电电流值。例如，C_3 表示蓄电池以3h放电率定电流（$I=C_3/3$）放电的容量，而以20h放电率定电流（$I=C_{20}/20$）放电的容量则需用 C_{20} 表示。

此外，如果蓄电池在定电流放电过程的中间有停顿，则最后测定的实际容量要比连续放电至终止电压测得的容量要高；搁置时间较长，测得的实际容量也要比搁置时间短的要高一些。

2. 定电阻放电法

在容量测试的放电过程中，放电电路中的电阻恒定不变，则放电电流不是一个定值。定电阻放电过程开始时的放电电流较大，然后随着蓄电池电动势的逐渐下降，放电电流随之缓慢下降。定电阻放电过程蓄电池的容量 C 可由式（2-3）确定。

$$C=\frac{U_{av}}{R}t \tag{2-3}$$

式中 U_{av}——蓄电池在整个放电过程的平均电压（V）；

R——放电过程的定值电阻（Ω）；

t——蓄电池的放电时间（h）。

相比于恒电流放电法，用定电阻放电所测定的蓄电池实际容量只是一个近似值，但对于负载固定的蓄电池来说，定电阻放电法测定的容量值却能更好地反映蓄电池在该放电条件下的放电能力。

四、蓄电池寿命的测定

1. 测定方法

蓄电池寿命的测定通常是指测定蓄电池的循环寿命。不同类型的蓄电池，其循环寿命测定的相关规定也有所不同。具体的蓄电池循环寿命测定方法可参阅我国颁布的GB/T 18332.1—2009、GB/T 18333.1—2001和GB/T 18332.2—2001等蓄电池国家标准中的蓄电池循环寿命测定规定或国际电工委员会（IEC）制定的相关标准。

采用国家标准或IEC标准测试蓄电池的循环寿命需要很长的测定时间。在蓄电池循环寿命的实际测定过程中，通常采用快速检测法。例如，镍氢电池的标称容量为1200mA·h，规定其循环测定条件为：以1200mA的电流充电75min，充电结束的条件为电压降至10mV，搁置10min后，再以1200mA的电流放电至1.0V，搁置10min后再充电，如此循环，直到蓄电池的容量衰减到标称容量的80%。这时，记录下前面充放电循环的次数即为该蓄电池的循环寿命。

蓄电池的循环寿命测定电路与蓄电池容量测定电路完全一致，只是在做循环寿命测定时，需要反复地做，直到蓄电池的容量衰减到规定的低限时为止。对于性能良好的蓄电池，在循环寿命期内，其电压特性应无大的衰减。

2. 影响蓄电池寿命的使用因素

不同类型、不同质量的蓄电池，由于电极材料、电解液、隔膜、制造工艺及电化学过程等的不同，其使用寿命也会有所不同，而使用方法和环境对蓄电池的使用寿命也会有较大的影响。例如，当蓄电池放电深度不同时，其循环寿命就会有所不同，蓄电池深度放电时的循环寿命就会比放电深度低时要短，如图2-24所示；蓄电池过充电或充电不足，也会影响蓄电池的循环寿命，如图2-25所示；温度对蓄电池的寿命也有较大的影响，蓄电池的温度越高，对蓄电池寿命的影响也越大，如图2-26所示。因此，在蓄电池寿命测试过程中，应该严格把握测试条件。

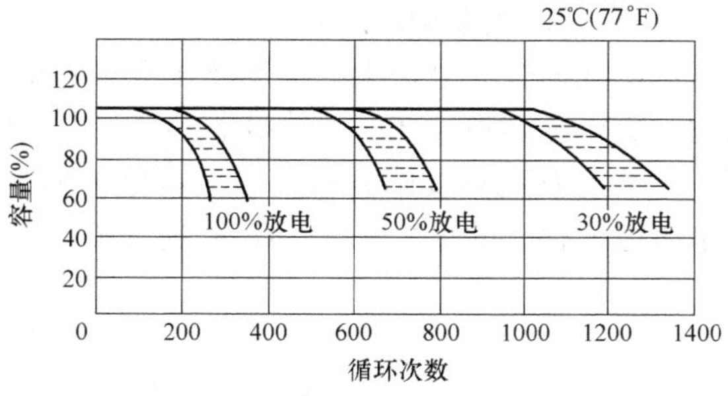

图2-24　蓄电池放电深度对循环寿命的影响

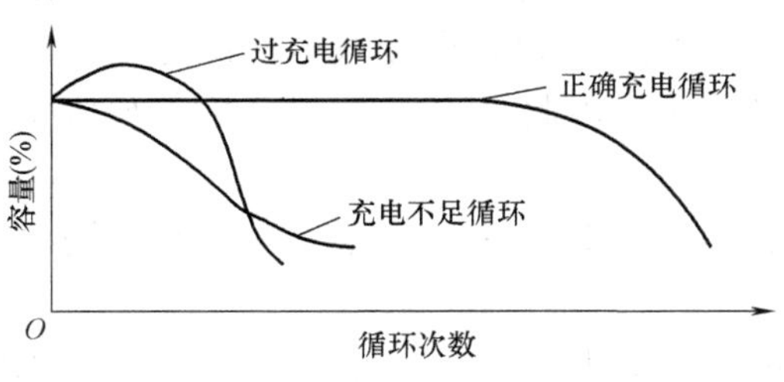

图2-25　蓄电池的充电对循环寿命的影响

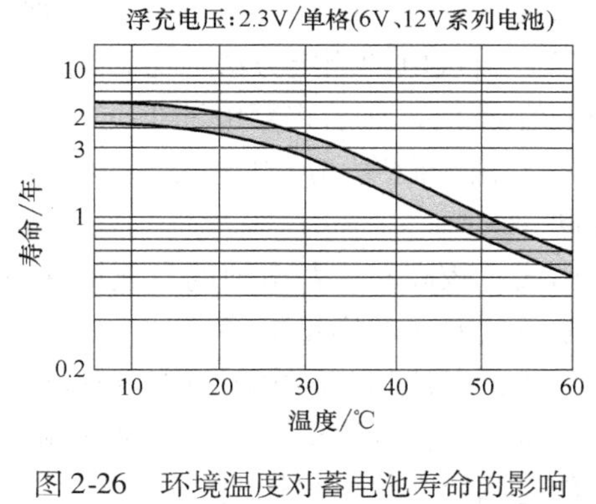

图2-26　环境温度对蓄电池寿命的影响

五、蓄电池内阻及自放电的测定

1. 蓄电池内阻的测定

蓄电池的内阻包括电极在电化学反应时所表现的极化电阻和欧姆电阻。欧姆电阻主要由极板电阻、电解液电阻、隔膜电阻及各部分零件的接触电阻构成。蓄电池内阻的大小将会影响蓄电池的工作电压。

蓄电池的类型不同，其内阻也就不相同。铅酸电池的内阻较小，约为10mΩ；镍氢电池的内阻为15～50mΩ。由于蓄电池的内阻很小，且是有源元件，所以不能用普通的万用表来测量。蓄电池内阻的测量方法有方波电流法、交流电桥法、交流阻抗法、直流伏安法、短路电流法和脉冲电流法等。

用方波电流法测量电阻时，由恒电流仪控制通过电极的电流为一定值，用信号发生器调节方波周期和幅值，并用示波器记录电压的响应，一般要求周期较短，测出的内阻值为蓄电池的欧姆内阻。

实际上，在测量蓄电池的内阻时，通常采用各种专用的内阻检测仪。常见的内阻检测仪多采用交流法测试蓄电池内阻，即利用蓄电池可等效为一个有源电阻的特点，将被测蓄电池施加一个恒定的交流电流（一般为1kHz，50mA），然后对其进行电压采样，并经整流、滤波等处理后，获得较为精确的蓄电池内阻值。

2. 蓄电池自放电的测定

蓄电池的自放电是指其在电极开路的情况下自行放电，使蓄电池的容量下降的现象。蓄电池自放电是客观存在的。蓄电池的自放电率也是衡量蓄电池性能好坏的一项重要指标。

（1）自放电程度的表示方法　蓄电池的自放电程度可用自放电速率 r_z 表示。如果用 t 表示蓄电池存放的天数，C_1、C_2 分别表示存放前后的蓄电池容量，那么 r_z 的表达式为

$$r_z = \frac{C_1 - C_2}{C_1 t} \times 100\% \tag{2-4}$$

从式（2-4）可知，r_z 表示单位时间内蓄电池容量下降的百分数，而在实际测量中，通常用指定时间内容量的保持率（或称为剩余容量百分比、荷电保持能力等）r_b 来表示，即

$$r_b = \frac{C_2}{C_1} \times 100\% \tag{2-5}$$

从式（2-5）可知，蓄电池的容量保持率越高，说明其自放电速率就越小。

（2）自放电的测定方法　通常的自放电测定方法是：先通过定电流放电等方法测定蓄电池的容量 C_1，然后将蓄电池再充足电，放置一定时间，再以定电流放电法测定蓄电池的容量 C_2。由于温度和放电电流等均会影响蓄电池的容量，因此，测定 C_1、C_2 时的放电条件应相同。

当温度较高时，蓄电池的自放电速率会相对较高。图2-27表示了某蓄电池在不同温度下存放不同时间的容量保持率。

一些蓄电池的开路电压与放电程度有着一一对应的线性关系（见图2-28），因此，也可通过测量蓄电池开路电压的方法来估算蓄电池存放一段时间后的剩余容量，从而可使蓄电池的自放电测定方法变得简便。

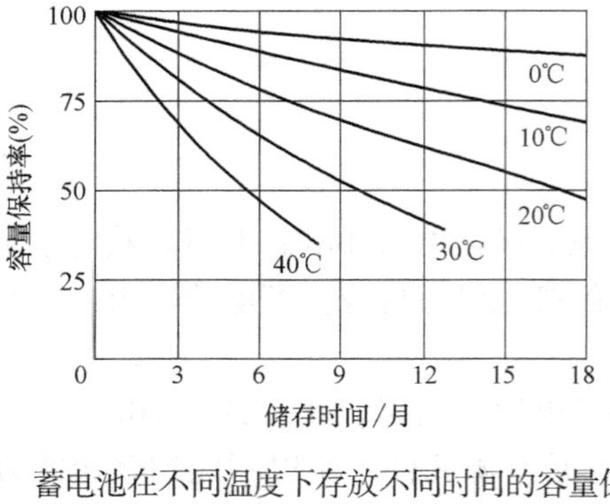

图2-27　蓄电池在不同温度下存放不同时间的容量保持率

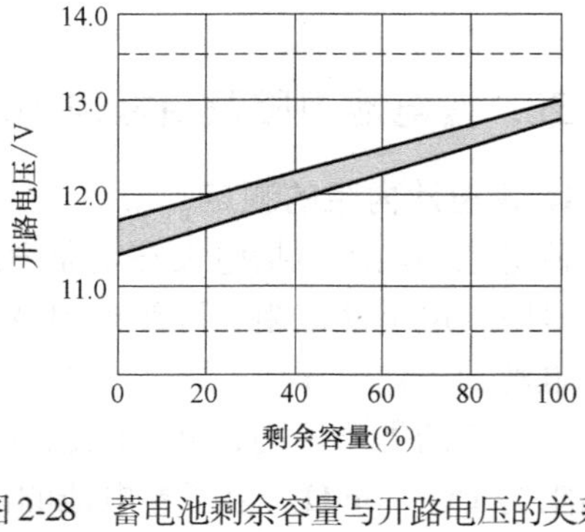

图2-28　蓄电池剩余容量与开路电压的关系

六、蓄电池安全性能的测试

为了确保蓄电池在各种可能出现的异常情况下均不发生安全事故，需要对蓄电池进行安全性能测试，以确定蓄电池的安全保障程度，并提高相应的安全防范措施。蓄电池的安全性能测试通常包括耐过充放电能力测试、短路测试、耐高温测试、钻孔测试、力学性能测试及耐蚀性能测试等。不同类型的蓄电池，其安全性测试的项目、测试条件及测试方法也会有所不同。

1. 耐过充电、过放电能力的测试

对于密闭型蓄电池而言，在过充电的情况下，密闭容器内会因大量的气体积累而使压力迅速上升，如果安全阀不能及时打开，就有可能导致蓄电池因内部压力过高而产生爆裂事故。如果是采用浓酸性或浓碱性电解液的蓄电池，溅出的电解液还会腐蚀周围的设备，伤及周围的人员。因此，要求蓄电池具有良好的耐过充电能力，在一定的过充电或过放电的情况下，不出现泄漏、外壳变形甚至爆裂等事故。

在进行过充电测试时，应根据不同类型、不同型号的蓄电池，选择适当的测试条件。例如，镍氢电池，可根据恒流源的输出功率确定过充电流的大小。对于容量相对较小的蓄电池，可选用较大的电流倍率。对于大容量蓄电池，由于恒流源一般不能输出 $1C$ 的大电流，若要用大电流充电，则应采取相应的安全防护措施。

不同类型的蓄电池，其安全性测试的方法及要求也有所不同。例如，GB/T 18333.1—2001《电动道路车辆用锂离子蓄电池》推荐的安全性试验方法有两种，第一种是连续充电试验，即在(20±5)℃下，采用定电流、定电压的充电方法充电，控制起始电流小于或等于1h 放电率电流 I_1，当蓄电池组中的某一块蓄电池最早到达充电终止电压（最高为 4.20V）时，蓄电池组自动停止充电，然后重复操作 5 次。第二种是过放电和过充电法，共分两步，第一步是在(20±5)℃下，先以 3h 放电率电流 I_3 放电，当蓄电池组中某一蓄电池达到放电终止电压（2.52V）后，使用专用充电器在(20±5)℃下充电到充电终止电压（某一块蓄电池的充电电压达到 4.20V）；第二步是在(20±5)℃下，以 3h 放电率电流 I_3 放电（应暂时除去放电电子保护线路），直到某块蓄电池电压为 0，然后在(20±5)℃下再以 3h 放电率电流 I_3 充电，直到该块蓄电池电压达到 0.5V。该标准规定，蓄电池经过以上两种试验后，不得出现漏液、放气、爆炸、起火和产生明显的形变等异常现象。

2. 短路测试

蓄电池在短路情况下会产生很大的短路电流，瞬间就可使蓄电池的温度升高，甚至导致蓄电池电解液沸腾或使密封圈熔化。在做蓄电池短路测试时，可能会出现泄漏、喷液等情况，需要有较好的防护措施。

蓄电池短路测试常用的方法是：将蓄电池充足电，在室温下将蓄电池两电极短接 1h，允许蓄电池有泄漏发生，但蓄电池不得起火或爆炸。

3. 耐高温测试

在进行蓄电池的耐高温测试时，一般将测试温度区间分为高温区和低温区。高温区就是投入火中进行测试，低温区为 100～200℃。常见的低温区测试方法有两种，一种是将充足电的蓄电池投入沸水（100℃）中，并保持 2h，蓄电池应不爆炸、不泄漏；另一种是将充足电的蓄电池放入 150℃的恒温箱中，并保持 10min，蓄电池应不爆炸、不泄漏。

通过低温区测试的蓄电池，其内阻及开路电压均会有所变化，但蓄电池应能继续使用。蓄电池在高温区的测试是具有破坏性的，测试后的蓄电池不能继续使用。将蓄电池投入火中，其温度可达800℃，密封圈及蓄电池内的其他塑料件均会全部熔化，并且会着火。蓄电池高温区测试允许有气体析出，但不得发生爆炸。

4. 钻孔测试

蓄电池在受到外界尖锐物体的冲击时，其外壳可能会被刺破，如果刺入物为导电体，则蓄电池的内部会发生短路而造成危险。因此，对一些在特殊场合下使用的蓄电池，还应进行钻孔测试。

蓄电池在进行钻孔测试前先充足电。钻孔工具可采用钻床，钻头应是导电材料。具体的测试方法为：采用ϕ1.0mm的钻头，将蓄电池沿直径方向钻穿，钻穿后，允许蓄电池漏液和发热，但不得爆炸。

5. 力学性能测试

蓄电池的力学性能测试包括耐碰撞、耐冲击和耐振动等测试。GB/Z 18333.1—2001规定：在(20±5)℃下，将蓄电池从1.0m的高度上跌落到硬木地板上，一个方向进行两次跌落试验后，蓄电池不得出现漏液、放气、爆炸、起火和产生明显的形变等异常现象。

我国电动汽车用蓄电池规定的耐振动性能测试方法分为四步。第一步，使用生产厂家提供的或推荐的专用充电器，并按规定的充电方法将蓄电池充足电；第二步，将蓄电池紧固在振动试验台上，并使蓄电池以3h放电率的电流I_3放电；第三步，使蓄电池以30～35Hz的频率沿上下方向振动，振动的最大加速度为30m/s^2，时间为2h，同时，观察蓄电池放电电压有无异常；第四步，检查试验后的蓄电池有无机械损伤，电解液有无渗漏等。若蓄电池在耐振动试验中出现放电电压异常、机械损伤或电解液渗漏现象，则说明蓄电池的力学性能不合格。

6. 耐蚀性能测试

蓄电池常用的耐蚀性能测试方法有电化学测试方法和盐雾试验法等。测试时，将蓄电池暴露在测试箱中，并向测试箱中喷入经雾化的试验溶液，使试验溶液均匀地沉降在蓄电池的表面。试验溶液采用质量分数为5%的NaCl溶液，其中总固体的含量不超过20μg/g，pH值为6.5～7.2。测试时，测试箱内的温度应保持恒定。蓄电池在盐雾箱内放置48h后，其容量应无明显的差别，在蓄电池的顶部（封口处）和底部允许有少量锈迹，但应无穿孔或非常明显的点蚀，蓄电池不得泄漏和爆炸。

七、蓄电池荷电状态SOC的检测方法

蓄电池的荷电状态SOC用来表示蓄电池剩余的能量。在蓄电池使用过程中，SOC是反映蓄电池状态的重要参数。由于SOC受充放电倍率、温度、自放电及极板活性物质老化等因素的影响，且与某些参数之间呈非线性关系，因而很难通过对单个或几个参数的测量而获得准确的SOC值。到目前为止，SOC的检测方法已有很多，例如，放电试验法、安时计量法、开路电压法、负载电压法、内阻法、神经网络法、卡尔曼滤波法等，但各种SOC检测方法只能对蓄电池的某种充放电情况较为适用。

1. 放电试验法

放电试验法是通过定电流放电的方法来估计蓄电池的SOC，具体的测试方法是：将蓄电

池进行定电流放电至终止电压，蓄电池放出的电量即为蓄电池定电流放电前的SOC。这种方法被认为是最为可靠的SOC估计方法，但对于在电动汽车上使用中的蓄电池，这种SOC估计方法则没有实际意义。这是因为：

1）使用中的蓄电池剩余电量显示和能量管理需要当前的SOC，而放电试验法都是在蓄电池放完电后才能得到SOC。

2）在不同的定电流放电电流下，所能放出的电量是不同的，因而用该方法测得的SOC只对一种定电流放电情况较准确，对于不同定电流放电或变电流放电的情况则误差较大。

3）放电试验法必须停止蓄电池的工作，且需要较长的时间才能获得结果。

因此，放电试验法通常只是在实验室需要验证蓄电池当前SOC时采用。

2. 安时计量法

安时计量法是通过对蓄电池放电电量的累积，并按式（2-6）计算得到当前的SOC值，即

$$\mathrm{SOC}=\mathrm{SOC}_{\mathrm{o}}-\frac{1}{C_{\mathrm{N}}}\int_{0}^{T}\eta I\mathrm{d}t \tag{2-6}$$

式中　$\mathrm{SOC}_{\mathrm{o}}$——蓄电池充放电初始的荷电状态；

C_{N}——蓄电池的额定容量；

I——充放电电流，充电时为负；

η——蓄电池充放电效率。

安时计量法比较简单，但在实际应用中存在的主要问题是：

1）安时计量法本身不能给出初始的SOC值，而使用中的蓄电池充放电起始状态是很难准确估计的。

2）在蓄电池工作过程中，如果电流测量不准确，将会造成充放电电量计量误差，并导致SOC计算误差，且经过长时间积累，误差会越来越大。

3）安时计量必须考虑蓄电池的充放电效率，而充放电效率与充放电电流的大小及蓄电池的技术状况等有关。

因此，安时计量法要成为既简便而又准确的SOC检测方法还有许多工作要做。

3. 开路电压法

蓄电池的开路电压与蓄电池的静止电动势在数值上相等。对于铅酸蓄电池来说，静止电动势与电解液的密度成比例关系，而电解液的密度与蓄电池的放电程度又有一种线性关系，因此，可以用蓄电池的开路电压来估计SOC。镍氢电池和锂离子电池的开路电压与SOC之间的线性度不如铅酸蓄电池，但也可用来估计SOC。

开路电压法在实际应用中的主要问题是蓄电池需要长时间的静置。蓄电池从充放电状态中的动态电动势恢复到静止电动势需要几个小时，这给使用过程中的蓄电池SOC准确估计带来困难。此外，蓄电池最短需要静置多长时间才能恢复为静止电动势也很难确定。

开路电压法通常用于电动汽车驻车时的SOC估计，但其准确性还不太高。由于开路电压法在蓄电池充电的初期和末期对SOC的估计较为准确，因此，通常与安时计量法结合，用于电动汽车蓄电池的SOC测量。

4. 负载电压法

蓄电池在开始放电的瞬间，其端电压立刻从开路电压下降至负载电压。如果蓄电池的负

载电流保持不变，负载电压与SOC也有一一对应的关系，因此，可根据负载电压得到SOC的估计值。

负载电压法可实时估计蓄电池的SOC，且在定电流放电时可获得较为准确的SOC估计值。由于在电动汽车上蓄电池的负载电流不可能保持恒定不变，通过负载电压很难获得准确的SOC值，因而在电动汽车上很少应用，但常被用作蓄电池放电终止的判断依据。

5. 内阻法

蓄电池的内阻可分为交流阻抗和直流内阻。交流阻抗和直流内阻均与SOC密切相关，因而可通过测量交流阻抗和直流内阻来估计SOC。

蓄电池的交流阻抗表示蓄电池对交流电的阻碍能力。它是蓄电池电压与电流之间的传递函数，是一个复数变量，需要用交流阻抗仪来测量，且交流阻抗受温度的影响大，因而很少应用。

蓄电池的直流电阻表示对直流电的阻碍能力，可以通过一个很短时间段里蓄电池电压变化与电流变化的比值求得直流电阻。在实际测量中，将蓄电池从开路状态到定电流充电或放电状态的电压差值除以电流值，即为蓄电池的直流内阻。

蓄电池直流内阻的大小受计算时间长短的影响，若时间段短于10ms，则只能测到欧姆电阻；若时间较长，则内阻的变化又极为复杂。因此，要准确地测量蓄电池的内阻较为困难，这也是直流内阻法很少实际应用的主要原因。内阻法对蓄电池放电后期的SOC估计较为准确，因此，可以与安时计量法配合使用，应用于电动汽车蓄电池的SOC测量。

6. 神经网络法

蓄电池是一个高度非线性系统，对其放电过程很难建立准确的数学模型。神经网络具有非线性的基本特性，且有并行结构和学习能力，对于外部激励能给出相应的输出，因而可模拟蓄电池的动态特性来估计SOC。

估计蓄电池SOC通常采用三层典型神经网络，即输入层、中间层和输出层。输入和输出层神经元个数根据实际需要确定，一般为线性函数，常用电压、电流、累积放出电量、温度、内阻及环境温度等作为输入变量。中间层神经元个数取决于问题的复杂程度及分析精度。

神经网络可适用于各种类型的蓄电池SOC估计，其缺点是需要大量的参考数据进行训练，SOC估计的准确性受训练数据和训练方法的影响很大。

7. 卡尔曼滤波法

卡尔曼滤波法是一种较新的蓄电池SOC估计方法。卡尔曼滤波理论的核心思想是对动力系统的状态作最小方差意义上的最优估计。将其应用于蓄电池的SOC估计时，蓄电池被看成动力系统，SOC是系统的一个内部状态。

卡尔曼滤波法的一个显著特点是用状态空间的概念来描述其数学模型，其另一个新颖之处是它的求解过程是递归计算的，而且可不加修改地应用于平稳和非平稳环境。用卡尔曼滤波法估算SOC，适用于各种类型的蓄电池。与其他方法相比，该方法特别适用于电流波动比较剧烈的混合动力电动汽车用蓄电池的SOC估计。卡尔曼滤波法不仅可以给出SOC的估计值，还可以给出SOC的估计误差，其缺点是对蓄电池的模型准确性和计算能力要求很高。

第三章　电动汽车驱动装置

第一节　电动汽车用电动机概述

一、电动汽车用电动机的使用环境与要求

1. 电动汽车用电动机的使用环境

在电动汽车上，电动机及其控制器是将车载电源的电能转换为机械能，并通过传动机构驱动车轮转动的动力装置。与工业生产机械、家用电器等驱动电动机相比，电动汽车用电动机的工作环境有明显的不同。

（1）电动机工况变化频繁　由于电动汽车运行时工况变化频繁，经常起动/停车、加速/减速、上坡/下坡等，驱动电动机的负载随之而变，因此，电动机作为电动汽车驱动动力，其输出转矩和功率变化频繁。

（2）电动机在冲击、振动的环境下工作　电动汽车运行时的颠簸与振动都会传递给电动机，此外，电动机还要承受汽车在紧急制动、急转弯、急加速时的惯性力。因此，电动汽车用电动机是在冲击、振动的环境下工作的。

（3）车载电源能量有限　工业生产机械、家用电器等电动机的电源来自电网，电能源源不断，而电动汽车的电源（蓄电池、燃料电池、辅助动力单元）能量是有限的，当能量用尽时，需要停止电动汽车的运行，通过充电、添加燃料来恢复其消耗的能量。

（4）电动机本身也是负载　电动机作为电动汽车行驶的驱动动力源，需要随着电动汽车一起运动。电动机及其控制器本身的质量也是汽车质量的一部分。因此，电动机和控制器本身也是汽车动力装置的负载，需要消耗其输出的机械能量。

2. 电动汽车对电动机的要求

由于电动汽车特殊的工作环境，对电动汽车用电动机有比普通电动机更高的要求，主要体现在以下几个方面：

（1）电动机的过载能力强　从减小电动机自身的质量和确保电动机的工作效率的角度考虑，电动机的功率不宜过大，这就要求电动机的瞬时功率和最大转矩都要大，即要求电动机短时过载能力要强，以满足电动汽车起步、加速和上坡时的动力需要。

（2）电动机的调节性能好　为适应电动汽车行驶工况的频繁变化，要求电动机有较宽的调速范围和理想的调速特性，可实现低速恒转矩调速和高速恒功率调速。

（3）电动机的效率高、逆向工作性能好　在电动机的整个运行范围内，均有很高的效率，以节约电能，提高电动汽车一次充电的续驶里程；电动机可在发电机状态下高效工作，以实现电动汽车制动能量回馈，进一步提高电动汽车的续驶里程。

（4）电动机工作可靠性好、结构尺寸小　要求电动机在较为恶劣的环境下能长期稳定可靠地工作，并且使用与维护方便；电动机的结构尺寸小、质量轻（是普通电动机的1/3 ~

1/2)，以利于电动汽车整车的空间布置，减轻车重，提高电动汽车的动力性和经济性。

(5) 其他要求　电动机的结构简单，适合于大批量生产，价格低，运行时的噪声低。

二、电动汽车用电动机的类型及特点

1. 电动汽车驱动装置的组成与类型

电动汽车驱动装置包括电动机、电动机控制器及传动机构。一些电动汽车可直接由电动机驱动车轮。在纯电动汽车、混合动力电动汽车及燃料电池电动汽车上所用的驱动装置均有不同的结构。

(1) 按驱动装置的组成形式分类　按照驱动装置的组成形式分，电动汽车驱动装置有机械驱动方式、半机械驱动方式和纯电气驱动方式等。

1) 机械驱动方式。这种驱动方式的驱动装置除电动机外，通常还包括变速器、传动轴、后桥和半轴等传动部件。这种驱动方式在并联或混联式混合动力电动汽车上有较多的应用。纯电动汽车采用这种驱动方式的优点是对电动机的调速控制要求相对较低；缺点是机械传动有能量损失，驾驶操作复杂，维修的工作量大。因此，纯电动汽车和燃料电池电动汽车较少采用机械驱动方式。

2) 半机械驱动方式。半机械驱动方式取消了传动效率低、操作繁琐的齿轮变速器，只采用了减速齿轮、差速器、半轴等一部分机械传动装置来传递动力。半机械驱动方式可充分利用电动机的无级变速和调速范围宽的特点。

3) 纯电力驱动方式。纯电力驱动方式无机械传动机构，驱动装置由左右两个双联式电动机或轮毂式电动机组成，分别直接驱动左右两个驱动车轮。纯电力驱动方式的传动效率高，可利用的空间大，驾驶操作简便，但对电动机控制器的要求较高。

(2) 按驱动电动机数量分类　按驱动装置所用电动机的数量分，电动汽车驱动装置有单电动机驱动系统和多电动机驱动系统两种。

1) 单电动机驱动系统。驱动系统只用一个电动机，能最大限度地减小电动机部分的体积、质量及成本，但必须配备机械传动机构。

2) 多电动机驱动系统。采用多个电动机，每个电动机单独驱动一个车轮。多电动机驱动系统能降低单个电动机的电流和额定功率，效率较高，容易均衡电动机的尺寸和质量，但必须安装电子差速器或采用电子控制系统实现差速，因而成本较高。

2. 电动汽车用电动机的类型

电动机是电动汽车驱动装置的核心部件。应用于各种电动汽车上的电动机的结构类型有多种，现按不同的分类方法予以概括。

(1) 按电动机的工作电源分类　按电动机工作电源的不同，电动汽车用电动机可分为直流驱动电动机、交流驱动电动机和方波驱动电动机三类。

1) 直流驱动电动机：输入电动机的电流方向不变。直流驱动电动机有励磁式和永磁式两种。励磁式直流驱动电动机磁极有励磁绕组，通入电流后产生方向不变的磁场；永磁式直流驱动电动机的磁极为永久磁铁，这种形式的电动机在电动汽车上很少应用。

2) 交流驱动电动机：通过控制器将电源的直流电转换为正弦波交流电，输入定子绕组后产生旋转磁场。交流驱动电动机有交流异步电动机和永磁式同步电动机两种类型。

3) 方波驱动电动机：通过控制器将电源的直流电转换为方波交流电或脉冲直流电。由交流方波或脉冲电压驱动的电动机有永磁无刷直流电动机和开关磁阻电动机两种类型。

（2）按电动机的结构与工作原理分类　如果按电动机的结构与工作原理不同分，那么可将电动汽车用电动机分为励磁式直流电动机、交流异步电动机、交流同步电动机、永磁无刷直流电动机、开关磁阻电动机等。

1）励磁式直流电动机：通过电刷将直流电引入转动的电枢绕组，励磁绕组通电产生磁场，电枢产生电磁转矩。根据磁极励磁方式不同，励磁式直流电动机又分为并励式、串励式和复励式三种。

2）交流异步电动机：定子绕组输入正弦波交流电，转子转动频率与交流电源频率不同步，故称为交流异步电动机。这类电动机根据转子的结构不同又可分为笼型异步电动机和绕线转子异步电动机两种。

3）交流同步电动机：定子绕组也是输入正弦波交流电，但转子的转动与交流电同频率，根据转子结构不同又可分为永磁式和绕线式两种。

4）永磁无刷直流电动机：转子是永久磁铁，因此无须电刷，通入电动机定子绕组中的电流为直流脉冲电流。

5）开关磁阻电动机：转子和定子均为双凸极结构，转子没有绕组，定子有简单的集中绕组，其工作原理与前面几种类型的电动机不同。

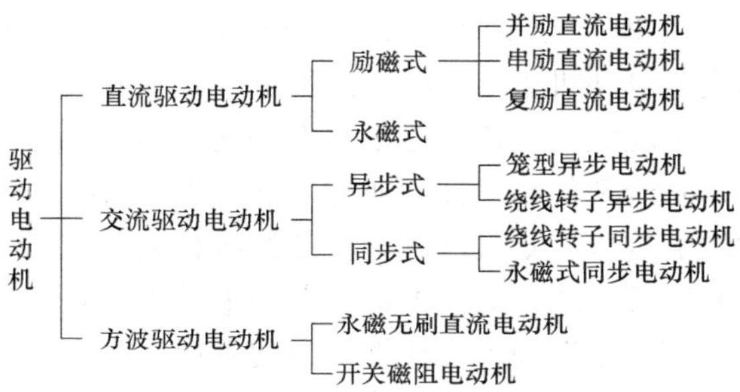

图 3-1　电动汽车用驱动电动机的分类

电动汽车用电动机的分类如图 3-1 所示。电动汽车用电动机的性能比较见表 3-1。

表 3-1　电动汽车用电动机的性能比较

类型 / 性能	直流电动机	交流异步电动机	永磁电动机	开关磁阻电动机
功率密度	低	一般	高	一般
力矩转速性能	一般	好	好	好
转速范围（r/min）	4000～6000	9000～15000	4000～10000	>15000
功率因数	—	82～85	90～93	60～65
峰值效率（%）	85～89	94～95	95～97	85～90
过载能力（%）	200	300～500	300	300～500
恒功率区比例	—	1:5	1:2.25	1:3
电动机尺寸/质量	大/重	中/中	小/轻	小/轻
可靠性	差	好	优良	好
结构的坚固性	差	好	一般	优良
控制操作性能	最好	好	好	好

三、电动汽车用电动机的发展概况

最早在电动汽车上使用的电动机是励磁式有刷直流电动机。这种电动机具有起动转矩大，电动汽车的起步与加速性能好，控制电路比较简单等优点。因此，在 20 世纪 80 年代前，几乎所有的电动车辆均采用这种电动机。这种有刷直流电动机的缺点是：机械换向器在高速或大负荷下运行时，换向器表面会产生很强的换向火花，所以电动机的运转速度不能太高。由于直流电动机换向器容易被烧蚀，电动机的工作可靠性较差，而且又不适合高速运转，因此，这种有刷直流电动机在现代电动汽车上已很少采用。

在 20 世纪 80 年代，结构简单、工作可靠的交流异步电动机开始应用于电动汽车。与此同时，永磁式无刷直流电动机也逐渐替代了有刷直流电动机。与原有的有刷直流电动机相比，交流异步电动机和永磁式无刷直流电动机具有明显的优势。其突出优点是体积小、质量轻、效率高、基本免于维护、调速范围广。无刷交、直流电动机及其控制技术已成为现代电动汽车技术研究与开发的重点，其在电动汽车上的应用也越来越多。

在 20 世纪 80 年代还出现了开关磁阻电动机。这种电动机打破了传统的电动机设计理论和交流电动机正弦波电压源供电方式。开关磁阻电动机驱动系统具有许多优点，很适合电动车辆工况频繁变化，是很有发展前途的电动汽车用电动机。

随着现代高科技产业的发展，电动机技术已逐渐成熟。例如，功率电子学的发展、材料领域的进步、新型永磁材料和绝缘材料的出现、网络和 IT 技术的发展、有限元等分析工具的发展等，均会促使电动汽车用电动机向着高效率、高功率密度、高可靠性、低噪声以及良好的可维修性和可容换性的方向发展。

电动机控制技术的优劣对电动机的性能影响极大。为了提高电动机的性能，电动机控制技术正向着智能化的方向发展。模糊控制、神经网络控制、学习控制和基于专家系统的控制等，均将广泛地运用于电动机控制系统。这些智能化控制方式的最大优点是：无须将被控对象进行精确的数学建模，而且具有很强的鲁棒性，对电动机的这种非线性、变参数对象控制非常适用。目前，比较成熟的控制技术有模糊控制，已经在一些交、直流电动机调速系统中得到应用，并且取得了很好的效果。

第二节　直流电动机驱动系统

一、直流电动机的工作原理

1. 电磁转矩的产生

普通直流电动机为有刷直流电动机，其工作原理如图 3-2 所示。

电源的直流电通过电刷和换向片引入可转动的电枢绕组，电枢绕组的两匝边便受到磁场力 F 的作用而形成电磁转矩 M，如图 3-2a 所示。在 M 的作用下，电枢绕组转动，当 ab 匝边转到下半平面、cd 匝边转到上半平面时，a 端换向片与 d 端换向片交换所接触的电刷，使电枢绕组的电流换向，而电枢绕组两匝边受磁场力 F 作用所形成的电磁转矩 M 的方向保持不变，如图 3-2b 所示。在方向不变的电磁转矩 M 的作用下，电枢便可持续转动。

实际的直流电动机为产生足够大且稳定的电磁转矩，其电枢由多匝绕组串联而成，并由多个换向片组成换向器。根据安培定律，可以推导出直流电动机通电后所产生的电磁转矩 M 与磁极的磁通量 Φ 和电枢电流 I_a 之间的关系，即

$$M = C_m \Phi I_a \tag{3-1}$$

式（3-1）中，C_m 为电动机的结构常数，与电动机磁极对数 p、电枢绕组导线总根数 Z 及电枢绕组电路的支路对数 a 有关（$C_m = pZ/2\pi a$）。

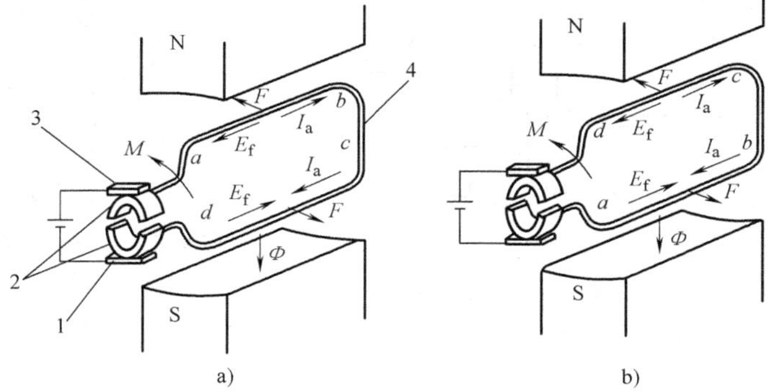

图 3-2　普通直流电动机的工作原理

1—负极电刷　2—换向片　3—正极电刷　4—电枢绕组

2. 直流电动机的工作过程

（1）直流电动机工作时的电压平衡方程式　通电的直流电动机的电枢在电磁转矩 M 的作用下转动起来时，电枢绕组就会因切割磁力线而产生旋转电动势，此电动势与电枢电流 I_a 的方向相反，故也被称为反电动势 E_f。E_f 与磁极的磁通量 Φ 和电枢的转速 n 成正比，即

$$E_f = C_e \Phi n \tag{3-2}$$

式（3-2）中的 C_e 也是电动机的结构常数（$C_e = pZ/60a$）。因此，电枢回路的电压平衡方程式为

$$U = E_f + I_a R_a \tag{3-3}$$

式（3-3）中，R_a 为电枢回路的电阻，它包括电枢绕组的电阻和电刷与换向器的接触电阻。

（2）直流电动机通电后的工作过程　在直流电动机刚接通电源的瞬间，其电枢转速 n 为 0。电枢反电动势 E_f 也为 0。这时，电枢绕组通过最大电流（$I_{am} = U/R_a$），并产生最大的电磁转矩 M_{max}；如果 M_{max} 大于电动机的阻力矩 M_Z，则电枢就开始加速转动起来。随着电枢转速的上升，电枢反电动势 E_f 增大，电枢电流 I_a 便开始下降，电磁转矩 M 也随之减小。当 M 降至与 M_Z 相平衡（$M = M_Z$）时，电枢就在此转速下稳定运转。

从直流电动机的工作过程可知，直流电动机的起动转矩大，在用作电动汽车的驱动电动机时，电动汽车的起步和加速性较好。

二、直流电动机的结构类型

1. 直流电动机的结构

直流电动机主要由定子、转子及换向器组成，其结构如图 3-3 所示。

（1）定子　直流电动机的定子也称为磁极，其主要构成是磁极铁心和磁极绕组。一些直流电动机的磁极采用永久磁铁，故而磁极无须绕组。一些功率较大的直流电动机的定子上还装有换向极，用于改善换向。主磁极和换向极的位置如图 3-4 所示。电动机定子部分还包括电刷组件、机座等附件。

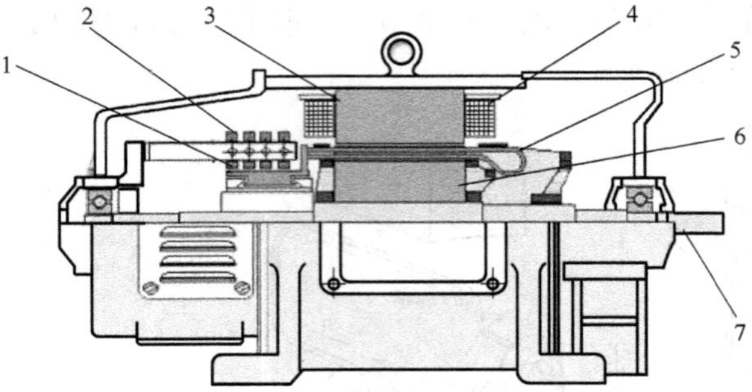

图 3-3 直流电动机的结构

1—换向器 2—电刷组件 3—磁极铁心 4—磁极绕组 5—电枢绕组 6—电枢铁心 7—电枢轴

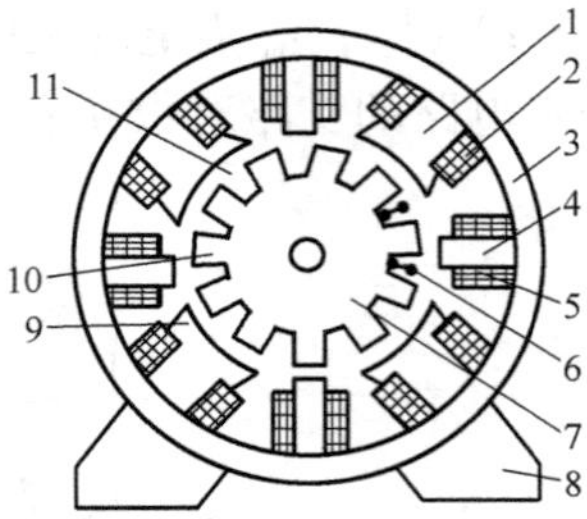

图 3-4 直流电动机剖面图

1—磁极铁心 2—励磁绕组 3—定子磁轭 4—换向极铁心 5—换向极绕组 6—电极绕组 7—电枢铁心 8—底座 9—极掌 10—电枢齿 11—电枢槽

1）主磁极。主磁极的作用是在定子与转子之间的气隙中建立磁场，使通电的电枢绕组在该磁场的作用下产生电磁转矩。主磁极铁心通常由厚度为 0.5 ~ 1mm 的低碳钢片叠装而成，在磁极铁心上绕有励磁绕组，用螺钉将磁极铁心固定在磁轭上构成定子。主磁极总是成对出现，通电后形成的 N 极和 S 极互相间隔排列。

2）换向极。换向极又称为附加极，装在两相邻主磁极之间的几何中心线上。增设换向极的作用是为了改善直流电动机的换向，减小或消除电刷与换向器之间的换向火花。换向极的结构与主磁极相似，由换向极铁心和绕在铁心上的绕组组成。换向极铁心一般用整块钢制成，当换向要求较高时，则是用 1.0 ~ 1.5mm 厚的钢片叠压而成。

3）电刷组件。电刷的作用是将直流电引向转动的电枢绕组，并与换向器配合，使电枢绕组的电流及时换向，以产生方向不变的电磁转矩。电刷组件由电刷、刷架、电刷弹簧等组成，电刷架固定在端盖上。

4）机座。机座也称为机壳，用于固定主磁极、换向极和端盖等，也是磁极间的磁通路。因此，机座既要导磁性好且有足够的导磁截面积，又要有足够的机械强度和刚度。

（2）转子　直流电动机的转子也称为电枢，由电枢铁心和电枢绕组构成。转子总成还包括换向器。

1）电枢铁心。电枢铁心由厚度为 0.35 ~ 0.5mm 的硅钢片叠装而成，铁心本身构成电动机主磁路的一部分，铁心上面的槽用来嵌装电枢绕组。

2）电枢绕组。电枢绕组在磁场中通电后产生电磁转矩，转动后则产生感应电动势。电枢有多匝绕组，按一定的绕制方法嵌装在电枢铁心的槽中，每匝电枢绕组都与换向片连接，形成闭合回路。

3）换向器。换向器的作用是使电枢绕组中的电流及时换向，将从电刷输入的直流电转换为电枢绕组的交流电；当直流电机工作在发电状态时，换向器则起整流的作用，将电枢绕组产生的交流电转换为直流电输出。换向器是由许多铜片组成的，各铜片之间用云母片绝缘。

2. 直流电动机的类型

如前所述，有刷直流电动机的磁极有励磁式和永磁式两种，而电动汽车上所用电动机的功率较大，基本上采用的是励磁式直流电动机。励磁式直流电动机的励磁方式有他励、并励、串励和复励等四种，如图 3-5 所示。

(1) 他励直流电动机　他励直流电动机的电路如图 3-5a 所示。他励直流电动机的励磁绕组与电枢绕组不连接，励磁绕组中的励磁电流由单独的电源提供。他励直流电动机可通过分别控制励磁电流 I_f 和电枢电流 I_a 来实现电动机的各种控制，可以扩大其调速范围，容易实现制动能量回馈控制。

(2) 并励直流电动机　并励直流电动机的电路如图 3-5b 所示。并励直流电动机的励磁绕组与电枢绕组并联，其励磁电流 I_f 随着电压 U 的改变而改变。如果并励直流电动机的电源电压稳定不变，就会有与永磁式直流电动机相似的机械特性。

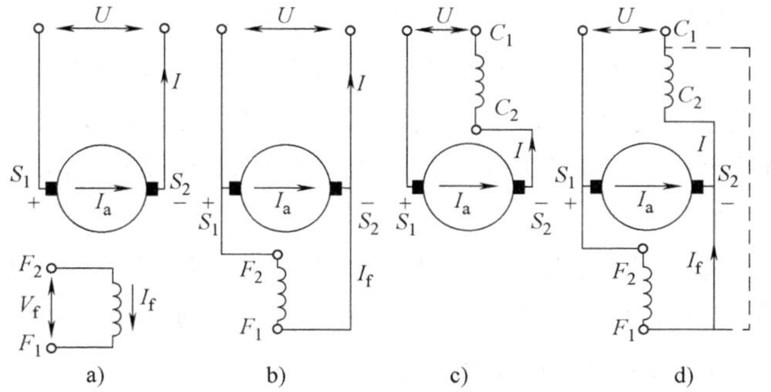

图 3-5　直流电动机的励磁方式

a) 他励　b) 并励　c) 串励　d) 复励

(3) 串励直流电动机　串励直流电动机的电路如图 3-5c 所示。串励直电动机的励磁绕组与电枢绕组串联，励磁电流 I_f 与电枢电流 I_a 相等。串励直流电动机单位电流下的转矩大，具有较好的起动特性以及较宽的恒功率调速范围。这种励磁方式被广泛应用于发动机的起动机，但作为电动汽车的驱动电动机则较少采用。

(4) 复励直流电动机　复励直流电动机的电路如图 3-5d 所示。复励直流电动机的主磁极上装有两个励磁绕组，一个与电枢绕组并联，称为并励绕组；另一个与电枢绕组串联，称为串励绕组。若这两个励磁绕组产生的磁动势方向相同，则称为积复励，否则称为差复励。

三、直流电动机的特性

1. 直流电动机的工作特性

根据式 (3-2)、式 (3-3) 可得到直流电动机的转速特性，即

$$n = \frac{U - I_a R_a}{C_e \Phi} \tag{3-4}$$

再根据式 (3-1) 就可得到直流电动机的机械特性，即

$$n = f(M) \tag{3-5}$$

直流电动机的励磁方式不同，其性能也会有较大的差别。不同励磁方式下直流电动机的机械特性如图 3-6 所示。

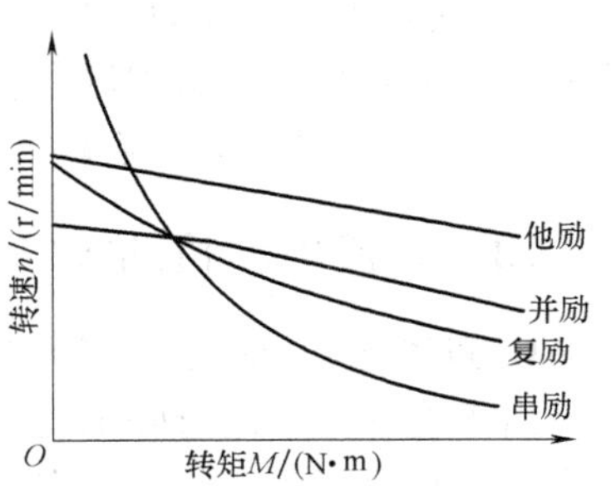

图 3-6　不同励磁方式的直流电动机机械特性

(1) 他励直流电动机的性能特点　他励直流电动机具有良好的线性和工作稳定性。此外，由于他励直流电动机可通过分别控制励磁电流和电枢电压来控制电动机的转速，因而其调速范围大。他励直流电动机的另一个特点是很容易连接成发电机工作电路，实现电动汽车的制动能量回馈。

永磁式直流电动机可以看成是他励直流电动机，采用

永磁体为磁极。虽然电动机的效率较高，质量减轻且体积减小，但是由于磁极磁场固定，电动机的机械特性不理想，在电动汽车起动和加速时，电动机不能产生足够大的转矩来满足大转矩的需要。

(2) 并励直流电动机的性能特点　并励直流电动机的励磁电流与电枢电压相关，负载变化时转速比较稳定，具有比较硬的机械特性，与永磁直流电动机很相似。并励直流电动机的调速范围较宽，但提供大转矩的能力较差。

(3) 串励直流电动机的性能特点　串励直流电动机在低速时有很大的转矩，即其起动转矩大，能很好地适应电动汽车起动大转矩的要求。串励直流电动机的机械特性很软，有较宽的恒功率调速范围。其缺点是加速性能较差，因此，串励直流电动机较少用作电动汽车的驱动电动机。

(4) 复励直流电动机的性能特点　电动汽车上常用积复励直流电动机。其特点是负载变化时转速变化较大，机械特性优于并励直流电动机，适用于负载转矩变化较大的场合。

2. 直流电动机的优缺点

(1) 直流电动机的优点　与交流电动机、无刷直流电动机及开关磁阻电动机等其他类型的电动机相比较，直流电动机的优点如下：

1) 调速性能良好。直流电动机具有良好的电磁转矩控制特性，可实现均匀平滑地无级调速，且具有较宽的调速范围。

2) 起动性能好。直流电动机具有较大的起动转矩，能适应电动汽车起步驱动特性的需要，可实现快速起步。

3) 具有较宽的恒功率范围。直流电动机恒功率输出范围较宽，可确保电动汽车具有良好的低速起动性能和高速行驶能力。

4) 控制较为简单。直流电动机可采用斩波器实现调速控制，具有控制灵活且高效、质量轻、体积小、响应快等特点。

5) 价格较为便宜。直流电动机的制造技术和控制技术都比较成熟，虽然直流电动机本身的价格不低，但是控制装置简单、价格较低，因而整个直流驱动系统的价格较便宜。

(2) 直流电动机的缺点　这种有刷直流电动机的缺点主要有：

1) 效率较低。总体上，有刷直流电动机的效率低于交流电动机和开关磁阻电动机。

2) 维护工作量大。有刷直流电动机工作时电刷与换向器之间会产生换向火花，换向片容易被烧蚀，电刷也容易磨损，因此，电动机的工作可靠性较差，需要经常进行维护。

3) 转速低。有刷直流电动机转速越高，电刷与换向器之间产生的换向火花就越大，严重时形成火花环，这就限制了直流电动机转速的提高。

4) 质量和体积大。有刷直流电动机的结构较复杂，功率密度低，质量大，体积也大。

四、直流电动机的控制

1. 直流电动机的基本控制方法

由于电动汽车的行驶工况、状态经常变化，因此，电动机的转矩及转速必须经常调整，以满足电动汽车驱动动力的需要。由式（3-1）、式（3-4）可知，直流电动机的控制方式有电枢电压调节法、磁场调节法、电枢回路电阻调节法等。

(1) 电枢电压调节法　电枢电压调节法是通过改变电枢电压来控制电动机的转速。他励直流电动机采用电枢电压调节法的转速控制特性如图 3-7 所示。

电枢电压调节法适用于电动机基速以下的调速控制。电动机电枢电压与转速之间近似于线性调节，而电动机的负载转矩不变，因而也称其为恒转矩调节。该控制方法可使直流电动机在较宽的速度范围内实现平滑的速度控制，调速比一般可达 1∶10，如果配合磁场调节，则调速比可达 1∶30。

电枢电压调节法的调速过程是：当降低电枢电压时，在电动机转速、阻力矩还没有来得及改变时，电枢电流必然下降，电枢产生的电磁转矩下降，致使电枢转速下降；随着电枢转速的降低，电枢反电动势减小，电枢电流回升，电枢电磁转矩增大，直到与电动机阻力矩相一致时，电动机才会在比调压前低的转速下稳定运转。

（2）磁场调节法　磁场调节法是通过调节磁极绕组励磁电流，改变磁极磁通量来调节电动机的转速。他励直流电动机带恒转矩负载时磁场调节法的转速控制特性如图 3-8 所示。

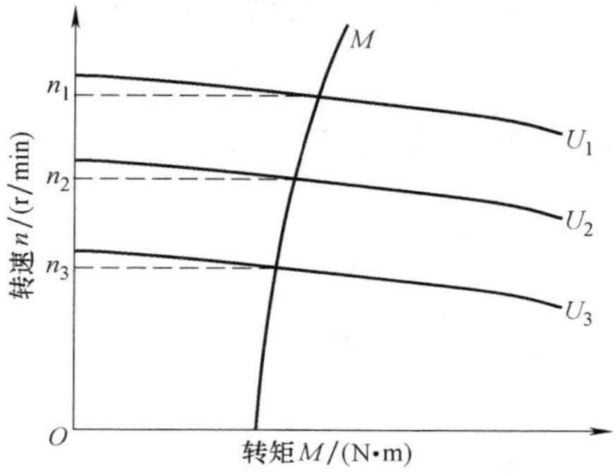

图 3-7　他励直流电动机采用电枢电压调节法的转速控制特性

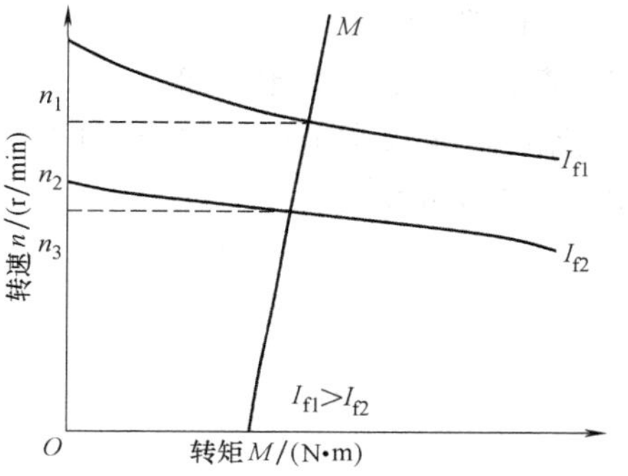

图 3-8　他励直流电动机带恒转矩负载时磁场调节法的转速控制特性

磁场调节法适用于电动机基速以上的转速控制。当电动机电枢电流不变时，磁场调节法具有恒功率调速的特性。磁场调节法控制效率高，但调速范围较小（一般不超过 1∶3），且响应速度较慢。

磁场调节法的调速过程是：减小磁通量，在机械惯性力的作用下，电枢转速还没有来得及下降，而反电动势随着磁极磁通量的减小而下降，电枢电流随之增大，由于电枢电流增加的影响大于磁极磁通量减小的影响，因而电动机电枢的电磁转矩增大；如果这时电动机的阻力矩未变，则电枢的转速便会上升；随着电动机转速的上升，电枢的反电动势增大，电枢电流随之减小，直至电磁转矩与阻力矩平衡时，电动机就在比减小磁通量前高的转速下稳定运转。

（3）电枢回路电阻调节法　电枢回路电阻调节法是在磁极绕组励磁电流不变的情况下，通过改变电枢回路的电阻，使电枢电流变化来实现电动机转速的调节。电枢回路电阻调节法的转速控制特性如图 3-9 所示。

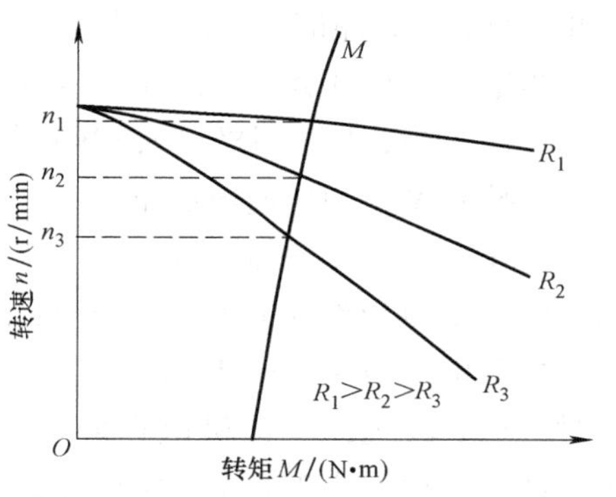

图 3-9　电枢回路电阻调节法的转速控制特性

电枢回路电阻调节法的机械特性较软，而且会使电动机运转不稳定，加之电枢回路串入电阻消耗了电能，因而这种方式在电动汽车上很少被采用。

在实际的直流电动机控制中，通常是电枢电压调节和磁场调节配合应用。在电动机低于基速时，磁极磁场保持稳定，通过调节电枢电压来控制电动机的转速；在电动机高于基速时，电枢电压恒定，通过调节磁极磁通量来改变电动机的转速。直流电动机电枢电压与磁极磁通量配合调节时，电动机的转矩与功率随着转速变化的情况如图 3-10 所示。

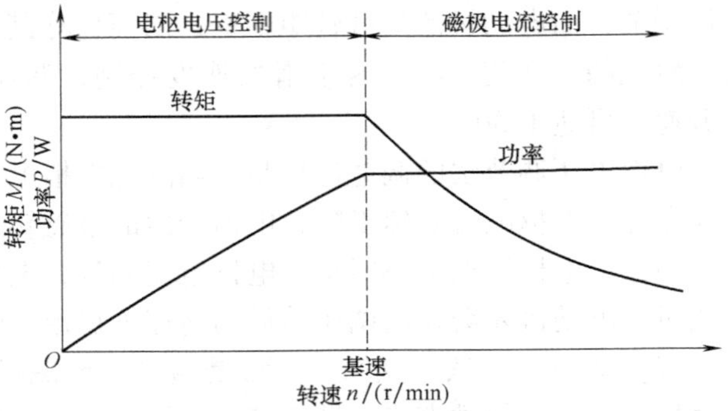

图 3-10　电枢电压与磁极磁通量配合调节时的电动机特性

2. 直流电动机的控制原理

直流电动机通常采用斩波器（PWM）脉宽调制的方法实现调速控制。其调速控制主电路如图 3-11 所示。

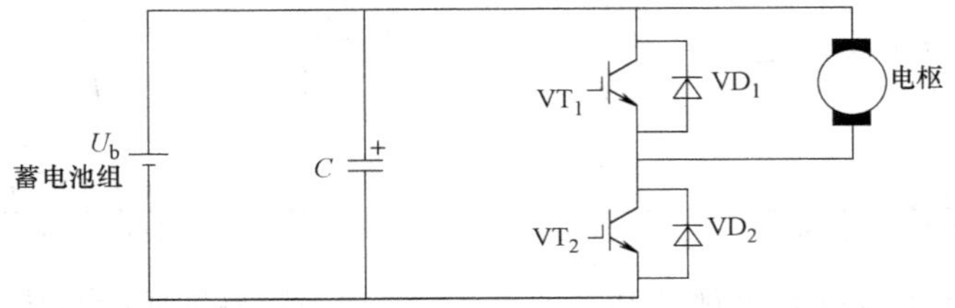

图 3-11　直流电动机调速控制主电路

该电路主要的控制元件是两只绝缘栅双极型晶体管 IGBT（VT_1、VT_2），通过控制 VT_1、VT_2 的导通和截止，即可调节电动机的电枢电压，实现电动机的转速控制。该电路通过控制 VT_1、VT_2 的导通和截止，还可以实现制动能量回馈控制。

（1）电动机调速控制原理　控制 IGBT 通断的栅极信号为占空比信号，如图 3-12a 所示。占空比信号是一个周期 T 恒定，而脉宽 A 可变的电压脉冲信号，占空比为 A/T。

当电动机处于运行状态时，控制器控制 VT_1 关断，VT_2 栅极输入 PWM 脉冲信号，控制 VT_2 的导通与截止。

当 VT_2 栅极处于低电位时，VT_2 导通，电动机电枢绕组通电，电枢两端加上了电源电压 U_b；当 VT_2 栅极处于高电位时，VT_2 截止，电动机电枢断电。如果电动机电枢通电时间占通断电周期的比值（占空比）增加，则加在电枢上的平均电压就增大。PWM 的占空比信号在

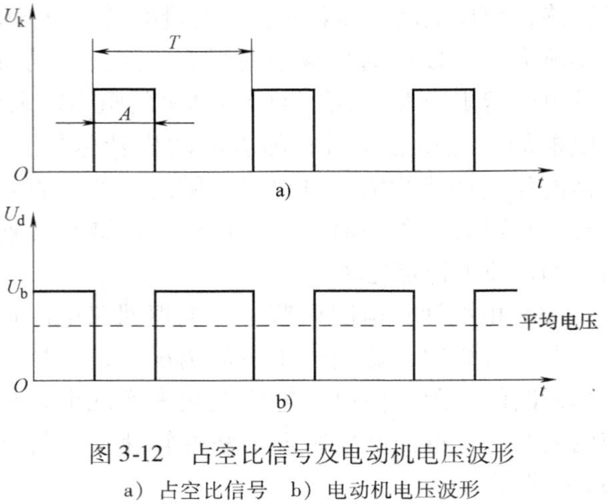

图 3-12　占空比信号及电动机电压波形

a）占空比信号　b）电动机电压波形

0% ~100% 范围内连续可调，能使加在电枢上的平均电压在 0 ~ U_b 范围内改变，从而实现电动机的转速控制。

续流二极管 VD_1 在 VT_2 截止时通电续流（电枢电流），用以吸收电枢绕组断电时产生的自感电动势，使电枢两端的电压为 0。

（2）电动汽车制动能量回馈控制原理　当电动汽车制动而需要直流电动机实现能量回收时，控制器控制 VT_2 关断，VT_1 栅极输入 PWM 脉冲信号，控制 VT_1 的导通与截止。

当 VT_1 栅极在低电位时，VT_1 导通，这时，电动机工作在发电状态，电枢所产生的电动势通过 VT_1 形成感应电流，将汽车的动能转化为磁场能量储存于电枢绕组中；当 VT_1 栅极在高电位时，VT_1 截止，电动机电枢因电流突然消失而产生高于蓄电池电压的自感电动势，并向蓄电池充电，从而实现制动能量的回馈。

当 VT_1 截止时，电枢绕组的自感电动势 e 向蓄电池的充电电路是：e^+→蓄电池组→VD_2→e^-。

第三节　交流异步电动机驱动系统

一、交流异步电动机的工作原理

1. 转子电磁转矩的产生

交流异步电动机的基本组成部件是转子和定子。三相交流异步电动机的工作原理如图 3-13 所示。

当三相正弦交流电输入到定子绕组中时，就会在电动机内部形成一个旋转磁场。在这个旋转磁场的作用下，转子绕组切割磁力线而产生感应电动势，并形成感应电流。当转子绕组通电后，在磁场中受电磁力的作用而产生电磁转矩，并使转子沿着定子旋转磁场的旋转方向转动。

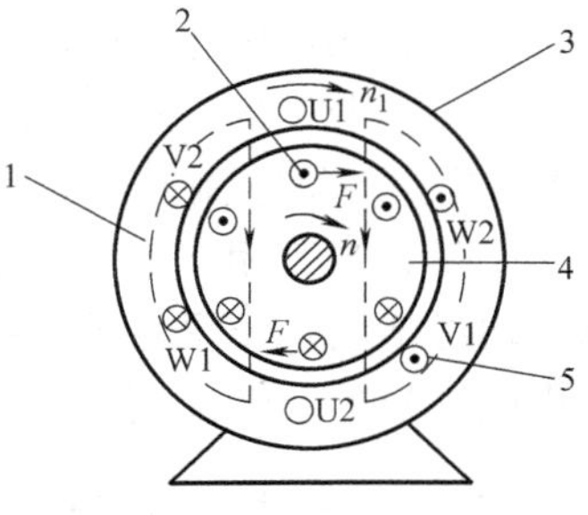

图 3-13　三相交流异步电动机的工作原理
1—磁路　2—转子绕组　3—定子　4—转子　5—定子绕组

从三相交流异步电动机电磁转矩产生的工作原理可知，只有当转子的转速 n 低于定子旋转磁场的转速 n_1 时，转子绕组才会切割磁力线而产生感应电流，才有可能产生电磁转矩而使转子转动起来。也就是说，电动机能够工作的基本条件是 $n < n_1$。因此，这种电动机被称为异步电动机。n_1 和 n 的差值（$\Delta n = n_1 - n$）与 n_1 的比值称为转差率 s。三相异步电动机转子的转速随着负载的变化而改变，因此，电动机工作中的转差率 s 随着负载的变化而变化。

2. 定子旋转磁场的产生

交流异步电动机转子产生的电磁转矩源于定子的旋转磁场，那么，定子的旋转磁场是如何产生的呢？定子绕组通入的是三相交流电（见图 3-14），对称布置的三相定子绕组通电后磁场方向的变化如图 3-15 所示。

A、B、C 三相交流电分别输入 U、V、W 三相绕组，通过对几个特殊时刻电枢三相绕组形成磁场方向的变化情况进行分析，就可了解定子绕组旋转磁场形成的原理。

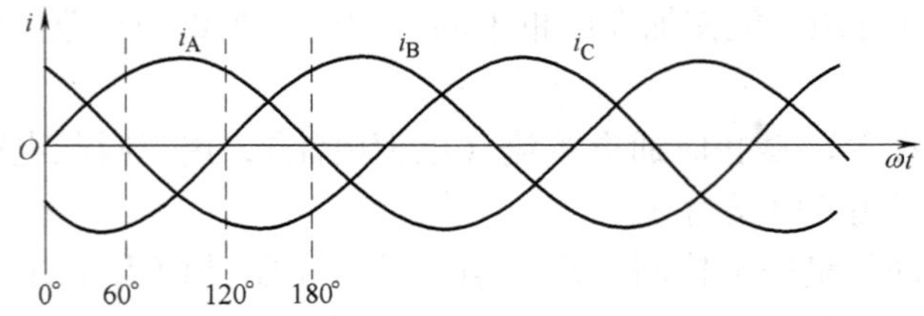

图 3-14　输入定子绕组的三相交流电波形

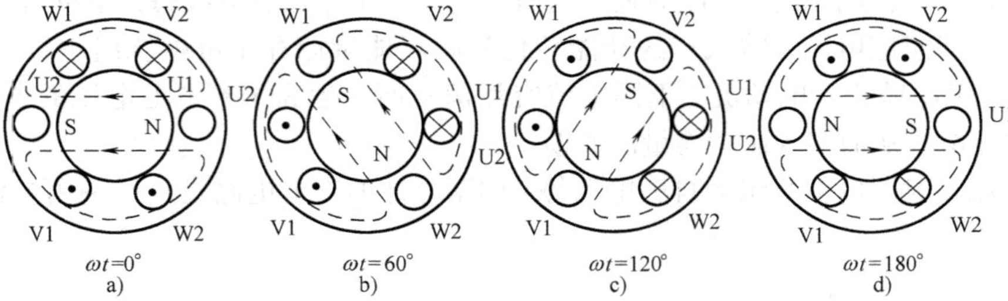

图 3-15　对称布置的三相定子绕组通电后磁场方向的变化

当 $\omega t=0°$时，$i_A=0$，U 相绕组电流为 0；$i_B<0$，V 相绕组电流方向为 V2→V1；$i_C>0$，W 相绕组电流方向为 W1→W2。于是，三相绕组产生合成磁场的方向如图 3-15a 所示。

当 $\omega t=60°$时，$i_C=0$，W 相绕组电流为 0；$I_B<0$，V 相绕组电流方向为 V2→V1；$i_A>0$，U 相绕组电流方向为 U1→U2。这时，三相绕组产生合成磁场的方向如图 3-15b 所示。

当 $\omega t=120°$时，$i_B=0$，V 相绕组电流为 0；$i_C<0$，W 相绕组电流方向为 W2→W1；$i_A>0$，U 相绕组电流方向为 U1→U2。这时，三相绕组产生合成磁场的方向如图 3-15c 所示。

当 $\omega t=180°$时，$i_A=0$，U 相绕组电流为 0；$i_C<0$，W 相绕组电流方向为 W2→W1；$i_B>0$，V 相绕组电流方向为 V1→V2。这时，三相绕组产生合成磁场的方向如图 3-15d 所示。

于是，当三相交流电持续输入定子绕组时，就会形成一个按顺时针方向转动的旋转磁场。通过电动机正反转控制电路改变接入三相交流电的相序，就可使磁场旋转的方向改变，实现电动机的反转控制。

二、交流异步电动机的结构与特点

1. 交流异步电动机的结构

交流异步电动机主要有单相和三相两种形式。家用电器采用单相异步电动机，电动汽车用交流异步电动机则普遍采用三相。三相异步电动机的种类较多，但各类三相异步电动机的基本结构是相似的。三相交流异步电动机的典型结构如图 3-16 所示。

（1）定子　定子由外壳、定子铁心和定子绕组构成。其作用是通入三相交流电后产生旋转磁场。定子的构成如图 3-17 所示。

1）定子铁心。定子铁心构成电动机磁路的一部分，一般由厚度为 0.35 ~0.5mm 的硅钢片叠压而成。硅钢片的内圆冲有均匀分布的槽，用以嵌放定子绕组。

2）定子绕组。定子绕组由三个彼此独立的绕组组成，每个绕组又由若干匝线圈绕制而成。每个绕组即为一相，每相绕组在空间相差 120°电角度，按一定规律嵌入定子铁心槽内。定子三相绕组的六个出线端都引至接线盒上，首端分别标为 U1、V1、W1，末端分别标为

U2、V2、W2，连接方式有星形联结和三角形联结两种。

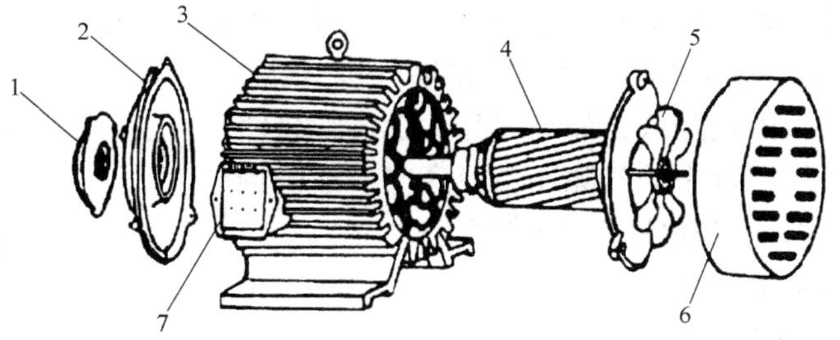

图 3-16 三相交流异步电动机的典型结构

1—轴承盖 2—端盖 3—定子 4—转子 5—风扇

6—机罩 7—接线盒

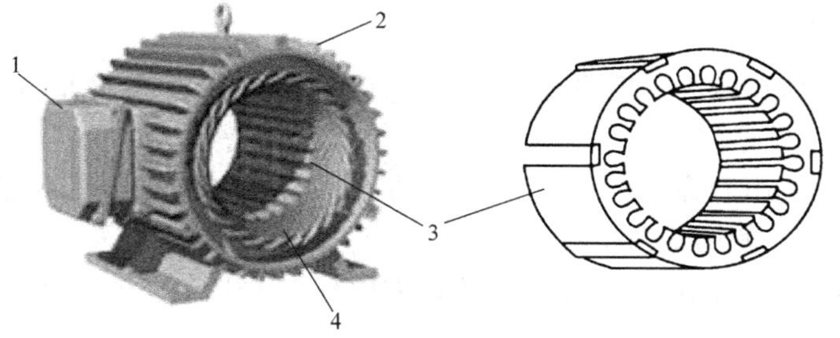

图 3-17 定子的构成

1—接线盒 2—外壳 3—定子铁心 4—定子绕组

（2）转子 交流异步电动机的转子主要有笼型和绕线两种形式。

1）笼型转子。笼型转子由铁心和绕组构成，如图 3-18 所示。去掉转子铁心，整个绕组外形像一个鼠笼，故称为笼型绕组。小型异步电动机采用铸铝转子绕组，100kW 以上的异步电动机转子通常采用铜条和铜端环焊接而成。

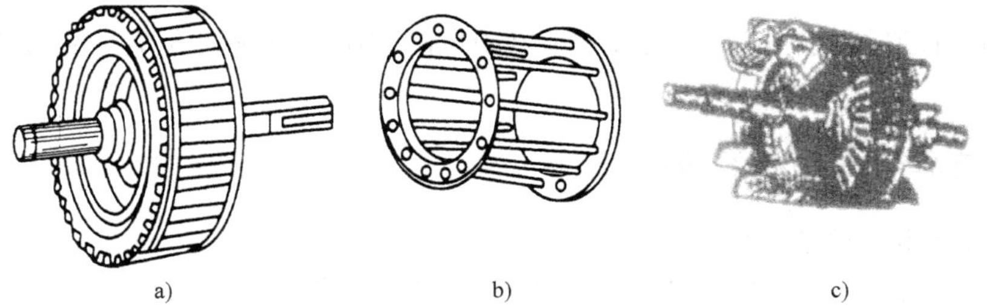

图 3-18 笼型转子的构成

a）笼型绕组 b）转子外形 c）铸铝笼型转子

2）绕线转子。绕线转子由铁心和绕组构成。铁心用厚度为 0.5mm 的硅钢片叠压而成，嵌套在转轴上，作用和定子铁心相同，即铁心本体用作导磁，外圆上均布的槽用于安放转子绕组。转子绕组也有三相绕组，一般接成星形联结，三相引出线分别接到转子轴上与转子轴绝缘的三个集电环上，通过电刷装置与外电路相连（见图 3-19），可在转子电路中串接电阻或引入电动势，以改善电动机的运行特性。

（3）其他部分　其他部分包括端盖、风扇等。端盖除了起防护作用外，在端盖上还装有轴承，用以支撑转子轴。风扇则用来通风，以冷却电动机。三相异步电动机的定子与转子之间的空气隙，一般仅为0.2～1.5mm。如果气隙太大，则电动机运行时的功率因数降低；如果气隙太小，则会使装配困难，运行不可靠，过小的气隙还会使高次谐波磁场增强，导致附加损耗增加以及使起动性能变差。

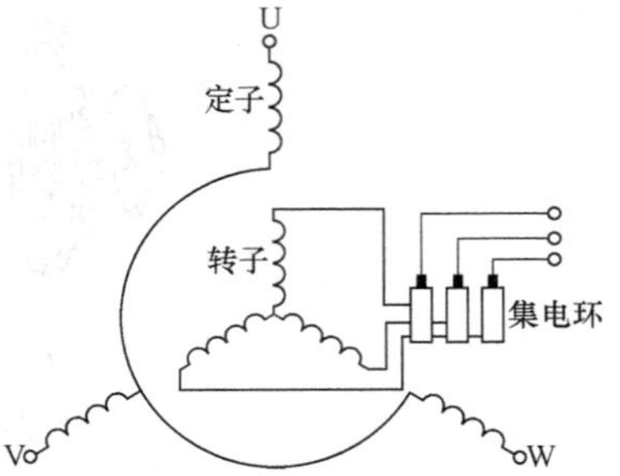

图3-19　绕线转子绕组的连接

2. 交流异步电动机的特点

（1）交流异步电动机的优点　相比于有刷直流电动机，三相交流异步电动机具有以下优点：

1）效率较高。三相异步电动机的效率高于直流电动机，这一特点对于车载能量有限的电动汽车来说显得格外重要。

2）结构简单、体积较小、质量轻。相比于直流电动机，交流异步电动机转子的结构很简单，结构尺寸小，质量轻。

3）工作可靠、使用寿命长。交流异步电动机无电刷和换向器，不存在换向火花问题，因而工作可靠性较高，使用寿命也较长。

4）免维护。由于不存在换向火花问题，无电刷磨损问题，因而在使用过程中无须维护。

5）电动机本身的成本低。交流异步电动机的结构简单，再加上技术成熟，使用广泛，大批量生产，因此，交流异步电动机本身的成本低于其他类型的电动机。

（2）交流异步电动机的缺点　交流异步电动机的缺点主要有：

1）调速性能相对较差。由于转子的转速与定子旋转磁场的旋转速度存在转差率，因而调速性能较差。

2）功率因数较低。异步电动机工作时，需从电力系统吸取无功功率以建立磁场，因而其功率因数小于1。

3）配用的控制器成本较高。交流异步电动机的控制相对较为复杂，配用的控制器的成本较高。

三、交流异步电动机的特性

1. 交流异步电动机的工作特性

交流异步电动机的工作特性是指在保持额定电压和额定频率不变的情况下，电动机的转速 n、电磁转矩 M、定子电流 I_1、效率 η 及功率因数 $\cos\varphi_1$ 等随输出功率 P_2 变化的规律。交流异步电动机的工作特性可通过理论分析得到（见图3-20），而定量的交流异步电动机工作特性一般是通过负载试验测得。

交流异步电动机的工作特性对正确选择和使用电动机有重要的指导作用。转速特性和转矩特性关系到电动机与机械负载匹配的合理性；根据定子电流特性曲线可了解电动机的发热情况，这关系到电动机运行的可靠性和使用寿命；效率特性和功率因数特性则可反映电动机运行的经济性。

2. 交流异步电动机的机械特性

交流异步电动机的机械特性是指在电动机输入电压和频率均保持不变的情况下，电动机的转速与转矩之间的关系，如图 3-21 所示。

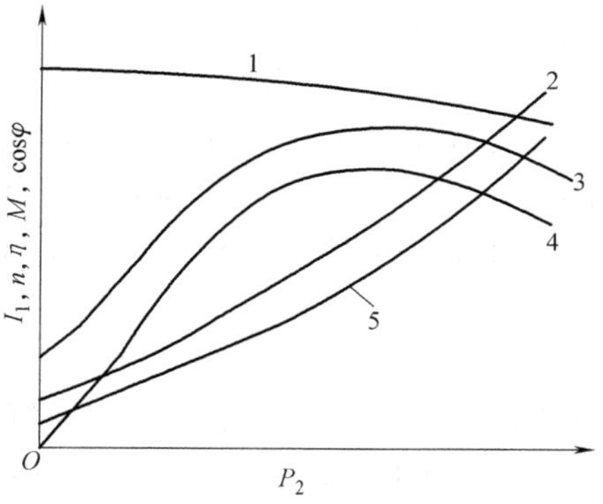

图 3-20　交流异步电动机的工作特性
1—转速特性　2—定子电流　3—功率因数
4—效率　5—转矩特性

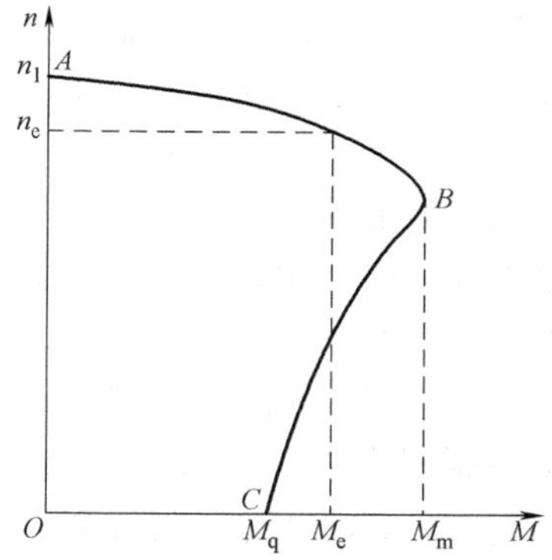

图 3-21　交流异步电动机的机械特性

图 3-21 中，M_q、M_e、M_m 分别表示起动转矩、额定转矩和最大转矩，n_e 表示额定转速，n_1 表示同步转速。

当电动机接通电源，其起动转矩 M_q 大于电动机转轴上的阻力矩时，转子便开始加速转动起来，此时电磁转矩会逐渐增大（沿曲线 *CB* 段上升），一直到最大转矩 M_m。随后，随着转速的继续上升，电磁转矩反而减小（沿曲线 *BA* 段逐渐下降）。当电磁转矩等于阻力矩时，电动机就以某一转速稳定运转。

通常情况下，电动机起动后会很快进入机械特性曲线的 *AB* 段稳定地运行，所以曲线 *AB* 段也称为异步电动机的稳定运行区。电动机在 *AB* 段工作时，如果负载加大，就会因阻力矩大于电动机的电磁转矩而使电动机的转速下降，电磁转矩随之增大，直到电磁转矩与阻力矩重新保持平衡，电动机才在稍低的转速下稳定运转。如果负载过大，电动机的阻力矩超过了最大电磁转矩 M_m，电动机的转速将很快下降，直到停止运转。

曲线 *AB* 段几乎是一条稍微向下倾斜的直线，这说明电动机从空载变到满载时转速下降很少。由此可看出，三相交流异步电动机的机械特性较硬。

3. 电源电压对电动机机械特性的影响

当电源电压、电源频率、电动机的磁极对数、定子或转子回路接入的其他附属设备改变时，电动机的机械特性也会有所变化。电源电压改变对电动机机械特性的影响如图 3-22 所示。

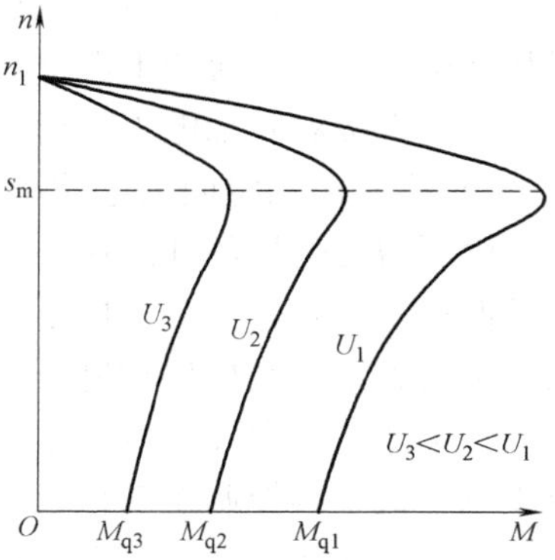

图 3-22　电源电压对电动机机械特性的影响

由于电源频率不变，在各种电源电压下的同步转速也就不变。当电源电压下降时，由于电动机的定子电流减小了，电磁转矩必然下降。电磁转矩与电源电压的二次方成正比例关系。随着电源电压的下降，电动机负载改变对转速的影响变大（机械特性变软），但最大电磁转矩所对应的转差率 s_m 基本不变。

四、交流异步电动机的控制

交流异步电动机是多变量输入/输出系统，且各变量之间相互影响，呈非线性关系，因此，其控制较为复杂。交流异步电动机如何实现最优的控制，一直是交流异步电动机应用研究的重点。交流异步电动机最早采用变压变频调速控制技术（VVVF）。由于 VVVF 系统只是维持电动机内的磁链恒定，并没有解决磁链和电流强耦合的问题，所以其调速范围窄，调速性能也不佳。随后出现的矢量控制（FOC）和直接转矩控制（DTC）调速系统，控制特性均优于 VVVF 系统。

1. 交流异步电动机的矢量控制

矢量控制理论是在 1971 年最先由德国学者 F. Blachke 提出的。直流电动机之所以具有良好的控制特性，其根本原因是被控参量只有磁极磁场和电枢电流，且这两个量互相独立。此外，电磁转矩与磁通和电枢电流之间均为线性关系。如果能够模拟直流电动机，求出交流电动机电磁转矩与之对应的磁场和电枢电流，并分别加以控制，就会使交流电动机具有与直流电动机近似的控制特性。为此，必须将三相交变量（矢量）转换为与之等效的直流量（标量），建立起交流电动机的等效模型，然后按直流电动机的控制方法对其进行控制。

（1）交流异步电动机矢量控制方法　交流异步电动机矢量控制是基于磁场定向的方法，常用的控制策略有以下几种：

1）转子磁场定向矢量控制。在此种控制方式中，通过检测定子电流的 d 轴分量来观测转子磁链的幅值。当转子磁链恒定时，电磁转矩与电流的 q 轴分量成正比，忽略反电动势引起的交叉耦合，可以由电压方程的 d 轴分量控制转子磁通，q 轴分量控制转矩。转子磁场定向矢量控制方式的最大缺点是转子磁通的观测要受转子时间常数的影响。

2）转差率矢量控制。此种方法主要考虑转子磁通的稳态方程式，从转子磁通直接得到定子电流 d 轴分量，通过对定子电流的有效控制，形成转差矢量控制。这避免了磁通的闭环控制，不需要实际计算转子的磁链，而是用转差率和测量的转速相加后进行积分来计算磁通相对于定子的位置。此种方法主要应用于低速系统中，且系统性能同样也受转子参数变化的影响。

3）气隙磁场定向矢量控制。气隙磁场定向矢量控制方式比转子磁通的控制方式复杂，但其利用了气隙磁通便于观测的优点，能够保持气隙磁通的恒定，从而使转矩与 q 轴电流成正比，可直接对 q 轴电流进行控制，达到电动机矢量控制的目的。

4）定子磁场定向矢量控制。由于转子磁通的检测容易受电动机参数的影响，而气隙磁通的检测需要附加额外的检测器件，因此，又出现了定子磁场定向矢量控制方法。此种方法通过保持定子磁通不变，控制与转矩成正比的 q 轴电流分量，实现电动机的矢量控制。定子磁场定向矢量控制也比较复杂，且以定子电压作为检测量，所以容易受电动机转速的影响。

转子磁场定向控制方式是应用最多的矢量控制。基于转子磁场定向矢量控制原理的交流异步电动机变频控制系统组成框图如图 3-23 所示。

（2）交流异步电动机矢量控制的特点　交流异步电动机矢量控制的实质是通过坐标变换重建电动机数学模型，将交流异步电动机等效为直流电动机，从而像直流电动机那样对交流异步电动机进行实时的转矩和转速控制。基于磁场定向控制原理的调速系统可自动改变电压和频率，使指令值和检测得到的实际值达到一致，从而实现变频调速，提高电动机静态控制精度和动态品质。其主要的特点有以下几方面：

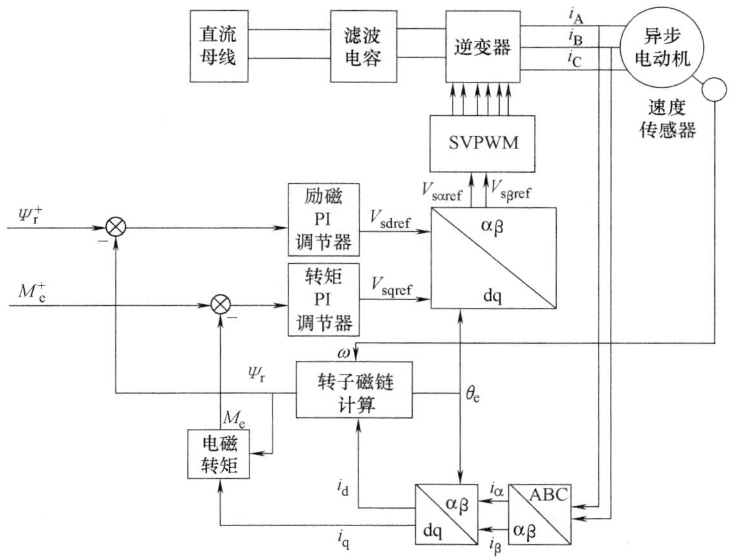

图 3-23　基于转子磁场定向矢量控制原理的交流异步电动机变频控制系统组成框图

1）可以从零转速开始进行速度控制，因此，调速范围很宽。

2）转速控制响应速度快，且调速精度较高，低速特性连续。

3）可以对转矩实行较为精确的控制，电动机的加速特性也很好。

4）系统受电动机参数变化的影响较大，且计算复杂，控制相对繁琐。

目前矢量控制理论比较完善，并日趋成熟，已实际应用于交流异步电动机控制器的矢量控制，能实时准确地辨识电动机参数，控制性能良好。由于微处理器运算能力很强，控制器处理复杂算法的实时性也有保障，因此，基于矢量控制的交流异步电动机控制器的控制性能可基本满足电动汽车的动力性要求。

2. 交流异步电动机的直接转矩控制

1985 年，德国学者 M. Depenbrock 教授首次提出了基于异步电动机动态模型的直接转矩控制理论，随后日本学者 I. Takahashi 也提出了类似的控制方案。直接转矩控制在定子坐标系下，避开旋转坐标变换，直接控制转子磁链，采用转矩和磁链的 bang-bang 控制，不受转子参数随着转速变化而变化的影响，简化了控制结构，动态响应快，对转子参数鲁棒性好，因而受到广泛的关注，并且已得到了实际的应用。

（1）交流异步电动机直接转矩控制方法　直接转矩控制系统主要由磁链调节器、转矩调节器、磁链和转矩观测器、转速调节器等组成。交流异步电动机直接转矩控制系统框图如图 3-24 所示。

直接转矩控制是指在定子坐标系下通过检测电动机定子电压和电流，采用空间矢量理论计算电动机的转矩和磁链，并根据与给定值比较所得到的差值，实现转矩和磁链的直接控制。直接转矩控制过程如下：

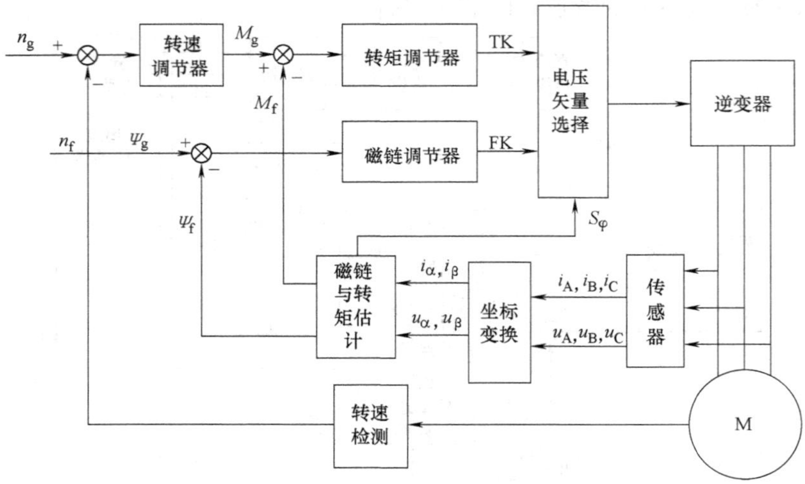

图 3-24　交流异步电动机直接转矩控制系统框图

1）通过相关传感器获得定子电流和电压的 α-β 分量信号。

2）传感器的信号输入磁链观测器和转矩观测器，计算得到定子磁链和转矩的实际值 ψ_f、M_f。

3）将定子磁链的实际值 ψ_f 与给定值 ψ_g 通过滞环比较器进行比较，并输入磁链调节器实现磁链的自控制。

4）将转速测量值 n_f 与给定值 n_g 进行比较，通过转速调节器获得转矩给定值 M_g，再将转矩给定值 M_g 和实际值 M_f 输入转矩调节器，实现转矩的自控制。

（2）交流异步电动机直接转矩控制的特点　相比于交流异步电动机的矢量控制，直接转矩控制的特点如下：

1）调速精度较高，响应速度快。

2）计算简便，而且控制思想新颖，控制结构简单，控制手段直接。

3）信号处理的物理概念明确，动静态性能均佳。

4）调速范围较窄，低速特性有脉动现象。

从理论上分析，直接转矩控制具有矢量控制所不及的转子参数的鲁棒性和结构上的简单性。然而在技术层面上，直接转矩控制往往很难体现出其优良的特性，而相对于矢量控制的不足，也制约了直接转矩控制的实用化进程。可以说，直接转矩控制具有广阔的应用前景，但还需要克服一些技术难题。

第四节　永磁电动机驱动系统

永磁电动机主要有三种，即定子（磁极）采用永磁体的永磁有刷直流电动机、转子采用永久磁铁的永磁无刷直流电动机和永磁同步交流电动机。

一、永磁无刷直流电动机

1. 永磁无刷直流电动机的工作原理

永磁无刷直流电动机是在有刷直流电动机的基础上发展起来的。它是随着电动机技术和电子技术的迅速发展而出现的一种新型直流电动机。永磁无刷直流电动机的转子为永久磁铁，因而无须电刷。其工作原理如图 3-25 所示。

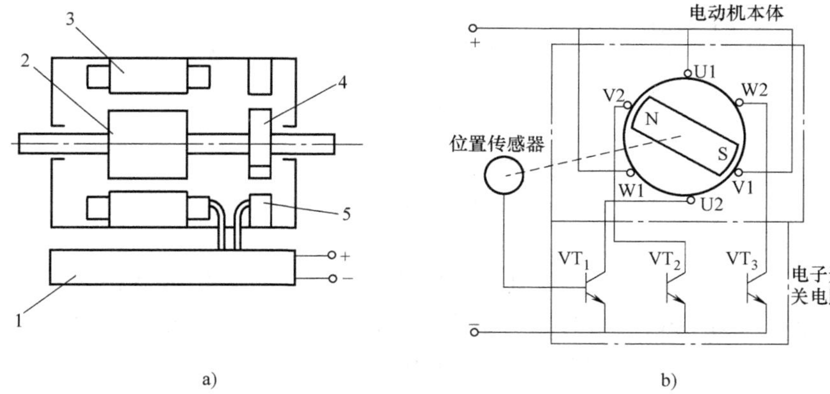

图 3-25 永磁无刷直流电动机的工作原理

a）组成结构 b）半控桥电路

1—电子开关 2—转子 3—定子 4—位置传感器转子 5—位置传感器定子

永磁无刷直流电动机的定子有对称布置的三相绕组，并通过电子开关控制三相定子绕组及时换向。在电动机通电后，电子开关使某相定子绕组通电而产生磁场，使转子受电磁力的作用而转动起来；转子位置传感器将转子的位置转换为相应的电信号，并输入电子开关；电子开关根据转子位置传感器的信号控制电枢绕组依次通电，使定子产生的磁场旋转；旋转磁场的磁力作用于转子，使转子持续转动，产生方向不变的电磁转矩。

从永磁无刷直流电动机定子产生旋转磁场的原理可知，由于定子绕组的相数有限，产生的旋转磁场是跳跃式的，因此，此种电动机产生的电磁转矩波动比较大。

2. 永磁无刷直流电动机的结构

永磁无刷直流电动机主要由电动机本体、转子位置传感器和电子开关构成，如图 3-26 所示。

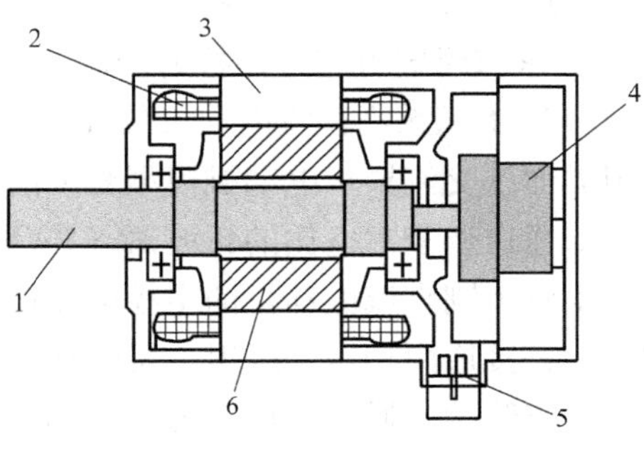

图 3-26 永磁无刷直流电动机的结构

1—电动机轴 2—定子绕组 3—定子铁心 4—传感器转子 5—转子位置传感器 6—转子

（1）电动机本体 电动机本体主要由转子和定子两部分构成。

1）定子。永磁无刷直流电动机定子的结构与三相异步交流电动机定子的结构相似，也是由定子铁心和三相定子绕组构成，不同的是异步交流电动机通入的是三相正弦交流电，而永磁无刷直流电动机定子绕组通入的电流是方波电压脉冲。

2）转子。转子有瓦片式、嵌入式和内埋式等不同的形式，如图 3-27 所示。瓦片式和嵌入式转子一般是用环氧树脂将永磁体直接粘贴在转轴上。这两种结构可将转子的直径做得较小，惯性较小，电感也较小，有利于改善电动机的动态特性。内埋式转子机械强度高，磁路气隙小，更适用于弱磁。

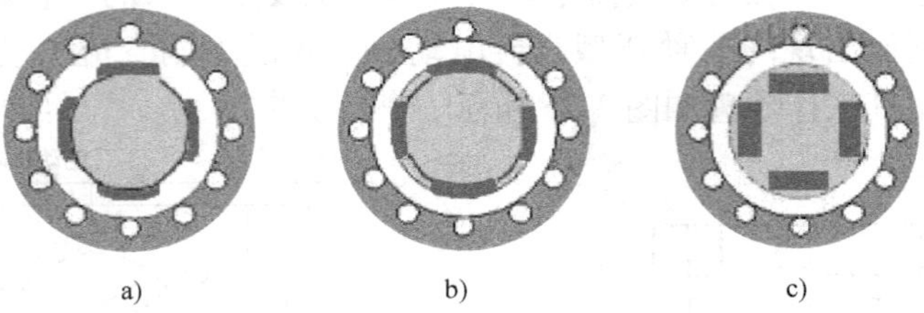

图 3-27　永磁式转子的结构

a）瓦片式　b）嵌入式　c）内埋式

（2）电子开关　电子开关也称为电子换向器，与转子位置传感器相配合，起到与机械换向器相似的作用。图 3-28 所示的是三相绕组全控桥电子开关电路。在每个瞬间，上、下桥臂各有一个晶体管导通，使两相定子绕组通电。

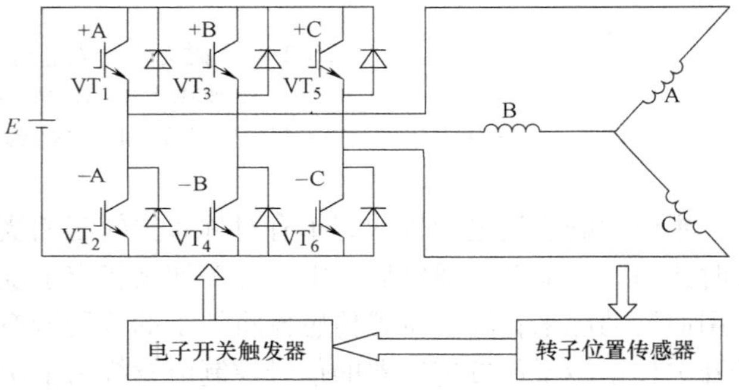

图 3-28　三相绕组全控桥电子开关电路

图 3-28 中，电子开关触发器的作用是将位置传感器的输出信号进行解调、预放大、功率放大，然后去触发末级晶体管，使电枢绕组按一定的逻辑程序通电，形成旋转磁场，以使电动机转子可靠运转。

（3）转子位置传感器　转子位置传感器用于检测转子的位置，在电动机工作时，将转子的位置转换为电信号，并输送给电子开关，使电子开关适时地通断。转子位置传感器的种类较多，有电磁式、光电式、霍尔效应式等。霍尔效应式传感器具有测量精度高、工作稳定性好、结构简单、体积小、安装灵活方便、易于机电一体化等优点，在电动机上得到了广泛的应用。

3. 永磁无刷直流电动机的控制

（1）永磁无刷直流电动机的控制方法　永磁无刷直流电动机的磁场是非正弦的，不能再用类似于交流异步电动机模型变换的矢量控制算法，而是采用与直流电动机相同的控制方法，即通过调节占空比的斩波器（PWM）控制方法实现电动机转矩与转速的控制。

永磁无刷直流电动机的主控电路可参见图 3-28。电子开关触发电路每次触发两个晶体管导通时，接通两相定子绕组，每隔 60°电角度换向一次，每个晶体管导通 120°电角度。各次换向晶体管的导通顺序依次为 +A－B、+A－C、+B－C、+B－A、+C－A、+C－B，依次记为状态 S1、S2、S3、S4、S5、S6。在每个状态中，对上桥臂晶体管作用 PWM（占空比信号），控制其导通时间，而相应的下桥臂晶体管则处于常导通状态，见表 3-2。这样，控制器通过占空比信号控制定子绕组的通电时间，实现电动机的转速控制。

表 3-2　三相无刷直流电动机控制的六个换向状态

状态	VT_1(+A)	VT_2(−A)	VT_3(+B)	VT_4(−B)	VT_5(+C)	VT_6(−C)
S1	PWM	OFF	OFF	ON	OFF	OFF
S2	PWM	OFF	OFF	OFF	OFF	ON
S3	OFF	OFF	PWM	OFF	OFF	ON
S4	OFF	ON	PWM	OFF	OFF	OFF
S5	OFF	ON	OFF	OFF	PWM	OFF
S6	OFF	OFF	OFF	ON	PWM	OFF

（2）永磁无刷直流电动机的控制原理　永磁无刷直流电动机的控制原理如图 3-29 所示。三相定子绕组电流 i_a、i_b、i_c 经绝对值处理后相加并除以 2，得到反馈电流 I_F。I_F 与给定电流 I_{REF} 进行比较，对其误差进行 PI 调节（PWM 的脉冲宽度）。调节过程为：当 $I_F < I_{REF}$ 时，PI 调节器使 PWM 脉冲变宽；当 $I_F > I_{REF}$ 时，使 PWM 脉冲变窄。由于调节器的响应速度很快，因而反馈电流 I_F 始终跟随给定值 I_{REF}，对 PWM 的脉冲宽度及时作出调整。

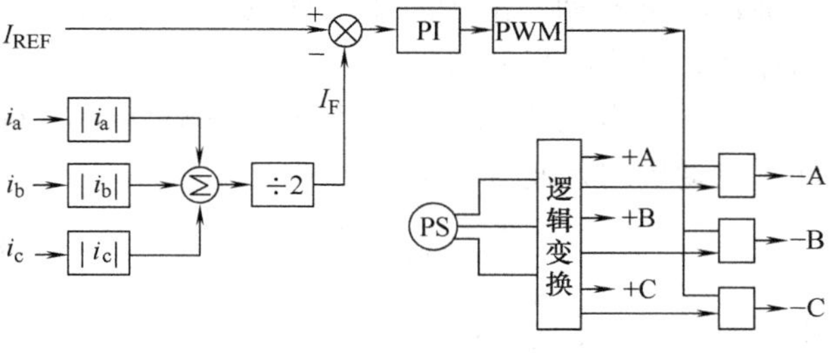

图 3-29　永磁无刷直流电动机的控制原理

4. 永磁无刷直流电动机的特点

与有刷直流电动机相比，永磁无刷直流电动机具有以下特点：

（1）优点

1）转速高、体积小。由于没有了电刷与换向器之间的换向火花问题，电动机可高速运行，因而体积减小、质量减轻。

2）可靠性高、寿命长。无刷直流电动机由于不存在换向器烧蚀和电刷磨损问题，其工作可靠性高，使用寿命长。

3）对无线电干扰小。有刷直流电动机电刷与换向器之间的换向火花会造成对无线电的干扰，无刷直流电动机则避免了换向火花对无线电的干扰问题。

4）功率密度和效率较高。由于发热的绕组安放在定子上，有利于散热，便于温度监控，易得到较高的功率密度，效率也较高。

5）控制简单。相比于异步电动机极为复杂的控制，无刷直流电动机只是离散的六状态的转子位置控制，控制方法极为简单。

（2）缺点

1）电磁转矩波动较大。由于定子磁场换向的不连续性，电动机电磁转矩的波动比有刷直流电动机和交流异步电动机大。

2）成本较高。电动机采用了永磁体，控制器的电子元器件也相对较多，因而电动机的成本较高。

3）能耗较大。由于转子为永磁体，无法调节，弱磁调节必须通过增大定子直轴去磁电流分量来削弱磁场，这样就增大了定子的电流，铜损较大。

4）需要用转子位置传感器。由于需要根据转子位置来控制定子绕组换向，因此，这种电动机必须要有转子位置传感器，这会增加电动机结构的复杂性和故障的概率。

二、永磁交流同步电动机

1. 永磁交流同步电动机的工作原理

永磁交流同步电动机的转子为永久磁铁，定子绕有均匀分布的三相绕组。其工作原理如图 3-30 所示。

与三相异步交流电动机一样，当定子绕组输入三相正弦交流电时，会产生一个旋转磁场，该磁场与转子的永磁体磁场相互作用，使转子产生电磁转矩，并随着定子的旋转磁场转动，由于转子的转动与旋转磁场同步，故而称之为交流同步电动机。

由于同步电动机的转速 n 与定子的旋转磁场同步，因此，电动机的转速可表示为

$$n = n_1 = \frac{60f}{p_n} \tag{3-6}$$

式中　n_1——同步转速；

f——电源频率；

p_n——电动机磁极对数。

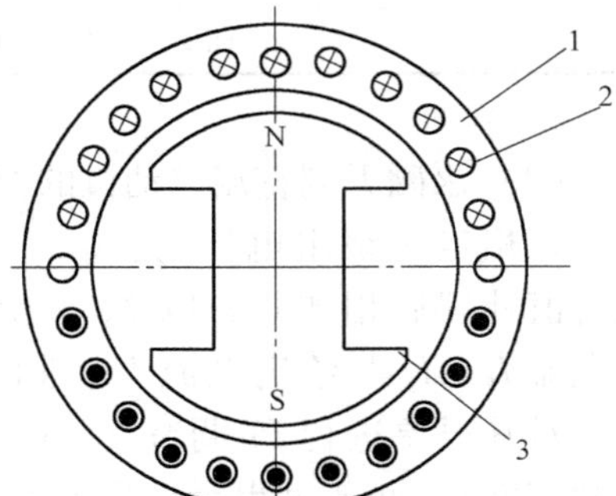

图 3-30　永磁交流同步电动机的工作原理

1—定子铁心　2—定子绕组　3—转子

从式（3-6）可知，对某一型号的同步电动机来说，其转速只与电源的频率有关。

2. 永磁交流同步电动机的结构

永磁交流同步电动机的基本结构与其他类型的电动机相似，如图 3-31 所示。

永磁交流同步电动机的转子与永磁无刷直流电动机相同，其结构也有瓦片式、嵌入式和内埋式等多种。永磁交流同步电动机的定子也是由铁心和三相绕组构成，其结构与无刷直流电动机及交流异步电动机均相同。永磁交流同步电动机无转子位置传感器。永磁交流同步电动机与其他类型的电动机相比，异同点如下：

（1）与永磁无刷直流电动机的异同　两种电动机的转子和定子结构相同，转子为永久磁铁，定子均有三相绕组。所不同的是，永磁交流同步电动机定子绕组输入的是三相正弦交流电，形成一个连续的旋转磁场作用于转子，而永磁无刷直流电动机输入的是脉冲电流，形成一个跳跃式的旋转磁场使转子转动。

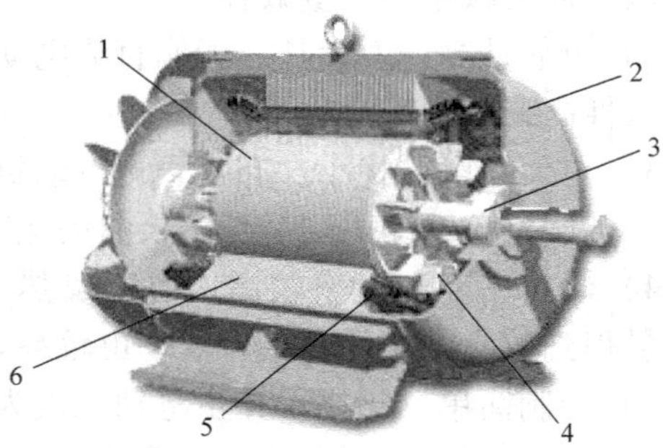

图 3-31　永磁交流同步电动机的结构

1—转子　2—壳体　3—轴承　4—风扇
5—定子绕组　6—定子铁心

（2）与绕线转子同步电动机的异同　两种同步电动机的定子结构相同，且均输入三相正弦交流电，形成旋转磁场作用于转子而使转子转动；不同点只是转子的结构，绕线转子同步电动机的转子由铁心和绕组构成，工作时，需要通过电刷和集电环使转子绕组通电产生磁场，而永磁交流同步电动机的转子由永磁体产生转子磁场。

（3）与交流异步电动机的异同　相同点是定子的结构和输入的电源，通电后定子绕组均会形成旋转磁场；不同之处是转子的结构和工作方式，交流异步电动机转子有铁心和绕组，通过转子与定子旋转磁场的转速差使转子绕组通电而产生磁场，而永磁交流同步电动机转子是永久磁铁，与定子旋转磁场同步转动。

3. 永磁交流同步电动机的特性

（1）永磁交流同步电动机的机械特性　永磁交流同步电动机稳定运行时，始终保持在同步转速，因此，其机械特性为水平的直线，如图 3-32 所示。当永磁交流同步电动机通过调节电源的频率 f 来调节电动机转速时，转速将会随着频率成正比地改变。

（2）永磁交流同步电动机的工作特性　永磁交流同步电动机的工作特性是指在电源电压恒定时，电动机的输入功率 P_1、定子电流 I_1、效率 η、功率因数 $\cos\varphi$ 等随着输出功率变化的规律，如图 3-33 所示。

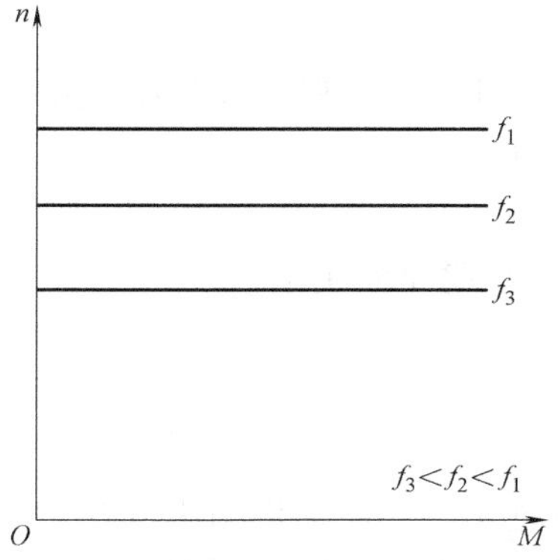

图 3-32　永磁交流同步电动机的机械特性

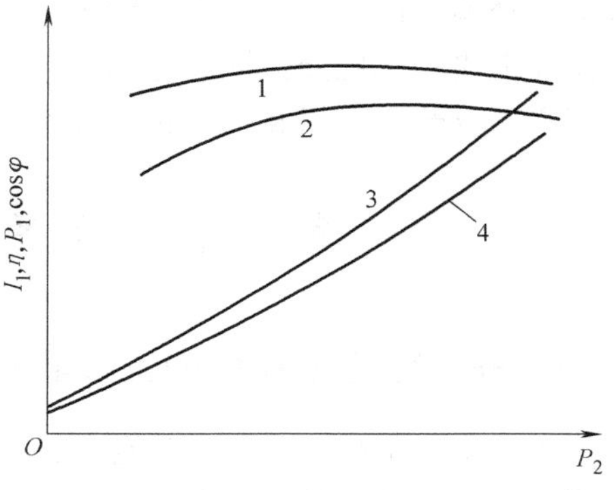

图 3-33　永磁交流同步电动机的工作特性
1—功率因数　2—效率　3—输入功率　4—定子电流

从永磁交流同步电动机的工作特性可知，在正常工作范围内，电动机的功率因数比较平稳，效率能保持在较高的水平，而电动机的输入功率和定子绕组的电流随着输出功率的变化近似于线性。

4. 永磁交流同步电动机的控制

相对于永磁无刷直流电动机，永磁交流同步电动机的控制较为复杂。为了使永磁交流同步电动机有直流电动机那样的优良控制特性，永磁交流同步电动机的控制如同交流异步电动机，先后提出了多种控制方法，比如：恒压频比开环控制、矢量控制、直接转矩控制、自适应控制、滑模变结构控制、模糊控制、神经网络控制等。

上述电动机控制方法同样应用于交流异步电动机，但由于永磁交流同步电动机和交流异步电动机的转子结构不同，电动机的工作方式也不一样，因而其数学模型也不同，即使采用同样的恒压频比开环控制、矢量控制、直接转矩控制等控制方法，其控制的算法及控制器电路也均会有所差别。

与交流异步电动机一样，为了提高电动机的控制性能和控制精度，永磁交流同步电动机也应用了模糊控制、神经网络控制等智能化的控制技术。在智能化的电动机控制系统中，可将控制系统理解为多环结构，智能控制用于外环的速度控制，而内环的电流控制、转矩控制仍为传统的控制方法。

5. 永磁交流同步电动机的特点

永磁交流同步电动机与其他类型的电动机相比具有以下特点：

1）与绕线转子同步电动机相比，省去了转子的励磁绕组、集电环和电刷，与永磁无刷直流电动机一样，实现了无刷运行，工作可靠性提高，且结构简单。

2）与异步交流电动机相比，永磁交流同步电动机不需要无功励磁电流，定子电流和定子绕组的铜损小，因而在很宽的功率输出范围内其功率因数和效率都较高。

3）由于转子无须励磁，电动机可在很低的转速下保持同步运行，调速的范围宽。

4）永磁交流同步电动机具有较硬的机械特性，对于因负载的变化而引起的电动机转矩扰动，电动机具有较强的承受能力，瞬间最大转矩可达到额定转矩的3倍以上，适用于负载转矩变化较大的工作环境。

5）结构多样化，转子可以有多种结构，可以内置或外置，不同的结构有不同的性能特点和适用环境，因此，永磁交流同步电动机的应用范围广。

总体上讲，永磁交流同步电动机具有结构简单、体积小、质量轻、损耗小、效率高等优点，但它与异步电动机相比，也有成本高、起动困难等缺点。

第五节　开关磁阻电动机驱动系统

一、开关磁阻电动机的工作原理

开关磁阻电动机无论其结构还是其工作原理，与其他类型的电动机相比，都有很大的不同。开关磁阻电动机的定子和转子均为双凸极结构，依据磁路磁阻最小原理使转子转动，产生电磁转矩。

1. 电磁转矩的产生

开关磁阻电动机的定子双凸极上绕有集中绕组，转子凸极上没有绕组。其电磁转矩产生原理如图3-34所示。

图3-34所示定子有A、B、C、D四对凸极，转子有1、2、3三对凸极，当电子开关S_1、S_2使A、A′定子绕组通电励磁时，通过转子形成闭合磁路，但电动机定子铁心与磁场的轴线不重合，于是转子就会受到弯曲磁力线切向分力的作用而转动，直到转子2、2′凸极轴线转至与定子A、A′凸极轴线重合（闭合磁路的磁阻最小）的位置。可见，开关磁阻电动机是以磁路磁阻最小的原理使转子受电磁力的作用而产生电磁转矩的。

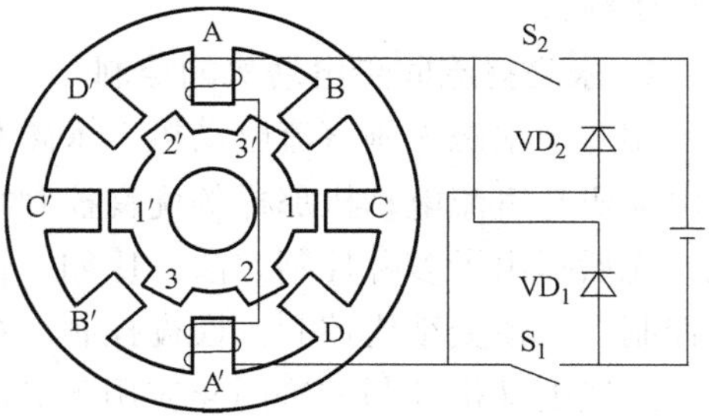

图3-34　开关磁阻电动机电磁转矩产生原理

2. 转子的持续转动

从开关磁阻电动机电磁转矩产生的原理可知，要使转子能持续地转动，就必须按一定的旋转方向逐个改变通电的定子绕组。构成开关磁阻电动机驱动主电路的电子开关用于控制定子绕组按一定的顺序通电。其电路原理如图3-35所示。

电子开关VT_1、VT_2、VT_3、VT_4的导通或截止由电动机控制器内的控制电路控制，当各电子开关依次控制 A、B、C、D 四个定子绕组通电时，转子就会不断地受电磁力的作用而持续转动。如果电子开关控制定子绕组按 D→A→B→C 的顺序通电，则转子就会逆着励磁顺序以逆时针方向连续旋转；反之，若依 B→A→D→C 的相序通电，则电动机转子就会沿顺时针方向转动。

二、开关磁阻电动机的结构类型

开关磁阻电动机的基本组成部件有转子、定子和电子开关，如图 3-36 所示。

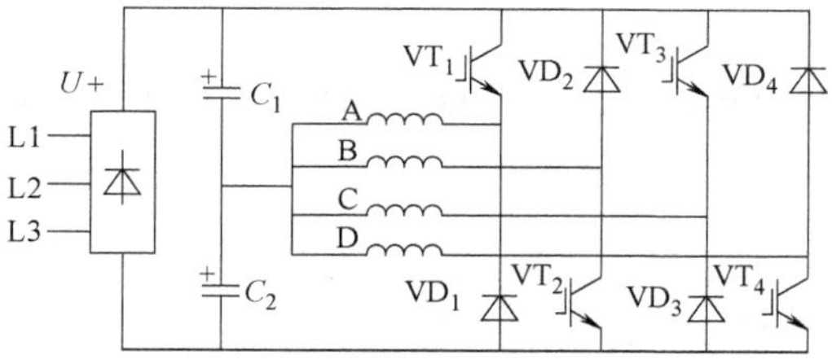

图 3-35　电子开关的电路原理

图 3-36　开关磁阻电动机的组成

1—转子　2—接线盒（内有电子开关）　3—定子

1. 组成部件

（1）开关磁阻电动机的转子　开关磁阻电动机的转子由导磁性能良好的硅钢片叠压而成，转子的凸极上无绕组。开关磁阻电动机转子的作用是构成定子磁场磁通路，并在磁场力的作用下转动，产生电磁转矩。为了避免转子单边受磁拉力，转子的径向必须对称（双凸极），因此，转子的凸极个数为偶数。实际应用的开关磁阻电动机的转子凸极最少有 4 个（2 对），最多的有 16 个（8 对凸极）。

（2）开关磁阻电动机的定子　开关磁阻电动机的定子铁心也是由硅钢片叠压而成的，成对的凸极上绕有两个互相串联的绕组（称为一相），这与其他电磁感应式电动机完全不同。定子的作用是其绕组按顺序通电，产生的电磁力吸动转子转动。定子凸极的个数也为偶数，最少的有 6 个（3 对凸极），最多的有 18 个（9 对凸极）。

（3）电子开关　开关磁阻电动机的电子开关（也称为功率转换器）由晶体管和续流二极管组成。其作用是顺序通断各定子绕组，将电源的电能输入电动机，使电动机产生电磁转矩。电子开关的电路结构与定子凸极的数量相对应。定子具有 4 对凸极的电子开关电路参见图 3-35。

2. 结构类型

根据转子和定子凸极对数的不同，开关磁阻电动机有多种结构，见表 3-3。结构不同，步进角（通电的定子绕组每改变一次转子所转动的角度）也不同。

低于 3 相（2 对定子凸极、1 对转子凸极）的开关磁阻电动机一般没有自起动能力，故很少采用。相数多时，电动机的转矩脉动小，但结构复杂，电子开关器件多，控制电路复杂，成本相应较高。因此，开关磁阻电动机绕组相数一般不超过 9 相。目前运用较多的开关磁阻电动机是 3 相（2 对转子磁极，3 对定子磁极）和 4 相（3 对转子磁极，4 对定子磁极）。

表 3-3 开关磁阻电动机的结构

绕组相数	3	4	5	6	7	8	9
定子极数	6	8	10	12	14	16	18
转子极数	4	6	8	10	12	14	16
步进角/（°）	30	15	9	6	4.28	3.21	2.5

三、开关磁阻电动机的特性

1. 开关磁阻电动机的运行特性

开关磁阻电动机的运行特性可分为三个区，即恒转矩区、恒功率区和自然特性区，如图 3-37 所示。

在恒转矩区，由于电动机的转速较低，电动机的反电动势较小，因此需要对电流进行斩波限幅。也就是说，开关磁阻电动机在低速范围内，通过这种电流斩波控制（CCC）方式，可使电动机在恒转矩状态下工作。

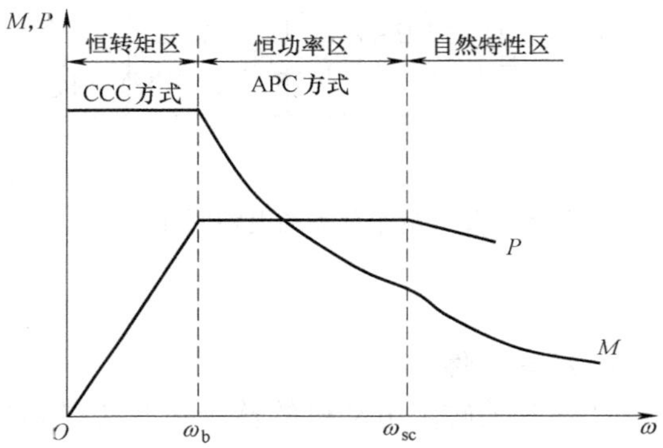

图 3-37 开关磁阻电动机的工作特性

在恒功率区，电动机的反电动势较大，电子开关晶体管的导通时间较短，因而电流较小。在外加电压和开关角一定的条件下，随着电动机转速的增加，其转矩会急剧下降，此时，可通过控制电子开关晶体管的导通角来延缓转矩的下降速度。这种控制过程称为角度位置控制（APC）方式。

在自然特性区，电动机的可控条件都已达到极限，运行特性不再可控，电源电压、开关的导通角均固定，这时，开关磁阻电动机的运行特性与串励直流电动机的特性相似，故也称为串励特性区。

开关磁阻电动机一般不在自然特性区运行，通常在恒转矩区和恒功率区运行。

2. 开关磁阻电动机的特点

（1）开关磁阻的优点　相比于电磁感应式电动机，开关磁阻电动机的优点如下：

1）电动机的转子没有绕组，定子绕组整体嵌装容易，结构简单，价格便宜。

2）电动机的转子无永磁体，允许较高的温升。由于绕组均在定子上，电动机容易冷却，效率高，损耗小。

3）电动机转矩的方向与定子绕组电流的方向无关，只需控制相绕组通电的顺序即可控制电动机的转动方向，因而功率转换器电路简单，工作可靠。

4）转子上没有电刷，结构坚固，转子转动惯量小，有较高的转矩惯量比，适用于高速驱动。此外，转子无明显的热量产生，延长了电动机轴承的使用寿命。

5）调速范围宽，控制灵活，易于实现各种特殊要求的转矩/速度特性。

6）起动电流小，无电磁感应式电动机在起动时所出现的冲击电流现象，起动转矩大，低速性能好，适合频繁起动。

（2）开关磁阻的缺点　开关磁阻电动机的缺点主要表现在以下几个方面：

1）电磁转矩的脉动较大，在特定频率下会产生谐振，这些都使得开关磁阻电动机的噪声和振动较大。

2）开关磁阻电动机的能量转换密度低于电磁感应式电动机。

3）当电动机的相数较多时，主接线数就多，电动机的主电路较复杂。

四、开关磁阻电动机的控制

1. 开关磁阻电动机调速的基本原理

开关磁阻电动机通过电子开关控制定子各凸极相绕组的通断和电流的大小，转子本身不产生磁场，只起导磁的作用。在工作中，定子绕组的电流为方波，磁极磁通处于高饱和状态。这些结构特点和工作方式使得开关磁阻电动机的控制方式也有别于电磁感应式电动机。

由电路基本定律可得到开关磁阻电动机包括各相回路在内的主回路电压平衡方程式，其中第 k 相电压平衡方程式为

$$U_k = R_k i_k + \frac{\mathrm{d}\Psi_k}{\mathrm{d}t} \tag{3-7}$$

式中　U_k——加在第 k 相绕组上的电压；

i_k——第 k 相绕组的电流；

R_k——第 k 相绕组的电阻；

Ψ_k——第 k 相绕组的磁链。

在开关磁阻电动机中，由于其双凸极结构和磁场饱和效应，电动机各相绕组的磁链 Ψ_k 是转子位置角 θ_k 和绕组相电流 i_k 的函数［$\Psi_k = \Psi_k(\theta_k,\ i_k)$］，而电动机的磁链也可用电感和电流的乘积表示，即

$$\Psi_k = L_k(\theta_k, i_k) i_k \tag{3-8}$$

式中　L_k——第 k 相的电感。

将式（3-8）代入式（3-7）可得

$$U_k = R_k i_k + \left(L_k + i_k \frac{\partial L_k}{\partial i_k}\right)\frac{\mathrm{d}i_k}{\mathrm{d}t} + i_k \frac{\partial L_k}{\partial \theta_k} \cdot \frac{\mathrm{d}\theta_k}{\mathrm{d}t} \tag{3-9}$$

从式（3-9）可知，当电动机工作时，电源电压与第 k 相回路中的电阻电压降 $R_k i_k$、由电流变化引起的电动势 e_i 及由转子位置改变引起的电动势 e_θ 三部分电压降相平衡。其等效电路如图 3-38 所示。

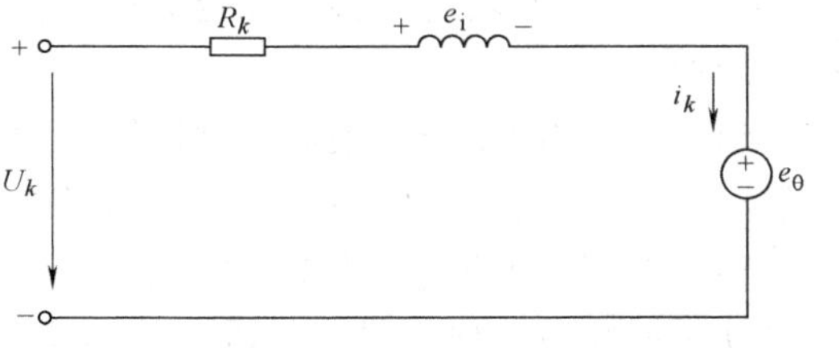

图 3-38　开关磁阻电动机第 k 相等效电路

通过理论分析得知，电动机的电磁转矩 M 也是转子位置角 θ 和绕组相电流 i 的函数，其表达式为

$$M(\theta, i) = \frac{1}{2} i^2 \frac{\partial L}{\partial \theta} = \frac{1}{2} i^2 \frac{\mathrm{d}L}{\mathrm{d}\theta} \tag{3-10}$$

从式（3-10）可知，电动机转矩的方向取决于电感随转角的变化，与相电流的方向无

关。当 $dL/d\theta>0$ 时，如果有相电流，则产生电动转矩；当 $dL/d\theta<0$ 时，如果相电流方向不变，则产生制动转矩。

由此可见，通过控制加在电动机定子绕组上的电流脉冲的幅度和脉宽以及与转子的相对位置，就可控制电动机转矩的大小和方向，而在转矩方向不变的情况下，通过调节相电流就可改变电动机的平均转矩。这就是开关磁阻电动机调速控制的基本原理。

2. 开关磁阻电动机驱动控制系统的组成与基本功能

（1）控制系统的基本组成　开关磁阻电动机驱动控制系统主要由功率转换器（电子开关电路）、电子控制器和检测电路三部分组成，如图 3-39 所示。

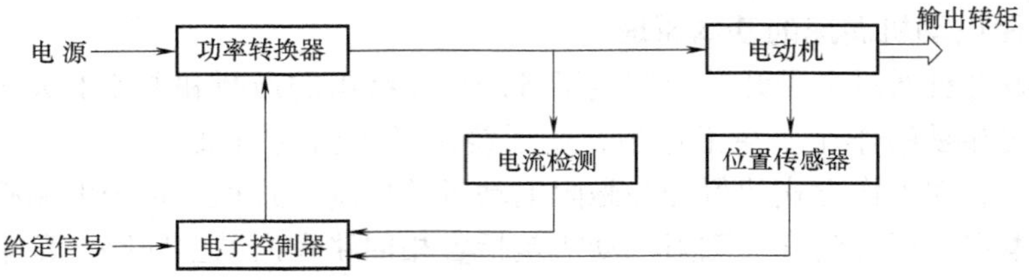

图 3-39　开关磁阻电动机驱动控制系统的基本组成

当电动机运行时，检测电路将定子绕组相电流的大小及转子的位置转换为相应的电信号，并反馈给电子控制器。电子控制器将反馈信号与给定的信号进行比较，然后输出控制信号，控制功率变换电路开关管的导通角和关断角的大小，并通过功率转换器控制电动机定子相绕组通电的顺序，从而实现电动机电磁转矩、转速及转向的控制。

（2）控制系统的基本功能　不同的使用环境，不一样的设计目标，电动机控制系统的性能及具体的结构会有所不同，但一般均应包含以下功能：

1）接收操纵指令功能。控制系统具有接收起动、加速、转向、停机等操作指令的功能，即控制器需要配置操作信号的处理与接收功能电路。

2）检测电动机状态功能。通过相关的传感器及检测电路，检测电动机的转速、角位移、电流及电压等参数，用以判断电动机当前的工作状态，实现对电动机的实时控制。

3）控制方式选择功能。根据电动机当前的工作状态，自动选择电动机的控制方式，以实现电动机的最佳工作状态控制。

4）比较控制功能。根据设定的算法将当前状态参量与给定量进行分析和比较，并输出相应的控制信号。

5）驱动控制功能。根据控制器输出的控制信号，产生相应的控制脉冲，以控制功率开关的导通与关断，使电动机运行在控制状态。

6）安全保护功能。当系统中某些物理参量（如电压、电流等）超过极限值时，控制器可自动采取相应的保护措施，以确保电动机和控制电路的安全。

7）显示与报警功能。该功能包括显示系统的工作状态（如转速、电压等），系统极限状态的显示与报警（如高温极限、高速极限和故障报警等）。

3. 开关磁阻电动机的控制方法

目前，开关磁阻电动机的基本控制方法有多种，常见的有角度位置控制法（APC）、电流斩波控制法（CCC）和电压控制法（VC）等。

（1）角度位置控制方式 如前所述，角度位置控制方式是在绕组电压不变的情况下，通过控制绕组通断晶体管的导通角度（开通角为 θ_{on}、关断角为 θ_{off}），来改变相电流波形、电流波形与绕组电感波形的相对位置，从而实现电动机的转速闭环控制。角度位置控制方式尤其适用于电动机转速较高、旋转电动势较大、电动机绕组电流相对较小的场合。

由于开通角 θ_{on} 和关断角 θ_{off} 均可调节，因此，角度位置控制方式有调节开通角 θ_{on}、调节关断角 θ_{off}、同时调节开通角 θ_{on} 和关断角 θ_{off} 三种。

1）调节开通角 θ_{on}。在相电压不变的情况下，固定关断角 θ_{off}，调节开通角 θ_{on}，可以改变相电流的波形宽度、电流波形的峰值和有效值大小以及电流波形和电感波形的相对位置，从而实现电动机的转速与转矩的调节。

2）调节关断角 θ_{off}。固定开通角 θ_{on}，调节关断角 θ_{off}，一般不会影响电流峰值，但可以改变电流波形宽度以及与电感波形的相对位置，使电流有效值随之变化，从而改变相电流的有效值。

3）同时调节开通角 θ_{on} 和关断角 θ_{off}。在实际应用中，一般采用固定关断角 θ_{off}，改变开通角 θ_{on} 的控制方式。另外，在实际调速系统中，某相的 θ_{on} 和 θ_{off} 值也将决定于与该相相临相的互感电动势大小，因此，调节某一相的 θ_{on} 和 θ_{off} 时不仅影响该相的电流波形，而且影响相邻两相的电流波形。就一对特定的 θ_{on} 和 θ_{off} 组合而言，也许对某相电流是最优的，但对其他相可能并非最佳。因此，要实现开关磁阻电动机 APC 控制方式的最佳运行，必须对每一相的 θ_{on} 和 θ_{off} 分别进行调节。

根据对式（3-10）的分析可知，当相电流波形主要位于电感的上升区时，电动机电磁转矩为正，即电动机工作在电动状态（向外输出转矩）；当电流波形主要位于电感的下降区时，产生的平均电磁转矩为负，电动机工作在制动状态。由于对 θ_{on} 和 θ_{off} 控制可使相电流波形处在绕组电感波形的不同位置，因此，可以通过控制 θ_{on} 和 θ_{off} 的方式使电动机工作在不同的状态。

角度位置控制方式的特点是：

1）转矩调节范围大。在角度位置控制下的电流占空比的变化范围几乎是 0% ~100%。

2）同时导通相数可变。同时导通相数越多，则电动机输出转矩越大，转矩脉动也就越小。因此，当电动机的负载变化时，可以通过自动增加或减少同时导通的相数来平衡电动机负载。

3）电动机效率高。通过角度优化能使电动机在不同的负载下保持较高的效率。

4）不适用于低速。在角度位置控制中，电流峰值主要由旋转电动势限制。当转速降低时，由于旋转电动势减小，容易使相电流峰值超过允许值，因此，角度位置控制一般适用于较高的转速。

（2）电流斩波控制方式 在电动机低速运行状态下，尤其是在起动时，由于转速较低，电动机定子导通相绕组中的旋转电动势较小，可能产生过大的冲击相电流，对电动机及电子开关器件造成损害。采用斩波方式可限制可能出现的过电流和较大的电流尖峰。电流斩波控制过程是：将检测到的相电流与给定电流的上限值进行比较，当导通相绕组的电流达到设定的上限值时，使开关关断，相电流下降；当电流降至电流设定的下限值时，再重新导通功率开关，使绕组电流上升。这样反复通断功率开关，形成在给定电流峰值附近上下波动的斩波电流波形。

电流斩波按实际的控制方式，又可分为起动斩波、定角度斩波和变角度斩波三种模式。

1）起动斩波模式。该模式通常是在开关磁阻电动机起动时采用，通过调节开通角 θ_{on} 和关断角 θ_{off} 来控制导通角 θ_c。θ_c 相对较大，以满足电动机起动时的大转矩，同时又要限制相电流峰值的要求。

2）定角度斩波模式。该模式通常是在电动机起动以后的低速运行状态下采用，将导通角 θ_c 限定在一定的范围内，且保持不变。

3）变角度斩波模式。该模式通常是在电动机中速运行时采用，此时通过对电流斩波、开通角 θ_{on}、关断角 θ_{off} 的同时调节来对电动机的转矩进行控制。

电流斩波控制方式的特点：

1）适用于低速和制动运行。电动机在低速运行时，绕组中旋转电动势小，电流上升速率大；在制动运行时，旋转电动势的方向与绕组端电压的方向相同，电流的上升速率比低速运行时更大。电流斩波控制方式可以有效地限制峰值电流，使电动机获得恒转矩输出的机械特性。

2）电动机的转矩平稳。电流斩波时电流波形呈较宽的平顶状，因此，电动机产生的转矩也较平稳，合成转矩的脉动明显比其他控制方式小。

3）用作调速系统时，抗负载扰动性的动态响应慢。在电流斩波控制方式中，由于电流峰值被限制，当电动机转速在负载扰动的作用下发生突变时，电流峰值无法自适应，系统在负载扰动下的动态响应十分缓慢。

（3）电压斩波控制方式　电压斩波控制方式是在开通角 θ_{on} 和关断角 θ_{off} 保持不变的前提下，使功率开关按 PWM 方式开通和关断。通过调节 PWM 波形的占空比，使加在绕组两端的电压的平均值变化，相应的绕组电流也发生变化，以此实现电动机转矩和转速的调节。

按照续流方式的不同，电压斩波控制方式可分为单管斩波方式和双管斩波方式两种。

1）单管斩波方式。控制每相绕组通断的上、下桥臂两个电子开关，使其只有一个处于斩波状态，另一个电子开关一直导通。

2）双管斩波方式。在双管斩波方式中，连接于每相绕组的上、下桥臂两个电子开关同时工作在斩波状态。

考虑到系统效率等因素，实际应用中以单管斩波方式最为常见。

电压斩波控制方式的特点如下：

1）该控制方式可以控制斩波频率和占空比两个参数，可控性能好。一般情况下，斩波频率是固定的，通过选择适当的斩波频率，也就控制了相电流频率。

2）占空比与相电流最大值之间有较好的线性关系，调节 PWM 的占空比即可调节相电流的最大值。

3）电压 PWM 控制方式通过 PWM 方式调节绕组电压平均值，间接地调节和限制过大的绕组电流。因此，该控制方式既能用于高速运行，又适合于低速运行。

4）该控制方式适合于转速调节系统，抗负载扰动的动态响应快。其缺点是转矩脉动较大，调速范围有限。

（4）组合控制方式　实际的开关磁阻电动机控制可根据不同的实际情况，结合上述控制方式的优缺点，选用其中的几种控制方式组合，使开关磁阻电动机调速系统的性能更好。目前比较常用的两种组合控制方式是高速角度控制与低速电流斩波控制组合和变角度电压

PWM 控制组合。

1）高速角度控制与低速电流斩波控制组合。高速时采用角度位置控制方式，低速时采用电流斩波控制方式，这有利于发挥两者的优点。这种控制方式的缺点是对中速时的过渡不容易掌握。一般要求在升速时的转换点和在降速时的转换点之间要有一定的回差，应使前者略高于后者，且要避免电动机速度切换点频繁转换控制方式。

2）变角度电压 PWM 控制组合。通过电压 PWM 来调节电动机的转速和转矩，通过调节开关角来解决相电流变化滞后的问题。在这种工作方式下，转速和转矩的调节范围大，高速和低速均有较好的电动机控制特性，且不存在两种不同控制方式互相切换的问题。因此，目前该控制组合已经得到了广泛应用。

五、开关磁阻电动机功率转换器的结构类型

功率转换器（电子开关）是开关磁阻电动机调速系统的主电路，起着控制定子绕组通断电，并将电源的电能传递给电动机的作用。和其他类型的电动机调速系统主电路一样，功率转换器的性能和形式对电动机调速系统的效率、成本和可靠性均有较大的影响。

1. 对功率转换器的要求

为提高开关磁阻电动机调速系统的效率，降低成本，提高系统工作的可靠性，对功率转换器的要求如下：

1）所用的主开关元器件尽可能少，以降低电动机驱动系统的成本。

2）能实现能量回馈控制，且系统本身的能量损耗小。

3）电动机驱动系统通过开关器件进行调制，可有效控制相绕组电流的大小。

4）功率电路要具备迅速增加相绕组电流的能力，并且延迟尽可能小。

5）系统本身的电压降小，使电源电压尽可能地提供给电动机绕组。

2. 功率转换器的类型

开关磁阻电动机调速系统的功率转换器的电路结构有多种，较为常见的有双开关型、双绕组型、电容分压型、H 桥型等。

（1）双开关型功率转换器　双开关型功率转换器对每相绕组的控制均采用两只主晶体管（VT_1 和 VT_2）和两只续流二极管（VD_1 和 VD_2）。其电路原理如图 3-40 所示。

当 VT_1 和 VT_2 同时导通时，电源 U_S 向定子绕组供电；当 VT_1 和 VT_2 同时关断时，该相定子绕组产生自感电动势，相电流沿虚线箭头方向经续流二极管 VD_2 和 VD_1 进行续流，向蓄电池充电，将定子绕组的磁场能量以电能的形式迅速回馈给电源。

这种双开关型电路结构的电动机主电路，开关器件对电压容量要求较低，特别适合于高压、大容量的场合，且各相绕组可以独立控制，控制简单。双开关型功率转换器的缺点是所需开关器件数量较多，成本较高。

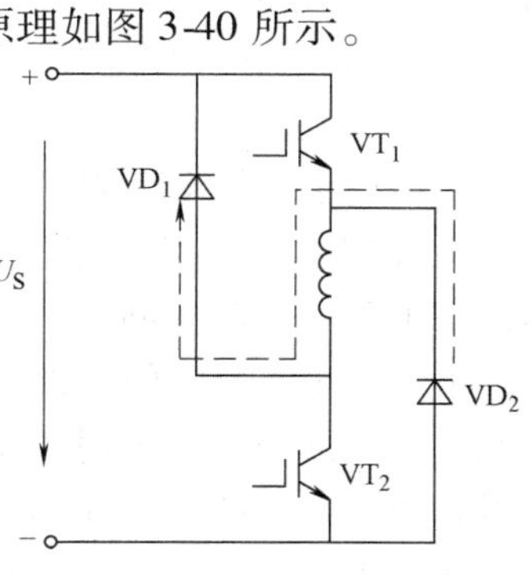

图 3-40　双开关型功率转换器电路原理

（2）双绕组型功率转换器　双绕组型功率转换器适用于每相均有主、副两个绕组的电动机。其电路原理如图 3-41 所示。

当主开关 VT_1 导通时，电源对主绕组供电，形成图 3-41 中实线方向的电流；当 VT_1 关

断时，主绕组的电流迅速消失，通过磁耦合使副绕组产生感应电流，通过二极管 VD_1 续流（虚线箭头方向），向电源回馈电能。

双绕组型功率转换器的电路简单，每相只需要一个晶体管，开关元器件少。此外，这种主电路可适用于任意相数的开关磁阻电动机，尤其适宜于低压直流电源供电的场合。但是，这种电路结构的主开关除了要承受电源电压外，还要承受副绕组的互感电动势。此外，由于电动机定子凸极上需绕制主、副两个绕组，定子铁心槽及铜线利用率低，铜耗增加，电动机的体积增大。

（3）电容分压型功率转换器　电容分压型主电路也称为电容裂相型主电路或双电源型主电路，是开关磁阻电动机广泛采用的一种功率变换电路。4 相电容分压型功率转换器的电路原理如图 3-42 所示。

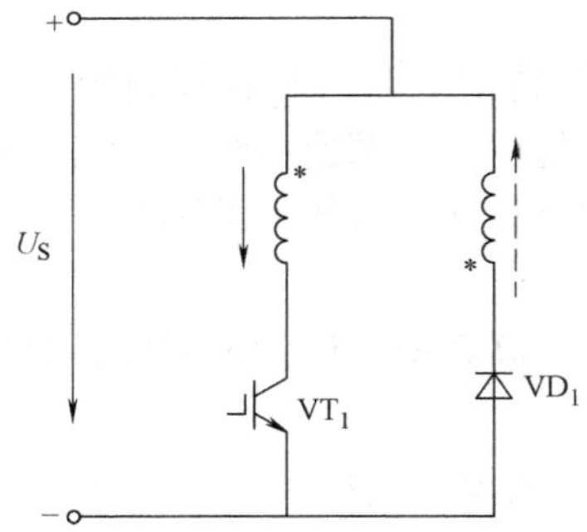

图 3-41　双绕组型功率转换器电路原理

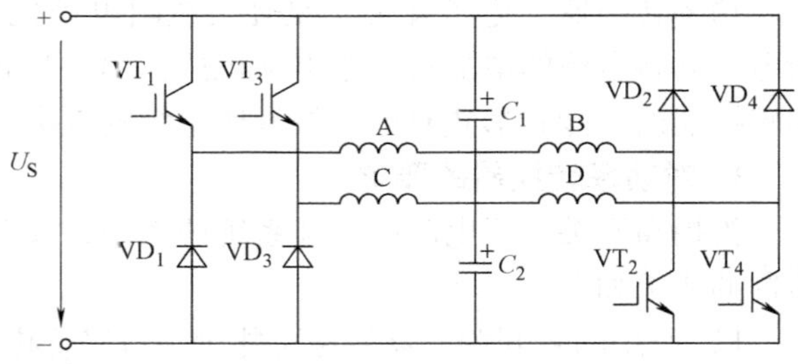

图 3-42　4 相电容分压型功率转换器的电路原理

采用电容分压型主电路的开关磁阻电动机，其每相绕组均连接一个晶体管和一个续流二极管，各相的主开关和续流二极管依次上下交替排列，电源 U_S 通过两个大电容 C_1 和 C_2 进行分压。当 VT_1 导通时，上侧的电容 C_1 对 A 相绕组放电，电源对 A 相供电，经下侧电容 C_2 构成回路；当 VT_1 关断时，A 相产生自感电动势，其感应电流经 VD_1 续流，向下侧电容 C_2 充电。当 VT_2 导通时，绕组 B 从 C_2 吸收电能；当 VT_2 关断时，B 相绕组的剩余能量经 VD_2 回馈给 C_1。由此可见，为了保证上、下两个电容的工作电压对称，电容分压型主电路仅适用于偶数相开关磁阻电动机。

（4）H 桥型功率转换器　H 桥型主电路比 4 相电容分压型主电路少了两个串联的分压电容，增设了蓄能电容 C。其电路原理如图 3-43 所示。

H 桥型主电路由于没有分压电容，当主开关 VT_1 关断时，定子绕组 A 换相的磁场能量中的一部分回馈给电源，另一部分注入导通相绕组，这会引起中点电位的较大浮动。H 桥型主电路要求每一瞬间上、下桥臂必须各有一相导通。

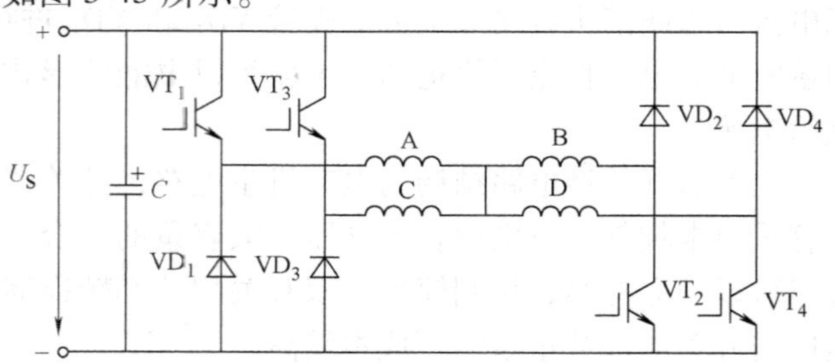

图 3-43　H 桥型功率转换器电路原理

H 桥型主电路的特色之处是可以实现零电压续流，从而提高系统的控制性能。但是，H 桥型主电路只适用于 4 相或 4 的倍数相的开关磁阻电动机。这种主电路也是4相开关磁阻电动机应用较多的电路形式。

表3-4是对上述四种常用的开关磁阻电动机功率转换器特点的总结。

表3-4　四种常用功率开关磁阻电机功率转换器的特点

类型	双开关型	双绕组型	电容分压型	H桥型
适用相数	3~9	3~9	≥4的偶数	4的倍数
主开关额定工作电压	U_s	$>2U_s$	U_s	U_s
续流二极管工作电压	U_s	$>2U_s$	U_s	U_s
U_s/U_m	1	1	2	1
U_c/U_m	1	1	1	浮动
相主开关数	1	2	1	1
相独立控制	独立	独立	不独立	不独立
缺点	元器件数量多	电动机槽及铜线利用率低	必须限制中点电位漂移	每一瞬间必须上、下各一相导通

3. 功率转换器与开关磁阻电动机的匹配

开关磁阻电动机在实际应用中只有选择合适的主电路与之匹配，才能使其正常工作，并发挥最大的效率。一般情况下，可从以下几个方面来选择功率转换器的类型。

（1）适用的相数　不同类型的主开关电路，适用的电动机相数是不同的。在表3-4所示的四种常用的功率转换器主电路中，双开关型和双绕组型主电路从理论上可适用于各种相数的开关磁阻电动机，实际应用相配的相数为3~9；电容分压型只适用于相数为偶数的开关磁阻电动机，如4相、6相、8相开关磁阻电动机；H桥型仅适用于相数为$4K(K=1, 2, 3, 4)$的开关磁阻电动机，如4相、8相开关磁阻电动机。

（2）电源有效利用率　反映功率转换器主电路电源有效利用率的参数有U_s/U_m和U_c/U_m两个。

1）U_s/U_m。即功率转换器的直流电源供电电压U_s与相绕组最大供电电压U_m之比。当该参数为1时，开关磁阻电动机的相电流较小、铜耗小、功率转换器能量转换的效率高。因此，在其他条件允许的情况下，最好选择$U_s/U_m=1$的功率转换器。

2）U_c/U_m。即相绕组的换相电压U_c与相绕组最大供电电压U_m之比。从主开关和续流二极管额定工作电压的合理性和系统快速换相的要求出发，该参数为1最好。

（3）相控独立性　多相开关磁阻电动机要使每相绕组均衡工作，使系统具有较强的容错能力，避免受其他相的影响，各相绕组的供电电压和换相最好是独立控制的。从表3-4可知，选择双开关型和双绕组型功率转换器可以做到各相独立控制，且控制也较为简单。

4. 主电路开关元件性能简介

应用于电动机主电路的开关元件有多种类型，不同类型的开关元件具有不同的工作参数和性能特点。开关磁阻电动机可根据自身的功率等级、供电电压、峰值电流、性能及成本要求等选择适当的开关元件。目前，可供选择的功率开关元件主要有普通晶闸管（SCR）、门极关断（GTO）晶闸管、电力晶体管（GTR）、功率MOS场效应晶体管（MOSFET）、绝缘栅双极型晶体管（IGBT）等。

（1）普通晶闸管（SCR） SCR具有成本低、容量大，电流峰值和平均电流定额比值高，电流、电压过载能力强，能承受很大的浪涌电流的特点，但无自关断能力，需要设置专门的换向电路，造成功率转换器系统线路复杂、效率低、体积大。因此，在开关磁阻电动机的调速系统中很少使用SCR。

（2）门极关断（GTO）晶闸管 门极关断（GTO）晶闸管具有SCR的全部优点，例如耐压高、电流大、承受浪涌能力强和造价低等，同时门极关断（GTO）晶闸管又具有自关断能力和工作频率高等SCR不具备的特点。在大功率的应用场合，门极关断（GTO）晶闸管具有较明显的优势。但门极关断（GTO）晶闸管也有很多缺点，例如管压降比SCR高、工作频率比电力晶体管GTR低、缓冲电路的损耗较大、门极控制电路较复杂等。因此，门极关断（GTO）晶闸管在小功率、高性能的电动机调速系统中应用较少。

（3）电力晶体管（GTR） GTR的突出特点是开关频率很高、正向压降小、导通及关断方便。近年来，GTR更是向着高频化、模块化的方向发展，并在中、小功率的电动机调速系统中得到广泛的应用。GTR的缺点是电压、电流过载能力差，容易因二次击穿而损坏，保护较困难。由于GTR属于电流控制器件，其驱动电路要求有较大的输出电流，因而驱动电路功率消耗较大，这也限制了GTR在高压、大功率场合的应用。

（4）功率MOS场效应晶体管（MOSFET） MOSFET是一种单极型的电压控制器件，具有驱动功率小、驱动电路简单、开关速度快、无二次击穿、安全工作区宽等显著优点。但由于种种原因，MOSFET单管功率很难做到很大，因此一般只在小功率的电动机主电路上使用。

（5）绝缘栅双极型晶体管（IGBT） IGBT兼有GTR和MOSFET的优点。IGBT为电压驱动器件，开关频率高及抗干扰能力强，因而损耗小，性能好且工作可靠。此外，大功率IGBT模块本身绝缘，外壳不带电，冷却方便，系统结构简单，目前已取代了原来GTR的市场，成为开关磁阻电动机及其他类型电动机调速系统的主导功率器件。

第四章　纯电动汽车

第一节　纯电动汽车概述

一、纯电动汽车的特点

纯电动汽车（Battery Electric Vehicle，BEV）是指以蓄电池为车载电源，以电动机为唯一驱动力的电动汽车，通常简称为EV。与内燃机汽车和其他类型的电动汽车相比，纯电动汽车具有以下特点：

1. 无污染，噪声低

纯电动汽车在使用过程中没有内燃机汽车工作时产生的废气，不产生排气污染，是真正意义上的零污染汽车。由于纯电动汽车没有内燃机产生的噪声，而电动机的噪声又较内燃机小，因此，纯电动汽车行驶时的噪声很小，大大提高了汽车的乘坐舒适性。

2. 能源效率高，且多样化

对纯电动汽车的研究表明，其总的能源效率已超过汽油机汽车。特别是在城市街道运行时，汽车走走停停，行驶工况变化频繁，而纯电动汽车由于停驶时不消耗电能，在制动过程中又可以实现制动能量的回收利用，所以优势更加明显。

由于纯电动汽车以蓄电池为车载电源，向蓄电池充电的电力可以由煤炭、天然气、水力、核能、太阳能、风力、潮汐等多种能源转化。因此，纯电动汽车的应用可有效地减少对石油资源的依赖，可将有限的石油用于更重要的地方。除此之外，还可以在夜间电网用电低谷时向蓄电池充电，有利于电网均衡负荷，提高电力资源的利用率，降低汽车的使用成本。

3. 结构简单，使用维修方便

与内燃机汽车、混合动力电动汽车和燃料电池电动汽车相比，纯电动汽车的结构简单，动力传动部件减少，维护保养工作量小，当电动机采用无刷永磁直流电动机、交流异步电动机或开关磁阻电动机时，电动机本身无须维护保养。此外，纯电动汽车的动力驱动系统、电子控制系统的故障检修比发动机及其电子控制系统要简单得多，纯电动汽车的驾驶操纵也更为简单。

4. 动力电源使用成本高，续驶里程短

目前，作为纯电动汽车唯一动力电源的蓄电池，其多项技术性能指标还远未达到人们设想的目标，且价格高、使用寿命短，不仅提高了纯电动汽车本身的价格，而且其使用成本也高。此外，蓄电池的能量密度低，储存的能量有限，一次充电后续驶里程还不理想，并且充电的时间太长。因此，从汽车价格、使用成本等方面看，目前的纯电动汽车还不能与燃油汽车相抗衡。

二、纯电动汽车的发展现状

1. 国外纯电动汽车的发展现状

自从1881年第一辆以铅酸电池为动力电源的纯电动汽车问世以后，纯电动汽车的发展过程跌宕起伏。如今，作为解决石油资源匮乏问题和汽车对环境污染问题的最佳方案之一，纯电动汽车已被世界各国重点关注。到了20世纪90年代，纯电动汽车在美国、德国、日本等国家已有了较大的发展。电动汽车性能日益完善的一个重要标志就是电动汽车的商品化。世界各国很多大的汽车公司都推出了自己的产品。这些产品在最高时速、加速性能、驾驶安全性和舒适性等方面已接近燃油汽车水平。到2007年年底，世界上就已经有近4万辆纯电动汽车在运行，其中法国约有8000辆，美国约有7000辆，日本约有7400辆，主要用在公共运输系统中。表4-1是国外研制的部分纯电动汽车的技术参数，从中可了解国外纯电动汽车的发展情况。

表4-1 国外研制的部分纯电动汽车的技术参数

车　型	动力电池组		驱动电动机		最高车速/(km/h)	续驶里程/km
	类型	性能	类型	功率/kW		
通用EV1	镍氢	343V，77A·h	交流	100	128	200
福特Ranger	铅酸	312V	交流	67	128	144
奔驰Aclass-EV	Zeber	202V，58kW	交流	50	130	200
雪铁龙SAXO	镍镉	120V，13kW	直流	20	90	100
菲亚特ZIC	镍氢	216V，50A·h	永磁	50	100	160
标志QCGS106EV	镍镉	120V	直流	20	110	200
丰田RAV4-EV	镍氢	288V	永磁	45	125	220
本田Plus-EV	镍氢	288V	永磁	49	130	350
日产FEV-II	锂离子	1000A·h	交流	55	120	200

2. 我国纯电动汽车的发展状况

（1）我国纯电动汽车的发展历史　我国对纯电动汽车的研究始于20世纪60年代，并在90年代掀起了一股研发热潮，部分相关高校、科研院所以及汽车企业对动力电池及纯电动汽车整车进行了联合开发，并取得了一定的成果。从国家的“十五”规划开始，我国确立了“三横三纵”的电动汽车研发布局，并于2001年设立了电动汽车重大专项项目。经过十年来的发展，我国已建立了研发BEV的国家技术标准平台、测试检验平台、政策法规平台以及示范应用平台，颁布了BEV国家标准20余项，并分别在北京、天津、上海、大连等地建立了动力蓄电池公共检测中心（基地）和试验平台。

（2）我国纯电动汽车的技术现状　目前，我国纯电动轿车和纯电动客车产品均已通过国家质检中心的型式认证试验，各项指标均满足有关国家标准和企业标准的规定。天津清源电动车辆有限责任公司、深圳温斯顿电池制造有限公司等单位研发的纯电动轿车，整车的动力性、经济性、续驶里程、噪声等指标已达到甚至超过国外同级别车型。在为BEV配套的各种关键技术装备方面，如蓄电池、超级电容器、电流转换器、驱动电动机、控制系统和充电装备等，我国现已具备较强的开发和实现产业化的能力。表4-2是我国近年研制的部分纯电动汽车的技术参数，从中可以看到，我国纯电动汽车的技术水平与国外大体相当。

表4-2　我国近年研制的部分纯电动汽车的技术参数

产品名称	$\frac{长}{mm}\times\frac{宽}{mm}\times\frac{高}{mm}$	整备质量/kg	最高车速/(km/h)	最大爬坡度(%)	续驶里程/km	电池种类	电动机种类	主要研制单位
威乐	4185×1660×1510	1300	120	20	230①	锂离子电池	交流异步电动机	天津清源电动车辆有限责任公司
威姿	3640×1660×1520	1200	100	30	170①	锂离子电池	交流异步电动机	
比亚迪F3e	4533×1705×1490	1530	150	30	300	锂离子电池	永磁同步电动机	比亚迪汽车有限公司
Winston EV-8800	4687×1700×1450	1200	140	35	300	锂离子电池	直流电动机	深圳温斯顿电池制造有限公司
奇瑞M1EV	3601×1587×1527	1060	120	25	110②	锂离子电池	永磁同步电动机	奇瑞汽车股份有限公司
BK6120EV	11580×2490×3205	12930	81	20	210①	锂离子电池	交流异步电动机	北京理工大学
BFC6110EV	10660×2500×3565	12000	95	20	300①	锂离子电池	交流异步电动机	北京理工大学

①　等速40km/h工况续驶里程。

②　ECE循环工况续驶里程。

（3）我国纯电动汽车的发展基础　我国纯电动汽车产业化已具有良好的发展基础。有关资料显示，我国目前电动自行车、电动摩托车等轻型电动车辆的保有量已经超过5000万辆，产销量已超过全球的90%，处于领先地位。轻型电动车辆的发展在潜移默化地影响消费者的同时，也带动了我国动力电池、电动机等产业的发展。我国已有多家企业在能够作为车用动力电池的铅酸电池、镍氢电池、锂离子电池方面拥有相关核心技术，并形成了系列产品。另外，我国的电力供应充足，每天超过9亿kW·h低谷电可供5000万辆左右的电动汽车充电。同时，用于生产动力电池和电动机的原材料（如锰、铁、钒、稀土永磁材料等资源）在我国储藏丰富，也为纯电动汽车的产业化奠定了资源基础。我国虽然在传统汽车的研发上与世界先进水平相比还有相当大的距离，但是在纯电动汽车技术开发上几乎是站在同一起跑线上，甚至在某些领域已经达到世界领先水平。截止到2010年年底，我国不同类型的纯电动汽车所处的技术阶段见表4-3。

（4）我国纯电动汽车的展望　在2010年广州亚运会期间，广州就已开通了全市首条纯电动公交线路，首批26辆纯电动公交车在广州大学城广东科学中心至中山纪念堂之间投入运营。从2010年5月开始，深圳市首批50辆纯电动出租车投入试运营。从2010年6月1日起，我国首先在上海、长春、深圳、杭州、合肥五个城市启动了私人购买新能源汽车补贴试点工作，对私人购买插电式混合动力乘用车和纯电动乘用车给予一次性补贴，补贴金额最高分别为 5 万元和 6 万元。这标志着我国的纯电动汽车已从前期的小规模示范运行，开始进入市场导入阶段。可以期待，我国纯电动汽车的产业化以及纯电动汽车进入寻常百姓家庭，为时不远。

表 4-3　纯电动汽车技术阶段划分表

序号	产品类别	蓄能装置种类	技术阶段
1	纯电动乘用车	锂离子动力蓄电池	发展期
2		金属氢化物镍动力蓄电池	起步期
3		铅酸蓄电池	成熟期
4		锌空气蓄电池	起步期
5		超级电容器	起步期
6	纯电动商用车	锂离子动力蓄电池	起步期
7		金属氢化物镍动力蓄电池	起步期
8		铅酸蓄电池	成熟期
9		锌空气蓄电池	起步期
10		超级电容器	起步期

注：技术阶段的划分主要以蓄能装置种类为依据（2010 年 12 月 31 日前适用）。

三、纯电动汽车的基本结构

纯电动汽车的基本结构系统可分为三个子系统，即主能源子系统、电力驱动子系统和辅助控制子系统，如图 4-1 所示。

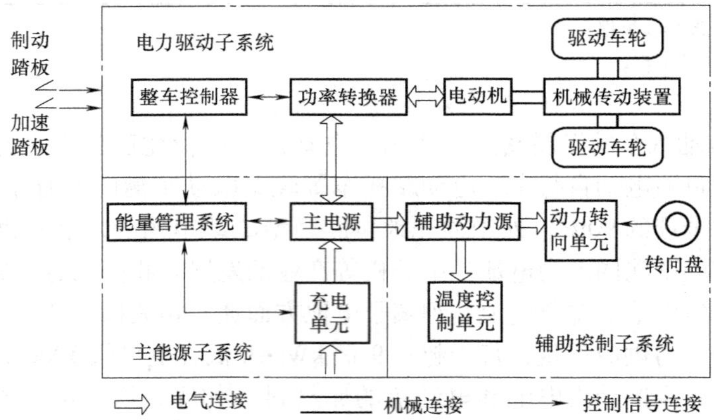

图 4-1　纯电动汽车的基本结构

1. 主能源子系统

纯电动汽车的主能源子系统包括主电源和能量管理系统，带有车载充电设备的纯电动汽车还应包括充电单元。

（1）主电源　主电源是纯电动汽车的能量来源，通过功率起换器向电动机提供电能，同时，也是能量管理系统和整车电子控制系统的电源。目前纯电动汽车的主电源通常采用铅酸电池、镍氢电池、锂离子电池等蓄电池。有些纯电动汽车配备超级电容或飞轮电池等辅助蓄能装置，以提高能量源的瞬时供电能力和能量回馈的效率。

（2）能量管理系统 能量管理系统的主要作用是对蓄电池进行监测与管理，包括对蓄电池 SOC、电压、电流、温度等参数的监测和存电量显示、终止放电显示与报警、能量回馈控制、充放电控制等。对于配备辅助蓄能装置的纯电动汽车，能量管理系统还具有能量协调控制的功能。

（3）车载充电设备 车载充电设备用于向主电源充电，充电的电源为工业或民用电力电网的电源插座。因此，车载充电设备应具有变压、调压、整流、滤波等基本功能。功能较为完备的车载充电设备还接受能量管理系统的控制，可自动进行充电方式（定压、定流、均衡充电等）选择，充电终了判别、自动停止充电控制、充电异常（温度、电压、电流异常）的判别和自动停充保护控制等。

2. 电力驱动子系统

电力驱动子系统由整车控制器、功率转换器、电动机、机械传动装置和驱动车轮等部分组成，其中机械传动装置因纯电动汽车的结构类型不同而差别较大。

（1）整车控制器 整车控制器根据从制动踏板和加速踏板输入的信号，发出相应的控制指令来控制功率转换器中功率开关的通断，进而对电动机的转速和转矩进行控制。同时，整车控制器通过对能量管理系统和功率转换器的协调控制，实现能量回馈控制和能量匹配控制。

（2）功率转换器 功率转换器的主要功能是控制电动机和电源之间的功率流。当电动汽车在驱动工况时，功率转换器的功率开关在控制器输出的控制信号触发下适时地通断，以控制电动机的转矩、转速及转向；当电动汽车制动时，功率转换器使功率流的方向反向，以使电动机工作在发电状态，将再生制动的动能转换为电能，并被主电源吸收。

3. 辅助控制子系统

辅助控制子系统包括辅助动力源和车载用电设备两部分。

（1）辅助动力源 辅助动力源用于向电动汽车上的电器和电子控制装置提供电力。辅助动力源通常配备 DC/DC 功率转换器，以便将主电源的电压转换为车载用电设备所需的电压。

（2）车载用电设备 车载用电设备除了照明、信号、仪表等汽车必须装备的电器外，还包括刮水器、电动车窗、电动门锁、收放机等辅助电器。现在的纯电动汽车的安全性和舒适性能与燃油汽车相媲美，因此，汽车空调装置、动力转向系统、防抱死制动装置等也构成了车载用电设备的一部分。

四、纯电动汽车的种类

纯电动汽车发展至今，种类较多，通常按车辆用途、车载电源数目以及驱动系统的组成进行分类。

1. 按用途不同分类

按照用途不同，纯电动汽车可分为电动轿车、电动货车和电动客车三种。

（1）电动轿车 电动轿车是目前最常见的纯电动汽车。除了一些概念车，纯电动轿车已经有了小批量生产，并已进入汽车市场。

（2）电动货车 用作公路运输的电动货车目前还比较少，而在矿山、工地及一些特殊场地，则早已出现了一些大吨位的纯电动载货汽车。

（3）电动客车 目前，纯电动小型客车也较少见；纯电动大客车多用作公共汽车，在一些城市的公交线路以及世博会、世界性的运动会上，已经有了良好的表现。

2. 按车载电源数不同分类

按车载电源数不同，纯电动汽车可分为单电源电动汽车和蓄电池加辅助蓄能装置的多电源电动汽车两种。

（1）单电源电动汽车 单电源电动机汽车上的主电源就是蓄电池，有铅酸电池、镍氢电池、锂离子电池等多种。这种纯电动汽车的结构较为简单，控制也比较简便，主要缺点是主电源的瞬时输出功率容易受蓄电池性能的影响，制动能量的回馈效率也会制约于蓄电池的最大可接受电流及蓄电池的荷电状态。

（2）多电源电动汽车 采用蓄电池加超级电容或蓄电池加飞轮电池的电源组合，可以降低对蓄电池容量、比能量、比功率等的要求。在汽车起步、加速、爬坡等行驶工况下，辅助蓄能装置（超级电容、飞轮电池）可短时间内输出大功率，协助蓄电池供电，使电动汽车的动力性大为提高；在汽车制动时，则利用辅助蓄能装置可接受大电流充电的特点，提高制动能量回馈的效率。

3. 按驱动系统组成和布置形式分类

按电力驱动子系统的组成和布置形式不同，纯电动汽车分为机械传动型、无变速器型、无差速器型和电动轮型四种类型，如图 4-2 所示。

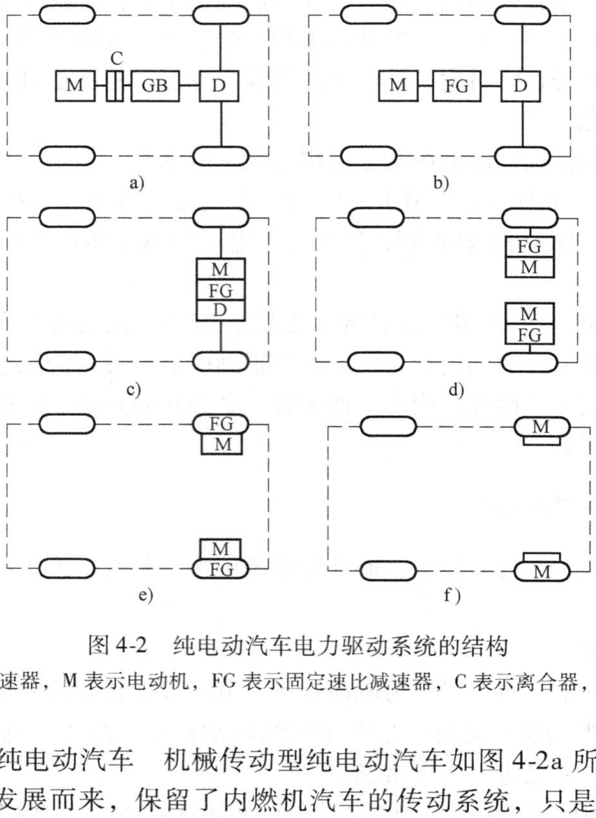

图 4-2 纯电动汽车电力驱动系统的结构

注：GB 表示变速器，M 表示电动机，FG 表示固定速比减速器，C 表示离合器，D 表示差速器。

（1）机械传动型纯电动汽车 机械传动型纯电动汽车如图 4-2a 所示。它由发动机前置后轮驱动的燃油汽车发展而来，保留了内燃机汽车的传动系统，只是把内燃机换成了电动机。这种结构可以提高纯电动汽车的起动转矩及低速时的后备功率，对驱动电动机要求低，可选择功率较小的电动机。

（2）无变速器型纯电动汽车　无变速器型纯电动汽车如图 4-2b 所示。这种驱动系统的最大特点是取消了离合器和变速器，采用固定速比减速器，通过电动机的控制实现变速功能。这种结构的优点是机械传动装置的质量较轻、体积较小，但对电动机的要求较高，不仅要求有较高的起动转矩，而且要求较大的后备功率，以保证纯电动汽车的起步、爬坡、加速等动力性能。

无变速器型纯电动汽车的另外一种结构如图 4-2c 所示。这种结构与发动机横向前置、前轮驱动的燃油汽车的布置方式类似。它把电动机、固定速比减速器和差速器集成为一个整体，两根半轴连接驱动车轮。这种结构在小型电动汽车上应用很普遍。

（3）无差速器型纯电动汽车　无差速器型纯电动汽车如图 4-2d 所示。这种结构采用两个电动机，通过固定速比减速器分别驱动两个车轮，每个电动机的转速可以独立调节。当汽车转向时，由电子控制系统实现电子差速，因此，电动机控制系统比较复杂。

（4）电动轮型纯电动汽车　电动轮型纯电动汽车如图 4-2e 所示。将电动机直接装在驱动轮内（也称为轮毂电动机），可进一步缩短电动机到驱动车轮之间的动力传递路径，但需要增设减速比较大的行星齿轮减速器，以便将电动机转速降低到理想的车轮转速。这种结构对控制系统控制精度和可靠性的要求较高。

电动轮型纯电动汽车的另一种结构如图 4-2f 所示。该结构采用低速外转子电动机，去掉了减速齿轮，将电动机的外转子直接安装在车轮的轮缘上。这种结构的电动机与驱动车轮之间无任何机械传动装置，无机械传动损失，空间利用率最大。这种电动机直接驱动车轮的形式对电动机的性能要求最高，要求其具有较高的起动转矩，较大的后备功率。

第二节　纯电动汽车的性能指标

一、纯电动汽车的经济性

1. 试验循环行驶工况

纯电动汽车的经济性指标主要是充足电后的续驶里程，而在不同的行驶工况下，行驶里程会有很大的差异。为了合理地评价纯电动汽车的性能，人们制定了相应的试验循环行驶工况。试验循环行驶工况是指预先确定的行驶速度与时间的变化关系图线。电动汽车在试验时必须按规定的速度和时间程序行驶。

不同国家或地区的驾驶条件差异很大，因此，分别制定了自己的循环工况。其中主要有：美国城市循环工况（UDDS），如图 4-3 所示；联合国欧洲经济委员会（ECE）的 ECE-R15 循环工况，如图 4-4 所示；日本电动汽车协会的 10-15 循环工况，如图 4-5 所示；美国汽车工程协会（SAE）的 J227a 试验循环工况，如图 4-6 所示。SAE 的 J227a 试验循环工况参数见表 4-4。

我国试验循环由四个市区循环和一个市郊循环程序组成，理论试验距离为 11.022km，时间为 19min 40s，同时，允许只采用市区循环进行试验，但所采用的试验循环要在试验报告中进行说明。图 4-7 给出了我国试验循环的组成。

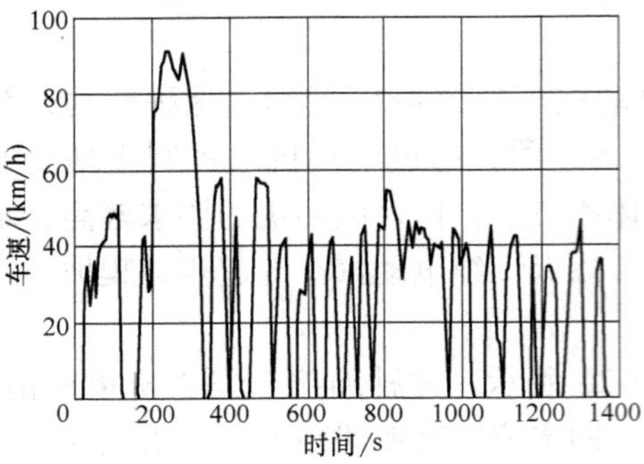

图 4-3 美国城市循环工况（UDDS）

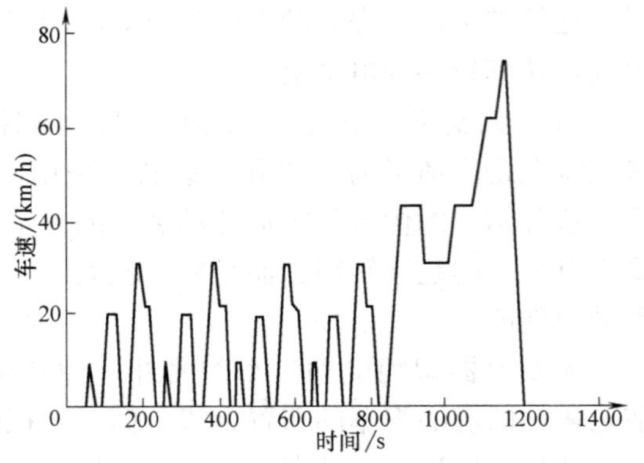

图 4-4 ECE-R15 循环工况

图 4-5 日本 10-15 循环工况

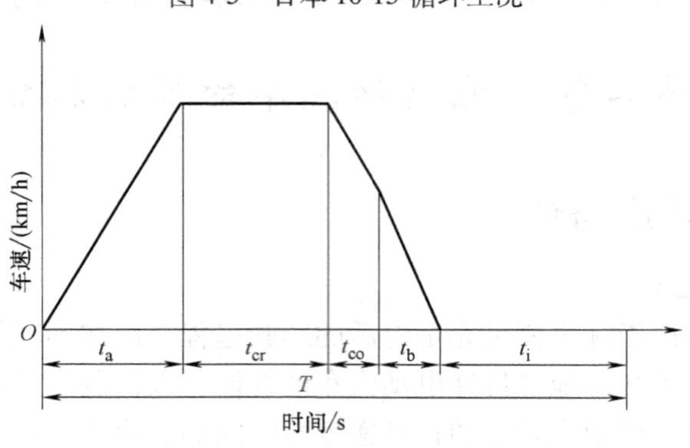

图 4-6 SAE 的 J227a 试验循环工况

表 4-4 SAE 的 J227a 试验循环工况参数

循环模式	A	B	C	D
v（车速）/（km/h）	16.5 ±1.5	32.0 ±1.5	48.0 ±1.5	72.0 ±1.5
t_a（加速段）/s	4 ±1	19 ±1	18 ±1	28 ±2
t_{cr}（等速段）/s	0	19 ±1	20 ±1	50 ±2
t_{co}（滑行段）/s	2 ±1	4 ±1	8 ±1	10 ±1
t_b（制动段）/s	3 ±1	5 ±1	9 ±1	9 ±1
t_i（零速段）/s	30 ±2	25 ±2	25 ±2	25 ±2
T（循环总时间）/s	39 ±2	72 ±2	80 ±2	122 ±2

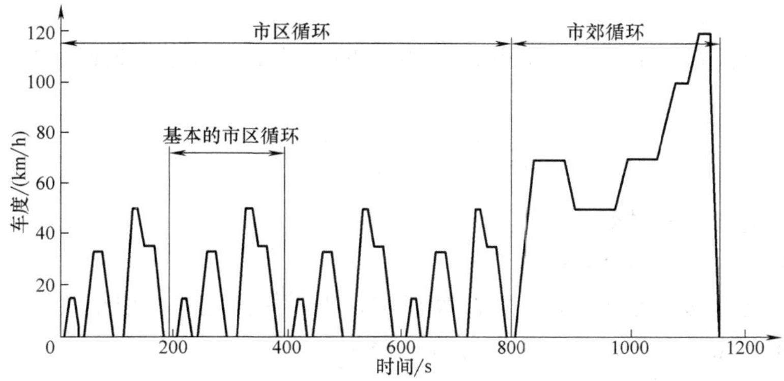

图 4-7　我国试验循环的组成

2. 续驶里程

纯电动汽车在蓄电池充足电的状态下，按一定的行驶工况，能连续行驶的最大距离（单位为 km）称为续驶里程。对于传统的燃油汽车，通常以百公里油耗作为其经济性指标，而纯电动汽车的经济性指标是蓄电池一次充电后的续驶里程。对于某型号的纯电动机汽车，需要通过测试得到续驶里程参数。续驶里程的测试分为工况法和等速法。

（1）工况法　工况法测试续驶里程是在底盘测功机上按图 4-7 规定的试验循环工况进行的。试验时将试验车辆加载到规定的试验质量，在工况试验循环结束时，记录试验车辆驶过的距离（km），该距离即为工况法测量的续驶里程。

电动汽车的试验质量是指电动汽车整车整备质量与试验所需附加质量之和，而附加质量分别为：

1）最大允许装载质量（包括驾驶人的质量）小于或等于 180kg，最大允许装载质量即为附加质量。

2）最大允许装载质量大于 180kg，但小于 360kg，附加质量为 180kg。

3）最大允许装载质量大于 360kg，附加质量为最大允许装载质量的 1/2。

（2）等速法　等速法测试续驶里程是在道路上进行的，让车辆以（60 ± 2）km/h 或（40 ± 2）km/h 的速度等速行驶，当蓄电池达到一定放电深度时，车辆驶过的距离（km）即为等速法测量的续驶里程。

电动汽车经过规定的试验循环后对动力蓄电池重新充电至试验前的容量，用从电网上得到的电能除以续驶里程所得的值（单位为 W·h/km）称为能量消耗率。

3. 等速工况续驶里程的计算

假定纯电动汽车在续驶里程测试过程中以速度 v_c（km/h）等速行驶，其行驶阻力 F 可通过式（4-1）计算。

$$F = Gf + \frac{C_D A v_c^2}{21.15} \tag{4-1}$$

式中　G——整车重力（N）；

f——轮胎滚动阻力系数；

C_D——空气阻力系数；

A——迎风面积（m^2）。

当蓄电池组总能量为 E_B（单位为 kW·h）时，纯电动汽车在匀速行驶时的续驶里程 s（单位为 km）为

$$s=\frac{3600E_B\eta_T\eta_{mc}\eta_{DOD}\eta_q}{F} \tag{4-2}$$

式中 η_T——传动系统机械效率；

η_{mc}——电动机及控制器效率；

η_{DOD}——蓄电池的放电深度，在实际使用中，为了保护电池，防止其完全放电受损，保证电池的寿命，一般要求 $\eta_{DOD}\leqslant 75\%$；

η_q——蓄电池的平均放电效率。

【例】 某电动大客车总质量为17000kg，轮胎滚动阻力系数为0.01，空气阻力系数为0.7，迎风面积为7.95m²，传动系统机械效率为0.92，电动机及控制器效率为0.9，蓄电池组总能量为180 kW·h，蓄电池的放电深度为0.75，蓄电池的平均放电效率为0.95。计算充满电后，该车按照50km/h匀速行驶的续驶里程。

解 50km/h匀速行驶的行驶阻力为

$$F=Gf+\frac{C_DAv_c^2}{21.15}=17000\text{kg}\times 9.8\text{N/kg}\times 0.01+\frac{0.7\times 7.95\times 50^2}{21.15}(\text{N})=2323.8\text{N}$$

续驶里程 s 为

$$s=\frac{3600E_B\eta_T\eta_{mc}\eta_{DOD}\eta_q}{F}=\frac{3600\times 180\times 0.92\times 0.9\times 0.75\times 0.95}{2323.8}(\text{km})=164.5\text{km}$$

答 该电动大客车的续驶里程为164.5km。

4. 续驶里程的影响因素分析

（1）整车参数对续驶里程的影响 由式（4-2）可以看出，等速行驶时对应的续驶里程与行驶阻力成反比，与蓄电池组总能量成正比。低速行驶和电动汽车质量小时功率消耗少，有助于增加电动汽车的续驶里程。提高蓄电池组总能量是加大续驶里程的有效办法。但是，随着蓄电池数量的增加，又会引起整车质量的增加，加大阻力功率，另外，也需要更大的空间来安装蓄电池组，因此，需要综合考虑。

（2）蓄电池均匀性的影响 为提高电源的电压和增大容量，通常采取将多个蓄电池串联成一组，然后再将各组蓄电池并联的办法。当蓄电池组各个蓄电池性能不一致时，容易造成性能差的蓄电池在充放电循环中过充电或过放电，使其性能迅速下降，导致蓄电池的不一致性扩大，蓄电池组的整体容量和端电压均会降低，其放电能力也会随之下降。可见，蓄电池的均匀性对电动汽车的续驶里程也有较大的影响。

（3）环境温度的影响 电动汽车的续驶里程与环境温度也有关系。当环境温度下降时，蓄电池的内阻增大而容量一般会下降，其放电能力降低，从而导致电动汽车续驶里程缩短。

二、纯电动汽车的动力性

1. 电动机的特性

纯电动汽车的动力性指标主要是最高车速、最大加速度、爬坡能力。在纯电动汽车中，牵引电动机的性能对其动力性起着至关重要的作用。现通过典型实例来进一步介绍电动机的特性。

（1）电动机的工作特性　变速电动机通常具有图 4-8 所示的工作特性。在低速区域（低于基速），电动机具有恒转矩特性；在高速区域（高于基速），电动机具有恒功率特性。这一特性一般采用转速比 x 予以描述。该转速比 x 定义为最高转速与基速的比值。在低速运行情况下，随着转速增高，由功率转换器向电动机供电的电压升高，而磁通量保持不变；在基速运行点处，电动机端电压到达电源电压；超过基速后，电动机端电压保持不变，而磁通量衰减（随着转速增加呈双曲线下降），因此其转矩也随着转速增加而呈双曲线下降。

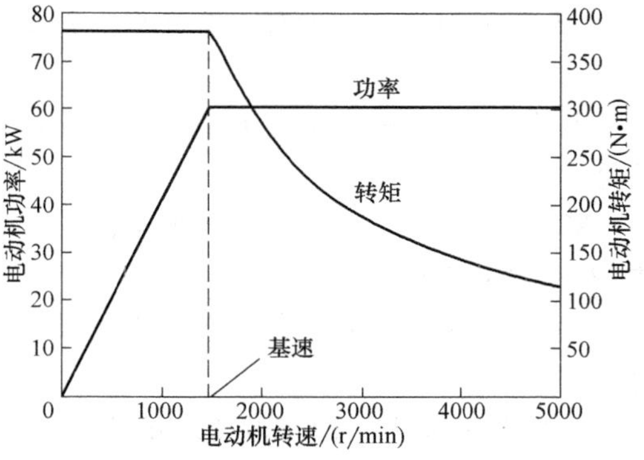

图 4-8　典型变速电动机的工作特性

（2）电动机的机械特性　图 4-9 所示的是一台具有不同转速比（$x=2，4，6$）的 60kW 电动机的机械特性曲线。显然，具有大范围恒功率区域的电动机，其最大转矩能显著提高。因此，车辆的加速和爬坡性能得以改善，而传动装置也可简化。但是，不同形式的电动机都有其固有最高转速比的限值。例如，由于有永久磁体，磁场难以衰减，因此永磁电动机具有小转速比（$x<2$）；开关磁阻电动机的转速比可以达到 $x>6$；异步电动机 $x\approx4$。

2. 动力性指标

（1）最高车速　汽车的最高车速是指汽车在无风的条件下，在水平良好的硬路面上所能到达的最高车速。纯电动汽车的最高车速分为 1km 最高车速和 30min 最高车速。1km 最高车速通常简称为最高车速，是指纯电动汽车能够往返各持续行驶 1km 以上距离的最高平均车速。30min 最高车速是指纯电动汽车能够持续行驶 30min 以上的最高平均车速。在测试纯电动汽车最高车速时，需要将试验车辆加载到试验质量。

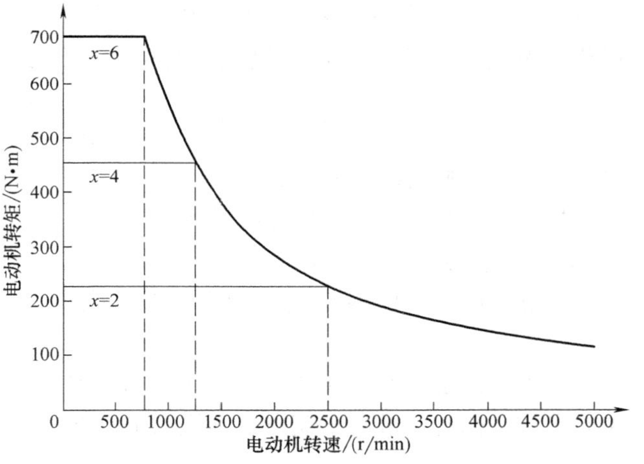

图 4-9　具有 $x=2，4，6$ 的 60kW 电动机的机械特性曲线

（2）最大加速能力　汽车的加速能力用汽车原地起步的加速能力和超车加速能力来表示。通常将汽车加速过程中所经过的加速时间或加速距离作为评价汽车加速能力的指标。纯电动汽车的加速能力用从速度 v_1 加速到速度 v_2 所需的最短时间（单位为 s）来评价。例如，对于 M1、N1 类纯电动汽车，采用 0～50km/h 原地起步加速时间和 50～80km/h 超车加速时间；对于 M2、M3 类纯电动汽车，采用 0～30km/h 原地起步加速时间和 30～50km/h 超车加速时间。在测试纯电动汽车最大加速能力时，需要将试验车辆加载到试验质量。

车辆分类代号说明如下：

M1 类车辆——至少有 4 个车轮，或有 3 个车轮，且厂定最大总质量超过 1t，除驾驶人座位外，乘客座位不超过 8 个的载客车辆。

M2 类车辆——至少有 4 个车轮，或有 3 个车轮，且厂定最大总质量不超过 5t，除驾驶人座位外，乘客座位超过 8 个的载客车辆。

M3 类车辆——至少有 4 个车轮，或有 3 个车轮，且厂定最大总质量超过 5t 的载客车辆。

N1 类车辆——至少有 4 个车轮，或有 3 个车轮，且厂定最大总质量不超过 3.5t 的载货车辆。

N2 类车辆——至少有 4 个车轮，或有 3 个车轮，且厂定最大总质量超过 3.5t，但不超过 12t 的载货车辆。

N3 类车辆——至少有 4 个车轮，或有 3 个车轮，且厂定最大总质量超过 12t 的载货车辆。

（3）爬坡能力　汽车的爬坡能力是指汽车在良好的道路上以最低行驶车速上坡行驶的最大坡度。纯电动汽车的爬坡能力用坡道起步能力和爬坡车速来评价。坡道起步能力是指纯电动汽车加载到最大设计总质量时在坡道上能够起动且 1min 内向上行驶至少 10m 的最大坡度。

爬坡车速是指加载到最大设计总质量后，纯电动汽车在给定坡度（4% 和 12%）的坡道上能够持续行驶 1km 以上的最高平均车速。

3. 动力性指标的计算

（1）电动汽车最高车速的计算　电动机发出的功率全部消耗于车辆阻力。若电动机的额定功率为 P_e（单位为 kW），则汽车的功率平衡方程为

$$P_e = \frac{1}{\eta_T}(P_f + P_w) = \frac{1}{\eta_T}\left(\frac{fGv_{max}}{3600} + \frac{C_D A v_{max}^3}{76140}\right) \tag{4-3}$$

式中　P_f——克服滚动阻力所需功率（kW）；

P_w——克服空气阻力所需功率（kW）；

η_T——传动系统机械效率。

根据电动机功率曲线与负载功率曲线的交点，就可以求出最高车速 v_{max}（单位为 km/h）。

需要指出的是，通常在选用较大功率的牵引电动机或大传动比的某些设计中，并不存在这样的交点。此时，最高车速由电动机的最高转速 n_{max}（单位为 r/min）决定。

$$v_{max} = 0.377\frac{n_{max} r}{i_{tmin}} \tag{4-4}$$

式中　r——车轮半径（m）；

i_{tmin}——传动系统最小传动比。

（2）电动汽车的爬坡能力计算　电动汽车的爬坡能力是指车辆在良好的路面上克服滚动阻力和空气阻力之后，其后备功率在稳定车速条件下全部用来爬坡时所能爬上的最大坡度。汽车行驶方程为

$$F_t = F_f + F_i + F_w$$

式中　F_t——汽车驱动力（N）；

F_f——滚动阻力（N）；

F_i——坡道阻力（N）；

F_w——空气阻力（N）。

根据汽车行驶方程可计算出最大坡度角 α 为

$$\alpha = \arcsin \frac{F_t - F_f - F_w}{G} \tag{4-5}$$

但是，在低速时，爬坡能力要大得多，基于式（4-4）的计算结果将产生显著偏差，而应按式（4-6）计算如下：

$$\alpha = \arcsin \frac{D - f\sqrt{1 + f^2 - D^2}}{1 + f^2} \tag{4-6}$$

式（4-6）中，$D = \dfrac{F_t - F_w}{G}$为汽车的动力因数。

（3）电动汽车的加速性能　电动车辆的加速性能是指车辆在良好、平坦的路面上，克服滚动阻力和空气阻力之后，其后备功率全部用来提高车辆速度的能力。下面以无变速器型纯电动汽车从静止加速到某一个车速 v_n（单位为 km/h）时所需要的时间（原地起步加速时间）为例，说明加速性能的计算方法。

汽车加速时的行驶方程为

$$F_t = F_f + F_w + F_j \tag{4-7}$$

即

$$\frac{T_m i_t \eta_T}{r} = fG + \frac{C_D A v^2}{21.15} + \delta m \frac{du}{dt} \tag{4-8}$$

式中　T_m——电动机转矩（Nm）；

i_t——传动系统传动比；

r——车轮半径（m）；

m——整车质量（kg）；

δ——旋转质量换算系数。

$$\delta = 1 + \frac{1}{m}\frac{\sum I_w}{r^2} + \frac{1}{m}\frac{I_f i_t^2 \eta_T}{r^2} \tag{4-9}$$

式中　I_w——车轮转动惯量；

I_f——电动机的转动惯量。

在不同车速下加速时的加速度为

$$\frac{du}{dt} = \frac{1}{\delta m}[F_t - (F_f + F_w)] \tag{4-10}$$

若最终车速位于恒转矩区，则加速时间 t（单位为 s）为

$$t = \int_0^{v_n/3.6} \frac{\delta m}{1000P_t/u - fG - 0.6128C_D A u^2} du \tag{4-11}$$

若最终车速位于恒功率区,则

$$t = \int_0^{v_b/3.6} \frac{\delta m}{3600P_t/v_b - fG - 0.6128C_D A u^2} du + \int_{v_b/3.6}^{v_n/3.6} \frac{\delta m}{1000P_t/u - fG - 0.6128C_D A u^2} du \tag{4-12}$$

式中　v_b——电动机为基速时的汽车车速（km/h）；

P_t——驱动功率（kW）。

第三节 纯电动汽车驱动系统设计

一、电动机类型和性能参数的选择

电动机是纯电动汽车的唯一动力源，其性能与电动汽车整车性能密切相关。因此，电动机的选择及参数匹配是研究设计纯电动汽车动力系统的关键之一。

1. 电动机的类型选择

（1）纯电动汽车对电动机的基本要求　车辆行驶的工况较复杂，作为纯电动汽车用的电动机必须能适应这种复杂工况的要求。纯电动汽车对驱动电动机的基本要求如下：

1）较大的起动转矩，保证纯电动汽车良好的起动和加速性能。

2）较宽的恒功率范围，保证纯电动汽车具有高速行驶的能力，电动机的过载系数应达到2～3倍。

3）较大范围的调速功能，在低速时具有较大的转矩，在高速时具有高功率，能够根据驾驶人对加速踏板的控制，及时调整纯电动汽车的行驶速度和相应的驱动力。

4）要求电动机的外形尺寸尽可能小，质量尽可能轻。

5）电动机的可靠性好，耐温和耐潮性能强，能够在较恶劣的环境下长期工作，运行时噪声低，维修方便。

（2）纯电动汽车适用的电动机　驱动电动机的性能直接决定着纯电动汽车驱动系统的性能。目前纯电动汽车采用较多的电动机主要是有刷直流电动机、交流异步电动机、永磁同步电动机、永磁无刷直流电动机和开关磁阻电动机五种。各种类型的电动机的工作原理、结构与性能特点等在第三章已经介绍。选择何种类型的电动机，不仅要考虑电动机本身的性能特点，而且需要根据驱动系统的结构、电动汽车的总体设计目标、电动汽车的成本等进行综合考虑。

电动机驱动系统的结构不同，对电动机的起动转矩、调速范围、储备功率等的要求也不相同。例如，由电动机直接驱动车轮的电动轮型驱动系统，对电动机的起动转矩、调速范围、储备功率等有很高的要求，而轮毂式电动机空间结构的局限又要求电动机的结构尺寸要小，因此可首选永磁式电动机或开关磁阻电动机。如果选择了机械传动型驱动系统，由于对电动机的起动转矩、调速范围、储备功率等要求不高，安装位置空间的限制也较小，因此，可考虑选择控制简单且成本较低的有刷直流电动机。

电动汽车的总体设计目标参数［如装载质量（承载人数）、最高车速、加速性能、爬坡能力、续驶里程等］不同，对电动汽车驱动系统结构、蓄电池类型及容量、电动机的类型选择都会有所影响。

电动机本身的成本也会影响电动汽车整车的成本，所以在性能参数满足要求的情况下，在尽可能选用低成本的电动机。此外，考虑成本因素时，不要忘记不同电动机所匹配的控制器的成本也有较大的差异。

有刷直流电动机驱动系统由于成本低、技术成熟，在小功率并采用机械传动系统的纯电动汽车上仍有使用。随着功率半导体器件性能的不断提高和价格的降低，交流异步电动机驱动系统的性价比优势越加明显，在最近开发的纯电动汽车上应用得较多，且最值得在纯电动汽车上优先推广应用。永磁同步电动机驱动系统和永磁无刷直流电动机，随着成本的降低和可靠性的进一步提高，在纯电动汽车上也将在一定范围内得到应用。开关磁阻电动机的结构简单，运行速度范围宽，是一种极具潜力的驱动电动机。但是开关磁阻电动机的噪声和转矩波动比较大，在纯电动汽车上的应用还不是很广泛。

2. 电动机功率的选择

电动机具有一定的效率特性，即一定的转速和功率对应一定的效率。由于纯电动汽车的能量源是有限的，在选择电动机功率时，应尽量使电动机在实际运转过程中能够经常处于高效率的范围，以获得较高的能量转化效率。

（1）根据纯电动汽车的最高车速选择　在选择电动机功率时既要使整车具有一定的车速，又要根据整车的使用条件，使得电动机经常在较满负载状态下运行，并且必须满足纯电动汽车最高车速的要求，以保证在良好的工况下或空载时，能以较高的车速行驶。对于主要作为城市交通工具的纯电动汽车，在大多数情况下是以中低速行驶的，因此，电动机的功率不宜选得过大，否则会使其经常处于部分负荷下工作，导致电动机效率大大下降，浪费蓄电池有限的电能。若给出了期望的最高车速，则选择的电动机功率应大体上等于最高车速行驶时所需的功率（单位为kW），即

$$P_u = \frac{1}{\eta_T}\left(\frac{mgf}{3600}v_{max} + \frac{C_D A}{76140}v_{max}^3\right) \tag{4-13}$$

（2）根据纯电动汽车的加速性能要求选择　电动机的功率越大，纯电动汽车的后备功率就越大，加速性能也就越好。但过大的后备功率又会增加纯电动汽车不必要的能量消耗。电动汽车在 t_a（单位为s）的时间内，在水平路面上从零车速加速到 v_f（单位为km/h）所需功率 P_a（单位为kW）可由式（4-14）估算。

$$P_a = \left[\frac{\delta m}{2t_a}\left(\frac{v_b^2 + v_f^2}{3.6}\right) + \frac{2}{3}mgfv_f + \frac{2}{5} \times \frac{C_D A}{21.15}v_f^3\right]/3600 \tag{4-14}$$

式中　v_b——电动机基速时的汽车车速（km/h）。

（3）根据车辆的爬坡性能要求选择　电动汽车以某一车速 v_a（单位为km/h）爬上一定坡度 i 消耗的功率 P_i（单位为kW）为

$$P_i = \frac{1}{\eta_T}\left(\frac{mgf}{3600}v_a + \frac{C_D A}{76140}v_a^3 + \frac{mgi}{3600}v_a\right) \tag{4-15}$$

电动汽车驱动电动机的最大功率应能同时满足汽车对最高车速、加速度以及爬坡度的要求。所以电动汽车电动机的额定功率为

$$P_e = \max\{P_u, P_a, P_i\} \tag{4-16}$$

电动机的峰值功率为

$$P_{emax} = \lambda P_e \tag{4-17}$$

式中　λ——电动机的过载系数，一般为2～3。

3. 电动机额定电压的选择

额定电压是电动机的一个重要性能参数。作为纯电动汽车用的驱动电动机，其额定电压的选择与电动汽车蓄电池组的电压密切相关。在相同输出功率条件下，如果蓄电池组电压高，则电流小，对导线和开关等电器元件要求较低，但较高的电压需要数量较多的蓄电池串

联。虽然单个蓄电池的容量可适当减小，但是从总体上看蓄电池的成本及整车质量会有所增加，对动力性也会有所影响。此外，蓄电池组串联的蓄电池越多，对蓄电池不均匀性的影响也就越大；同时，车载设备的安全保护级别也需要提高。这些也会增加电动汽车的成本。驱动电动机的额定电压如果选得太低，则要求导线截面积更大，功率开关器件额定电流更大，连接导线变粗而增大安装布局的难度。功率开关器件额定电流增大后其成本也随之增加。另外，电流的增大也带来了功率设备额外损耗的增加，从而会影响电动汽车的使用寿命。

由此可见，选择合理的驱动电动机额定电压对设计合理的电动机驱动系统和提高整车性能意义重大。在通常情况下，微型电动汽车选择电动机额定电压的范围为48～288V，普通电动汽车电动机的额定电压一般在300V左右，电动大客车电动机的额定电压选择范围为400～600V。

二、蓄电池数量和容量的选择

1. 纯电动汽车蓄电池的类型

蓄电池是纯电动汽车唯一或主要的电源。蓄电池应具有高的比能量和比功率，以延长纯电动汽车的续驶里程，提高其加速性能和爬坡能力。此外，还要求蓄电池的循环寿命长、安全可靠、免维护、对环境污染小、充电效率高及成本低廉。纯电动汽车几种常用蓄电池的主要性能见表4-5。

表4-5　纯电动汽车几种常用蓄电池的主要性能

项　目	铅酸电池	镍镉电池	镍氢电池	锂离子电池
单体工作电压/V	2	1.2	1.2	3.6
质量比能量（W·h/kg）	35～40	40～60	60～80	90～160
体积比能量（W·h/L）	70	150	200	270
充放电寿命/次	300～500	500～1000	500～1000	600～1200
每月自放电率（%）	5	25～30	30～50	6～9
记忆效应	无	有	无	无
环境污染	污染	严重污染	无污染	无污染
成本/[$/kW·h)]	75～150	100～200	230～500	120～200

选择哪种类型的蓄电池，同样首先需要综合考虑纯电动汽车的总体设计目标、驱动系统的类型、电动汽车的成本，再根据蓄电池的功率密度、能量密度、可靠性、寿命和价格等因素选择适合的蓄电池。

动力电池可分为功率型与能量型两种。功率型蓄电池对纯电动汽车的动力性很重要，而对于目前的纯电动汽车来说，其续驶里程更被关注，因此，可选用能量型蓄电池，匹配时主要考虑其能量要求，以增加车辆的续驶里程。要同时满足动力性要求，可匹配超级电容或飞轮电池，利用这些辅助蓄能装置比功率大、短时间可大电流放电的特点，协助蓄电池供电，提高电动汽车的起动、加速及爬坡性能。

2. 蓄电池数量的选择

蓄电池需要串联起来为电动机供电。蓄电池组中动力电池模块的最小数量为

$$N_{\mathrm{Bmin}}=\frac{U_{\mathrm{mmin}}}{U_{\mathrm{bmin}}} \tag{4-18}$$

式中　N_{Bmin}——动力电池模块的最小数量；

U_{mmin}——电动机的最小工作电压（V）；

U_{bmin}——动力电池模块的最小电压（V）。

蓄电池组需要向电动机提供足够的功率以满足电动机的峰值功率要求，故蓄电池组动力电池模块数量的最大值为

$$N_{Bmax}=\frac{P_{mmax}}{D_{power}\eta_{mc}m_{mod}} \tag{4-19}$$

式中　N_{Bmax}——动力电池模块的最大数目；

P_{mmax}——电动机的最大功率（kW）；

D_{power}——动力电池的功率密度（kW/kg）；

η_{mc}——电动机及其控制系统的效率；

m_{mod}——动力电池模块的质量（kg）。

3. 蓄电池容量的选择

动力电池的容量主要是由纯电动汽车的续驶里程决定的，故动力电池容量的限值可由设计的纯电动汽车的续驶里程范围得到。

$$C_b=\frac{se}{3.6U_b\eta_T\eta_{mc}\eta_{DOD}\eta_q} \tag{4-20}$$

式中　C_b——动力电池组的容量（A·h）；

s——续驶里程（km）；

e——单位行驶里程消耗的能量（kJ/km）；

U_b——动力电池组的工作电压（V）。

在选择蓄电池的容量时，既要满足纯电动汽车续驶里程的设计要求，又要考虑整车的空间结构与底盘承载能力。选择的蓄电池容量越大，蓄电池组所储存的电能就越多，续驶里程也相应越长，但蓄电池组的质量增加，整车的整备质量增加，导致行驶阻力也增加，反过来又影响纯电动汽车的续驶里程。

三、传动系统参数的选择

非电动轮型纯电动汽车涉及机械传动部分的传动比选择。在选择变速器传动比的时候，存在单挡或多挡两种方案，主要根据所选电动机的性能和动力性要求来确定。如果所选电动机的调速范围足够宽，能够达到动力性和最高车速的要求，就可以直接采用固定速比的减速器。这样不仅可以减轻纯电动汽车的质量，而且驾驶时无需换挡，驾驶更为轻松。

1. 传动系统的传动比

（1）最小传动比的选择　普通的汽车没有分动器或副变速器，而变速器的最小传动比为直接挡或超速挡。当变速器的最小传动比为直接挡时，传动系统的最小传动比就是主减速器的传动比 i_0。最小传动比应满足车辆最高行驶速度的要求，设传动系统的最小传动比为 i_{tmin}，则由最高车速 v_{max}（单位为 km/h）与电动机最高转速 n_{max}（单位为 r/min）可确定最小传动比，即

$$i_{tmin}=\frac{0.377n_{max}r}{v_{max}} \tag{4-21}$$

(2) 最大传动比的选择　确定最大传动比时，要考虑两方面的因素，即最大爬坡度和附着条件。对于配备多挡变速器的纯电动汽车传动系统，其最大传动比 i_{tmax} 为变速器Ⅰ挡传动比 i_{g1} 与主减速器传动比 i_0 的乘积。确定传动系统最大传动比就是确定变速器Ⅰ挡传动比 i_{g1}。

1) 最大爬坡度。汽车爬坡时车速低，可不计空气阻力，汽车的最大驱动力应为

$$F_{tmax}=F_f+F_{imax} \tag{4-22}$$

即

$$\frac{T_m i_{g1} i_0 \eta_T}{r}=Gf\cos\alpha_{max}+G\sin\alpha_{max} \tag{4-23}$$

Ⅰ挡传动比 i_{g1} 应为

$$i_{g1}\geqslant\frac{G(f\cos\alpha_{max}+\sin\alpha_{max})r}{T_m i_0 \eta_T} \tag{4-24}$$

2) 附着条件。确定最大传动比后应验证是否满足附着条件，即

$$F_{tmax}=\frac{T_m i_{g1} i_0 \eta_T}{r}\leqslant F_z\varphi \tag{4-25}$$

式中　F_z——驱动轮受到的地面垂直反力。

验算时，附着系数 φ 可取0.5~0.6。

2. 传动系统挡位数

单挡或多挡传动装置的应用主要取决于电动机的转速-转矩特性。换句话说，在给定的电动机额定功率下，若有大范围恒功率区，则单挡传动装置将足以在低转速情况下产生高牵引力；否则，必须采用多挡传动装置。

图4-10所示为一辆配置有 $x=2$ 的牵引电动机和三挡传动装置的纯电动汽车的驱动力曲线。其第一挡覆盖了 *a-b-c* 的车速区间，第二挡覆盖了 *d-e-f* 的车速区间，第三挡覆盖了 *g-f-h* 的车速区间。

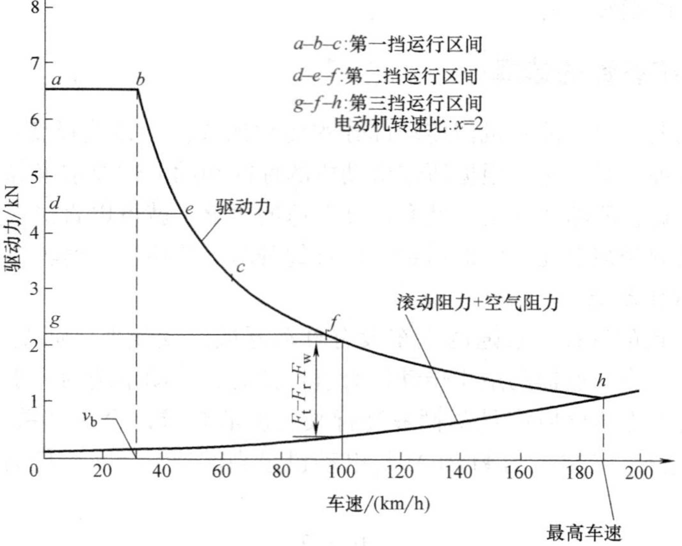

图4-10　配置有 $x=2$ 的牵引电动机和三挡传动装置的纯电动汽车的驱动力曲线

图 4-11 所示为配置有 $x=4$ 的牵引电动机和两挡传动装置的纯电动汽车的驱动力曲线。其第一挡覆盖了 a-b-c 的车速区间，第二挡覆盖了 d-e-f 的车速区间。

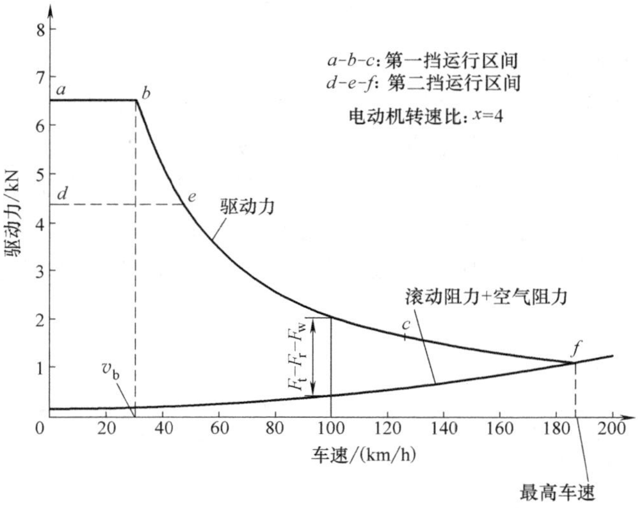

图 4-11　配置有 $x=4$ 的牵引电动机和两挡传动装置的纯电动汽车的驱动力曲线

图 4-12 所示为配置有 $x=6$ 的牵引电动机和单挡传动装置的纯电动汽车的驱动力曲线。这三种设计具有同样的驱动力随车速变化的特性，因而对应的车辆将具有同样的加速和爬坡性能。

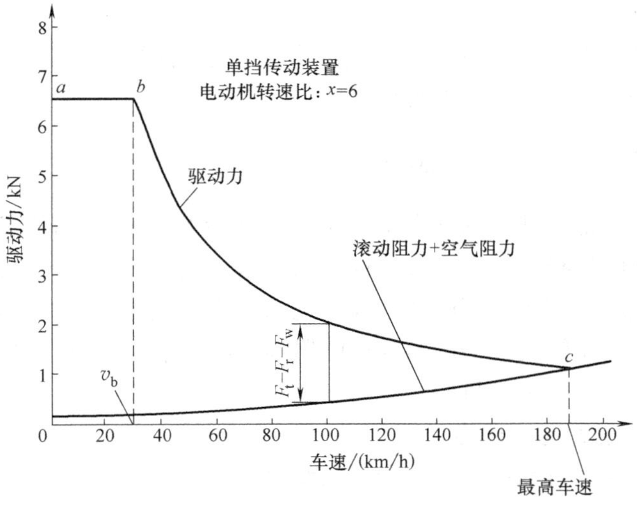

图 4-12　配置有 $x=6$ 的牵引电动机和单挡传动装置的纯电动汽车的驱动力曲线

由此可以看出，当电动机的转速比足够大（比如 $x \geqslant 5$）时，单挡传动装置能够满足汽车动力性要求，否则，需要采用多挡变速器。汽车变速器各挡的传动比应该按等比级数分配，一般比值不大于 1.7～1.8。根据最大传动比与最小传动比之间的比值，由各挡之间的

公比 q 可以确定挡位数 n，即

$$q=\sqrt[n-1]{\frac{i_{\mathrm{tmax}}}{i_{\mathrm{tmin}}}} \tag{4-26}$$

式中　q——各挡之间的公比。

值得注意的是，在分配各挡传动比时，为充分利用牵引电动机的功率，应保证各挡的功率曲线互相衔接。电动汽车功率平衡曲线如图4-13所示。图4-13a中Ⅰ挡和Ⅱ挡的功率曲线在等功率段相互衔接，传动比分配比较合理，而图4-13b中在等功率段车速无法衔接起来。在这种情况下，当车速达到电动机最高转速点，由Ⅰ挡换入Ⅱ挡后，会进入等转矩工作区，然后再经过加速后才进入等功率区段工作。这时，可以考虑调整传动比或增加一个挡位。

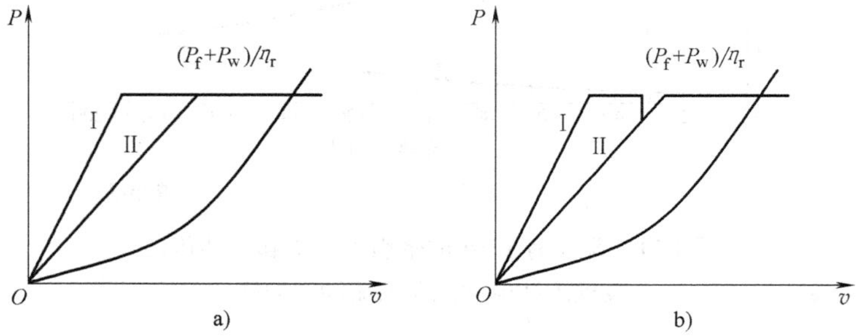

图4-13　电动汽车功率平衡曲线

第四节　纯电动汽车蓄电池管理系统

本节结合纯电动汽车用锂电池管理系统，重点介绍电池管理系统的整体组成、蓄电池的热管理、蓄电池组的绝缘检测和充电管理。

一、蓄电池管理系统的总体组成

在电动车上，蓄电池管理系统（Battery Management Systems，简称BMS）对整车的安全运行、整车控制策略的选择、充电模式的选择以及运营成本都有很大的影响。无论是在车辆运行过程中还是在充电过程中，蓄电池管理系统都要完成电池状态的实时监控和故障诊断，并通过总线的方式告知车辆集成控制器或充电器等，以便采取相应的控制策略，达到有效利用蓄电池性能且保障使用安全的目的。

1. 蓄电池管理系统的基本功能

根据电动汽车实际运行和蓄电池安全有效使用的需要，蓄电池管理系统必须实现以下基本功能：

1）蓄电池组端电压及单体蓄电池电压的检测。

2）蓄电池温度的检测。

3）蓄电池组工作电流的检测。

4）蓄电池绝缘电阻的检测。

5）冷却风机的控制。

6）蓄电池组 SOC 的估计。

7）蓄电池故障分析和在线报警。

8）为整车控制器提供必要的蓄电池状态信息。

9）为车载显示设备提供相关的蓄电池状态和故障信息。

10）与充电机通信，实现蓄电池组的安全充电。

2. 蓄电池管理系统的基本组成

一种集散式蓄电池管理系统的组成框图如图 4-14 所示。

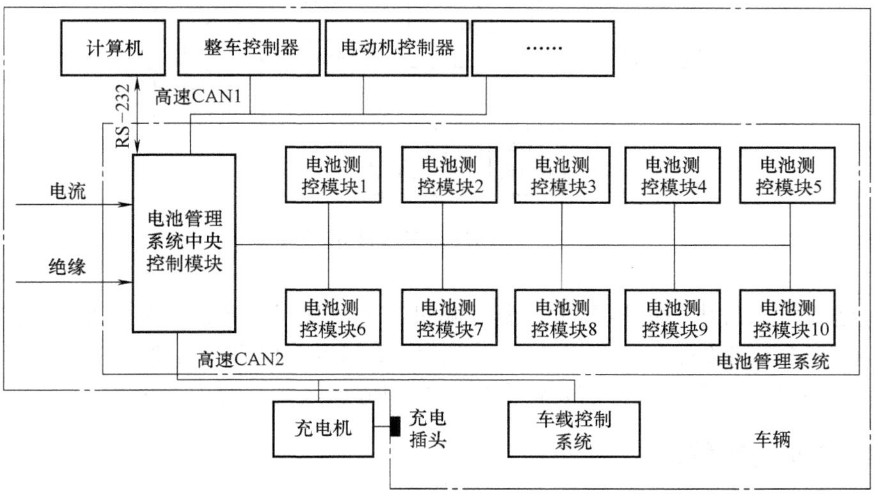

图 4-14　集散式蓄电池管理系统的组成框图

纯电动汽车上蓄电池数量较多，且以箱为单位分布在车上，较为分散。为了避免箱体之间出现高压连接导线，通常采用集散式系统设计，由一个中央控制模块（见图 4-15）和多个测控模块（见图 4-16）组成，每个蓄电池箱配备一个蓄电池测控模块。测控模块的硬件系统主要实现电压测量、温度测量及热管理和通信等功能。主控模块则包括电流测量、绝缘检测和通信接口部分。本例主控和测控模块通过 RS-485 总线进行蓄电池管理系统内部的通信。在主控模块上，有两路 CAN 接口，CAN1 用于车辆行驶时与整车控制器以及电动机控制器的通信，CAN2 用于主控模块与车载监控显示系统以及充电过程中与充电机的通信。此外，为了实现计算机监控和参数修正、程序下载等功能，主控模块上还有 RS-232 接口。在测控模块上，除了和主控模块通信的 RS-485 接口

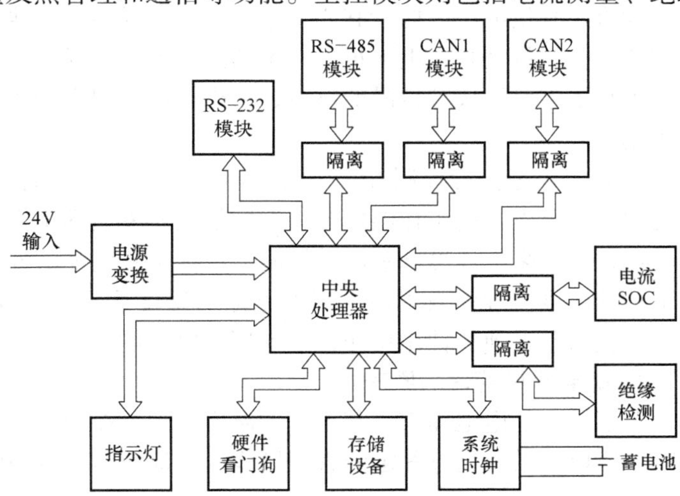

图 4-15　主控模块硬件原理图

外，还有一路 CAN 接口，以便和手动检测设备进行通信。

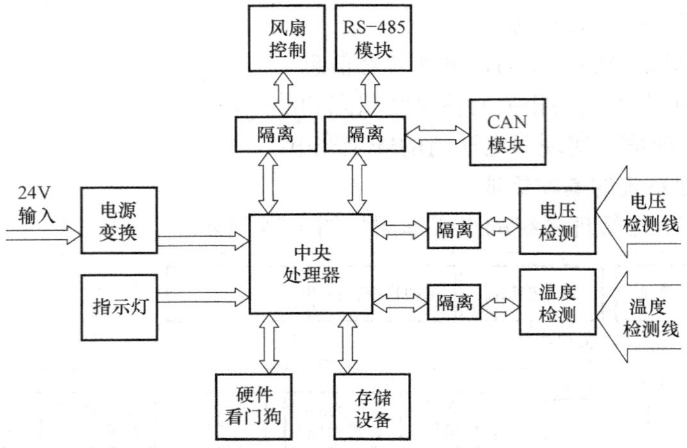

图 4-16　测控模块硬件原理图

在蓄电池管理系统中，电压测量、温度测量、电流测量和绝缘检测等部分直接与蓄电池组相连接，属于高压系统；串口通信、CAN 通信及其供电电源属于低压系统。为了确保人身安全和系统的可靠稳定运行，需要将高压系统和低压系统进行电气隔离。

二、蓄电池的热管理

1. 蓄电池热管理的必要性

蓄电池性能的发挥与蓄电池的温度有密切的关系。

（1）蓄电池温度过高、过低的影响　蓄电池的温度高，可使蓄电池的活性增加，使能量得到更充分的利用。但是，蓄电池长时间工作在较高温环境下寿命会明显地缩短，当温度太高时，蓄电池还会出现严重损坏的现象。因此，蓄电池在工作中应避免温度过高。

蓄电池在低温时，活性明显降低，欧姆内阻和极化内阻增加，放电能力下降，使蓄电池的实际可用容量减小，能量利用效率下降。对锂离子电池而言，在低温下充电时，由于蓄电池的活性差，特别是蓄电池负极石墨的嵌入能力下降，正极反应放出的锂离子可能在蓄电池负极沉积下来，造成锂枝晶的形成，使得可用的锂离子减少，严重的时候还会造成蓄电池内部短路。

（2）蓄电池温度控制方法　由上述内容可知，蓄电池在工作中应保持在适当的温度范围之内。当蓄电池的工作温度或者温度的上升率达到预先设置的值后，蓄电池就需要进行散热处理，包括采取风冷和水冷等措施，以保证蓄电池的温度和温升控制在一定的范围内。在蓄电池的温度管理失效以后，当蓄电池的温度达到最高允许值时，应有可靠的手段断开电路，停止对蓄电池的使用操作，以保证蓄电池的使用安全。

2. 蓄电池热管理的原理

对于锂离子电池而言，其工作的温度范围，在充电时为 -10 ~ 45℃，在放电时为 -30 ~ 55℃。所以，需要通过一定的管理措施，保证锂离子电池的工作温度基本上都在这一范围之内。

（1）蓄电池高温控制原理　通常采取强制风冷的方法来降低蓄电池的温度。蓄电池管理系统通过实时监测，得到蓄电池组中各蓄电池的温度信息。当蓄电池温度达到设定的高限值时，蓄电池管理系统便起动风机对蓄电池进行降温，直到温度降到设定的低限值时，蓄电池管理系统立即关闭风机。蓄电池管理系统的风机控制原理如图 4-17 所示。如果蓄电池温度达到故障的极限值，则蓄电池管理系统就会发出报警信号，并会控制蓄电池停止充放电，以确保蓄电池的安全。

（2）蓄电池低温控制原理　在低温时，蓄电池的活性差。对锂离子电池来说，由于负极石墨的嵌入能力下降，这时候大电流充电很可能出现锂离子电池热失控甚至出现安全事故。为了避免这一问题，当蓄电池管理系统监测到蓄电池的温度过低时，会向充电装置发出控制信号，充电装置根据蓄电池管理系统的控制信号，转入小电流充电。另外，在低温环境（<10℃）下，蓄电池的内阻增大，在充电过程中，蓄电池的欧姆极化增大，充电效率下降，而这部分能量转化为热量，使蓄电池的温度逐渐升高。因此，当蓄电池管理系统监测到环境温度过低时，也会控制充电装置转入小电流充电，直至蓄电池管理系统监测到正常温度时，再控制充电装置恢复至正常电流模式充电。

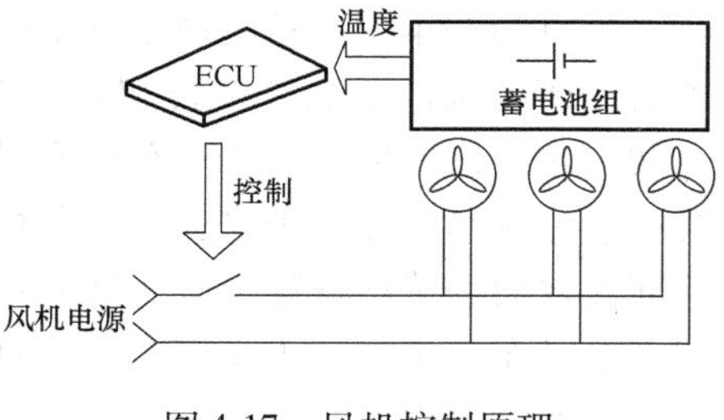

图 4-17　风机控制原理

对于锂离子电池而言，低温主要是对充电有负面影响，对放电的影响并不大。因为锂离子电池放电过程释放热量，再加上低温下增大的内阻产生的热量也增大，锂离子电池的工作温度会很快上升到适宜温度，呈现负反馈机制。因此，对于锂离子电池的低温状态，往往不需要主动地去管理。

3. 蓄电池热管理系统散热结构设计

蓄电池组安放在箱体内通过风机降温，如果通风不当，则容易造成箱内各蓄电池的温度不一致，进而导致蓄电池的容量、内阻的不一致。在蓄电池的使用过程中，容量较小的蓄电池容易产生过充电和过放电，进而影响其性能和寿命，并造成安全隐患。因此，蓄电池箱体内蓄电池的布置、散热风道的布局，均要尽量保证蓄电池组的散热均匀性。蓄电池组的通风有串行通风和并行通风两种方式。

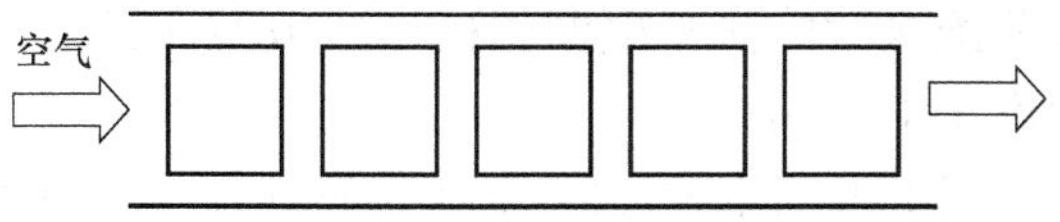

图 4-18　串行通风方式

（1）串行通风方式　串行通风方式如图 4-18 所示。当蓄电池需要散热时，风机工作，使空气从一侧进，从另一侧出。冷空气进入后，在经过蓄电池时不断地被加热。这样，在蓄电池入口一侧被空气带走的热量相对较多，而在蓄电池出口一侧的散热效果要差于在空气入口一侧。所以，采用串行通风方式的蓄电池，其温度会沿空气的流向逐渐升高。因此，采用串行通风方式的蓄电池的散热均匀性不太理想，目前已较少采用。

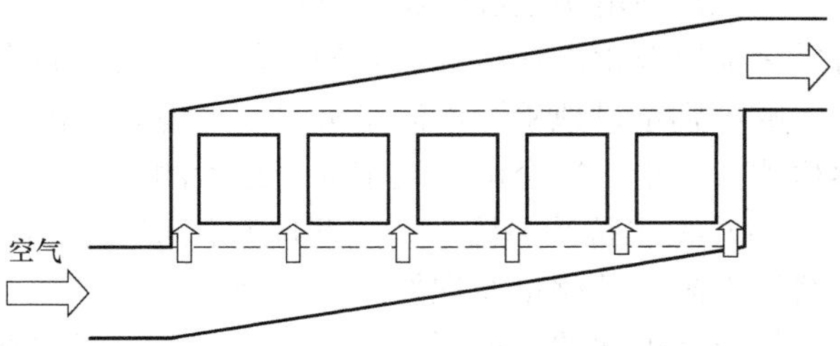

图 4-19　并行通风方式

（2）并行通风方式　并行通风方式如图 4-19 所示。通过对蓄电池的布置以及对楔形进排气通道的合理设计，可以确保进入每个蓄电池之间缝隙的空气流量均匀，蓄电池组各蓄电池散热一致，蓄电池温度的一致性好。并行通风方式是目前采用较多的蓄电池散热结构。

三、蓄电池组的绝缘检测

1. 绝缘检测的意义

在纯电动汽车上，蓄电池组的电压一般在200V以上，较高的电压可减小电动汽车电气设备的工作电流，使电气设备和整车的质量减轻。但是，蓄电池组的电压高，对其连接线路、功率转换器、电动机等与车辆底盘之间的绝缘性能要求也更高。在较高的电压下，电缆线绝缘介质容易老化，加之受潮湿环境的影响及其他因素的影响，容易导致高压系统线路和车辆底盘之间的绝缘性能下降，致使蓄电池组通过不良的绝缘层漏电，使底盘电位升高。这不仅会危及车上乘员的人身安全，而且还会影响低压电器和车辆电子控制器的正常工作。因此，实时监测蓄电池组相对车辆底盘的电气绝缘性能，对保证车上乘员的安全、蓄电池组和电气设备的正常工作、车辆的安全运行都具有重要意义。

2. 绝缘检测的方法

对于封闭回路的高压直流电气系统，其绝缘性能通常用电气系统中电源对地漏电电流的大小来表征。较为常见的漏电电流检测方法有辅助电源法和电流传感法，但在电动汽车上实用的方法则是变阻抗网络法。

（1）辅助电源法　辅助电源法是在漏电检测装置中，使用一个电压为110V的检测用辅助蓄电池，并使辅助蓄电池的正极与待测直流电源的负极相连，使辅助蓄电池的负极与车辆底盘连接。在被测系统绝缘性能良好的情况下，辅助蓄电池没有电流回路，漏电电流为零；在电源电缆绝缘层老化或环境潮湿等情况下，电池通过电缆绝缘层形成通路，产生漏电电流，此时检测装置根据漏电电流的大小进行报警，并关断待测系统的电源。

这种检测方法不仅需要110V的辅助直流电源，增加了系统结构的复杂程度，而且难以区分绝缘故障源是电源正极引线电缆还是负极引线电缆。因此，这种绝缘检测方法很少在电动汽车上采用。

（2）电流传感法　电流传感法是采用霍尔式电流传感器进行漏电检测。将待测系统中电源的正极和负极一起同方向穿过电流传感器，当没有漏电电流时，从电源正极流出的电流等于返回到电源负极的电流，因此，穿过电流传感器的总电流为零，电流传感器输出电压为零。当发生漏电现象时，电流传感器输出电压不为零。根据该电压的正负可以进一步判断产生漏电电流的来源是电源正极引线电缆还是电源负极引线电缆。

电流传感法检测漏电的前提是待测电源必须处于工作状态，要有工作电流的流出和流入。它无法在电源空载的状态下评价系统的对地绝缘性能。对于电动汽车，必须要求在车辆行驶之前以及蓄电池电源空载的条件下，均能够检测电源对车辆底盘的绝缘性能，而且还要求能够分别定量地检测电源正极引线电缆和负极引线电缆对底盘的绝缘性能。因此，电流传感检测方法也不适合电动汽车的绝缘检测。

（3）变阻抗网络法　在一些电动汽车上，常采用变阻抗网络法来测量蓄电池组对底盘的绝缘电阻，其测量原理如图4-20所示。

假设蓄电池的总电压为U_0，待测的正、负母线与电底盘之间的绝缘电阻分别为R_p、R_n，正、负母线与电底盘之间的电压分别为U_p、U_n，则待测蓄电池系统的等效模型如图4-20的虚线框内所示。图 4-20 中，R_{c1}、R_{c2} 为测量用已知电阻值的标准电阻。

当开关 S_1、S_2 全部断开时，测量正、负母线与电底盘之间的电压分别 U_{p1}、U_{n1}，由电路定律得到

$$\frac{U_{p1}}{R_p}=\frac{U_{n1}}{R_n} \tag{4-27}$$

当开关 S_1 闭合，S_2 断开时，则在正母线与电底盘之间接入了标准偏置电阻 R_{c1}，测量正、负母线与电底盘之间的电压分别为 U_{p2}、U_{n2}，同样可得

$$\frac{U_{p2}}{R_p}+\frac{U_{p2}}{R_{c1}}=\frac{U_{n2}}{R_n} \tag{4-28}$$

由式（4-27）和式（4-28）联合求解，可以得到

$$R_p=R_{c1}\left(\frac{U_{p1}U_{n2}}{U_{n1}U_{p2}}-1\right) \tag{4-29}$$

$$R_n=R_{c1}\frac{U_{p1}U_{n2}-U_{n1}U_{p2}}{U_{p1}U_{p2}} \tag{4-30}$$

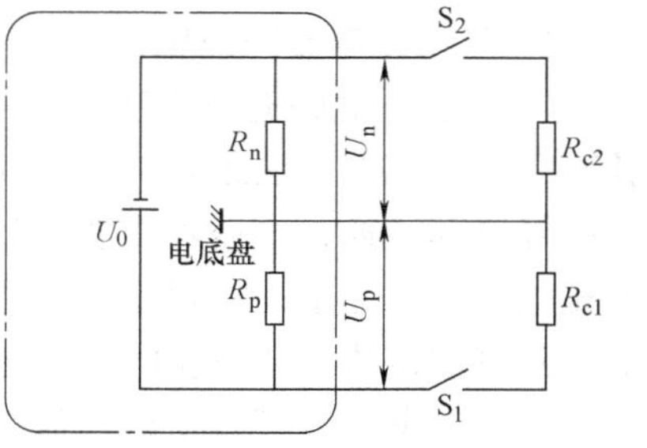

图 4-20　变阻抗网络法检测原理

同样，绝缘电阻在以下两种情况也可以得到：

1）S_1 和 S_2 全部断开，S_1 断开、S_2 闭合。

2）S_1 闭合、S_2 断开，S_1 断开、S_2 闭合。

这种方法虽然能够满足电动汽车上蓄电池组的绝缘测量要求，但是其缺点也很明显，检测芯片及其隔离电路的庞杂造成整个检测装置体积过大，不利于电动汽车上仪表盘的安装。

对上述方法略作改进，由双边切换电阻改为单边切换固定电阻，也可实现绝缘电阻的检测。其工作原理如图 4-21 所示。

当 S_1 断开的时候，测量正、负母线与电底盘之间的电压分别为 U_{p1}、U_{n1}，并满足

$$\frac{U_{n1}}{R_n}+\frac{U_{n1}}{2R}=\frac{U_{p1}}{R_p}+\frac{U_{p1}}{2R} \tag{4-31}$$

当 S_1 闭合时，测量正、负母线与电底盘之间的电压分别为 U_{p2}、U_{n2}，并满足

$$\frac{U_{n2}}{R_n}+\frac{U_{n2}}{2R}=\frac{U_{p2}}{R_p}+\frac{U_{p2}}{R} \tag{4-32}$$

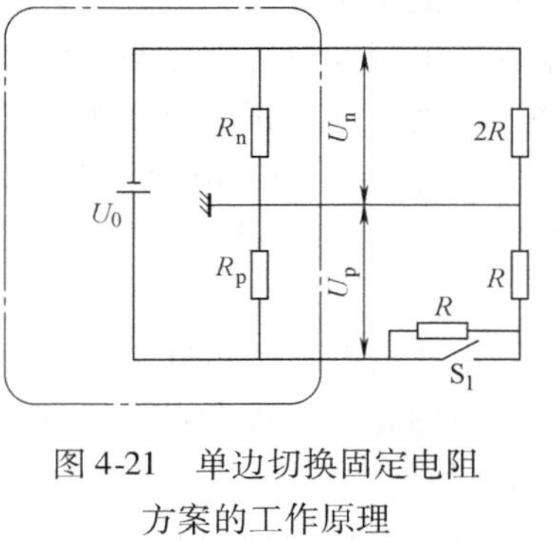

图 4-21　单边切换固定电阻方案的工作原理

联立式（4-31）和式（4-32），求解得到

$$R_p=\frac{2R(U_{n2}U_{p1}-U_{n1}U_{p2})}{2U_{n1}U_{p2}-U_{n2}U_{p1}} \tag{4-33}$$

$$R_n=\frac{2R(U_{n2}U_{p1}-U_{n1}U_{p2})}{U_{p1}U_{p2}-U_{n2}U_{p1}+U_{n1}U_{p2}} \tag{4-34}$$

这种方法只有一个开关，在检测过程中减少了开关切换的次数，增加了检测的可靠性，同时也降低了成本。

四、蓄电池组的充电管理

蓄电池充电模式和方法对蓄电池容量的有效利用和安全性有着重要影响。蓄电池管理系统对蓄电池组的充电管理，就是选择科学、合理的充电模式和方法，以保障蓄电池充电过程的安全，提高电池能量的利用效率，减缓蓄电池性能的下降速率。

1. 车载充电器的充电模式

（1）蓄电池的充电方法　蓄电池管理系统通常选择智能化的充电方法，以定压、定流、脉冲等基本充电方法组合成智能化的快速充电模式。在充电过程中，需要进行定压、定流及停充等自动转换，这就需要实时地检测充电电压和充电电流等相关参数，因此，车载充电器的充电模式实际上是按设定程序进行的，并通过电压、电流闭环控制完成充电过程。下面以最为常见的定流-定压充电模式为例，说明其充电控制过程。

当充电电压低于设定的限制电压时，采用定流充电，随着充电过程的进行，充电电压逐渐上升；当充电电压达到设定的限制电压时，转为定压充电；在定压充电过程中，随着蓄电池电动势的上升，充电电流逐渐减小；当充电电流达到停止电流时，判定为蓄电池已充足电，充电过程结束。

（2）充电电压的检测方法　由车载充电器的充电方法可知，充电电压是控制充电过程的重要参数。充电电压可选择充电器的输出电压，也可选择蓄电池组的端电压。蓄电池组充电电路的工作原理如图 4-22 所示。在蓄电池组实际充电过程中，由于充电电流较大，电缆本身的电阻及电缆线端与蓄电池极桩的接触电阻不可忽略。设蓄电池组正、负极桩与充电器之间的线路电阻分别为 R_1、R_2，当充电电流为 I 时，充电器的输出电压 U_1 与蓄电池组的端电压 U_2 之间存在如下关系：

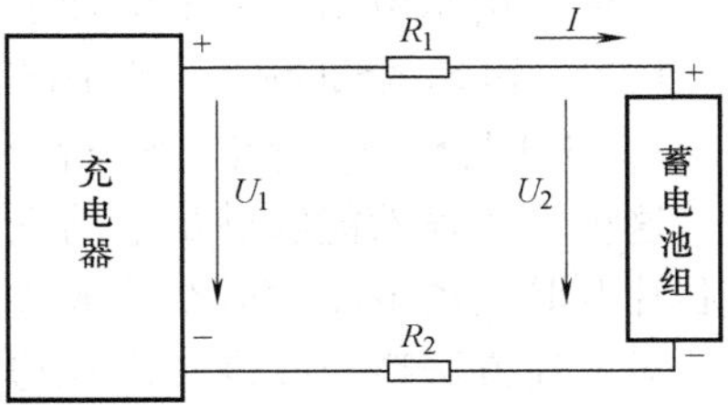

图 4-22　蓄电池组充电电路的工作原理

$$U_1 = U_2 + I \times (R_1 + R_2) \tag{4-35}$$

由式（4-35）可知，由于 $U_1 > U_2$，如果采用 U_1 作为反馈量进行充电电流控制的话，则蓄电池的充电过程会在未达到充电截止电压之前进入定压充电阶段，使得充电电流减小，充电时间延长。

解决上述问题的方法是，实时检测蓄电池组的端电压，并将其作为充电电压参数进行充电过程控制。因此，在充电器与蓄电池组正、负极桩之间，需要连接两根检测线。这种充电电压检测方法的缺点是，当这两根检测线的任何一根出现连接松脱或线路断路故障时，就会使充电器不能正常工作。解决这一问题的方法是，在车载充电器中设置安全保障功能，在充电过程中，如果来自蓄电池端电压检测线的电压信号异常或丢失，就立即以充电器的输出电压为充电电压控制参数，以使充电过程不受影响。

（3）蓄电池组中各蓄电池性能不均匀问题的处理　从上述充电过程可以看出，充电控制没有考虑蓄电池组中各个蓄电池性能的不一致性。由于蓄电池生产和使用过程中的差异，各蓄电池之间的不一致性是在所难免的，因此，在充电过程中，就会出现一部分蓄电池先于其他蓄电池充满电或者到达充电电压上限。蓄电池组端电压反映的是所有蓄电池的平均电压，某些蓄电池虽然已处于过充电状态，但是并不能从蓄电池组的端电压上反映出来，其结果是充电器仍会按照原来的模式继续充电，致使这些蓄电池因明显的过充电而损坏，甚至有可能导致安全事故的发生。

在纯电动汽车用的各种蓄电池中，锂离子电池的抗过充电能力较差。因为锂离子电池的充电过程是锂离子在正、负极之间的嵌入和脱出，当出现过充电现象时，过量的锂离子从蓄电池的正极脱出，并最终以原子态的形式沉积在蓄电池的负极表面，轻则造成可循环的锂离子数量减少，锂离子电池的性能下降；严重时，沉积的锂原子可能刺破电池内部的隔膜，造成蓄电池内部短路，出现热失控并最终导致安全事故。因此，过充电对锂离子电池的影响最大。即使是铅酸电池，长时间的过充电也会导致电池内部大量发热，使得铅酸电池性能下降速度加快，并最终导致铅酸电池的寿命缩短。

由此看来，只是以蓄电池端电压为充电过程控制参数，容易使蓄电池的不均匀性问题越来越严重，并最终导致蓄电池的性能迅速下降，使用寿命缩短，甚至发生安全事故。因此，只有全面地监控蓄电池组中各个蓄电池的电压，并将其作为充电控制依据，才能有效地防止各蓄电池性能差异的扩大，保证充电过程的安全并减缓蓄电池性能的下降。

2. 蓄电池管理系统的充电管理

蓄电池管理系统 BMS 通过对蓄电池状态的实时监测，可获得所有蓄电池的电压和温度数据，进而实现蓄电池智能化的充电过程控制，并确保充电过程的安全。BMS 充电管理的基本原理如图 4-23 所示。

BMS 通过对充电过程中蓄电池状态的在线监测，获得蓄电池组中各蓄电池的温度、电压、工作电流以及蓄电池和蓄电池箱（架）之间的绝缘电阻等参数，即可进行蓄电池状态分析，如进行 SOC 估算并分析 SOC 是否过高或过低、蓄电池的温度是否过高或过低、各蓄电池电压是否过高或过低、蓄电池的温升是否过快、绝缘是否良好、充放电电流是否过大、蓄电池的不一致性程度、蓄电池组是否存在故障以及是否有通信故障等，以实施相应的热管理、SOC 的显示或报警、充电过程的管理、蓄电池故障的报警等控制。车载充电器的主要任务是电源电压变换、输出电压和电流的闭环控制、必要的保护以及与 BMS 通信，实现蓄电池状态的实时监控和输出电流的动态调节。

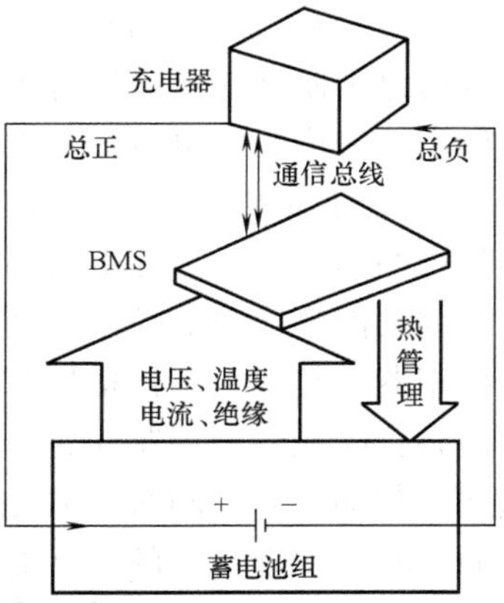

图 4-23　BMS 充电管理的基本原理

BMS 与车载充电器之间通过总线连接，实现了数据共享，在整个充电过程中使得蓄电池的电压、温度以及绝缘性能等与安全性相关的参数都能参与蓄电池的充电控制和管理，使得充电器能根据蓄电池当前的状态及时地改变充电电流，有效地防止了蓄电池组中蓄电池的过充电和过热现象，大大提高了串联成组的蓄电池充电的安全性。BMS 的智能化充电管理功能，不但提高了蓄电池充电的速度、效率和安全性，而且简化了充电时设置充电参数、选择充电模式等繁琐的操作。当电动汽车需要充电时，只要将车载充电器插上电源插座，BMS 就会根据当前的蓄电池状态向充电器输出相应的控制信号，帮助充电器自动选择充电模式，设置充电参数。当蓄电池组不一致性程度已达到设定的极限时，充电器还会自动进入均衡充电模式，以减小或消除蓄电池的不一致性，提高蓄电池的性能，延长蓄电池的使用寿命。

五、制动能量回馈控制

车辆在减速或制动时，将其中的一部分动能或势能转化为电能并存储在能量储存装置中的过程称为制动能量回馈。电动汽车采用电力制动时，通过将驱动电动机转变为发电状态来使车辆产生制动力矩，同时将所产生的电能存储到蓄电池中，从而有效地回收制动能量，延长续驶里程。这一点对纯电动汽车尤为重要，因为在城市工况中，汽车需要频繁起动、制动。有关研究表明，如果有效地回收制动能量，纯电动汽车的续驶里程可以提高10%～30%。

1. 能量回馈制动的基本原理

电动汽车的制动方式可分为机械制动（液压或气压）和电力制动两大类。其制动系统实质上是一种混合制动系统。有两种典型的混合制动系统：一是并联式的混合制动系统，其结构和控制简单，且保留了所有常规制动系统的主要部件；另一种是全可控的混合制动系统，其特点是各个车轮制动力能独立控制，因此极大地增强了车辆在各种路面上的制动性能。

电动汽车制动工况大致可分为三种，在不同工况下制动系统应采用不同的制动策略。

1）紧急制动：指紧急制动时对应的制动减速度绝对值大于$2m/s^2$的工况。出于安全性方面的考虑，在这种情况下应以机械制动为主，电力制动同时作用。

2）中轻度制动：指汽车在正常行驶工况下的制动过程，可分为减速过程与停车过程，通常由电力制动完成减速过程，机械制动完成停车过程。两种制动的过渡点由电动机发电特性确定，应避免充电电流过大或充电时间过长。

3）下长坡时制动：此种工况下对制动力的要求不大，可完全由电力制动提供，在制动过程中回馈电流小，充电时间长。

制动能量回馈的控制原理如图4-24所示。制动踏板提供制动信号，并将信号传递到整车控制器。整车控制器根据车辆运行状况及其他控制模块的状态，决定是否进行制动能量回馈，并分配能量回馈制动力矩的大小。在能量回馈制动过程中，电动机控制器在对电动机实施回馈制动控制的同时，需要与能量管理系统实时进行双向信息交流，在保证蓄电池安全充电的同时，实现最大的制动能量回馈效果。

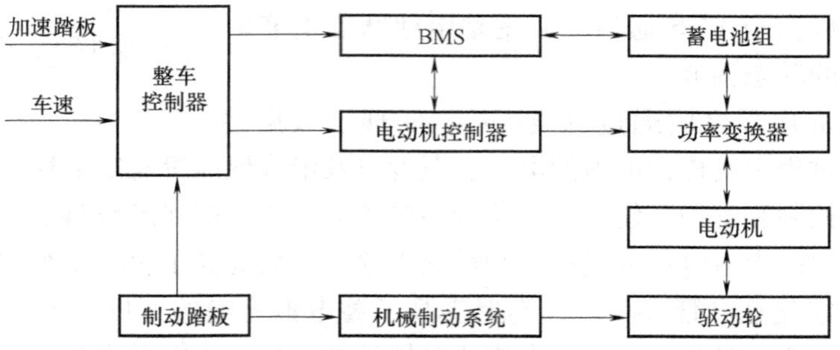

图4-24　制动能量回馈的控制原理

电动汽车上的能量回馈制动给其制动系统的设计带来两个基本问题：一是如何在回馈制动和摩擦制动之间分配所需的制动力，以尽可能多地回收制动能量；二是如何在前后轴上分配总制动力，以实现稳定的制动性能。通常，回馈制动仅对驱动轴有效。为回收尽可能多的制动能量，必须控制电动机产生特定量的制动力。同时，为满足来自驾驶人的车辆减速指令，必须有足够的总制动力。

2. 能量回馈制动的控制策略

电动汽车制动系统控制策略的基本原则是，在满足制动安全性的前提下，最大限度地吸收制动过程中的能量。目前主要有三种不同的制动控制策略：理想制动力分配控制策略、最佳制动能量回馈控制策略和前后制动力固定比值控制策略。

（1）理想制动力分配控制策略　理想制动力分配控制策略以使车辆的制动距离最小化为控制目标，控制施加在前后轮上的制动力，同时给驾驶人最佳的制动方向稳定性感觉。要想实现这两个目的，要求施加在前后轮上的制动力遵循理想的制动力分配曲线。理想制动力分配控制策略能充分利用地面附着条件，而且制动距离最短，制动时汽车方向稳定性也好，并且回收制动能量的效果相当好，但控制系统较复杂，适用于全可控的混合制动系统。

（2）最佳制动能量回馈控制策略　在符合制动要求的条件下，最佳制动能量回馈控制策略的原理是在满足对应于给定减速度指令的总制动力情况下，向前轮分配更多的制动力。因此，对于能量回馈制动，将有更多的制动能量可得到回收。这种控制策略对并联式的混合制动系统与全可控的混合制动系统均适用。

（3）前后制动力固定比值控制策略　对于常规机械制动系统，前后轮制动力的分配比例是固定的。对电动汽车的混合制动系统而言，前后制动力固定比值控制策略是指前轮（前轮驱动）的总制动力（摩擦制动力与电力制动力之和）与后轮摩擦制动力的比值在一定的制动减速度范围内是固定的。为了获得较大的制动能量回馈，这种控制策略主要用于前轮驱动汽车并联式的混合制动系统，即在制动主缸中安装检测主缸液压的压力传感器，使施加在驱动轮上的电动机制动力正比于制动主缸中的液压力。前后制动力固定比值控制策略使前后轮上的实际制动力接近于理想的制动力分配曲线，有较短的制动距离，并在危机情况下可更多地依靠强有力的机械制动。

3. 直流电动机回馈制动方式

电动汽车的驱动电动机有多种类型，而不同类型的驱动电动机回馈制动的控制方式是不一样的。这里以直流电动机为例，介绍驱动电动机回馈制动的工作原理。图 4-25 所示为他励直流电动机回馈制动原理。在回馈制动过程中，将电动机电枢驱动电流断开，在电枢两端接入一个开关电路，并使其处于高频通断状态。电动机具有电感特性，感应电动势 E 与感应电流 I 的关系为

$$E = -L\frac{\mathrm{d}I}{\mathrm{d}t} \tag{4-36}$$

式中　L——电动机电枢的电感量。

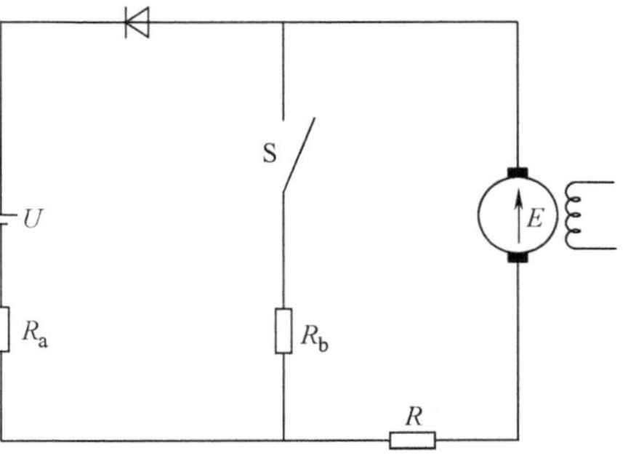

图 4-25　他励直流电动机回馈制动原理

当开关闭合时，由电动机感应电动势引起的感应电流经开关形成回路，感应电流 I_b 为制动电流，即

$$I_b = -\frac{E}{R_b + R} \tag{4-37}$$

式中 R——电枢电阻；

R_b——制动限流电阻。

在制动电流 I_b 的作用下，直流电动机产生一制动转矩作用于驱动轮，形成电力制动。根据他励直流电动机的机械特性，电力制动力矩为

$$T_b = -\frac{C_e C_m \phi^2 n}{R_b + R} \tag{4-38}$$

式中 C_e——磁场常数；

C_m——电动机转矩常数；

ϕ——磁场磁通量；

n——电动机转速。

当开关断开时，感应电动势迅速上升，直至感应电动势大于电源电动势时，形成反馈电流，从而把机械能转化为电能并回馈到蓄电池。回馈电流 I_a 为

$$I_a = -\frac{E - U}{R_a + R} \tag{4-39}$$

式中 R_a——回馈电路的等效电阻。

第五章　混合动力电动汽车

第一节　混合动力电动汽车概况

一、混合动力电动汽车概述

1. 混合动力电动汽车的基本概念

混合动力电动汽车（Hybrid Electric Vehicle，简称 HEV）是指同时配备电力驱动系统和辅助动力单元（Auxiliary Power Unit，简称 APU）的电动汽车。其中 APU 是燃烧某种燃料的原动机或由原动机驱动的发电机组。

从广义上讲，在特定工作条件下，由两种或两种以上的蓄能器、能源或能量转换器作驱动能源，其中至少有一种能提供电能的车辆称为混合动力电动汽车。从狭义上讲，既有内燃机又有电动机驱动的车辆才称为混合动力电动汽车，即通常所说的燃料（汽油、柴油等）和电能混合的油-电混合动力汽车。狭义的混合动力电动汽车概念将液压蓄能式混合动力汽车与由不同电蓄能器组成的电-电混合动力汽车区别开来。

2. 混合动力电动汽车的特点

混合动力电动汽车综合了传统内燃机汽车和纯电动汽车的优点，并最大限度地克服了它们的缺点。与纯电动汽车相比，混合动力电动汽车的续驶里程延长了 2～4 倍，能快速添加汽油或柴油。与传统燃油汽车相比，混合动力电动汽车的内燃机能以较高效的模式工作，在相同行驶里程的条件下，燃油消耗和排放减少；也可以纯电动方式工作，实现零排放。总体上讲，混合动力电动汽车的热效率可提高 10% 以上，废气排放可减少 30% 以上。可见，混合动力电动汽车具有高性能、低能耗以及低污染的特点，在技术、经济及环境等方面存在较大的优势。但是，混合动力电动汽车的结构和控制过程比较复杂，在有内燃机参与工作的情况下，仍然存在废气排放问题。

二、混合动力电动汽车的分类

根据不同的分类方法，可以区分不同的混合动力电动汽车。通常的分类方法主要有四种。

1. 根据内燃机和电动机的能量流动及连接关系分类

按照内燃机与电动机的能量流动及两者在结构上的连接关系，可以将混合动力电动汽车分为串联式、并联式和混联式三类。

（1）串联式混合动力电动汽车　串联式混合动力电动汽车（Series Hybrid Electric Vehicle，简称 SHEV）的驱动方式如图 5-1 所示。发动机带动发电机发电，其电能通过传输线路及控制器直接输送到电动机，由电动机产生驱动力矩驱动汽车。

（2）并联式混合动力电动汽车　并联式混合动力电动汽车（Parallel Hybrid Electric

Vehicle,简称 PHEV）的驱动方式如图 5-2 所示。汽车可由发动机和电动机共同驱动或各自单独驱动。当电动机只是作为辅助驱动系统时，功率可以比较小。

（3）混联式混合动力电动汽车　混联式混合动力电动汽车（Series and Parallel Hybrid Electric Vehicle，简称 SPHEV）有时也称为复杂混合或复合混合动力电动汽车（Complex Hybrid Electric Vehicle，简称 CHEV），其驱动方式如图 5-3 所示。

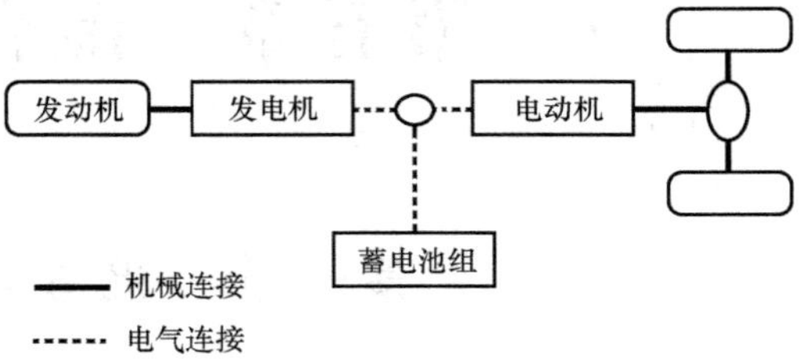

图 5-1　串联式混合动力电动汽车的驱动方式

混联式混合动力电动汽车的驱动系统是串联式与并联式的综合。发动机输出的功率一部分通过机械传动输送给驱动桥，另一部分则驱动发电机发电。发电机输出的电能输送给电动机或电池。电动机产生的驱动力矩通过动力合成装置传送给驱动桥。

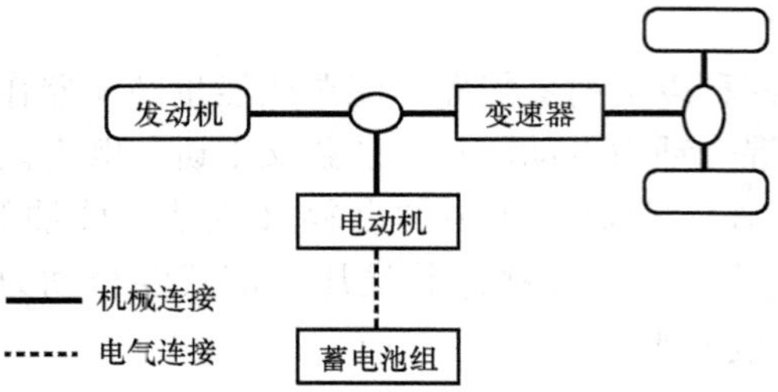

图 5-2　并联式混合动力电动汽车的驱动方式

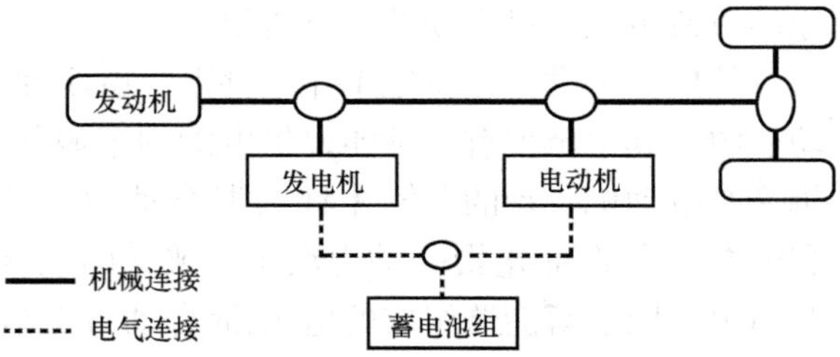

图 5-3　混联式混合动力电动汽车的驱动方式

2. 根据车辆的主要动力源及能量补充方式分类

根据主要动力源是发动机还是电动机以及是自身补充能量还是使用电网充电，可将混合动力电动汽车分为电量维持型和电量消耗型两类。

（1）电量维持型（或内燃机主动型）混合动力电动汽车　在电量维持型混合动力电动汽车中，内燃机功率占整个系统功率的百分比较大，电动机功率占整个系统功率的百分比较小，蓄电池组仅提供车辆行驶时的峰值功率。其蓄电池组容量一般较小，车辆行驶前后的蓄电池组荷电状态 SOC 主要依靠内燃机带动发电机发电或能量回馈来维持，一般不需外界能量源给蓄电池组补充充电。

（2）电量消耗型（或电力主动型）混合动力电动汽车　在电量消耗型混合动力电动汽车中，蓄电池容量较大，电动机功率占整个系统功率的百分比较大，内燃机功率占整个系统功率的百分比较小，不足以维持蓄电池组荷电状态 SOC。车辆行驶后的蓄电池组荷电状态 SOC 低于初始值，需外界能量源给蓄电池组补充充电。

在第一种分类法中提到的串联式混合动力电动汽车与并联式混合动力电动汽车既可以是电量维持型也可以是电量消耗型。

直接使用车载充电设备从电网补充能量的电量消耗型混合动力电动汽车又称为插电式混

合动力汽车（Plug-in HEV 或 Vehicle-to-grid）。

3. 根据内燃机和电动机的功率大小及混合程度分类

按照内燃机与电动机的额定功率及混合程度，可以将混合动力电动汽车分为微度混合、轻度混合和深度混合三类。

（1）微度混合动力电动汽车　微度混合动力电动汽车（Micro Hybrids）也称为起-停（Stop-Start）混合动力电动汽车。在微度混合动力电动汽车中，电动机仅作为内燃机的起动机或发电机使用，不为汽车行驶提供持续的动力，通常是在传统内燃机的起动电机（一般为12V）上加装传动带驱动起动电机（即 Belt-alternator Starter Generator，简称 BSG）。该电机为发电/起动一体式电动机，用来控制发动机的起动和停止，从而取消发动机的怠速，降低了油耗和排放。

（2）轻度混合动力电动汽车　轻度混合动力电动汽车（Mild Hybrids）也称为辅助驱动混合动力电动汽车。与微度混合动力电动汽车相比，在驱动车辆的两种动力源中，电池-电动机功率所占的比例增大，内燃机功率所占的比例相对减少。通常，此种混合动力系统采用集成起动电机（即 Integrated Starter Generator，简称 ISG；或 Integrated Motor Assist，简称 IMA)，车辆以发动机为主要动力来源。辅助电机被安装在发动机和变速器之间，作为辅助动力源与主要动力相连，当行驶中需要更大的驱动力时，被用作电动机；当需要重新起动发动机时，被用作起动机；在减速制动，进行能量回收时，被用作发电机。

（3）深度混合动力电动汽车　深度混合动力电动汽车也称为全面混合（Full Hybrids）或强混合（Strong Hybrids）动力电动汽车。深度混合动力电动汽车通常采用大容量电池，以供给电动机以纯电动模式运行，同时还具有动力切换装置，用于发动机、电动机各自动力的耦合和分离。在起步、倒车、起步-停车、低速行驶等情况下，车辆可以纯电动模式行驶；在急加速时，电动机和内燃机一起驱动车辆，并具有制动能量回收的能力。与轻度混合动力电动汽车相比，在驱动车辆的两种动力源中，电动机的功率更大。

这一分类方法，主要针对并联式混合动力电动汽车。为更好地区分并联式混合动力电动汽车的混合程度，引入混合度（Degree of Hybridization，简称 DOH）的概念。

假设并联式混合动力电动汽车中内燃机与电动机额定功率分别为 P_{eICE} 和 P_{eMOT}，则混合度的表达式为

$$\mathrm{DOH}=1-\frac{|P_{eICE}-P_{eMOT}|}{P_{eICE}+P_{eMOT}} \tag{5-1}$$

如果以内燃机和电动机额定功率之差与额定功率之和的比值为横坐标，以混合度为纵坐标，可以得到图5-4所示的混合度分布。

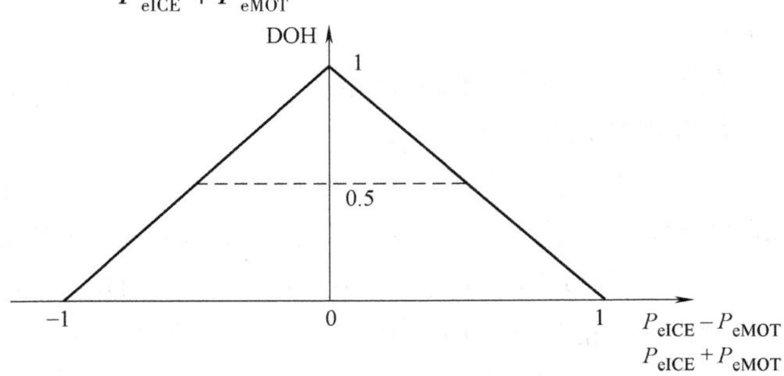

图5-4　混合动力电动汽车的混合度分布

从图5-4中可以得出以下结论：

1）当 $P_{eMOT}=0$ 时，DOH = 0，对应于传统内燃机汽车。

2）当 $P_{eICE}=0$ 时，DOH = 0，对应于纯电动汽车。

3）当 $P_{eICE} = P_{eMOT}$时，DOH =1，对于深度混合动力电动汽车。

4）当横坐标为正时，对应于内燃机额定功率大于电动机额定功率。

5）当横坐标为负时，对应于内燃机额定功率小于电动机额定功率。

6）DOH 越大，内燃机与电动机的额定功率越接近。

7）一般地，当 DOH < 0.1 时，混合动力电动汽车为微度混合型；当 0.1 ≤ DOH < 0.5 时，混合动力电动汽车为轻度混合型；当 DOH ≥ 0.5 时，混合动力电动汽车为深度混合型。

关于混合度的问题，有以下两点需要说明：

1）关于混合度的概念，还存在其他定义，如将混合度定义为电动机的功率与两动力源总功率的比值。这种定义也是从动力源功率大小的角度来区分混合动力类型的。根据这种混合度定义，混合度为 30% 及以下的为轻度混合动力电动汽车，混合度为 30% 以上的为深度混合动力电动汽车。

2）有些将插电式混合动力电动汽车也划入按混合度分类的混合动力车型中。

4. 根据车辆所使用的动力电池、驱动电动机及发动机的不同分类

根据所用动力电池的不同，混合动力电动汽车可分为铅酸电池混合动力电动汽车、锂电池混合动力电动汽车、镍氢电池混合动力电动汽车、飞轮电池混合动力电动汽车、超级电容混合动力电动汽车。

根据车辆使用的驱动电动机类型，混合动力电动汽车又可以分为直流电动机混合动力电动汽车、交流异步电动机混合动力电动汽车、永磁电动机混合动力电动汽车、开关磁阻电动机混合动力电动汽车。

根据车辆所使用的发动机类型，混合动力电动汽车还可以分为汽油机混合动力电动汽车、柴油机混合动力电动汽车、涡轮机混合动力电动汽车、混合燃料混合动力电动汽车。

三、混合动力电动汽车的发展历史与趋势

1. 混合动力电动汽车的发展历史

世界上第一辆混合动力电动汽车是在 1898 年由德国工程师费迪南德·保时捷（Ferdinand Porsche）设计制造的，曾在 1900 年的巴黎万国博览会上展出。该车底盘和车身为木制，无变速器，在前轮上配备了电动机。电动机功率为 2.5kW，配备 80V 的铅酸蓄电池，可短时输出最大 5.1kW 的功率。整车质量为 980kg，最大时速为 58km/h，能够连续行驶约 3h。

混合动力电动汽车的大批量生产是在 1990 年以后，最具代表的车型是丰田公司生产的 Prius 及本田公司生产的 Insight。

1997 年 12 月，日本丰田公司推出了世界上第一辆量产的混联式混合动力轿车 Prius。与同类型轿车相比，其燃油经济性和排放性得到大大提高。2001 年，丰田公司推出了第二代 Prius。2005 年，通过与中国第一汽车集团公司的合作，第二代 Prius 登陆我国。2009 年，丰田公司推出了 Prius 第三代产品。此外，丰田公司还在几款有良好声誉的品牌车型上开发了混合动力类汽车，如 RAV4、皇冠、雷克萨斯、凯美瑞等。到 2011 年 2 月，丰田公司的混合动力汽车全球累计销售突破 300 万辆。其中最成功的车型是 Prius，约占全部销量的 70%。

1998 年，本田公司推出了轻度混合动力汽车 Insight，成为第一个成功在北美销售的混合动力车型。几乎与丰田公司同步，本田公司相继推出 Insight 的第二代和第三代产品，且其混合动力技术相继移植到 Civic 等车型，已发展到第四代混合动力技术。到 2011 年初，Insight 累计销售量突破 10 万辆，占其全部电动汽车销量的 1/3 以上。

美国的混合动力汽车开发与应用是在 PNGV 计划期间开始的，由美国能源部与当时的通用、福特及克莱斯勒三大汽车公司合作，始于 1993 年。

早在 1990 年，通用汽车公司已经成功开发出了纯电动轿车 EV1。在纯电动汽车受限于电池等技术以及日本混合动力电动汽车市场竞争双重压力下，通用汽车公司以 EV1 为基础，于 1998 年开发出了 EV1 型混合动力汽车。

福特汽车公司和克莱斯勒汽车公司也致力于混合动力电动汽车的研发。福特汽车公司较成功的混合动力车型主要有 Escape、Edge 和 Fusion 等。克莱斯勒汽车公司较成功的混合动力车型主要有 Aspen 和道奇 Durango 等。

欧洲的混合动力汽车研发则主要在德国和法国。奥迪、宝马、雷诺及 PSA 集团都开发了混合动力车型。

我国的混合动力电动汽车的研发与竞争也是空前激烈。除合资公司相继引进国外相应的混合动力车型外，在国家“863”计划电动汽车重大专项的资助和企业的推动下，我国各汽车公司都在开发自主品牌的混合动力汽车，但离量产、销售和大规模使用还有很长的距离。较为成功的混合动力品牌主要有东风汽车公司的 EQ6123HEV 混合动力客车、福田汽车公司的欧 V 混合动力客车、比亚迪汽车公司的 F3DM 和 F6DM 双模电动轿车、上海汽车集团股份有限公司的荣威混合动力轿车、奇瑞汽车股份有限公司的 A5 混合动力汽车、长安汽车股份有限公司的杰勋混合动力汽车等。

2. 混合动力电动汽车的发展趋势

从各国发展混合动力电动汽车的政策和技术来看，混合动力电动汽车的发展正发生深刻的变化，主要体现在以下几个方面：

1）插电式混合动力成为混合动力汽车开发和生产的主流。

2）轻量化、小型化混合动力电动汽车和城市混合动力客车成为市场消费的主力军。

3）纯电动汽车将成为电动汽车发展的主流，混合动力将逐步被纯电动汽车所取代。

第二节 串联式混合动力电动汽车

一、串联式混合动力电动汽车的组成

串联式混合动力电动汽车由发动机、发电机、整流器、蓄电池组（或其他类型的动力电池）、牵引电动机、机械传动装置等组成，如图 5-5 所示。如果蓄电池组可外插电网充电，则属于插电式串联混合动力电动汽车。发动机和发电机之间是机械连接，牵引电动机与机械传动装置（主减速器、差速器等）之间也是机械连接，燃油箱与发动机之间是管路连接，其余部分是电缆连接。

发动机和发电机组有时称为辅助动力单元（Auxiliary Power Unit，简称 APU）。其主要功能是将发动机输出的机械能通过发电机转化为电能。转化的电能或用于蓄电池充电，或经牵

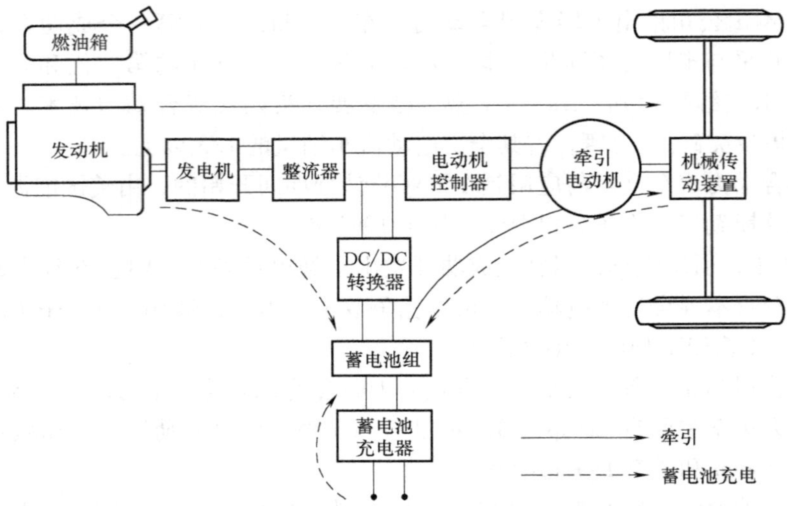

图 5-5 串联式混合动力电动汽车的组成

引电动机和机械传动装置驱动车辆行驶。

图 5-5 中带箭头的实线和虚线表达了车辆在行驶过程中能量的流动情况。从燃油箱、发动机、发电机、整流器流出的能量是单向的，可以经电动机控制器、牵引电动机直到机械传动装置，提供车辆行驶所需要的能量，也可以经 DC/DC 转换器到达蓄电池组，提供维持蓄电池组 SOC 的能量。从蓄电池组、DC/DC 转换器、电动机控制器、牵引电动机直到机械传动装置，能量流动可以是双向的。根据路况及控制策略，牵引电动机被控制为电动机或发电机，在驱动时，作为电动机使用，提供整车行驶所需要的动力；在制动减速时，作为发电机使用，将整车动能的一部分转化为电能，经 DC/DC 转换器给蓄电池组充电，这样，就实现了能量的双向流动。

二、串联式混合动力电动汽车的工作模式与运行工况分析

1. 串联式混合动力电动汽车的工作模式

串联式混合动力电动汽车根据行驶负荷的不同，存在以下几种工作模式：

1） 纯粹的电驱动模式：发动机关闭，车辆仅由蓄电池组供电、驱动。

2） 纯粹的发动机驱动模式：车辆驱动功率仅源于发动机-发电机组，而蓄电池组既不供电也不从传动系统中获取任何能量。

3） 混合驱动模式：驱动功率由发动机-发电机组和蓄电池组共同提供。

4） 发动机驱动和蓄电池充电模式：发动机-发电机组除提供车辆行驶所需的功率外，还向蓄电池组充电。

5） 再生制动模式：发动机-发电机组关闭，而牵引电动机运行在发电机状态，通过消耗车辆的动能产生电功率，用于向蓄电池组充电。

6） 蓄电池停车充电模式：牵引电动机不接收功率，车辆停驶，发动机-发电机组仅向蓄电池组充电。

7） 蓄电池混合充电模式：发动机-发电机组和运行在发电机状态下的牵引电动机两者都

向蓄电池组充电。

在以低负荷行驶时，串联式混合动力电动汽车可采用纯粹的电驱动模式或纯粹的发动机驱动模式。纯粹的电驱动模式主要用于对排放要求较高的市区道路环境。在以高负荷行驶时（如超车或满载爬坡时），串联式混合动力电动汽车则采用混合驱动模式，电能来自于发动机-发电机组和蓄电池组。在正常行驶时，串联式混合动力电动汽车一般采用发动机驱动和蓄电池充电模式运行。此时，发动机可以始终工作在效率较高、排放较低的单一工况，并带动发电机发电。在电动机控制器的调节下，发电机发出的电能主要用于电动机，再通过机械传动装置驱动汽车行驶。当发电机发出的电能有多余时，可以同时向蓄电池组充电。

2. 串联式混合动力电动汽车的运行工况分析

结合汽车的运行工况，对工作模式和能量流动的具体分析如下：

（1）起动/正常行驶/加速运行工况　发动机通过发电机和蓄电池一起输出电能并传递给功率转换器，然后驱动电动机，再通过机械传动装置驱动车轮。此运行工况下的能量流动如图 5-6 所示。

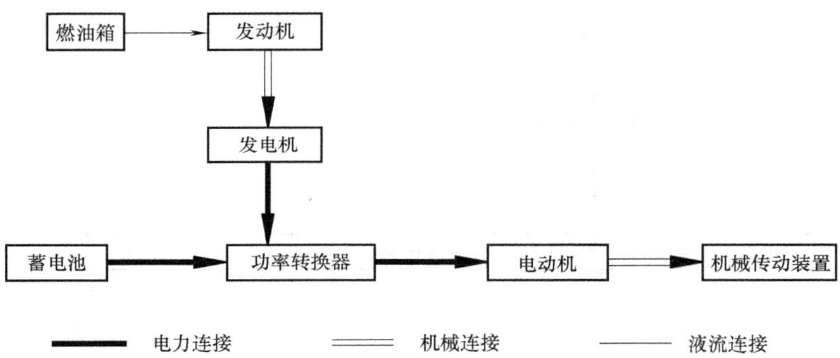

图 5-6　起动/正常行驶/加速运行工况下的能量流动

（2）低负荷工况　发动机输出的功率大于车辆所需的功率，多余的能量通过发电机给蓄电池充电，直到 SOC 达到预定的限值。此运行工况下的能量流动如图 5-7 所示。

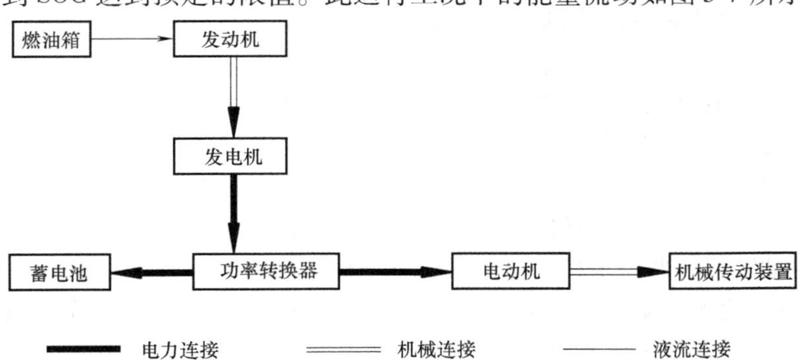

图 5-7　低负荷工况下的能量流动

（3）减速/制动工况　电动机把驱动轮的动能转化为电能，并通过功率转换器给蓄电池充电。此运行工况下的能量流动如图 5-8 所示。

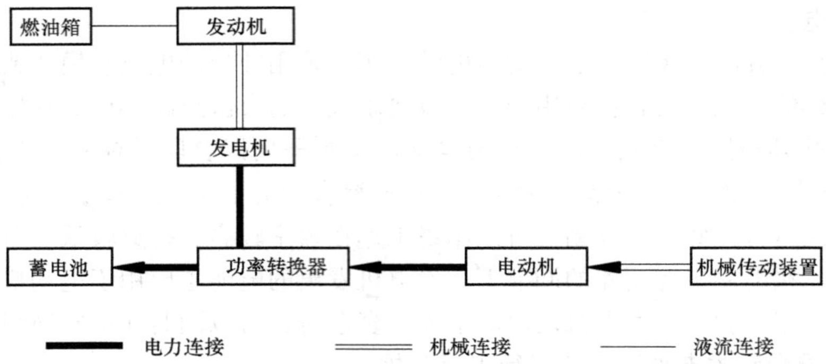

图 5-8 减速/制动工况下的能量流动

(4) 停车充电工况 停车时，发动机可通过发电机和功率转换器给蓄电池充电。此运行工况下的能量流动如图 5-9 所示。

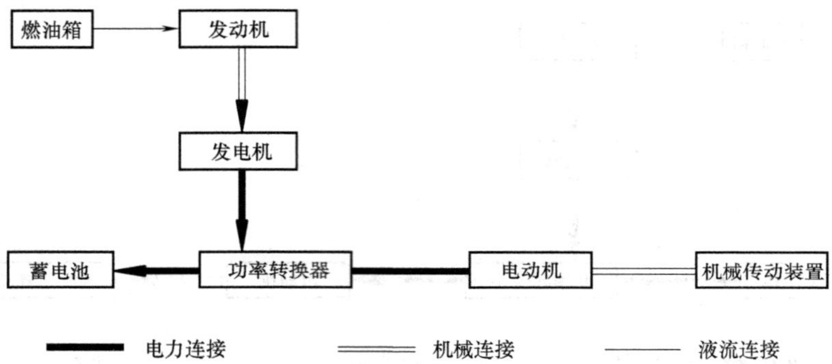

图 5-9 停车充电工况下的能量流动

三、串联式混合动力电动汽车的特点

1. 串联式混合动力电动汽车的结构特点

串联式混合动力电动汽车的结构特点分析如下：

1）发动机和发电机组成的辅助动力单元一起工作产生所需的电能。发动机和发电机之间的机械连接装置中不需要离合器。

2）发动机输出的机械能首先通过发电机转化为电能，转化后的电能一部分用来给蓄电池充电，另一部分经由电动机和机械传动装置驱动车轮。

3）单条驱动线路，两个电机，只有牵引电动机驱动汽车行驶，而发动机仅用于带动发电机发电，与驱动轮无机械连接，不直接驱动车辆。在两个电机中，一个电机用于驱动和能量回馈，另一个电机专门用于发电。

4）属于内燃机辅助型的电动汽车，用于增加电动汽车的续驶里程。

2. 串联式混合动力电动汽车的优点

串联式混合动力电动汽车的优点如下：

1）以动力电池组为基本能源，可实现“零污染”状态行驶。发动机-发电机组所发出的电能向动力电池组充电，用于补充动力电池组的电能，或直接供给驱动电动机，以延长续驶里程。

2）发动机-发电机组中的发动机与驱动轮之间没有机械上的连接，因此能够保持在稳定、高效、低污染的状态下运转，将有害气体排放控制在最低范围。此外，还可采用燃气轮机、转子发动机等其他类型的发动机，进一步降低燃料消耗和有害气体的排放。

3）趋近于纯电动汽车，只有电动机驱动车辆。因为电动机具有较为理想的转矩-转速特性，所以驱动系统不需要多挡传动装置，从而使结构大为简化，也可采用电动机集中驱动系统或电动轮驱动系统，进而使成本下降。

4）发动机与车轮之间在机械上完全解耦，总体结构较简单，易于控制。发动机-发电机组和电动机之间没有机械联系，在车上布置时有较大的自由度。

3. 串联式混合动力电动汽车的缺点

串联式混合动力电动汽车也有不足，主要体现在三个方面：

1）电动机驱动功率必须能够克服车辆在行驶过程中的最大阻力，故要求电动机功率较大，外形尺寸较大，质量较大。由于电动机不经常在满负荷状态下工作，因此效率较低。要求动力电池组容量大，同时还需较大功率的发动机-发电机组（一般而言，发动机-发电机组的功率接近和等于电动机的功率），加上庞大的动力电池组，整车外形尺寸较大，质量较大，在中小型车上布置有困难，较适合应用于大型客车。

2）发动机-发电机-电动机系统在机械能—电能—机械能的能量转换过程中，能量损失较大；在动力电池组的充、放电过程中存在能量损耗，车辆也不是经常在满负荷状态下运行，能量转换的综合效率比内燃机汽车低。

3）发动机-发电机组与动力电池组之间的匹配要求较严格，应能根据动力电池组 SOC 的变化，自动起动或关闭发动机，以避免动力电池组过放电和过充电，因此需要更大容量的电池。

四、串联式混合动力电动汽车实例

1. 三菱 Aerostar Nonstep HEV

图 5-10 所示为三菱 Aerostar Nonstep HEV。图 5-11 所示为三菱 Aerostar Nonstep HEV 的布置形式。可见，该车采用串联布置，整个驱动系统后置。其中，发动机是排量为 8.2L、直列 6 缸的柴油机，直接与发电机连接，形成发电单元，横置于车辆后部。带减速机构的双电机纵向布置在后轴，在双电机与主减速器之间由传动轴连接。发电机与牵引电动机由德国

图 5-10　三菱 Aerostar Nonstep HEV

西门子公司制造。动力电池组由 180 个单体锂离子电池组成，布置于车顶，额定电压为 684V，每个电池重约 1.9kg。发动机功率为 160kW，经济低排放工作转速及功率分别为 1200r/min 和 70kW。发电机功率为 100kW，电动机功率为 150kW ×2。蓄电池输出功率为 342kW，输入功率为 157kW。

2. 雪佛兰 Volt HEV

图 5-12 所示为雪佛兰 Volt HEV 的布置示意图。该车也采用串联布置，为典型的插电式串联混合动力汽车。整个驱动系统采用轿车常用的前置前驱布置。发动机采用排量为 1L、3 缸涡轮增压 ECOTEC 汽油机，与发电机连接形成发电机组。发电机最大输出功率为 53kW。牵引电动机额定功率为 70kW，峰值功率及峰值转矩分别为 120kW、370N · m。整车最高车速达到 160km/h，0 ~ 96km/h 的加速时间为 9s。动力电池组为 A123 系统公司生产的磷酸铁锂离子电池，布置于乘客舱底部，其容量为 16kW · h，可接入 110V 或 220V 电网进行充电。充满电后，该车可以纯电动模式行驶 64km。

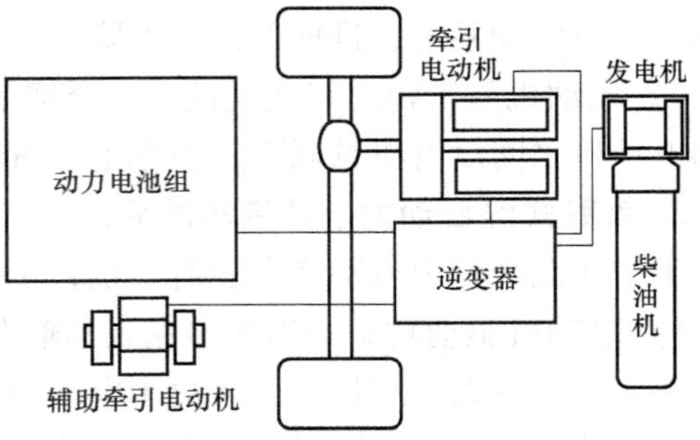

图 5-11　三菱 Aerostar Nonstep HEV 的布置形式

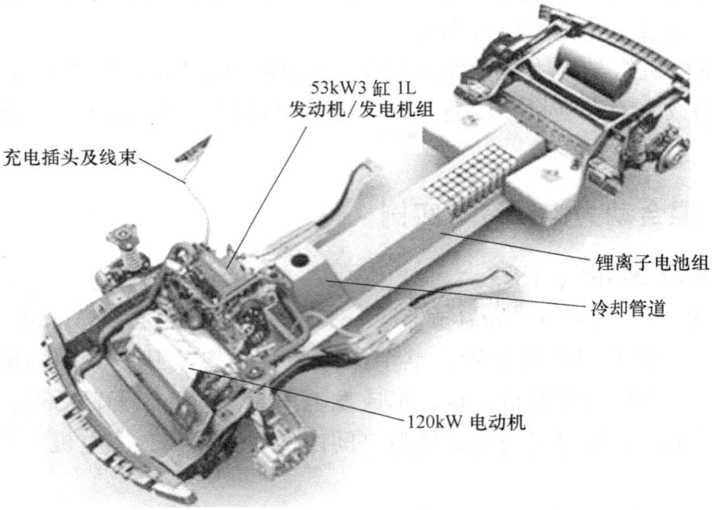

图 5-12 雪佛兰 Volt HEV 的布置示意图

第三节　并联式混合动力电动汽车

一、并联式混合动力电动汽车的组成

并联式混合动力电动汽车由发动机、电动机、电动机控制器、蓄电池组（或其他类型的动力电池)、动力合成器、机械传动装置等组成，如图5-13所示。如果蓄电池组可外插电网充电，则属于插电式并联混合动力电动汽车。发动机与电动机的输出轴分别与动力合成器输入端进行机械连接，输出动力通过动力合成器输出轴传递到机械传动装置（变速器、主减速器、差速器等），驱动车辆行驶。燃油箱与发动机之间是管路连接，电动机与电动机控制器、电动机控制器与蓄电池组之间均是电缆连接。

并联式混合动力电动汽车与串联式混合动力电动汽车的最大区别在于发动机与机械传动装置存在机械连接，直接参与车辆的驱动。图5-13中带箭头的实线和虚线表达了车辆在行驶过程中能量的流动，与串联式混合动力汽车情况类似。

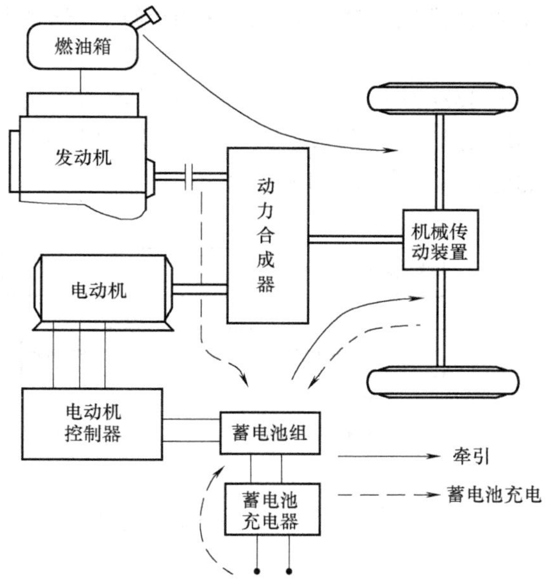

图5-13　并联式混合动力电动汽车的组成

二、并联式混合动力电动汽车的工作模式与运行工况分析

1. 并联式混合动力电动汽车的工作模式

并联式混合动力电动汽车根据行驶负荷的不同，存在以下几种工作模式：

1）纯粹的电驱动模式：发动机关闭，离合器分离，电动机通过动力合成器提供动力，驱动汽车行驶。

2）纯粹的发动机驱动模式：车辆的驱动功率仅源于发动机，而蓄电池组既不供电也不从传动系统中获取任何能量。此时，电动机关闭。

3）混合驱动模式：驱动功率由发动机和蓄电池组共同提供，并通过动力合成器合成，向机械传动装置提供动力。

4）发动机驱动和蓄电池充电模式：发动机除提供车辆行驶所需的功率外，还向蓄电池组提供充电功率。此时，发动机的功率由动力合成器分成两路，一路用于驱动汽车，另一路用于带动运行在发电机状态的电机发电。

5）再生制动模式：发动机关闭，而牵引电动机运行在发电机状态，通过消耗车辆的动能产生电功率，用于向蓄电池组充电。

6）停车充电模式：车辆停驶，发动机通过动力合成器带动电机发电，向蓄电池组充电。此时，机械传动装置应备有空挡或在动力合成器与机械传动装置之间装有离合器。

在以低负荷行驶时，并联式混合动力电动汽车可采用纯粹的电驱动模式或纯粹的发动机驱动模式。纯粹的电驱动模式主要用于对排放要求较高的市区道路环境。在以高负荷行驶时（如超车或满载爬坡时），并联式混合动力电动汽车则采用混合驱动模式。在正常行驶时，并联式混合动力电动汽车一般采用发动机驱动和蓄电池充电模式运行。此时，发动机的工作效率与工作区间随着负荷的变化而不断变化，不能像串联式混合动力电动汽车那样工作在单一工况。当发动机输出的功率有多余时，可以同时向蓄电池组充电。

2. 并联式混合动力电动汽车的运行工况分析

结合汽车的运行工况，对工作模式和能量流动的具体分析如下：

(1) 起动/加速工况　当车辆起动或节气门全开加速时，发动机和电动机同时工作，共同分担驱动车辆所需的动力，如发动机和电动机分别承担总功率的80% 和20%。此运行工况下的能量流动如图5-14所示。

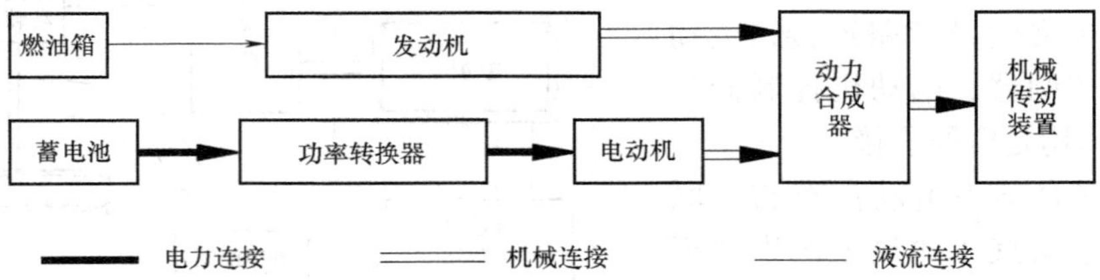

图5-14　起动/加速工况下的能量流动

(2) 正常行驶工况　当车辆正常行驶时，电动机关闭，仅由发动机工作，提供车辆行驶所需的动力。此运行工况下的能量流动如图5-15所示。

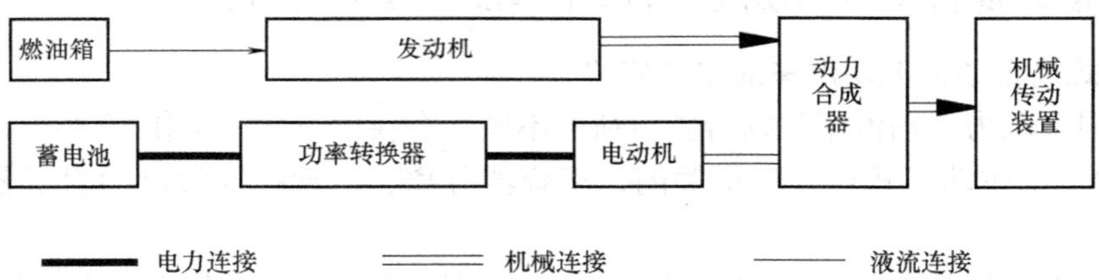

图5-15　正常行驶工况下的能量流动

(3) 减速/制动工况　当车辆减速行驶或制动时，电动机工作于发电机模式进行再生制动，通过功率转换器给蓄电池充电。此运行工况下的能量流动如图5-16所示。

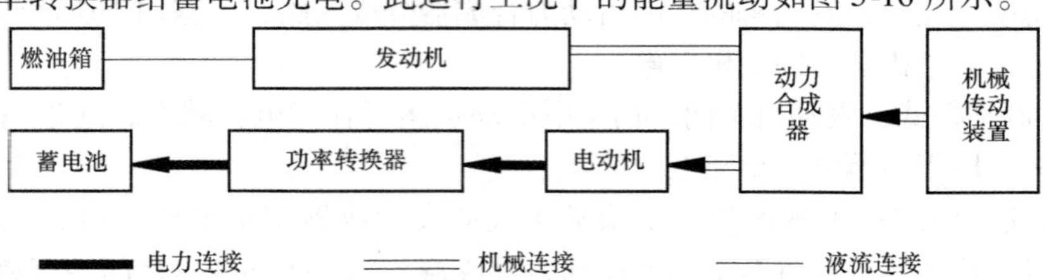

图5-16　减速/制动工况下的能量流动

(4) 行驶中给蓄电池充电工况　当车辆轻载时，发动机输出功率驱动车辆行驶，同时发动机输出的多余功率驱动以发电状态工作的电动机发电而向蓄电池充电。此运行工况下的能量流动如图5-17所示。

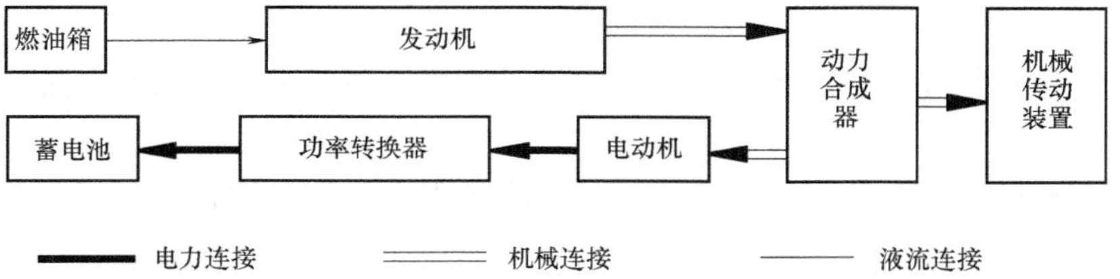

图 5-17 行驶中给蓄电池充电工况下的能量流动

三、并联式混合动力电动汽车的特点

1. 并联式混合动力电动汽车的结构特点

并联式混合动力电动汽车的结构特点分析如下：

1）两条驱动线路：内燃机和电动机都可通过各自的驱动线路驱动车轮。

2）三种基本驱动模式：发动机单独驱动、电动机单独驱动、发动机和电动机混合驱动。

3）属于电力辅助型的燃油汽车，可降低排放和燃油消耗。

4）当发动机提供的功率大于驱动车辆所需的功率或者再生制动时，电动机工作在发电机状态，将多余的能量充入蓄电池。

2. 并联式混合动力电动汽车的优点

由上述特点，可以分析得到并联式混合动力汽车的优点：

1）只有发动机和电动机两个动力总成，两者的功率可以等于车辆驱动功率的 50% ~ 100%，比串联式混合动力电动汽车三个动力总成的功率、质量和体积小很多。

2）发动机可直接驱动车辆，没有串联式混合动力电动汽车发动机的机械能—电能—机械能的转换过程，能量转换的综合效率比串联式混合动力电动汽车高。当车辆需要最大输出功率时，电动机可以提供额外的辅助动力，因此发动机功率可选择得较小，燃油经济性比串联式混合动力电动汽车好。

3）与电动机配套的动力电池组容量较小，使整车质量减小。

4）当轻度混合时，电动机可带动发动机起动，调节发动机的输出功率，使发动机基本稳定在高效率、低污染状态下工作。发动机也可带动电机发电向电池组充电，以延长续驶里程。

3. 并联式混合动力电动汽车的缺点

并联式混合动力电动汽车存在以下缺点：

1）需要配备与内燃机汽车相同的传动系统，总布置基本与内燃机汽车相同，动力性能接近内燃机汽车。发动机工况会受到车辆行驶工况的影响，有害气体排放高于串联式混合动力电动汽车。

2）需要装置离合器、变速器、传动轴和驱动桥等总成，还有电动机、动力电池组和动力合成器等装置，因此动力系统结构复杂，布置和控制更困难。

四、并联式混合动力电动汽车的动力合成器

1. 动力合成器的作用

动力合成器有时也称为动力分配器，其作用主要有两个，分别对应于不同的控制策略或

工作模式：

1）将发动机和电动机的两条动力传递路线合成为一条动力传递路线，最后驱动汽车行驶。

2）将发动机的转矩分解为两条路线，一条路线用于驱动车辆行驶，另一条路线用于向蓄电池组充电。

2. 动力合成器的分类

根据动力合成器的耦合方式不同，可将其分为转矩耦合和转速耦合。相应地，动力合成器可分别称为转矩耦合器和转速耦合器。图5-18和图5-19分别是转矩耦合器与转速耦合器的工作原理，其中1、2为输入端，3为输出端。

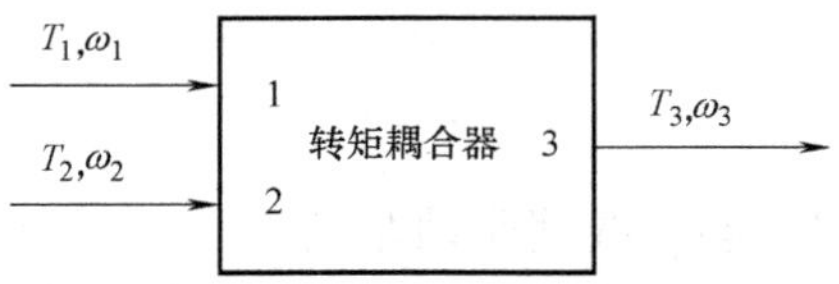

图5-18　转矩耦合器的工作原理

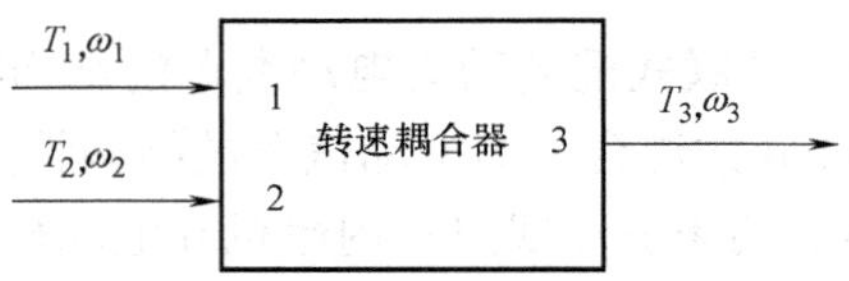

图5-19　转速耦合器的工作原理

在图5-18中，分别存在以下转矩、转速关系：

$$T_3\omega_3 = T_1\omega_1 + T_2\omega_2 \tag{5-2}$$

$$T_3 = k_1T_1 + k_2T_2 \tag{5-3}$$

$$\omega_3 = \omega_1/k_1 = \omega_2/k_2 \tag{5-4}$$

在图5-19中，分别存在以下转矩、转速关系：

$$T_3\omega_3 = T_1\omega_1 + T_2\omega_2 \tag{5-5}$$

$$\omega_3 = k_1\omega_1 + k_2\omega_2 \tag{5-6}$$

$$T_3 = T_1/k_1 = T_2/k_2 \tag{5-7}$$

式中　T_1、T_2、T_3——各端口部件的转矩；

ω_1、ω_2、ω_3——各端口部件的转速；

k_1与k_2——与动力合成器实际结构有关的常数。

（1）转矩耦合器的典型结构

1）圆柱齿轮传动结构。图5-20所示为圆柱齿轮传动转矩耦合器。图5-20a中，$k_1 = z_3/z_1$，$k_2 = z_3/z_2$；图5-20b中，$k_1 = z_2/z_1$，$k_2 = 1$。z_1、z_2、z_3分别为圆柱齿轮齿数。

2）锥齿轮传动结构。图5-21所示为锥齿轮传动转矩耦合器。对于弧齿锥齿轮，有$k_1 = z_2/z_1$，$k_2 = 1$。z_1、z_2、z_3分别为锥齿轮齿数。

3）带/链传动结构。图5-22所示为带传动或链传动转矩耦合器。图5-22a中，$k_1 = r_2/r_1$，$k_2 = r_3/r_4$；图5-22b中，$k_1 = r_2/r_1$，$k_2 = 1$。r_1、r_2、r_3、r_4分别为带轮或链轮半径。

4）传动轴结构。图5-23所示为传动轴转矩耦合器，电动机的转子轴起到转矩耦合的作用。图5-23中，$k_1 = k_2 = 1$。

（2）转速耦合器的典型结构　典型的转速耦合器是图5-24所示的行星齿轮机构。图5-24中，z_1、z_2分别为太阳轮和齿圈齿数，r_1、r_2分别为太阳轮半径和齿圈半径。设$\alpha = z_2/z_1 = r_2/r_1$，则根据行星齿轮机构的传动关系可知：

$$\omega_1 + \alpha\omega_2 - (1+\alpha)\omega_3 = 0 \tag{5-8}$$

$$T_3 = (1+\alpha)T_1 = \frac{1+\alpha}{\alpha}T_2 \tag{5-9}$$

$$k_1 = \frac{1}{1+\alpha}, k_2 = \frac{\alpha}{1+\alpha} \tag{5-10}$$

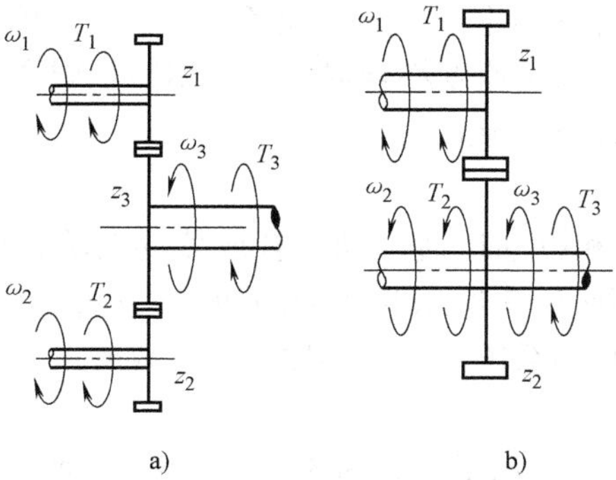

图 5-20　圆柱齿轮传动转矩耦合器

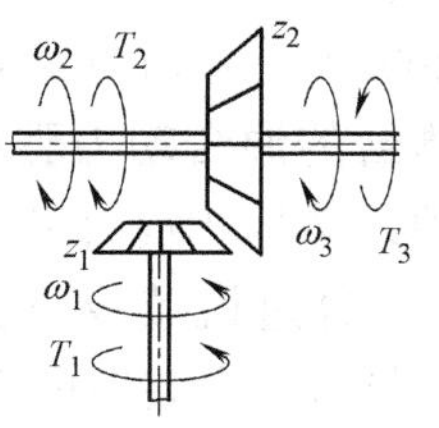

图 5-21　锥齿轮传动转矩耦合器

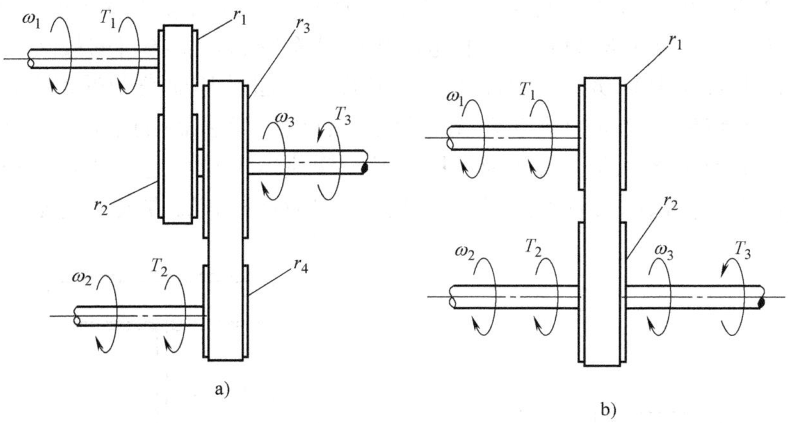

图 5-22　带传动或链传动转矩耦合器

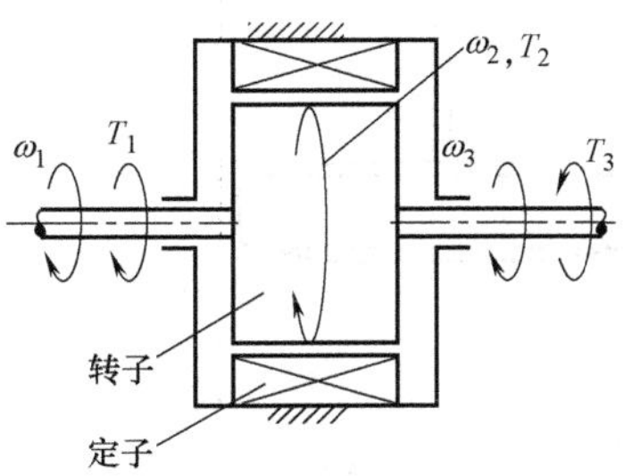

图 5-23　传动轴转矩耦合器

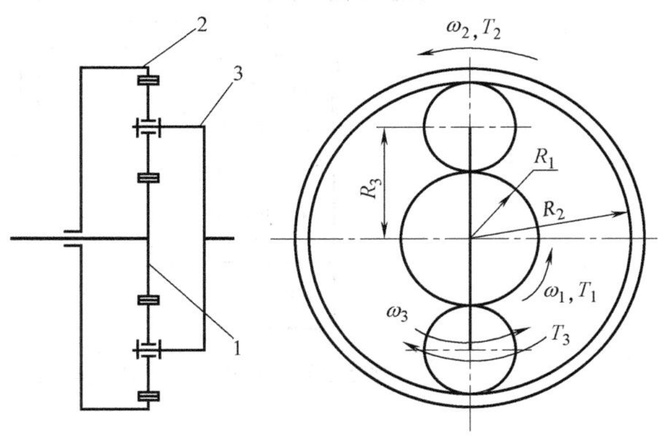

图 5-24　转速耦合器

1—太阳轮　2—齿圈　3—行星架

五、并联式混合动力电动汽车驱动系统的布置分析

根据内燃机、电动机动力合成的方式及有无离合器等情况，并联式混合动力电动汽车的驱动系统存在较大差别。

当动力合成器单独采用转矩耦合时，并联式混合动力电动汽车驱动系统可采用两轴式、单轴式和分离轴式三种布置形式。当动力合成器单独采用速度耦合或同时采用转矩耦合与速度耦合时，并联式混合动力驱动系统主要采用两轴式布置形式。

1. 转矩耦合的混合动力驱动系统

（1）两轴式结构的混合动力驱动系统　发动机和电动机通过动力合成器的两输入轴进行动力合成，再经过机械传动装置驱动汽车行驶。图 5-13 所示为典型的两轴式混合动力驱动系统。变速器与动力装置的布置形式多样，使得驱动系统结构也多样化，主要有以下两种结构：

1）变速器位于转矩耦合器之前的两轴式混合动力驱动系统。图 5-25 所示的两轴式混合动力驱动系统应用了两个变速器。变速器 1 位于发动机和转矩耦合器之间，变速器 2 位于电动机和转矩耦合器之间。两个变速器可以是单挡或多挡。多挡变速器能形成多种牵引力-转速特性曲线。两个多挡变速器为发动机和电动机驱动系统运行于各自的最佳区域提供了更多的可能性，使该混合动力驱动系统的性能和整体效率可超过其他类型的混合动力驱动系统。但两个多挡变速器将使混合动力驱动系统复杂化，且两个变速器换挡复杂。为此，常见的布置形式是变速器 1 为多挡，变速器 2 为单挡，或者变速器 1 与变速器 2 均为单挡。变速器 1 为单挡而变速器 2 为多挡的布置形式是不合适的，因为这种布置方案不能充分发挥发动机和电动机的优势。

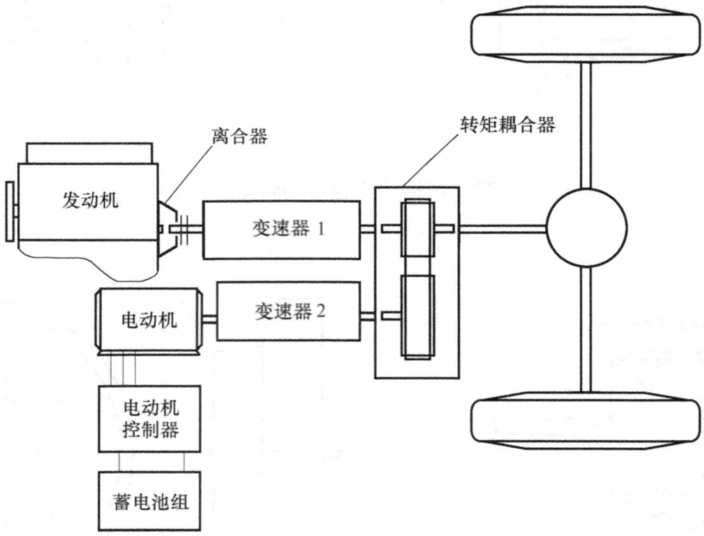

图 5-25　变速器位于转矩耦合器之前的混合动力驱动系统

2）变速器位于转矩耦合器之后的两轴式混合动力驱动系统。图 5-26 所示的两轴式混合动力驱动系统只有一个变速器，位于转矩耦合器之后，能以相同速比提高发动机和电动机两

者的转矩。转矩耦合器传动比 k_1 和 k_2 的合理选择，将使电动机和发动机能工作在各自的额定转速范围内且最大限度地发挥两者的动力优势。这种布置形式适用于采用小型发动机和电动机的情况。多挡变速器的作用是增大低速时混合动力驱动系统的牵引力。

（2）单轴式结构的混合动力驱动系统　对于转矩耦合的并联式混合动力驱动系统，其简单且紧凑的构造是单轴式结构，其中电动机转子起着转矩耦合装置的作用。图 5-27 所示为变速器位于电动机之后的单轴式混合动力驱动系统。图 5-28 所示为变速器位于电动机之前的单轴式混合动力驱动系统。

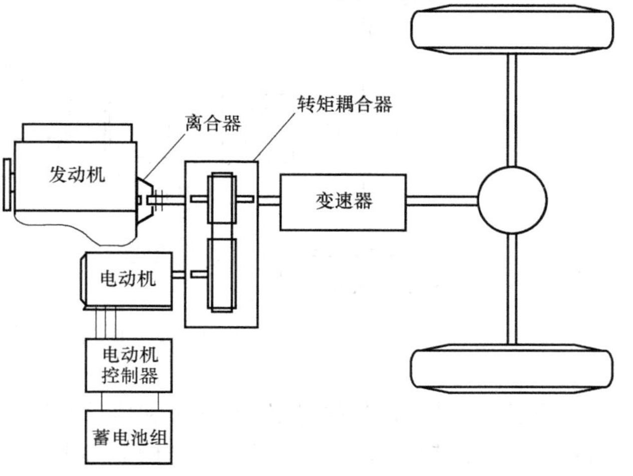

图 5-26　变速器位于转矩耦合器之后的两轴式混合动力驱动系统

在变速器位于电动机之后的结构中，发动机转矩和电动机传递到驱动桥的转矩、转速均由变速器调节。此时，发动机和电动机必须有相同的转速范围。这一结构常用于小型电动机的情况，属于轻度混合动力驱动系统。其中，电动机起着起动机、发电机、发动机的辅助动力和再生制动的多重集成作用。

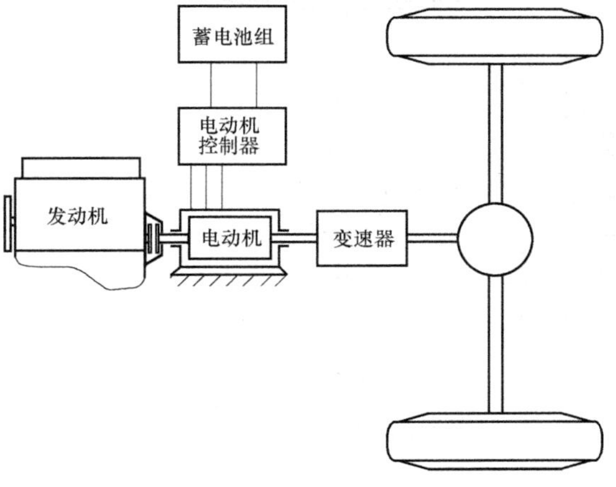

图 5-27　变速器位于电动机之后的单轴式混合动力驱动系统

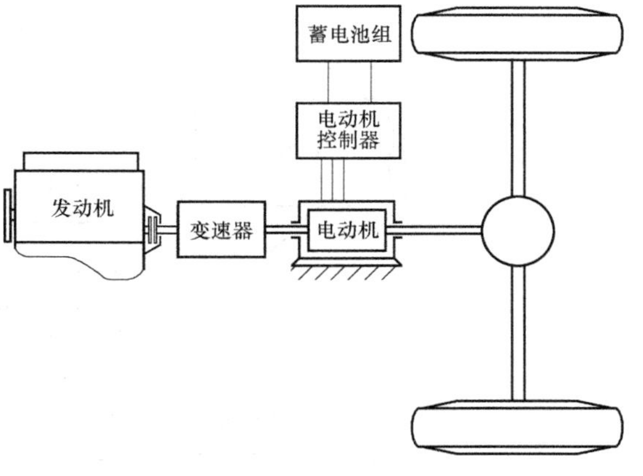

图 5-28　变速器位于电动机之前的单轴式混合动力驱动系统

在变速器位于电动机之前的结构中，当电动机转矩直接传递给主减速器时，变速器仅能调节发动机转矩。这一结构可用于有大范围恒功率区的大型电动机的混合驱动系统。变速器仅用于改变发动机的运行工作点，以改进车辆性能和发动机的运行效率。应该注意，当车辆停止并且电动机刚性地连接到驱动轮时，发动机不能带动电动机使其作为发电机而向蓄电池组充电。

（3）分离轴式结构的混合动力驱动系统　另一种并联式混合动力电驱动系统是分离轴

式结构。其中，一个轴由发动机驱动，另一个轴则由电动机驱动，牵引力通过前后驱动轮在路面上合成，如图 5-29 所示。

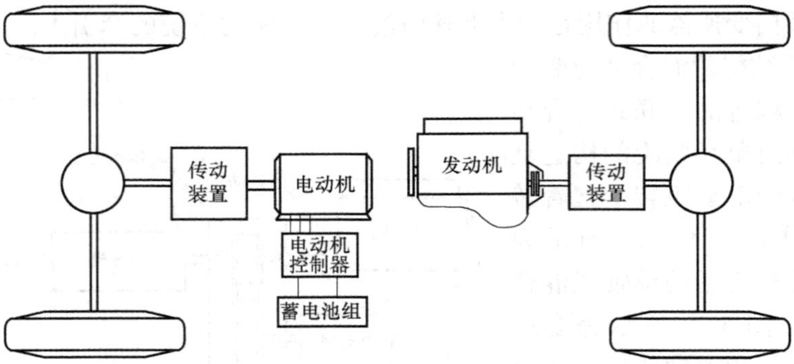

图 5-29　分离轴式混合动力驱动系统

分离轴式结构可以保持原始发动机和传动装置不变，只是在另一轴上加装一套电动机驱动系统，成为四轮驱动形式。但这种结构势必占据原有车辆的大量空间，使装载乘客和行李的有效空间减小。

2. 速度耦合的混合动力驱动系统

图 5-30 所示为速度耦合的两轴式混合动力驱动系统。

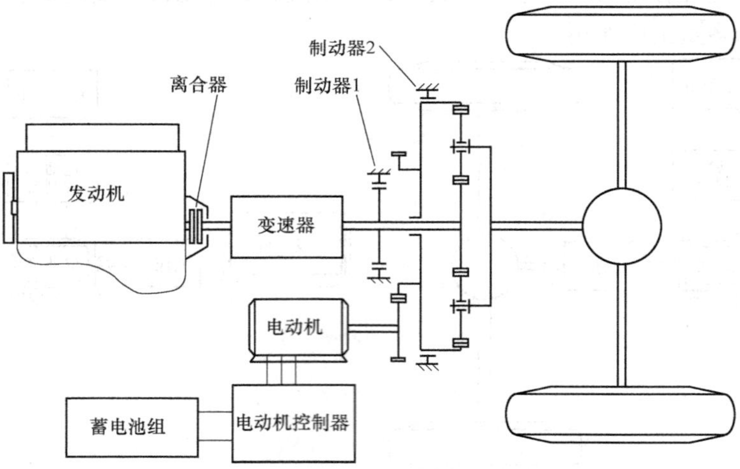

图 5-30　速度耦合的两轴式混合动力驱动系统

发动机通过离合器和变速器与行星齿轮机构的太阳轮连接。其中，变速器用来调整发动机的转矩特性，以满足动力匹配的要求。电动机通过一对齿轮与齿圈连接，制动器 1 和制动器 2 将太阳轮和齿圈与静止的车架锁定。其工作原理如下：

（1）混合驱动模式　当制动器 1 和制动器 2 被释放时，太阳轮和齿圈可以旋转，发动机和电动机都向驱动轮供给正向转速和转矩。此时，由行星齿轮机构的行星架提供的输出转速是太阳轮与齿圈转速的加权和，满足式（5-8）；行星架输出的转矩正比于发动机转矩和电动机转矩，满足式（5-9）。

（2）纯粹的发动机驱动模式　当制动器 2 将齿圈锁定在车架上而制动器 1 被释放时，发动机通过太阳轮和齿圈单独向驱动轮提供动力。此时，通过一对齿轮与齿圈相连的电动机不工作。

（3）纯粹的电驱动模式　当制动器 1 将太阳轮锁定在车架上而制动器 2 被释放时，电动机通过齿圈和行星架向驱动轮提供动力。此时，与太阳轮相连的发动机关闭。

（4）再生制动模式　制动器 1 和制动器 2 的状态同于纯粹的电驱动模式时的状态。此时，发动机也关闭，电动机工作在发电机状态，按再生制动模式予以控制，实现能量回收。

（5）发动机驱动和蓄电池充电模式　发动机的离合器和制动器 1、制动器 2 的状态同于混合驱动模式时的状态。此时，发动机通过行星齿轮机构的转速分解，将其功率分离为两部分，一部分用于驱动，一部分用于带动电动机发电，向蓄电池充电。

3. 既有转矩耦合又有速度耦合的混合动力驱动系统

图 5-31 所示为同时采用转矩耦合与速度耦合的两轴式混合动力驱动系统。

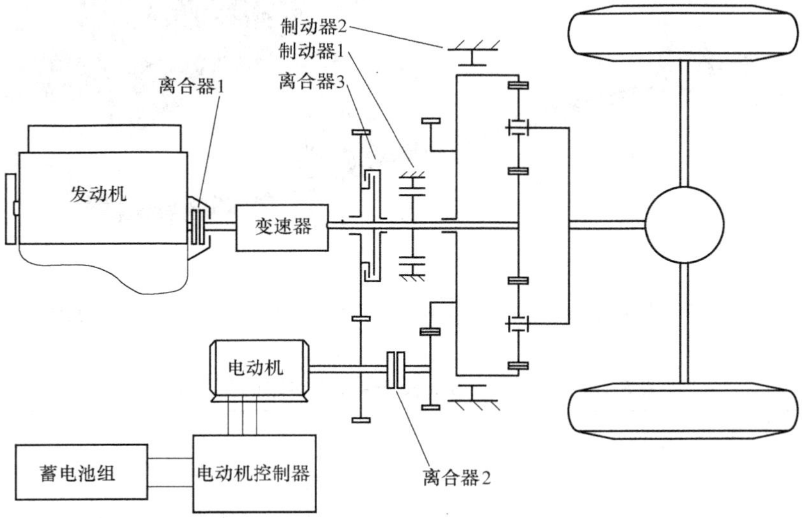

图 5-31　同时采用转矩耦合与速度耦合的两轴式混合动力驱动系统

当选择转矩耦合运行模式时，制动器 2 将行星齿轮机构的齿圈锁定在车架上，同时离合器 1 和离合器 3 接合，而离合器 2 脱开。此时，发动机和电动机的动力经耦合齿轮、离合器 3 直到太阳轮轴，实现转矩合成。在这样的情况下，行星齿轮机构仅起减速器的作用，为典型的转矩耦合的并联式混合动力驱动系统。

当选择转速耦合运行模式时，离合器 1 和离合器 2 接合，而离合器 3 分离，同时，制动器 1 和制动器 2 释放。此时，连接到驱动车轮的行星架的转速是发动机转速和电动机转速的组合，发动机转矩、电动机转矩以及作用于驱动轮上的转矩保持为固定不变的关系，分别满足式（5-8）和式（5-9）。

动力合成器转矩耦合或转速耦合的选择，使得动力装置将有更多的可供选择的运行模式和运行区域，以便优化其性能。例如在低车速时，转矩耦合模式适合于高加速性能和爬坡能力的需求；在高车速时，则应采用转速耦合模式，以保持发动机转速处于其最佳运行区。

六、并联式混合动力电动汽车实例

1. 日野 Hino Selega Hybrid 客车

图 5-32 是该客车混合动力驱动系统布置示意图，具体参数见表 5-1。该混合动力客车采用后置后驱布置形式。从图 5-32 中可以看到，该车实际上采用的是变速器位于电动机之后的单轴并联式混合动力驱动系统。

图 5-32　日野 Hino Selega Hybrid 客车混合动力驱动系统布置示意图

表 5-1　日野 Hino Selega Hybrid 客车的具体参数

排放标准	日本标准	
发动机	型号	A09C—1M
	形式	直列六缸，增压中冷
	排量	8900mL
	最大转矩	1569N·m（1100r/min）
	最大功率	257kW（1800r/min）
变速器	HK06FF	
轮胎	12R22.5	
整备质量	15900kg	
座位	21	
外形尺寸（长×宽×高）	11990mm×2490mm×3520mm	

该车配置了轻量、高功率柴油发动机与混合动力系统组合而成的 A09C—1M 型动力单元，达到了日本 2015 年度燃效标准，而且还取得了日本国土交通省低尾气排放重型车“NO_x&PM 降低 10%”的认证，尤其是 PM（粒子状物质）比规定值减少了 50%。

2. 本田 Insight 混合动力轿车

本田 Insight 混合动力轿车属于轻度混合并联式混合动力电动汽车，具体技术参数见表 5-2。

表 5-2 本田 Insight 混合动力轿车的具体参数

<table>
<tr><td rowspan="6">尺寸</td><td colspan="2">总长/mm</td><td>3945</td><td rowspan="6">发动机</td><td rowspan="2">形式</td><td rowspan="2">VTEC
稀薄燃烧汽油机</td></tr>
<tr><td colspan="2">总宽/mm</td><td>1695</td></tr>
<tr><td colspan="2">总高/mm</td><td>1355</td><td>气缸数/个</td><td>3</td></tr>
<tr><td colspan="2">轴距/mm</td><td>2400</td><td>排量/L</td><td>1</td></tr>
<tr><td rowspan="2">轮距
/mm</td><td>前轮</td><td>1435</td><td>最大功率/转速/［kW/（r/min）］</td><td>50/5700</td></tr>
<tr><td>后轮</td><td>1325</td><td>最大转矩/转速［N·m/（r/min）］</td><td>91/4800</td></tr>
<tr><td rowspan="5">质量</td><td colspan="2">整备质量/kg</td><td>840</td><td rowspan="2">IMA</td><td>功率/kW</td><td>10</td></tr>
<tr><td colspan="2">发动机质量/kg</td><td>56</td><td>转矩/（N·m）</td><td>35</td></tr>
<tr><td colspan="2">电动机质量/kg</td><td>10</td><td rowspan="6">系统性能</td><td>最大功率/kW</td><td>56</td></tr>
<tr><td colspan="2">电池组质量/kg</td><td>20</td><td>最大转矩/（N·m）</td><td>113</td></tr>
<tr><td colspan="2">总质量/kg</td><td>1050</td><td>试验油耗/（L/100km）</td><td>3.41</td></tr>
<tr><td rowspan="3">电池组</td><td colspan="2">类型</td><td>镍氢</td><td>市区工况/（L/100km）</td><td>3.761</td></tr>
<tr><td colspan="2">单体数量/个</td><td>120</td><td>公路工况/（L/100km）</td><td>5.29</td></tr>
<tr><td colspan="2">总电压/V</td><td>144</td><td>0～96km/h 加速时间/s</td><td>10.6</td></tr>
</table>

（1）Insight 混合动力轿车的驱动系统

1）发动机。采用铝制、直列三缸、12 气门、排量 1L、VTEC 变气门正时和升程的极端稀薄燃烧型发动机，空燃比由过去的 23:1 扩大到 26:1。该车配置了起动-停车自动控制系统，能有效地控制车辆在停车时自动关闭发动机，并且在起动时能快速起动。图 5-33 所示为 Insight 混合动力轿车的发动机。

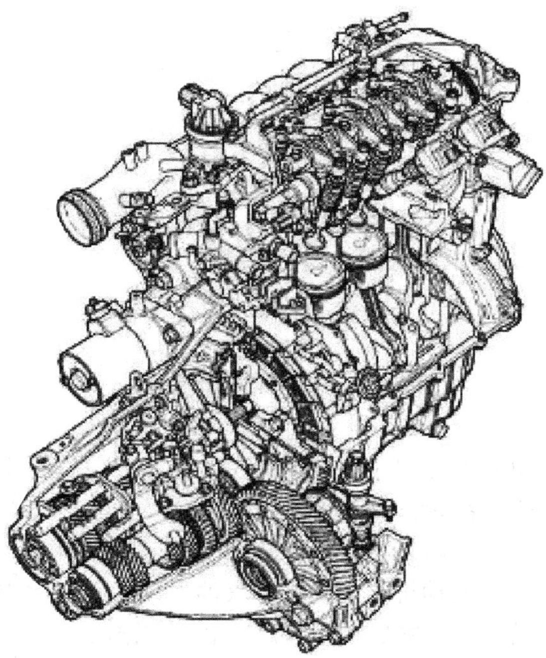

图 5-33 Insight 混合动力轿车的发动机

2）集成式电动机/发电机（Integrated Motor Assist，简称 IMA）。图 5-34 所示为 Insight 的 IMA 位置示意图。图 5-35 所示为 IMA 结构示意图。电动机/发电机为永磁无刷电机，功率为 10kW/3000r/min，采用钕磁永磁体制造，薄型电动机厚度为 60mm。电动机/发电机直接装在发动机的输出轴末端，在起动时充分发挥电动机/发电机低速大转矩的作用，使发动机快速起动。在发动机起动后，电动机/发电机发电，将部分动力转换为电能储存到动力电池组中。在加速或爬坡时，电动机/发电机可使车辆增加 8kW 的辅助功率。在制动时，电动机/发电机能实现再生制动能量的反馈回收。

3）动力电池组。采用镍氢电池，整个动力电池组的电压为 144V，容量为 6.5A·h，总质量仅 20kg。图 5-36 为 Insight 动力电池组的外观。

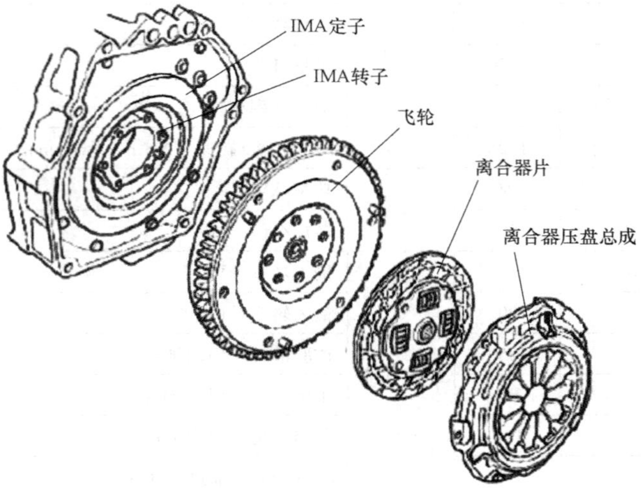

图 5-34　Insight 的 IMA 位置示意图

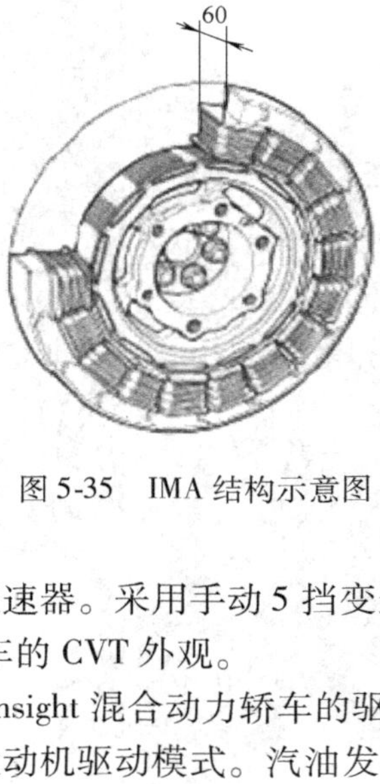

图 5-35　IMA 结构示意图

图 5-36　Insight 镍氢电池组的外观

4）变速器。采用手动 5 挡变速器或钢带带轮无级自动变速器（CVT）。图 5-37 所示为 Insight 轿车的 CVT 外观。

（2）Insight 混合动力轿车的驱动模式

1）发动机驱动模式。汽油发动机驱动是基本的驱动模式，电动机/发电机只是辅助动力装置。发动机与电动机/发电机的输出轴直接相连接。

2）混合驱动模式。汽车在加速或爬坡时，电动机/发电机提供附加转矩，形成发动机—电动机/发电机共同驱动的混合驱动模式。发动机和电动机/发电机在同一根轴上，动力输出时它们的转矩互相叠加。图 5-38 所示为发动机—电动机输出特性。

图 5-39a、b、c、d 分别表示了 Insight 轿车在起动、加速、匀速、减速工况下混合动力系统的工作情况和能量流动。

图 5-37　Insight 轿车的 CVT 外观

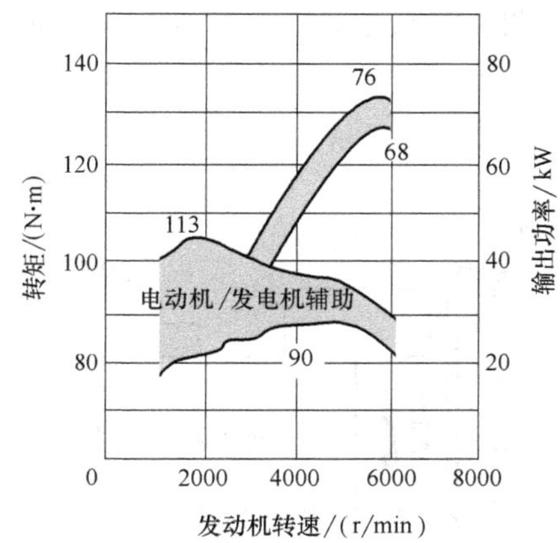

图 5-38　Insight 轿车发动机—电动机输出特性

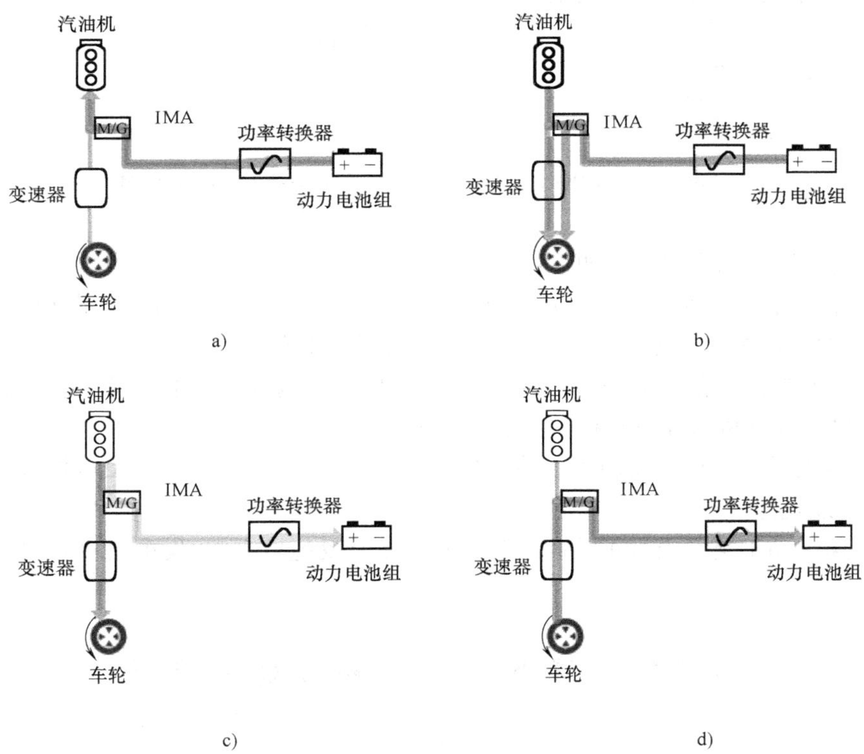

图 5-39　Insight 轿车运行工况及能量流动

a) 起动工况　b) 加速工况　c) 匀速工况　d) 减速制动工况

3. 丰田 CROWN HEV 混合动力轿车

图 5-40 所示为丰田 CROWN HEV 轿车的轻度混合动力系统 THS-M。其中，电动机/发电机、空调压缩机等部件与发动机并列布置，并通过带轮及电磁离合器实现与发动机的动力混合。

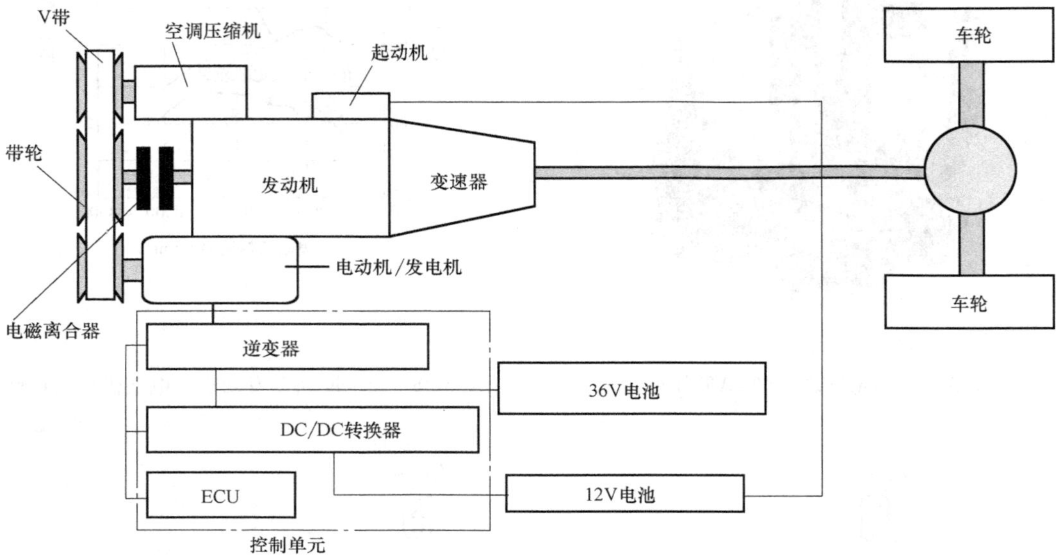

图 5-40　丰田 CROWN HEV 轿车的轻度混合动力系统 THS-M

该混合动力轿车的主要工况如下：

(1) 停车工况　发动机关闭，电磁离合器断开，电动机/发电机驱动发动机附件运转，因此空调在“怠速停”工况下也能运行，提高了乘坐舒适性。

(2) 起步/加速工况　当汽车静止起步时，36V 蓄电池放电，电动机/发电机驱动汽车，并起动发动机。起动机只在发动机的初次起动时使用。

(3) 匀速工况　汽车由发动机驱动。当蓄电池 SOC 低时，电动机/发电机转变为发电机模式向蓄电池充电。

(4) 减速制动工况　当汽车减速或制动时，车轮反拖电动机/发电机进行再生制动，向蓄电池充电。

第四节　混联式混合动力电动汽车

一、混联式混合动力电动汽车的组成

混联式混合动力电动汽车是在串联式混合和并联式混合的基础上综合而成的一种混合动力形式。其结构示意图如图 5-41 所示。

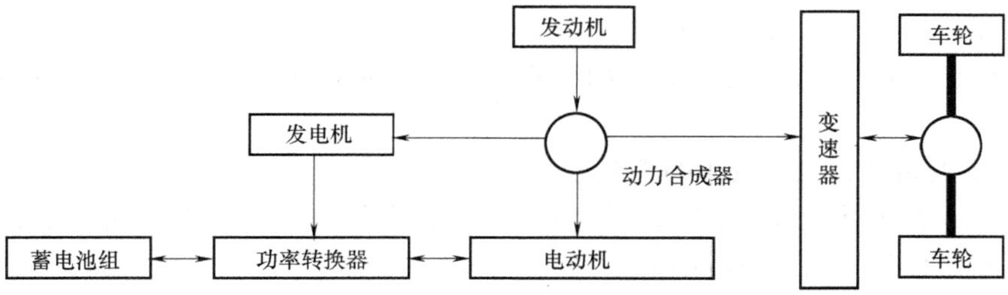

图 5-41　混联式混合动力电动汽车的结构示意图

在混联式混合动力系统中，动力合成器一般也称为动力分配器或功率分配器。发动机输出的功率一部分通过动力合成器分配给传动装置，驱动汽车行驶，另一部分功率则分配给发电机发电。发电机输出的电能输送给电动机或蓄电池组。电动机从蓄电池组或发电机获取电能，产生驱动力，通过动力合成器传递给驱动桥。

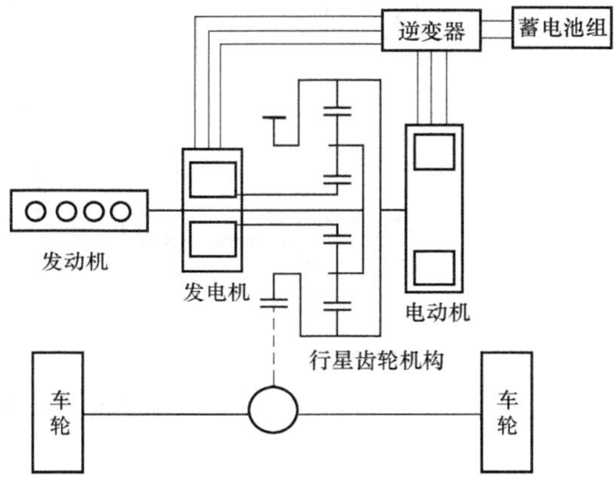

图 5-42　行星齿轮机构作为动力合成器的混联混合动力电动汽车

混联式混合动力电动汽车的动力合成器一般采用行星齿轮机构。如图 5-42 所示，行星齿轮机构将发动机、发电机、电动机连接起来，太阳轮与发电机相连，齿圈与电动机及传动装置相连，行星架与发动机相连。发动机的一部分动力通过行星齿轮传给齿圈，然后通过机械传动装置传给驱动车轮，另一部分动力传给太阳轮经发电机转化为电能。电动机的动力直接通过与齿圈一体的齿轮传给驱动装置。

二、混联式混合动力电动汽车的工作模式与运行工况分析

1. 混联式混合动力电动汽车的工作模式

混联式混合动力电动汽车根据行驶负荷，存在以下几种工作模式：

1）纯粹的电驱动模式。发动机、发电机关闭，电动机通过动力合成器提供动力，驱动汽车行驶。

2）纯粹的发动机驱动模式。车辆驱动功率仅源于发动机，而蓄电池组既不供电也不从传动系统中获取任何能量。此时，发电机、电动机关闭。

3）混合驱动模式。驱动功率由发动机和蓄电池组共同提供，并通过动力合成器合成，向机械传动装置提供动力。

4）发动机驱动和蓄电池充电模式。发动机除提供车辆行驶所需的功率外，还向蓄电池组充电。此时，发动机的功率由动力合成器分成两路，一路用于驱动汽车，一路用于带动发电机发电。

5）再生制动模式。发动机关闭，而牵引电动机运行在发电机状态，通过消耗车辆的动

能产生电功率，用于向蓄电池组充电。

6）停车充电模式。车辆停驶，发动机通过动力合成器带动发电机发电，向蓄电池组充电。

2. 混联式混合动力电动汽车的工况分析

结合汽车运行工况，根据混联式混合动力电动汽车是发动机主动型还是电力主动型，其工作模式是有区别的，具体分析如下：

（1）发动机主动型混联式混合动力电动汽车的工作模式

1）起动工况。发动机关闭，由蓄电池给电动机提供电能驱动车辆。能量流动如图5-43所示。

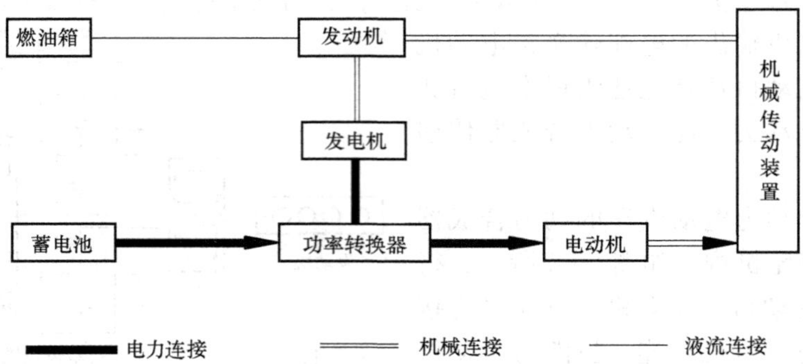

图5-43　发动机主动型在起动工况下的能量流动

2）加速工况。当节气门全开，车辆加速行驶时，发动机和电动机同时工作，共同分担车辆行驶所需的动力。能量流动如图5-44所示。

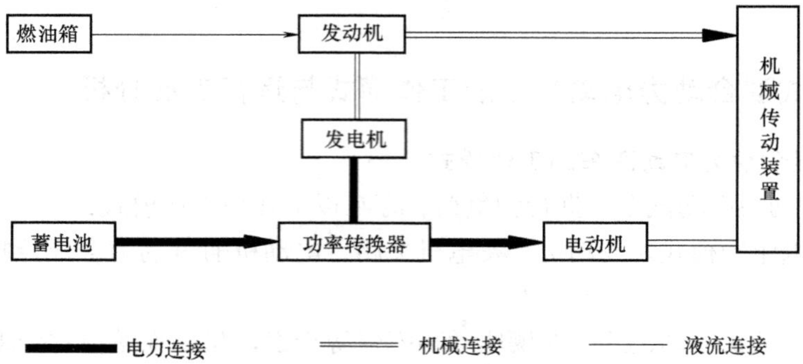

图5-44　发动机主动型在加速工况下的能量流动

3）匀速工况。电动机关闭，发动机工作，提供车辆所需动力。能量流动如图5-45所示。

4）减速/制动工况。电机工作于发电模式进行再生制动，通过功率转换器给蓄电池充电。能量流动如图5-46所示。

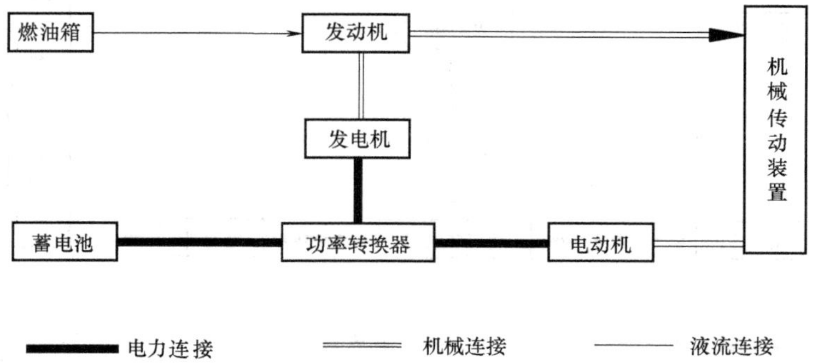

图 5-45　发动机主动型混联式混合动力电动汽车
在匀速工况下的能量流动

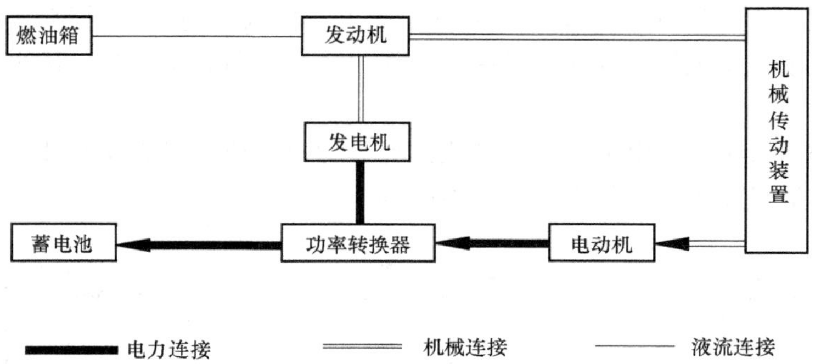

图 5-46　发动机主动型混联式混合动力电动汽车
在减速/制动工况下的能量流动

5）行驶中给蓄电池充电工况。发动机一部分动力用于驱动车辆，另一部分动力由发电机经功率转换器给蓄电池充电。能量流动如图 5-47 所示。

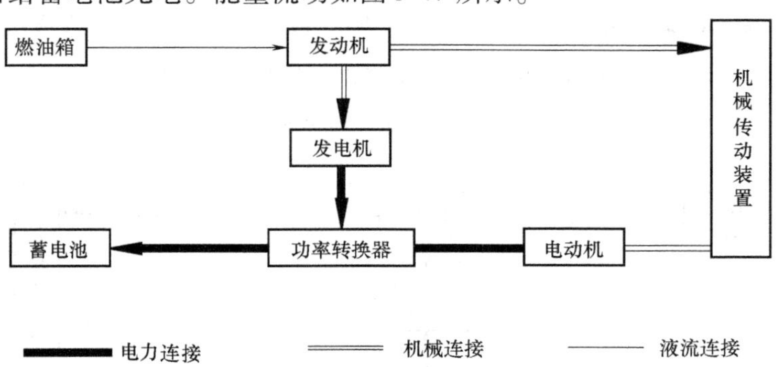

图 5-47　发动机主动型混联式混合动力电动汽车
在行驶中给蓄电池充电工况下的能量流动

6）停车充电工况。当停车时，发动机可通过发电机给蓄电池充电。能量流动如图 5-48 所示。

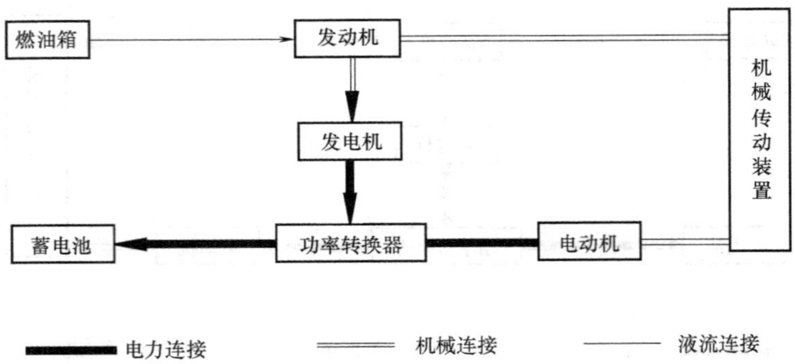

图 5-48　发动机主动型混联式混合动力电动汽车
在停车充电工况下的能量流动

（2）电力主动型混联式混合动力电动汽车的工作模式　电力主动型与发动机主动型混联式混合动力电动汽车工作模式的主要区别是在匀速工况和加速工况，其他工况下的工作模式是一样的。

在匀速和加速行驶时，电力主动型混联式混合动力电动汽车的发电机发电，提供电动机所需的电能，其能量流动分别如图 5-49 和图 5-50 所示。

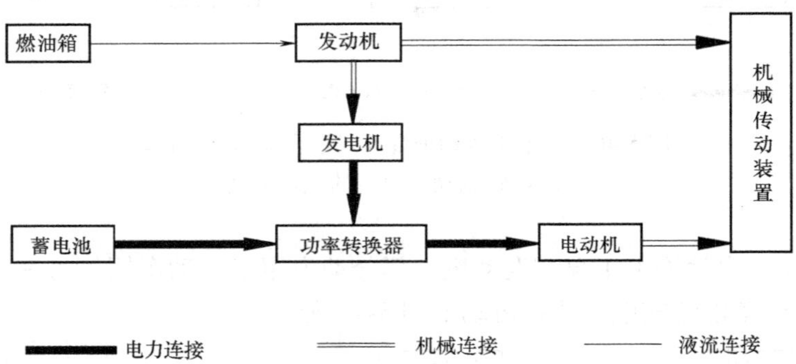

图 5-49　电力主动型混联式混合动力电动汽车
在加速工况下的能量流动

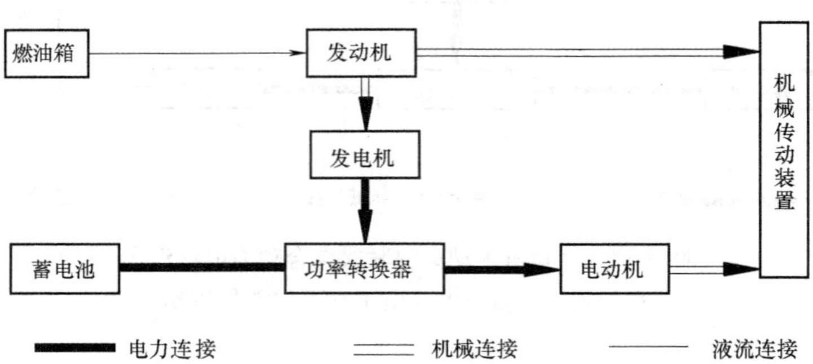

图 5-50　电力主动型式混合动力电动汽车
在匀速工况下的能量流动

三、混联式混合动力电动汽车的特点

1. 混联式混合动力电动汽车的结构特点

与串联式和并联式混合动力电动汽车比较，混联式混合动力电动汽车的结构特点如下：

1）将串联式混合动力电动汽车和并联式混合动力电动汽车相结合，具有两者的优点。

2）与串联式混合动力电动汽车相比，增加了机械动力的传递路线。

3）与并联式混合动力电动汽车相比，增加了电能的传输路线。

2. 混联式混合动力电动汽车的优点

混联式混合动力电动汽车具有以下优点：

1）三个动力总成比串联式混合动力电动汽车三个动力总成的功率、质量和体积小。

2）有多种工作模式，节能最佳，有害气体排放达到“超低污染”。

3）发动机可直接驱动车辆，没有机械能—电能—机械能的转换过程，能量转换的综合效率比内燃机汽车高。

4）电动机可独立驱动车辆行驶。电动机利用低速大转矩特性，带动车辆起步，可在城市中实现“零污染”行驶。当车辆需最大输出功率时，电动机可给发动机提供辅助动力，因此发动机功率可选择较小，燃料经济性比串联式混合动力电动汽车好。

3. 混联式混合动力电动汽车的缺点

与串联式和并联式混合动力电动汽车比较，混联式混合动力电动汽车具有以下缺点：

1）发动机是基本驱动模式，电动机是辅助驱动模式，动力性更接近内燃机汽车。发动机工况受车辆行驶工况的影响，有害气体排放高于串联式混合动力电动汽车。

2）需要配备两套驱动系统；发动机传动系统需要装置离合器、变速器、传动轴和驱动桥等传动总成，另外，还有电动机、减速器、动力电池组以及多能源动力（发动机动力与电动机动力）组合或协调专用装置。因此，多能源动力系统结构复杂，总布置困难。

3）多能源动力系统的工作模式有多种形式，只有依靠复杂的多能源动力总成控制系统，才能达到高经济性和“超低污染”。

四、混联式混合动力电动汽车实例

丰田 Prius 自推出以来，其混合动力系统（Toyota Hybrid System，简称 THS）已经历了多次改进，并成功运用于多种车型。THS-Ⅱ系统是典型的混合动力系统。图 5-51 所示为丰田 Prius 的透视布置图。

1. Prius THS-Ⅱ技术参数

Prius THS-Ⅱ相关技术参数见表 5-3。

2. Prius THS-Ⅱ的工作模式

图 5-52 所示为 Prius THS-Ⅱ的工作原理及工况。

（1）起步/中低速行驶工况　发动机在这此工况时的工作效率低，此时，发动机关闭，汽车由电动机单独驱动。能量流动如图 5-52a 中 *A* 线所示。

（2）匀速工况　发动机和电动机共同驱动汽车。工作在高效区的发动机作为主要动力源，其输出功率通过功率分流装置分为两部分，一部分用于直接驱动车轮（见图 5-52b 中 *C*

线），另一部分经发电机发电后驱动电动机（见图 5-52b 中 B 线）。功率流的分配是以提供系统最大效率为目标进行动态调节的。

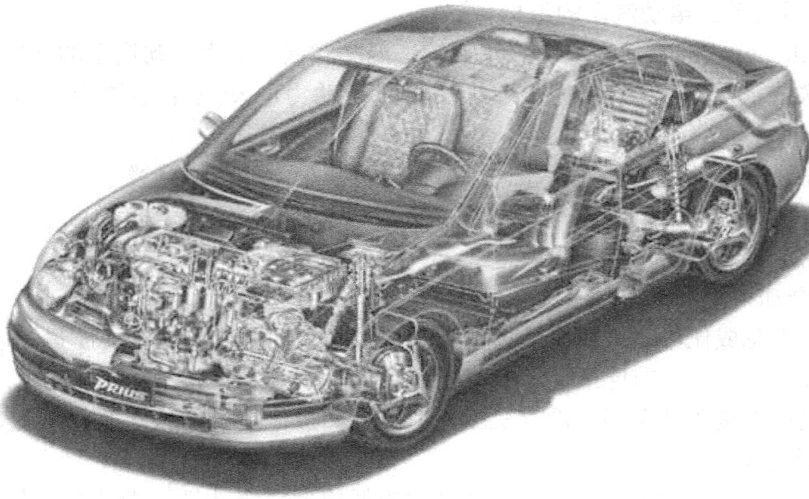

图 5-51　丰田 Prius 的透视布置图

表 5-3　Prius THS-Ⅱ相关技术参数

<table>
<tr><td rowspan="6">尺寸</td><td colspan="2">总长/mm</td><td>4445</td><td rowspan="6">发动机</td><td rowspan="2">形式</td><td rowspan="2">DOHC,VVT-i 汽油机</td></tr>
<tr><td colspan="2">总宽/mm</td><td>1725</td></tr>
<tr><td colspan="2">总高/mm</td><td>1490</td><td>气缸数/个</td><td>4</td></tr>
<tr><td colspan="2">轴距/mm</td><td>2700</td><td>排量/L</td><td>1.496</td></tr>
<tr><td rowspan="2">轮距/mm</td><td>前轮</td><td>1505</td><td>最大功率/转速/[kW/(r/min)]</td><td>57/5000</td></tr>
<tr><td>后轮</td><td>1480</td><td>最大转矩/转速/[N·m/(r/min)]</td><td>115/4200</td></tr>
<tr><td rowspan="4">电动机</td><td colspan="2">种类</td><td>交流同步</td><td rowspan="3">电池组</td><td>类型</td><td>镍氢</td></tr>
<tr><td colspan="2">最大功率/kW</td><td>50</td><td>单体电池数量/个</td><td>168</td></tr>
<tr><td colspan="2">最大转矩/(N·m)</td><td>400</td><td>总电压/V</td><td>500</td></tr>
<tr><td colspan="2">最高转速/(r/min)</td><td>6000</td><td rowspan="3">系统性能</td><td>最大功率/kW</td><td>85</td></tr>
<tr><td colspan="3">空车质量/kg</td><td>1200</td><td>最大转矩/(N·m)</td><td>478</td></tr>
<tr><td colspan="3">乘坐人数/人</td><td>5</td><td>Japan10-15 工况/(km/L)</td><td>35.5</td></tr>
</table>

（3）加速工况　蓄电池需要提供额外电能（见图 5-52c 中 A 线）。发动机与高输出功率的电动机联合驱动汽车（见图 5-52c 中 B 线 + C 线），既保证了良好的加速响应性能和驾驶平稳性，也提升了汽车的加速性能。

（4）减速/制动工况　在减速制动期间，高功率的电动机转化为大功率的发电机运行，将汽车的动能回收为电能，储存于高能蓄电池中。能量流动如图 5-52d 中 D 线所示。

（5）停车充电工况　当电池荷电量变低时，发动机带动发电机工作，为蓄电池充电。能量流动如图 5-52e 中 E 线所示。

（6）停车工况　当汽车停车时，发动机、电动机自动关闭。

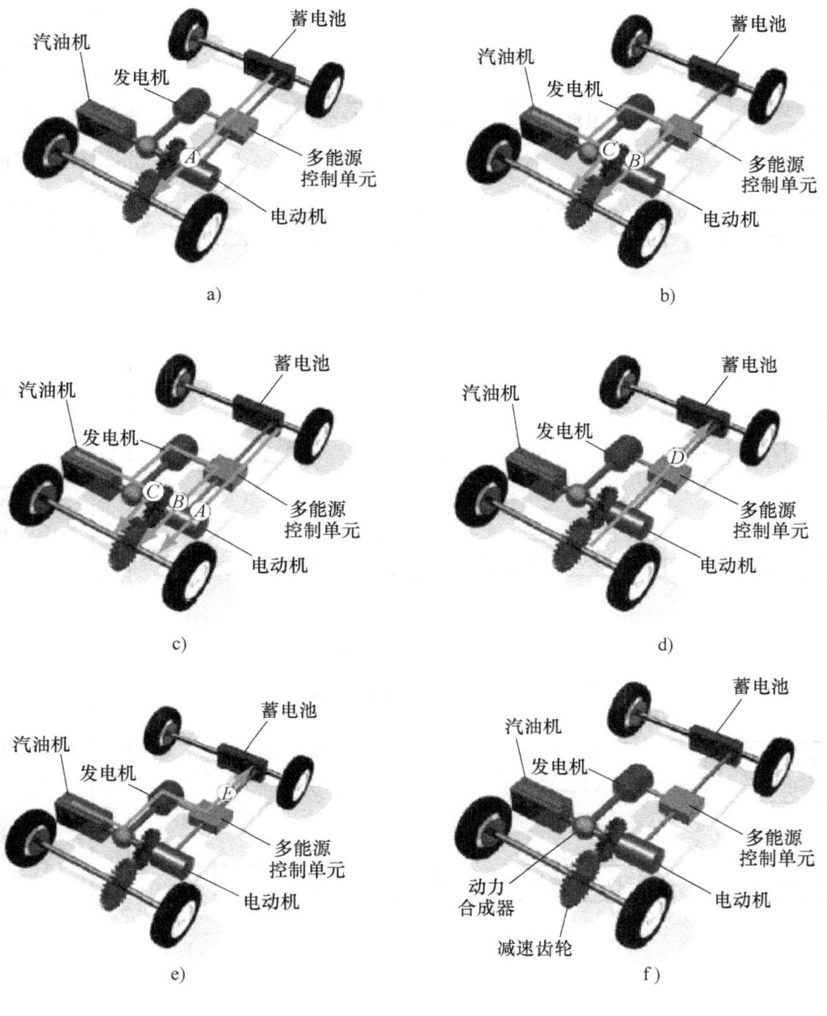

图 5-52 Prius THS-Ⅱ的工作原理及工况

a）起步/中低速行驶工况 b）匀速工况 c）加速工况

d）减速/制动工况 e）停车充电工况 f）停车工况

第五节 插电式混合动力电动汽车

一、插电式混合动力电动汽车的特点

插电式混合动力电动汽车（Plug-in HEV）是可从电网充电的混合动力电动汽车，是在上述三种基本混合动力电动汽车的基础上派生出来的，可以是串联插电式、并联插电式和混联插电式三种形式。其基本结构与基本型混合动力电动汽车差别不大。插电式混合动力电动汽车的基本结构如图 5-53 所示。

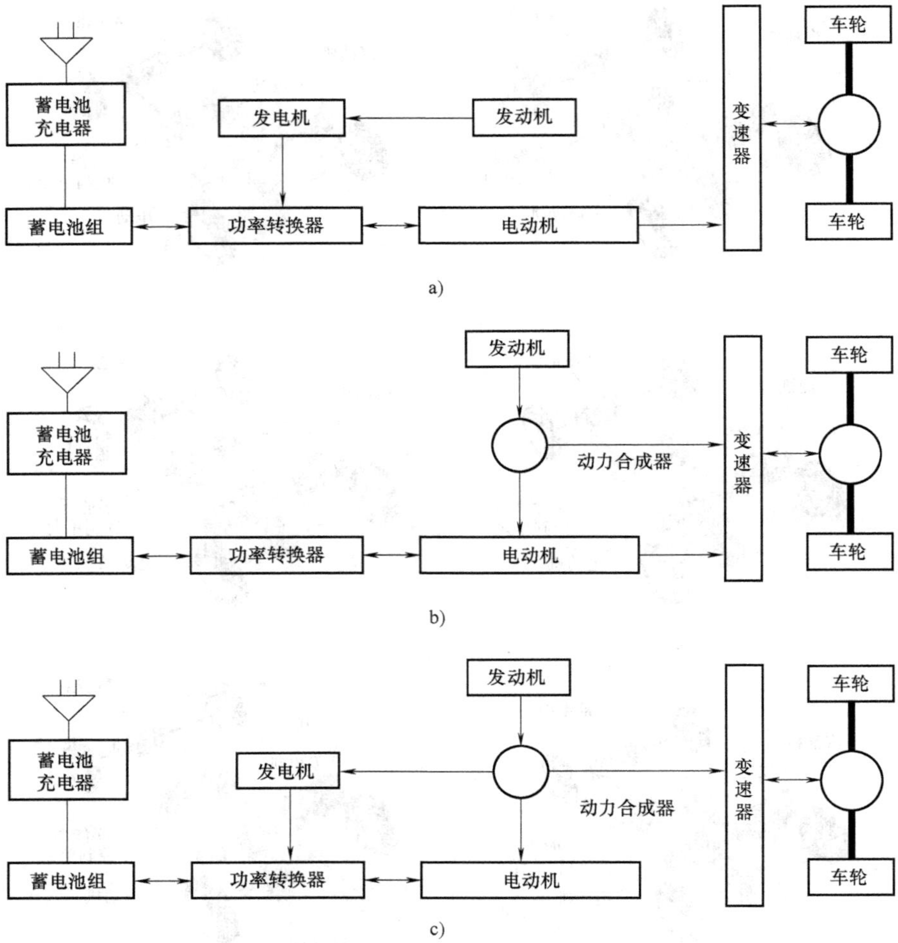

图 5-53　插电式混合动力电动汽车的基本结构

a）串联插电式混合动力电动汽车　b）并联插电式混合动力电动汽车

c）混联插电式混合动力电动汽车

相比而言，插电式混合动力电动车有三个突出的特点：

1）可以直接由电网充电。基本型混合动力汽车大多数通过发动机或能量回馈方式为电池充电，需要消耗燃油，产生废气，而插电式混合动力电动汽车可以直接由电网充电。

2）电力驱动在插电式混合动力电动车中所占比例较高，对发动机的依赖较少，控制策略相对简单。

3）蓄电池容量较大，以保证足够的纯电动里程。

根据纯电动里程的大小，也可以将插电式混合动力电动车分为 Plug-in HEV0、Plug-in HEV20、Plug-in HEV60 等，分别对应 0km、20km 和 60km 纯电动里程。图 5-54 所示为 Plug-in HEV60 的发动机、电动机、燃油箱及蓄电池组的配置。纯电动里程越大，则蓄电池和发电机的功率越大，发动机功率和燃油箱容积则相对越小。

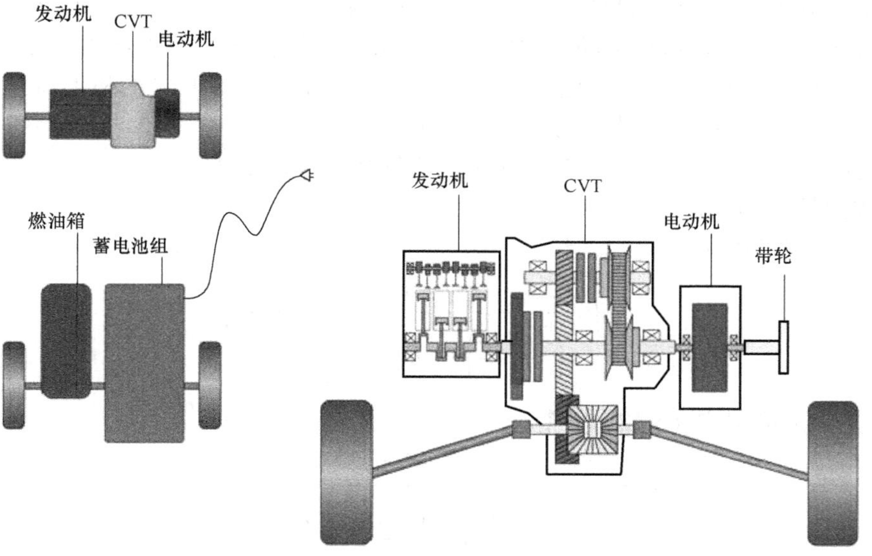

图 5-54　Plug-in HEV60 根据纯电动里程的配置

二、插电式混合动力电动汽车的工作模式

根据蓄电池 SOC 的变化特点，插电式混合动力电动车的工作模式可分为电量消耗模式、电量保持模式和常规充电模式三种。

（1）电量消耗模式　此模式又分为电量消耗—纯电动模式和电量消耗—混合动力模式两种。在电量消耗—纯电动模式中，发动机关闭，蓄电池是唯一的能量源，SOC 会逐渐降低。该模式适合于起动、低速和低负荷等工况。

在电量消耗—混合动力模式中，发动机和电动机同时工作，蓄电池提供整车功率需求的主要部分，SOC 也会降低，发动机用来补充蓄电池输出功率不足的部分，直至 SOC 达到所允许的最低限值。该模式适合于加速、大负荷等工况。

（2）电量保持模式　在电量保持模式下，插电式混合动力电动车的工作模式与基本型混合动力电动汽车的工作模式类似，发动机通过发电机给蓄电池充电以维持 SOC 基本不变。

（3）常规充电模式　常规充电模式就是用电网，通过车载充电器给蓄电池组充电。

第六节　混合动力电动汽车驱动系统设计

混合动力电动汽车的驱动系统包括发动机、电动机等动力装置，蓄电池等蓄能装置，变速器、减速器、万向传动器及传动轴等传动装置。本节主要对动力装置和蓄能装置的功率匹配进行阐述，对机械传动装置设计的阐述从略。

一、串联式混合动力电动汽车驱动系统设计

1. 牵引电动机的功率选择

串联式混合动力电动汽车的基本驱动方式是电动机驱动，发动机/发电机组起辅助动力

单元的作用。由此可见，电动机的功率应能满足汽车的起步、加速、爬坡等动力性能。因此，串联式混合动力电动汽车电动机功率的选择与纯电动汽车电动机的选择方法类似，可根据汽车的最高车速、最大爬坡度及最佳加速性能进行估算，并取其中的最大值作为初选值。在估算时，应注意电动机的过载系数，见式（4-17）。

选定电动机的功率以后，需要对汽车的动力性能进行校核计算。

（1）加速性能的校核

1）加速时间可用式（5-11）计算。

$$t_a = \int_{v_1}^{v_2} \frac{M_v \delta}{\left(\frac{T_m i_g \eta_t}{r}\right) - M_v g f - \frac{1}{2} C_D A \rho v^2} dv \tag{5-11}$$

2）加速距离可用式（5-12）计算。

$$S_a = \int_{v_1}^{v_2} \frac{M_v \delta v}{\left(\frac{T_m i_g \eta_t}{r}\right) - M_v g f - \frac{1}{2} C_D A \rho v^2} dv \tag{5-12}$$

图5-55所示为某串联式混合动力电动汽车的加速性能校核。

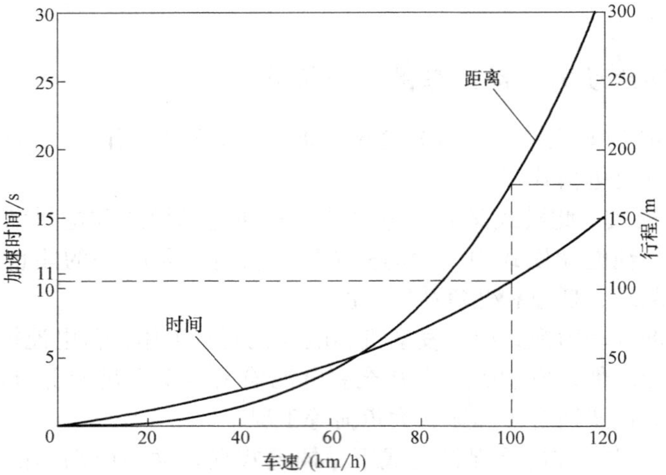

图5-55　某串联式混合动力电动汽车的加速性能校核

（2）爬坡能力校验

1）车辆的牵引力可用式（5-13）计算。

$$F_t = \frac{T_m i_g \eta_t}{r} \tag{5-13}$$

2）车辆的行驶阻力可用式（5-14）计算。

$$F_r = M_v g f_r \cos\alpha + M_v g \sin\alpha + \frac{1}{2} C_D A_f \rho_a v^2 \tag{5-14}$$

式（5-13）和式（5-14）中，T_m 为电动机转矩，α 为坡度（°）。由电动机转矩-转速特性、齿轮传动比以及车辆的参数，应用式（5-13）和式（5-14）可得牵引力和阻力与车速的

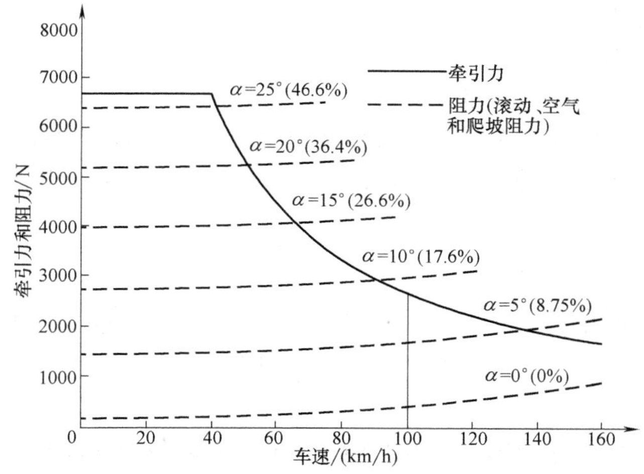

图 5-56 某串联式混合动力电动汽车的爬坡性能校核

关系，如图 5-56 所示。

2. 发动机/发电机组的功率计算

发动机/发电机组额定功率的设计要求能满足车辆在平坦路面或某一较小坡道上，以某一稳定车速行驶的运行需要。另一个需要考虑的方面在于：发动机/发电机组的功率应能满足车辆以某种典型的停车－起动方式行驶时所对应的平均功率。平均功率可以根据道路循环进行预测。所需发动机/发电机组的功率可按式（5-15）计算。

$$P_e = \frac{M_v g f_r \cos\alpha + M_v g \sin\alpha + \frac{1}{2} C_D A_f \rho_a v^2}{\eta_t \eta_m \eta_g} v \tag{5-15}$$

其中，传动装置、电动机、发电机的效率分别为 η_t、η_m 和 η_g。在平坦路面和 5% 坡度路面上，某发动机/发电机组所需的功率与车速之间的关系如图 5-57 所示。

图 5-57 表明了车辆以 130km/h 这一稳定车速行驶的情况下，所需发动机/发电机组的功率为 32.5kW，同时也表明了在此功率下，发动机/发电机组有能力承载车辆在 5% 坡度的路面上以 78km/h 的稳定车速行驶。

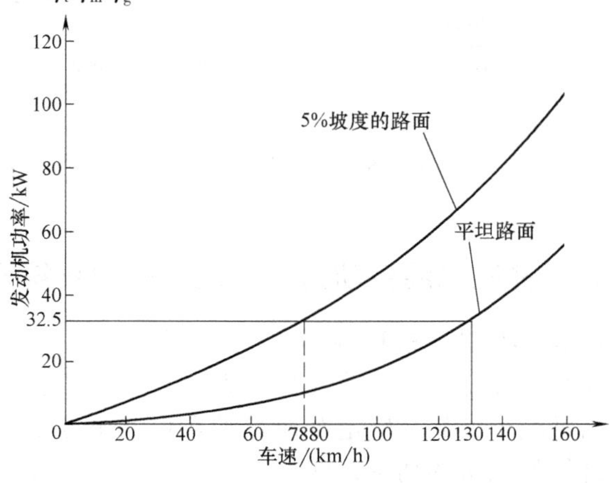

图 5-57 在平坦路面和 5% 坡度路面上，发动机/发电机组所需的功率与车速之间的关系

3. 蓄电池组功率的计算

蓄电池组的输出功率应大于或等于牵引电动机的输入功率与发动机/发电机组的功率之差，即

$$P_{pps} = \frac{P_{motor}}{\eta_{motor}} - P_{e/g} \tag{5-16}$$

式中 P_{motor}——电动机的最大功率；

η_{motor}——电动机的效率；

$P_{e/g}$——发动机/发电机组的功率。

在串联式混合动力电动汽车的相关参数确定之后，可以通过软件仿真进行计算，以预测混合动力的性能。图 5-58 所示为某串联式混合动力电动汽车在 FTP75 市区循环的仿真结果。

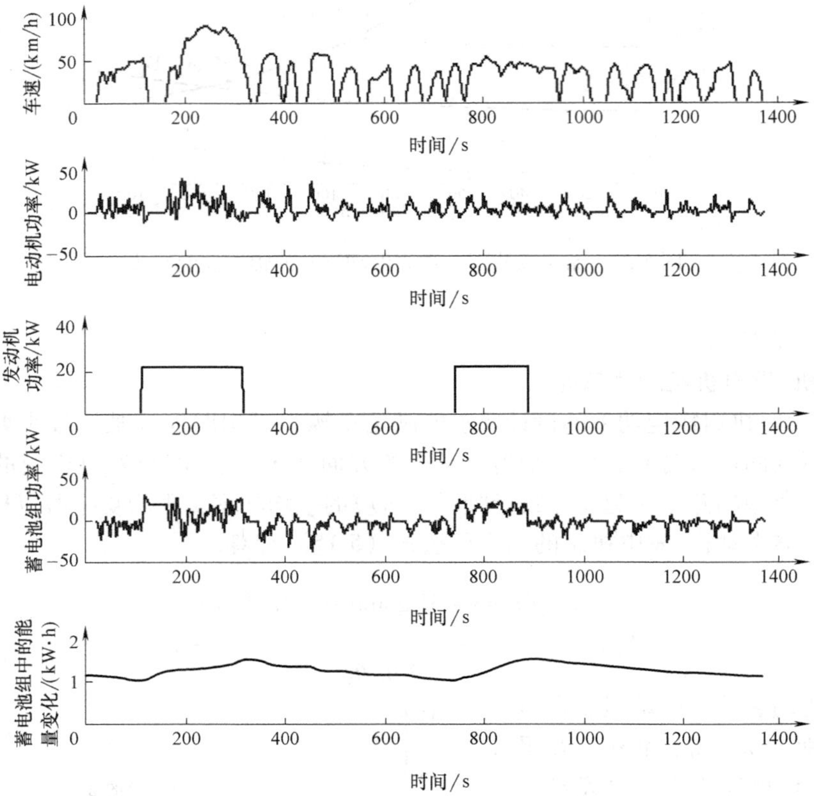

图 5-58 某串联式混合动力电动汽车在 FTP75 市区循环的仿真结果

二、并联式混合动力电动汽车驱动系统设计

1. 发动机功率的选择

并联式混合动力电动汽车的基本驱动方式是发动机驱动，应能保证在没有电辅助的情况下，满足汽车以某一稳定车速行驶在良好平路上或较小坡道的路面上。为此，可按式（5-17）计算发动机的功率，即

$$P_e = \frac{1}{\eta_T}\left(\frac{mgf}{3600}v_a + \frac{C_D A}{76140}v_a^3 + \frac{mgi}{3600}v_a\right) \tag{5-17}$$

2. 电动机功率的计算

由于电动机在加速工况下参与工作，故电动机的功率可根据车辆的加速性能进行估算。由式（5-18）可以计算得到电动机的转矩，即

$$\frac{T_m i_t \eta_t}{r} = \delta m_a \frac{du}{dt} \tag{5-18}$$

式（5-18）中，i_t、η_t、δ、m_a、r 分别为传动系统的传动比、传动效率、质量转移系数、整车质量和车轮半径。

3. 蓄电池组的功率计算

蓄电池组的功率应大于电动机的输入功率，即

$$P_e \geqslant \frac{P_m}{\eta_m} \tag{5-19}$$

三、混联式混合动力电动汽车驱动系统设计

混联式混合动力电动汽车的发动机、电动机和电动机通过行星齿轮机构耦合。齿圈、行星架、太阳轮转矩之间的关系满足式（5-20）。

$$T_s\omega_s + T_r\omega_r + T_p\omega_p = 0 \tag{5-20}$$

下标 s、r、p 分别代表太阳轮、齿圈和行星架。由式（5-9）可知

$$T_p = (1+\alpha)T_s = \frac{1+\alpha}{\alpha}T_r \tag{5-21}$$

可见，由于 $\alpha > 1$，故太阳轮上的转矩最小，行星架上的转矩最大，齿圈上的转矩介于两者之间。在丰田 Prius 这样的混合动力电动汽车中，电动机承担的转矩较小，该转矩通过动力合成器传递到传动系统。对于给定的电动机转矩，较大的传动比将导致传动系统上较大的转矩，进而需要较大的发动机转矩。因此，发动机的功率选择主要根据发动机在驱动情况下需满足的动力性指标进行初选，再根据式（5-21）及汽车车速分别计算电动机、发电机的转矩和功率。

蓄电池组功率的计算与串联式混合动力电动汽车的计算方法类似。

第六章　燃料电池电动汽车

第一节　燃料电池概述

一、燃料电池的基本概念及特点

1. 燃料电池的定义

燃料电池是直接将燃料的化学能转化为电能的发电装置。将燃料和空气分别送入燃料电池后，就可从其正极和负极输出电能。从表面上看，燃料电池与蓄电池一样，有正、负极和电解质等，但燃料电池不能通过充电的方法“储电”，只是一个通过消耗燃料来输出电能的发电装置。

2. 燃料电池与蓄电池的区别

燃料电池实际上就是一个电化学反应器，虽然也是通过活性物质（燃料及氧化剂）的电化学反应产生电能，但是它与普通化学蓄电池的不同之处在于：

1）燃料电池通过电化学反应转化为电能的活性物质不在其内部，而是从其外部输入。

2）燃料电池放电过程所消耗的活性物质无须通过充电来还原，只需要向电池内不断输入燃料及氧化剂，并将电化学反应产物及时排出即可持续提供电能。

3）燃料电池本体只决定电池的输出功率，而燃料电池能量的大小则取决于外部可输入的燃料和氧化剂。因此，燃料电池的比能量可以很高，而续驶里程主要取决于燃料的储备容量。

4）燃料电池的内部结构和系统的控制比较复杂，尤其是放电控制不如普通化学电池方便。

3. 燃料电池与原动机辅助动力单元的区别

原动机辅助动力单元由燃油发动机和发电机组成。燃料的化学能通过燃烧转化为热能，再由热机转化为机械能，最后通过发电机转化为电能。燃料电池则是将燃料和氧化剂直接转化为电能。相比于原动机辅助动力单元，其具有以下特点：

1）燃料电池的燃料通过电化学反应直接转化为电能，没有燃烧转化为热能的过程，因而无燃料燃烧排放物，对环境污染很小。

2）燃料电池的氧化还原反应不在同一地点，而是在负极进行氧化反应，在正极进行还原反应；而发动机燃料燃烧所进行的氧化还原反应在同一地点，反应后释放热能。由于燃料电池的能量转换过程不受卡诺循环的限制，也无须通过机械能转换为电能，所以能量转换效率高。

3）燃料电池无热机的工作噪声，也无机械传动装置的工作噪声，因此，燃料电池本身的工作噪声很小。

4）燃料电池不能直接使用汽油、柴油等燃料，需用氢作燃料，或以经过重整的富氢燃料气为间接燃料。其对燃料的要求较高，燃料的成本也较高。

二、燃料电池的发展概况

燃料电池自出现至今已有100多年的历史。其发展过程可归纳为实验室研究开发和实际应用开发两个不同的阶段。

1. 实验室研究开发阶段

早在1839年，英国人William Grove爵士就提出了氢和氧反应可以发电的原理。他在一次偶然的电解实验中，发现将电解器的两个电极连接时，有反向的电流产生，同时消耗氢气和氧气。这种以铂丝为电极，浸入稀硫酸中能产生1V电动势的发电装置被公认为是现代燃料电池的雏形。此后的100多年里，人们采用铂片作电极，以KOH作电解质，并用氢作燃料，重复着燃料电池创始人William Grove的燃料电池发电实验。这一阶段的燃料电池输出的电流有限，不具有实际应用价值。直到另一个英国人培根（Francis. T. Bacon）研究出了具有实用意义的培根电池，这才使燃料电池走出实验室，服务于人类的生产活动。

2. 实际应用开发阶段

1952年，英国人培根研制出5kW的碱性燃料电池组。该燃料电池组可用作小型机械的动力。20世纪60年代，美国IFC（International Fuel Cell）公司制造的燃料电池为阿波罗登月飞船提供了电力和宇航员的饮用水。此后，燃料电池技术得到了迅速发展，燃料电池的应用也从航天扩展到了军事、发电、电动汽车等领域。美国、日本、加拿大、俄罗斯、德国及我国等都致力于燃料电池的研究与开发，燃料电池也从几瓦发展到了兆瓦级的大型装置。1968年，美国通用汽车公司推出了第一辆燃料电池电动汽车。自此之后，燃料电池电动汽车作为一种清洁能源汽车，被世界各国所重视。人们也把燃料电池在汽车上的运用称为汽车动力的一场革命。可以相信，在21世纪，燃料电池电动汽车必将得到迅速发展。

三、燃料电池的分类

目前，实用型的燃料电池有多种类型，现以不同的分类方法加以概括。

1. 按工作温度分

按燃料电池的工作温度不同，可将其分为低温、中温和高温三种类型。

（1）低温燃料电池　这类燃料电池的工作温度低于200℃，可采用水溶液或其浓缩液为电解质，但需要采用铂催化剂才能达到实用的高电压及高电流密度，所用的燃料是氢或经纯化及重整的富氢燃料气。

（2）中温燃料电池　中温燃料电池的工作温度为200～750℃。中温固态燃料电池兼有高温固态氧化物燃料电池和低温质子交换膜燃料电池的优点，同时摒弃了它们的某些缺点。工作温度在200～750℃的中温燃料电池可大幅提高贵金属催化剂的一氧化碳耐受能力，并且使金属和合成树脂等材料用作电池（堆）的连接和密封材料成为可能，从而降低了燃料电池的成本，并延长了燃料电池的使用寿命。

（3）高温燃料电池　高温燃料电池的工作温度高于750℃。燃料电池必须采用熔融盐或固体氧化物电解质，可以在不采用特殊催化剂的情况下获得实用的高电压及高电流密度。其燃料除氢外，还可采用煤制气、天然气、甲烷、沼气等。

2. 按燃料的来源分

按燃料电池的燃料来源不同，可将其分为直接式、间接式和再生式三种。

（1）直接式燃料电池　直接式燃料电池的燃料是液态或气态纯氢，不需要复杂的汽化产生氢气的过程，但需要铂、金、银等贵重金属作催化剂。直接甲醇燃料电池也无须预先重整，可直接将甲醇在阳极转换成二氧化碳和氢，但需要比纯氢燃料消耗更多的铂催化剂。

（2）间接式燃料电池　间接式燃料电池可将天然气、甲烷、汽油、LPG、二甲醚等作为燃料，经过重整和纯化后转变为氢或富氢燃料气再供给燃料电池。

（3）再生式燃料电池　再生式燃料电池可将燃料电池生成的水经适当的方法分解成氢及氧，再重新输送给燃料电池进行发电。

3. 按燃料电池采用的电解质分

按燃料电池所采用的电解质不同，可将燃料电池分为碱性燃料电池、质子交换膜燃料电池、磷酸燃料电池、熔融碳酸盐燃料电池、固态氧化物燃料电池等。

（1）碱性燃料电池　碱性燃料电池（Alkaline Fuel Cell，简称 AFC）以石棉网作为电解质的载体，以氢氧化钾（KOH）水溶液为电解质，工作温度为 70 ~ 200℃。高温（约 200℃）时采用含量较高的氢化钾（质量分数为 85%）作电解质，在较低温度（ < 120℃）时用含量较低的氢化钾（质量分数为 35% ~50%）作电解质。AFC 必须以纯氢作为阳极燃料气体，以纯氧作为阴极氧化剂，以铂、金、银等贵重金属，或者镍、钴、锰等过渡金属为催化剂。AFC 电解质的腐蚀性较强，因而其寿命较短。与其他燃料电池相比，AFC 的优点是起动快，功率密度较高，性能较为可靠，是目前技术最成熟的燃料电池之一。AFC 的应用涉及航天、军事、电动汽车、发电等领域。

（2）磷酸燃料电池　磷酸燃料电池（Phosphoric Acid Fuel Cell，简称 PAFC）以磷酸水溶液为电解质，工作温度范围为 150 ~ 200℃，电极上也需加铂催化剂来加速反应。在低温时，PAFC 离子电导度较差，而且阳极铂容易受到 CO 毒化，目前的发电效率仅能达到 40% ~45%，燃料必须进行外重整改质，而且气体燃料中 CO 的体积分数必须小于 0.5%。由于酸性电解质的腐蚀作用，使 PAFC 的寿命难以超过 40000h。PAFC 技术已趋成熟，产品也进入商业化。PAFC 的缺点之一是起动时间长，因此，不适用于轿车动力，但用作公共汽车的动力则已有成功的实例。PAFC 较适合于用作特殊用户的分散式电源、现场可移动电源以及备用电源等。

（3）质子交换膜燃料电池　质子交换膜燃料电池（Proton Exchange Membrane Fuel Cell，简称 PEMFC）的电解质为质子交换膜，工作温度约为 80℃。在这样的低温下，需要通过电极上一层薄的铂进行催化，以确保电化学反应能正常缓慢地进行。PEMFC 内唯一的液体为水，因此腐蚀程度较低，使用寿命较长。PEMFC 即使在低温状态下也具有起动时间短的特性，可以在几分钟内达到满载运行，电流密度和功率密度较高，发电效率为 45% ~50%，且运行可靠，因而是电动汽车动力电源的首选。此外，PEMFC 也可用作移动电源、军用野外小型电力装置、便携式电器不间断电源等，但不适合用于大容量集中型电厂。

（4）熔融碳酸盐燃料电池　熔融碳酸盐燃料电池（Molten Carbonate Fuel Cell，简称 MCFC）的电解质为分布在多孔陶瓷材料中的碱性碳酸盐，工作温度为 600 ~ 800℃。碱性碳酸盐电解质在高温下呈现熔融状态，其离子传导度极佳，在高温下电极反应不需要贵重金属催化剂（如铂），可采用镍与氧化镍分别作为阳极与阴极的触媒，且具有内重整改质能力，可以直接将天然气和石油的碳氢化合物等作为燃料，发电效率较高。如果余热可以回收或与燃气轮机结合组成联合发电系统，则可使发电容量和发电效率进一步提高。由于在高温下工作，需要较长的时间才能达到工作温度，因此 MCFC 不能用于电动汽车。由于其电解质的温度和腐蚀特性，MCFC 也不适用作移动电源和便携式电器的不间断电源。由于 MCFC 所具有的技术特点及较高的发电效率，所以将其用于分散型电站和集中型电厂的大规模发电是一种较为理想的选择。

（5）固态氧化物燃料电池　固态氧化物燃料电池（Solid Oxide Fuel Cell，简称 SOFC）的电解质是固态非多孔金属氧化物，工作温度为 650～1000℃。SOFC 电极也无须铂等贵重金属作催化剂，且无电解质蒸发和电池材料腐蚀的问题，电池的寿命较长。目前，SOFC 可以连续工作达 70 000h。SOFC 也可以将天然气和石油等碳氢化合物作为燃料。燃料在其内部可以进行重整改质。由于 SOFC 工作温度很高，金属与陶瓷材料之间不易密封，起动时间较长，所以其不适合作紧急电源，但较适合替代石油和煤等火电厂发电，既可用作中小容量的分散型电源（500kW～50MW），也可以用于大容量的集中型电厂（>100MW）。

各种燃料电池的特点总结见表 6-1。

表 6-1　各种燃料电池的特点总结

种类	碱性燃料电池	磷酸燃料电池	质子交换膜燃料电池	熔融碳酸盐燃料电池	固态氧化物燃料电池
电解质	KOH 水溶液	磷酸水溶液	质子交换膜	碱性碳酸盐	氧化锆陶瓷
工作温度/℃	70～200	150～200	80	600～800	650～1000
燃料	H_2	H_2	H_2、甲醇、天然气等	CO、H_2	CO、H_2
氧化剂	O_2	空气	空气或 O_2	空气	空气
起动时间	几分钟	2～4h	几分钟	>10h	>10h
主要优点	起动快，效率高，可在室温下工作	对 CO 不敏感	起动快，比功率高，工作温度低，寿命长	效率高，无须贵重金属作催化剂	效率高，无须贵重金属作催化剂
主要缺点	需用纯氧作氧化剂，有腐蚀	效率较低，有腐蚀	对 CO 敏感，成本较高	工作温度较高，控制复杂，有腐蚀	工作温度高，控制复杂，有腐蚀
主要应用领域	航天、军事	大客车、中小电厂	航天、军事、电动汽车	大型电厂	大型电厂

质子交换膜燃料电池由于工作温度低，起动时间短，效率较高，因此，是电动汽车用燃料电池的最佳选择。

四、燃料电池的发电原理

1. 燃料电池的基本原理

燃料电池的核心部分是燃料（阳极）、电解质、氧化剂（阴极）。其发电原理如图6-1所示。燃料电池工作时，向阳极供给燃料（氢），向阴极供给氧化剂（空气），在其内部产生电化学反应。

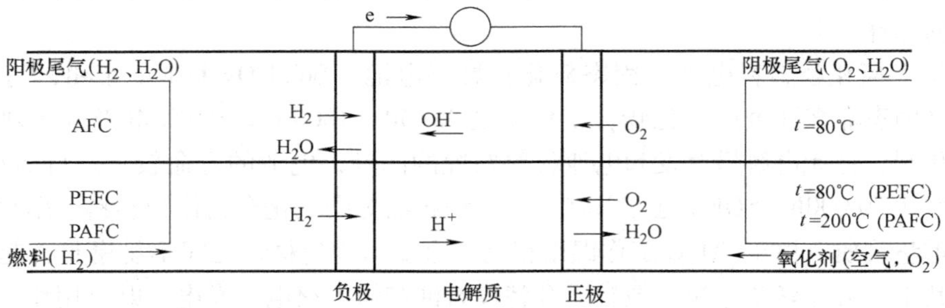

图6-1　燃料电池的发电原理

（1）阳极进行氧化反应　进入阳极的氢（燃料）在催化剂的作用下分解成氢离子 H^+ 和电子 e，H^+ 进入电解质中。其电化学反应为

$$H_2 \rightarrow 2H^+ + 2e$$

（2）阴极进行还原反应　在阴极，进入的空气（氧化剂）进行还原反应，空气中的氧与电解质中的氢离子吸收抵达阴极的电子而生成水。这正是水的电解反应的逆过程。其电化学反应为

$$\frac{1}{2}O_2 + 2H^+ + 2e \rightarrow H_2O$$

（3）外电路电子运动形成电流　当在正、负极之间连接外电路后，电子就沿外电路移向正极，形成电流，向连接在外部电路中的负载提供电能。

燃料电池的总反应为

$$H_2 + \frac{1}{2}O_2 \rightarrow H_2O$$

2. 燃料电池的电动势及工作电压

（1）燃料电池的电动势　燃料电池内部阳极和阴极的电化学反应，使正极电位和负极电位发生改变，正、负电极之间产生电位差（电动势 E），即

$$E = \varphi_e^+ - \varphi_e^- \tag{6-1}$$

式中　φ_e^+——正极平衡电极电位；

φ_e^-——负极平衡电极电位。

无论是哪种电解质，氢氧燃料电池的电动势都为1.229V。如果反应产物水为气态，则电动势为1.18V。

（2）燃料电池的工作电压　工作时，燃料电池通过外电路形成放电电流，这时燃料电池正、负极之间的电位差（工作电压 U）为

$$U = E - \Delta\varphi^{+} - \Delta\varphi^{-} - IR \tag{6-2}$$

式中　$\Delta\varphi^{+}$——正极极化电位差；

$\Delta\varphi^{-}$——负极极化电位差；

IR——电池内电阻电压降。

电极产生的极化包括活化能极化和浓差极化。活化能极化是由于电极反应所必需的活化能所产生的极化；浓差极化是指因反应物的供应速度或生成物的排出速度缓慢而产生的极化。

燃料电池工作时，随着放电电流 I 的增大，正、负电极的极化电位差会加剧，电池内阻上的电压降也随之增加。燃料电池的放电特性如图 6-2 所示。

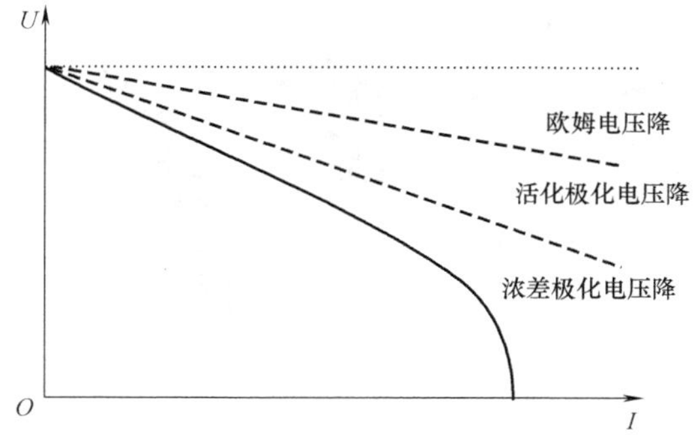

图 6-2　燃料电池的放电特性

第二节　质子交换膜燃料电池

一、质子交换膜燃料电池的组成

1. 质子交换膜燃料电池的工作原理

质子交换膜燃料电池主要由膜电极和集流板组成。其工作原理如图 6-3 所示。

经增湿后的 H_2 和 O_2 分别进入阳极室和阴极室，经电极扩散层扩散到催化层和质子交换膜的界面，在催化剂的作用下分别产生氧化反应和还原反应。阴极反应生成的质子（H^+）通过质子交换膜传导到阳极，阳极反应产生的电子则经外电路到达阴极，形成放电电流；生成的水（H_2O）以水蒸气或冷凝水的形式随着过剩的阴极反应气体从阴极室排出。

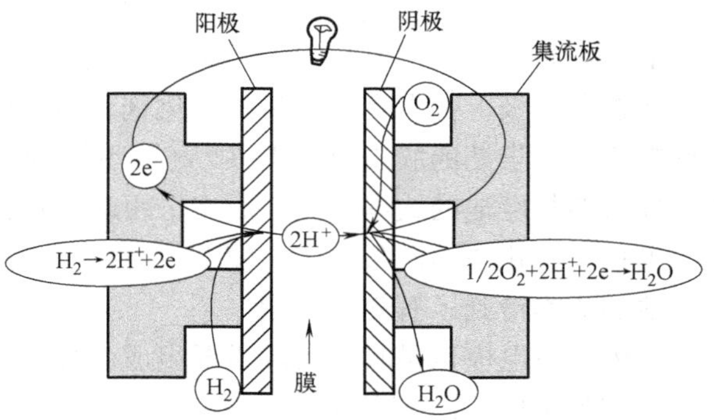

图 6-3　质子交换膜燃料电池的工作原理

2. 质子交换膜燃料电池单体的组成部件

质子交换膜燃料电池单体的主要组成部件如图 6-4 所示。

（1）膜电极　膜电极（MEA）是质子交换膜与两侧的气体扩散层（阴、阳电极）通过热压而成的复合体。MEA 是 PEMFC 的核心部件，其结构如图 6-5 所示。

质子交换膜是一种厚度仅为 50～180μm 的极薄膜片，是电极活性物质（催化剂）的基底。质子交换膜的特点是：在一定的温度和湿度下，可使 H^+（质子）通过，而不允许 H_2

及其他离子通过。质子交换膜是 PEMFC 的核心技术，其化学、物理性质对 PEMFC 性能的影响极大。对质子交换膜的要求如下：

1）具有良好的离子导电性能。

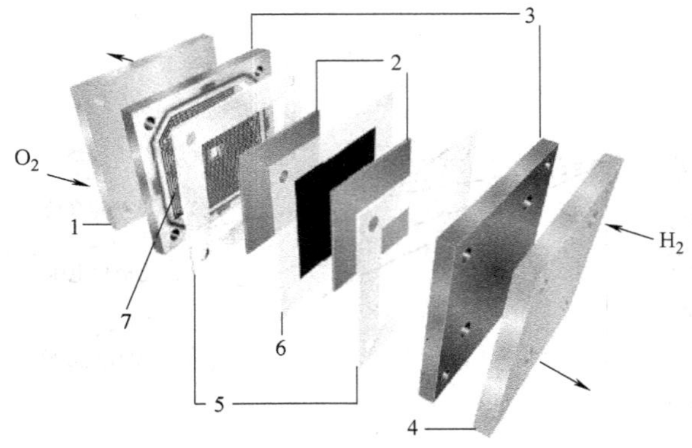

图 6-4 质子交换膜燃料电池单体的主要组成部件

1、4—端板 2—气体扩散层 3—双极板 5—密封垫片 6—质子交换膜 7—气体通道

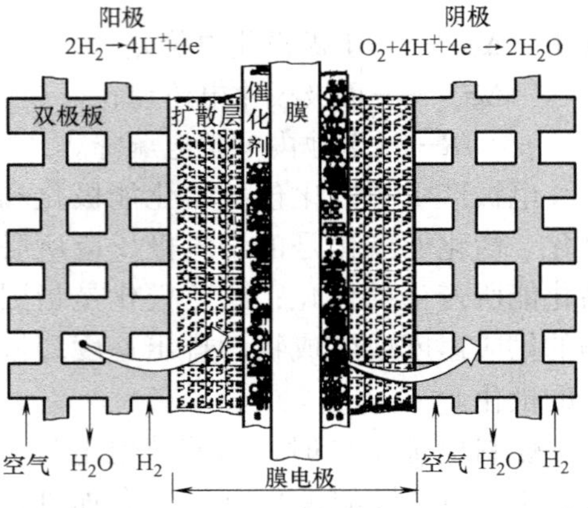

图 6-5 膜电极的结构

2）应有适度的含水率。

3）在电池工作时具有良好的化学稳定性。

4）在极薄结构尺寸下仍具有足够的机械强度。

5）膜表面与催化剂有良好的结合性能。

由于结构、工艺和生产批量等方面的原因，质子交换膜的成本很高。

催化剂是 PEMFC 的另一项核心技术。为加速正极氢的氧化反应和负极氧的还原反应，在气体扩散电极上都含有一定量的催化剂。目前的催化剂采用金属铂（Pt）。Pt 是价格昂贵的稀缺资源。早期的膜电极是将 Pt 直接热压到电解质膜的两侧。这种方法使 Pt 的载量较高，导致燃料电池的成本过高。后来采用碳载铂技术，并先后开发出涂膏法、浇注法、滚压法、电化学催化法等制备工艺，使 Pt 的利用率提高，单位面积 Pt 的使用量下降，从而使燃料电池的成本得到了有效的控制。

气体扩散电极也是膜电极的重要组成部分。性能良好的气体扩散电极应同时具有适度的亲水性和疏水性，以确保催化剂发生作用的最佳湿化环境，同时又能让反应生成的水及时排出，以避免电极被水淹没。

（2）双极板 双极板又称为集流板，放置在膜电极的两侧，可将各电池单体串联起来。双极板的两侧分别与相邻两电池单体的阳极和阴极接触，这样，无须导线就可将各电池单体串联起来。集流板除了用作导电和串联各电池单体外，其表面的导流槽还起导流燃料、氧气及冷却水的作用。

双极板面向膜电极一侧的表面刻有沟槽（称为流道），用于导流燃料和氧气（空气），而双极板中间的沟槽则是冷却水的通道，用于带走反应生成的富余热量。双极板的材质和结构设计主要考虑其有良好的导电性和密封性，反应气体能均匀分布于电极各处，使水与热的排除顺畅。目前制作双极板的材料主要有石墨、表面改性的金属、炭黑-聚合物合成材料等，通过精密铣床加工或直接模压成形制成双极板的沟槽网（流场）。有的双极板则由网状结构的流场板与极板组合而成。

3. 质子交换膜燃料电池系统

由燃料电池单体通过串联的方式组成的燃料电池堆必须持续地供给燃料和氧化剂，并及时处理电化学反应产生的水和热才能正常工作。因此，一个能持续向外供电的燃料电池必须配备燃料供给与循环系统、氧化剂供给系统、水/热管理系统及协调各系统工作的电子控制系统。

典型的质子交换膜燃料电池系统如图 6-6 所示。

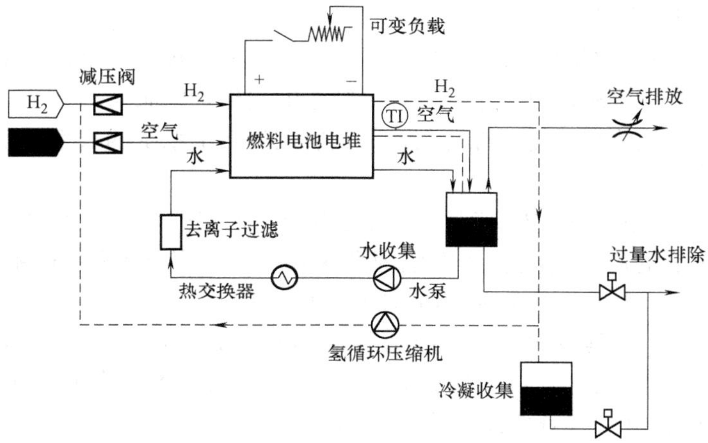

图 6-6　典型的质子交换膜燃料电池系统

（1）燃料电池电堆　燃料电池电堆由多个单体电池以串联方式层叠组合而成，如图 6-7 所示。将双极板与膜电极交替叠合，在各单体之间嵌入密封件，经前、后端板压紧后用螺杆紧固拴牢，即构成质子交换膜燃料电池电堆。

图 6-7　燃料电池电堆的结构

当电堆工作时，氢气和氧气分别由进口引入，经电堆气体主通道分配至各单体电池的双极板，再经双极板流道的导流均匀分配至电极，通过电极支撑体与催化剂接触进行电化学反应。

（2）燃料及其循环系统　质子交换膜燃料电池用纯氢作燃料，也可用甲醇、天然气等碳氢化合物作燃料。以纯氢为燃料的循环系统，由氢源、稳压阀和循环回路组成。其中，氢源可以采用压缩氢气、液氢或金属氢化物储氢；稳压阀的作用是控制燃料氢气的压力；循环回路用以循环利用过量的燃料气，通常是用一个循环泵或喷射泵将过量的氢气送回到电池燃料气的入口处，因此，氢源所提供的氢几乎全部被用来发电。

如果质子交换膜燃料电池以碳氢化合物为燃料，则其燃料循环系统至少还应包括一个燃料处理器，用来将燃料或燃料与水的混合物转换成蒸汽。在由燃料转换而来的气体中，包括大部分氢、二氧化碳、水和微量的一氧化碳。转换气中的惰性气体和其他气体都将在不同程度上影响燃料电池的性能，而低温下 CO 很容易吸附在铂催化剂上，引起催化剂中毒，导致电池性能下降。为防止 CO 中毒，必须将转换气中 CO 的质量分数控制在 0.01% 以下，通常用一个转换器或一个选择氧化器来实现。

（3）氧化剂及其循环系统　质子交换膜燃料电池的氧化剂采用纯氧或空气，如果用纯氧作氧化剂，则其系统组成及控制与纯氢燃料循环系统类似。实际运用的质子交换膜燃料电池均采用空气作氧化剂，并且根据不同的应用需要，有常压空气和压缩空气两种。

当采用常压空气作氧化剂时，燃料电池系统的结构较为简单。由于燃料电池性能随着氧压力的增大而提高，因而在获得同等电池性能的前提下，采用常压空气作氧化剂的质子交换膜燃料电池系统的结构尺寸较大，制造成本也相对更高。此外，采用常压空气的循环系统增加了燃料电池系统水/热管理的难度。

采用压缩空气作氧化剂的循环系统则要复杂一些，通常包含一个由质子交换膜燃料电池驱动的压缩机和一个可以从排放气中回收部分能量的涡轮热膨胀器。

采用何种形式的氧化剂，需要综合权衡特定应用场合下系统的效率、燃料电池重量及制造成本。

（4）水/热管理系统　水/热管理系统也是质子交换膜燃料电池系统的重要组成部分。以压缩空气为氧化剂的质子交换膜燃料电池所采用的典型的水/热管理系统可参照图 6-6。从图 6-6 中可以看出，大部分的反应产物水随着过量的空气流从阴极排出。通常，氧化剂的流量是质子交换膜燃料电池发生反应所需化学计量流量的 2 倍。由于质子交换膜燃料电池的最佳工作温度约为 80℃，并且反应产物均以液态形式存在，易于收集，因而其水管理系统相对较为简单。其他类型的燃料电池的反应产物水也可由阳极排出。

在多数质子交换膜燃料电池系统中，反应产物水被用于系统的冷却和部分用来加湿燃料气和氧化剂。反应产物水首先通过燃料电池堆的反应区冷却电堆本身。在冷却的过程中，水蒸气被加热至燃料电池的工作温度，被加热的水再与反应气体接触，起到增湿的效果。除了在增湿过程中部分热量被反应气体带走外，还需要通过进一步的热交换过程，以便将水中多余的热量带走，防止因质子交换膜燃料电池系统热量逐渐积累而造成电池温度上升、性能下降。这个热交换过程是通过水/空气热交换器来完成的。对于一些特殊的质子交换膜燃料电池系统，这部分过多的热量也可用作空调（加热）和饮用热水来使用。

（5）控制系统　从图 6-6 可知，质子交换膜燃料电池系统由众多子系统组成。每个子系统既独立，又相互联系。因此，任何一个子系统工作失常都将直接影响燃料电池的性能。为确保整个系统可靠地运行，需要由控制系统对各子系统进行协调控制。控制系统由各种传感器、电子控制器及控制执行器（阀、泵、调节装置等）组成。随着燃料电池电堆技术的日趋成熟，控制系统已成为决定燃料电池系统性能和制造成本的关键因素之一。

二、质子交换膜燃料电池的工作特性及影响因素

反映质子交换膜燃料电池工作性能好坏的重要参数有工作电压、输出电流及输出功率等。在燃料电池工作过程中，影响其工作特性的因素主要有燃料电池电堆本身的技术状况、燃料电池的工作条件及燃料电池系统的水/热管理。

1. 燃料电池电堆本身技术状况的影响

燃料电池电堆的技术状况对质子交换膜燃料电池工作性能起着关键的作用，而影响电堆

性能的主要因素有：

1）膜电极的结构、制备方式和条件。

2）质子交换膜的类型、厚度、预处理情况、传导质子的能力、机械强度、化学和热稳定性。

3）催化剂的含量和制备方法。

4）双极板的结构和流场的结构与布置。

2. 燃料电池工作条件的影响

（1）工作电压、功率密度及能量效率与输出电流的关系　质子交换膜燃料电池的电压、功率与输出电流之间的关系如图 6-8 所示。从图 6-8 中可知，燃料电池的工作电压随着输出电流的增大而下降，但其功率却增大。由于燃料电池的效率主要与其工作电压有关，因此，当燃料电池电压高而能量效率高时，其功率却较低。最优化的燃料电池电堆设计，是使电堆在较大的输出电流时能有较高的电压，以使电堆既有高的功率输出，又有高的能量效率。对于电动汽车用燃料电池，要求其有高的功率密度和较低的成本。这在大电流输出的状态下才能实现。

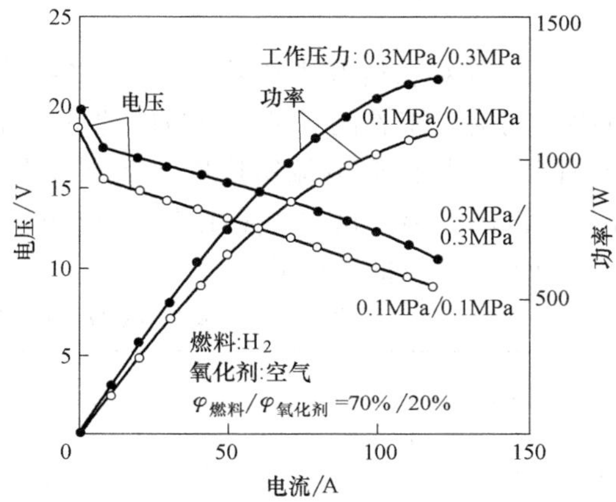

图 6-8　质子交换膜燃料电池的电压、功率与输出电流之间的关系

（2）工作压力的影响　如图 6-8 所示，H_2 与空气压力的比值为 0. 3MPa/0. 3MPa 时的工作电压及输出功率要高于 0. 1MPa/0. 1MPa 时的工作电压及输出功率。显然，质子交换膜燃料电池的反应气体的压力越高，其性能也就越好，阴极反应物（氧气或空气）的压力对燃料电池性能的影响尤为明显。为了减少氢气通过交换膜互相扩散，以避免产生氢氧混合物而引发危险，应尽可能减少膜两侧的压力差。

（3）工作温度的影响　质子交换膜燃料电池的工作温度对其工作电压的影响如图 6-9 所示。从图 6-9 中可知，质子交换膜燃料电池的工作温度高时，在各种电流密度下的工作电压也高。这说明工作温度高时，燃料电池的输出功率也大，效率也有所提高。主要的原因是随着工作温度的升高，反应气体向催化剂层的扩散速度及质子从阳极向阴极的运动速度均有提高。

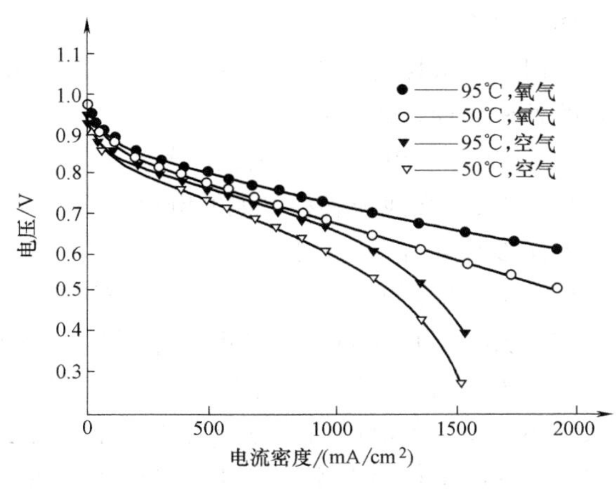

图 6-9　质子交换膜燃料电池的工作温度对其工作电压的影响

当质子交换膜燃料电池工作时，其质子交换膜必须保持适当的湿润状态，以确保质子交换膜具有良好的质子传导性，这就需要反应生成的水应尽量为液态。因此，

在常压下，质子交换膜燃料电池的工作温度不能超过80℃，在0.4～0.5MPa压力下的工作温度不能高于102℃。

（4）燃料气中杂质的影响 燃料气中的杂质主要有CO、CO_2、N_2等。其中，CO对燃料电池性能的影响极大，如图6-10所示。燃料气中的CO_2、N_2等气体对燃料电池性能的影响见表6-2。

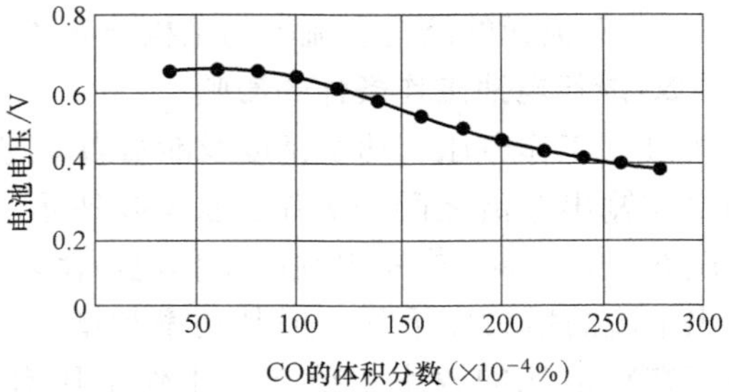

图6-10 燃料气中CO对燃料电池性能的影响

从表6-2中可知，高含量的CO_2对燃料电池性能的影响很大。这是因为在阳极的催化剂Pt上吸附的H_2和CO_2互相作用会引起CO中毒。

（5）空气对燃料电池的影响 从图6-9中可看出，用空气作氧化剂时，燃料电池的工作电压下降了，并在低电流密度时出现了电压-电流线性区的偏离。这主要是由氮障碍层效应和空气中氧分压较低造成的。

表6-2 燃料气中CO_2、N_2等气体对燃料电池性能的影响

燃料气组成	纯H_2	75%H_2，25%CO_2	75%H_2，25%N_2	98%H_2，2%CO_2
单体电池电压/V	0.6	0.31	0.58	0.51

注：1. 电流密度为1000mA/cm²。
2. 表中的百分数均为体积分数。

3. 燃料电池系统水/热管理的影响

（1）水管理的影响 当质子交换膜燃料电池工作时，为了能同时获得高的能量转换效率及功率密度，就必须使质子交换膜的导电性保持在最佳状态，而这需要通过水管理来维持燃料电池内部的水平衡，使质子交换膜始终保持在适宜的湿润状态的同时，阴极又不会被水淹渍。影响水管理的主要因素有：电流密度、进入燃料气的增湿程度、工作温度、气室压力及气体流速等。

如何实现最佳的水管理，国内外均开展了大量的研究与试验工作，并提出了实现有效水管理的各种途径，比如：

1）膜电极和电堆结构的优化设计。

2）对质子交换膜燃料电池的电流密度、反应气体湿度、反应气体流速及压力、工作温度等工作参数进行综合调控。

3）选择合适的质子交换膜及炭纸或炭布。

（2）热管理的影响 热管理的作用是控制燃料电池的工作温度。质子交换膜燃料电池是低温型燃料电池，但其工作温度仍然高于环境温度。质子交换膜燃料电池工作时，会产生大量的热，需要采取适当的冷却措施，并通过适当的控制使其保持在适宜的温度。质子交换膜燃料电池的工作温度不能高于100℃（由质子交换膜的特性决定）。如果工作温度过高，则会影响质子交换膜的热稳定性和其他性能；如果温度过低，则会导致各种极化增大，使质子交换膜燃料电池性能恶化。

第三节 燃料电池电动汽车概述

一、燃料电池电动汽车的发展概况

1. 燃料电池电动汽车的特点

燃料电池电动汽车（Fuel Cell Electric Vehicle，简称 FCEV）采用燃料电池作为动力源。相比于内燃机汽车，燃料电池电动汽车主要有以下优点：

1）因燃料直接通过电化学反应产生电能，无热能转换过程，故不受卡诺循环的限制，能量转换效率高，实际能量转换效率高达 50% ~70%。

2）当燃料电池使用氢燃料时，其排放的是水，无污染；当使用甲醇、汽油等其他燃料时，排放的 CO_2 比汽油机少 1/2。

3）燃料电池堆可由若干个单元电池串联或并联而成，可根据质量分配均衡和空间有效利用的原则，机动灵活地进行配置。

4）燃料电池无运动部件，振动小，噪声低，零部件对机械加工精度要求不高。

2. 国外燃料电池电动汽车的发展情况

国外最早出现燃料电池电动汽车的时间可以追溯到 20 世纪 60 年代。美国通用汽车公司在 1968 年生产出了世界上第一辆以燃料电池为电源的电动汽车。该燃料电池电动汽车由厢式货车改装而成，装载了最大功率为 150kW 的燃料电池系统，燃料采用低温冷藏的液态氢，汽车的续驶里程达到了 200km。由于复杂的燃料电池结构庞大，几乎占去了车内所有的空间，加上当时人们的环境保护意识远不如现在深刻，能源供需矛盾也没有像现在这样突出，故未继续进行该燃料电池电动汽车的后续开发工作。

20 世纪 90 年代，燃料电池电动汽车技术开始受到人们空前的关注。这是因为燃料电池电动汽车的低排放和高效的燃料利用率，对解决汽车环境污染和缓解能源短缺问题十分有效。世界上主要汽车生产大国的政府和各大汽车制造商纷纷制定相关的政策，投入大量的人力和物力研究和开发燃料电池电动汽车，并取得了一系列的成果。现列举几个典型实例来说明国外燃料电池电动汽车的发展概况。

1993 年，加拿大 Ballard 公司研制出了以质子交换膜燃料电池为动力的燃料电池公共汽车。其燃料电池的功率为 105kW，可载客 20 人。

1994 年，当时的克莱斯勒公司推出了 NECAR Ⅰ（New Electric Car Ⅰ）燃料电池轿车。该车采用 Ballard 公司生产的质子交换膜燃料电池组，功率达 50kW，所用燃料为压缩氢气。1999 年，重组后的戴姆勒-克莱斯勒公司研制出了第四代燃料电池车 VECAR4。这种 5 座轿车最高时速可达 145km/h。

美国通用汽车公司于 2000 年成功推出了“氢动一号”氢燃料电动汽车。该车采用液态氢为燃料，最高车速可达 140km/h，一次加氢续驶里程为 400km。“氢动一号”的诞生标志着燃料电池电动汽车已经从研制向批量化生产迈出了重要一步。

2001 年，日本丰田汽车公司推出了 FCHV-3 运动型多功能汽车（SUV）。该车采用燃料电池 + 蓄电池的混合动力驱动形式，燃料电池由丰田公司自己开发，功率为 90 kW，蓄电池采用镍氢电池。2001 年 6 月，丰田汽车公司又推出了 FCHV-4 型燃料电池电动汽车，动力驱动形式与 FCHV—3 一样，采用高压氢为燃料，电动机为 80 永磁同步电动机，一次充氢可行驶 250 km 以上。

2002 年，美国通用汽车公司又推出了 Hy-wire 燃料电池电动汽车。该车燃料电池的功率为 94 kW（连续）和 129 kW（峰值），工作电压为 125～200V，最高车速达 160km/h。

3. 国内燃料电池电动汽车的发展情况

在燃料电池电动汽车领域，我国与国外的差距并不大，也早已开展了富有成效的燃料电池及燃料电池电动汽车的研究。

1998 年，清华大学与北京世纪富原燃料电池公司合作研制出我国第一辆 PEM-FC 型 8 座小型电动车。该车装用 5kW 燃料电池，车速为 20km/h，一次加氢可行驶 80km。

2008 年奥运期间，我国自主研发的 20 辆氢燃料电池轿车完成了首次规模化示范运行，用我们自己的燃料电池电动汽车组成的绿色环保车队接送参赛人员。

上汽、同济大学等研究开发了三代“超越”系列燃料电池轿车动力系统平台和示范样车。北京清华能通公司与清华大学等共同研发出了“清能 1 号”燃料电池城市客车。一汽、东风、长安、奇瑞等汽车公司也竞相开发出了混合动力汽车性能样车。这些均表明我国也同样十分关注燃料电池电动汽车，并且燃料电池电动汽车技术水平也已接近或达到国外先进水平。

由于燃料电池电动汽车的价格高，再加上其安全、高效的储氢和运氢等还存在着问题，所以燃料电池电动汽车的产业化尚需时日。

二、燃料电池电动汽车的类型

虽然燃料电池电动汽车的历史不长，但是与纯电动汽车相比，燃料电池电动汽车无须依赖蓄电池技术性能的完善，与内燃机汽车相比，则具有环保、节能的优势。因此，燃料电池电动汽车已成为世界范围内新能源汽车开发的热点，且不断地涌现出不同结构的燃料电池电动汽车。

1. 按有无蓄能装置分类

根据燃料电池电动汽车是否配备蓄能装置，可把燃料电池电动汽车分为纯燃料电池电动汽车和混合型燃料电池电动汽车两大类。

（1）纯燃料电池电动汽车　纯燃料电池电动汽车的燃料电池是电动汽车上电能的唯一来源。这种类型的燃料电池电动汽车，要求燃料电池的功率大，并且无法回收汽车制动能量。因此，纯燃料电池电动汽车目前应用较少。

（2）混合型燃料电池电动汽车　混合型燃料电池电动汽车上除燃料电池外，同时配备了蓄能装置（如蓄电池、超级电容和飞轮电池等）。由于蓄能装置可协助供电，因而可适当减小燃料电池的功率，且蓄能装置还可用于汽车制动时的能量回收，所以可提高燃料电池电动汽车的能量利用率。因此，燃料电池电动汽车多采用混合型结构。

2. 按燃料电池与蓄电池的结构关系分类

根据混合型燃料电池电动汽车中燃料电池和蓄电池的电路结构，可将混合型燃料电池电动汽车分为串联式和并联式两种，如图 6-11 所示。

（1）串联式燃料电池电动汽车　串联式燃料电池电动汽车动力系统的构成如图 6-11a 所示。其燃料电池相当于车载发电装置，通过 DC/DC 转换器进行电压转换后对蓄电池充电，再由蓄电池向电动机提供驱动车辆的全部电力。串联式燃料电池电动汽车的特点与普通的串联式混合动力电动汽车相似。其优点是可采用小功率的燃料电池，但要求蓄电池的容量和功率要足够大，且燃料电池发出的电能需要经过蓄电池的电化学转换过程，从中有能量的转换损失。目前，串联形式的燃料电池电动汽车较为少见。

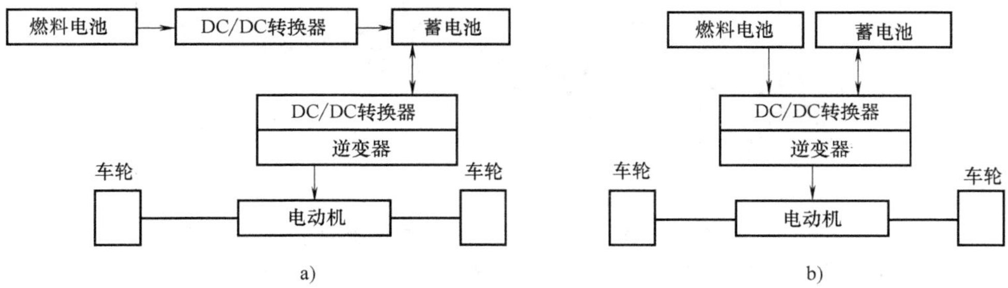

图 6-11　串联式和并联式燃料电池电动汽车动力系统示意图
a）串联式　b）并联式

（2）并联式燃料电池电动汽车　并联式燃料电池电动汽车动力系统的构成如图 6-11b 所示。它由燃料电池和蓄电池共同向电动机提供电力。根据燃料电池与蓄电池能量大小的配置不同，又可将其分为大燃料电池型和小燃料电池型两种。大燃料电池型主要由燃料电池提供电力，蓄电池的容量较小，只是在电动汽车起步、加速、爬坡等行驶工况时协助供电，并在车辆减速与制动时进行能量回收；小燃料电池型则必须采用大容量的蓄电池，由蓄电池提供主要的电力，而燃料电池只是协助供电。并联式是目前燃料电池电动汽车采用较多的形式。

3. 按提供的燃料不同分类

根据燃料电池所提供的燃料不同，燃料电池电动汽车又可分为直接燃料电池电动汽车和重整燃料电池电动汽车两大类。

（1）直接燃料电池电动汽车　直接燃料电池电动汽车的燃料主要是纯氢，也可以用甲醇等燃料。采用纯氢作燃料的燃料电池电动汽车，氢燃料的储存方式有压缩氢气、液态氢和合金（碳纳米管）吸附氢等几种。

（2）重整燃料电池电动汽车　重整燃料电池电动汽车的燃料主要有汽油、天然气、甲醇、甲烷、液化石油气等。重整燃料电池电动汽车的结构要比氢燃料电池电动汽车复杂得多。比如，甲醇重整燃料电池电动汽车需要对甲醇进行 200℃左右的加热以分解出氢，汽油重整燃料电池汽车也需要对汽油进行 1000℃左右的加热以分解出氢。无论采用什么燃料，重整燃料电池电动汽车都需设置重整装置，将其他燃料转化为燃料电池所需的氢。

第四节　燃料电池电动汽车的构成

燃料电池电动汽车与普通燃油汽车相比，其外形和内部空间几乎没有什么区别，不同之处在于动力系统。燃料电池电动汽车动力系统的基本组成部分有燃料电池系统、电子控制系统、辅助蓄能装置及驱动电动机。燃料电池电动汽车动力系统的布置如图 6-12 所示。

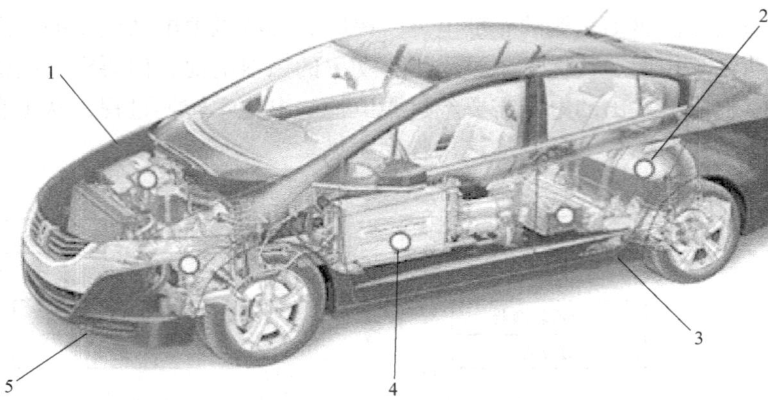

图 6-12 燃料电池电动汽车动力系统的布置

1—电子控制器 2—燃料储存装置 3—蓄能装置 4—燃料电池电堆 5—驱动电动机

一、直接燃料电池电动汽车

典型的直接燃料电池电动汽车动力系统的基本构成如图 6-13 所示。

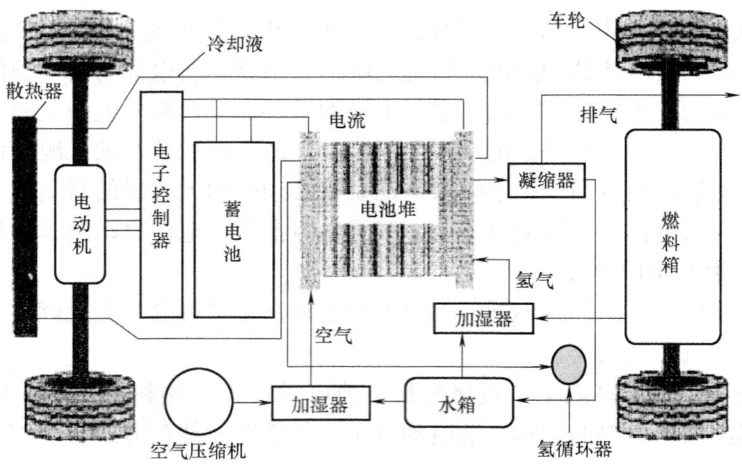

图 6-13 典型的直接燃料电池电动汽车动力系统的基本构成

1. 燃料电池系统

燃料电池系统的核心是燃料电池电堆，此外，还配备了氢气供给系统、氧气供给系统、气体加湿系统、水循环及反应物生成处理系统等，用以确保燃料电池电堆正常工作。

（1）氢气供给系统 氢气供给系统的功能包括氢的储存、管理和回收。由于气态氢需要采用高压的方式储存，因此，储氢气瓶必须有较高的品质。储氢气瓶的容量决定了一次充氢的行驶里程。轿车一般采用 2～4 个高压储氢气瓶，大客车上通常采用 5～10 个高压储氢气瓶来储存所需的氢气量。

液态氢比气态氢需要更高的压力进行储存，且要保持低温，因此，在使用液态氢时对储氢气瓶的要求更高，还需要有较复杂的低温保温装置。

不同的储氢压力，需要采用相应的减压阀、调压阀、安全阀、压力表、流量表、热量交换器、传感器及管路等组成氢气供给系统。在从燃料电池电堆排出的水中，含有少量的氢，可通过氢气循环器将其回收。

（2）氧气供给系统　氧气有纯氧和空气两种供给方式。当以纯氧的方式供给时，需要用氧气罐；当从空气中获得氧气时，需要用压缩机来提高压力，以确保供氧量，增加燃料电池反应的速度。空气供给系统除了需要有体积小、效率高的空气压缩机外，还需配备相应的空气阀、压力表、流量表及管路，并对空气进行加湿处理，以确保空气具有一定的湿度。

（3）水循环系统　在燃料电池反应过程中，会产生水和热量，需要通过水循环系统中的凝缩器加以冷凝并进行气水分离处理，部分水可用于反应气体的加湿。水循环系统还用于燃料电池的冷却，以使燃料电池保持在正常的工作温度。

2. 辅助蓄能装置

混合式燃料电池电动汽车还配备辅助蓄能装置。辅助蓄能装置可采用蓄电池、超级电容和飞轮电池中的一种，组成双电源的混合动力系统，或采用蓄电池 + 超级电容、蓄电池 + 飞轮电池的三电源系统。

燃料电池电动汽车配备辅助蓄能装置的作用是：

1）在燃料电池电动汽车起动时，由辅助蓄能装置提供电能，带动燃料电池起动或带动车辆起步。

2）在燃料电池电动汽车运行过程中，当燃料电池输出的电能大于车辆驱动所需的能量时，辅助蓄能装置可用于储存燃料电池剩余的电能。

3）在燃料电池电动汽车加速和爬坡时，辅助蓄能装置可协助供电，以弥补燃料电池输出功率的不足，使电动机获得足够的电能，产生满足车辆加速和爬坡所需的电磁转矩。

4）向车辆的各种电子设备、电器提供工作所需的电能。

5）在车辆制动时，将驱动电动机转换为发电机工作状态，将车辆的动能转换为电能，并向辅助蓄能装置充电，以实现车辆制动时的能量回收。

3. 驱动电动机

驱动电动机用于将电源所提供的电能转换为电磁转矩，并通过传动装置驱动车辆行驶。与纯电动汽车和混合动力电动汽车一样，燃料电池电动汽车用驱动电动机也可采用直流有刷电动机、交流异步电动机、交流同步电动机、永磁无刷直流电动机和开关磁阻电动机等。

不同类型的电动机具有不同的性能特点。燃料电池电动汽车通常是结合整车的开发目标，综合考虑各种电动机的结构与性能特点以及电动机的驱动控制方式及控制器结构特点等，选择适宜的驱动电动机。

4. 电子控制系统

直接燃料电池电动汽车的电子控制系统包括燃料电池系统控制、DC/DC 转换器控制、辅助储能装置能量管理、电动机驱动控制及整车协调控制等控制功能，各控制功能模块通过总线连接，如图 6-14 所示。

（1）燃料电池系统控制　燃料电池系统控制器用来控制燃料电池的燃料供给与循环系统、氧化剂供给系统、水/热管理系统，并协调各系统工作，以使燃料电池系统能持续向外供电。

（2）DC/DC 转换器控制　DC/DC 转换器用于改变燃料电池的直流电压，由电子控制器控制。电子控制器的作用是通过调节 DC/DC 转换器的输出电压，将燃料电池电堆较低的电

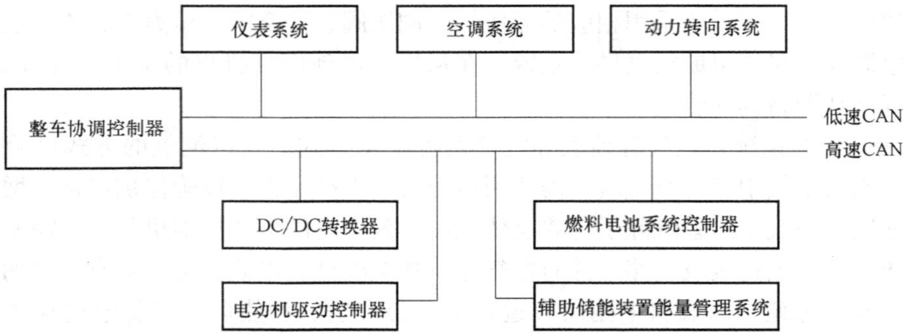

图 6-14 燃料电池电动汽车电子控制系统构成

压上升至电动机所需的电压。DC/DC 转换器的作用不仅仅是升压和稳压，在工作时，通过控制器的实时调节，可使其输出电压与蓄电池的电压相匹配，协调燃料电池和蓄电池负荷，起限制燃料电池最大输出电流和最大功率的作用，以避免燃料电池因过载而损坏。

（3）辅助蓄能装置能量管理 辅助蓄能装置能量管理系统对蓄电池的充电、放电、存电状态等进行监控，使辅助蓄能装置能正常地起作用，实现车辆在起动、加速、爬坡等工况下的协助供电，并在车辆运行时储存燃料电池富余电能，实现汽车制动时的能量回馈。蓄电池能量管理系统通过对蓄电池电压、电流、温度等参数的监测，还可实现蓄电池的过充电、过放电控制，进行蓄电池荷电状态的估计与显示。

（4）电动机驱动控制 电动机的类型不同，其控制系统的电路结构和工作原理也有所不同。总体上，电动机驱动控制系统的主要控制功能有：电动机的转速与转矩调节、电动机工作模式控制（设有制动能量回馈的电动汽车）、电动机过载保护控制等。

（5）整车协调控制 整车协调控制系统基于设定的控制策略对各控制功能模块进行协调控制。一方面，控制器根据加速踏板传感器、制动踏板传感器、挡位开关送入的电信号判断驾驶人的驾车意图，并输出控制信号，通过相关的控制功能模块实现车辆的行驶工况控制；另一方面，控制器根据相关传感器和开关输入的电信号，获取车速、电动机转速、是否制动、蓄电池和燃料电池的电压和电流等信息，判断车辆的实际行驶工况和动力系统的状况，并按设定的多电源控制策略输出相应的控制信号，通过相应的功能模块实现能量分配调节控制。此外，整车协调控制还包括整车故障自诊断功能。

直接以纯氢为燃料电池的电动汽车对储氢装置的要求较高。但与重整燃料电池电动汽车相比，直接燃料电池电动汽车的结构简单，质量轻，能量效率高，成本低。因此，目前的燃料电池电动汽车大都以纯氢为车载氢源。

二、重整燃料电池电动汽车

1. 动力系统的构成

重整燃料电池电动汽车与直接燃料电池电动汽车的主要区别在于使用汽油、天然气、甲醇、甲烷、液化石油气等燃料，在汽车上通过重整器产生氢，再将氢提供给燃料电池电堆。重整燃料电池电动汽车动力系统的基本组成如图 6-15 所示。

重整燃料电池系统中的氧气供给及管理系统、反应生成的水和热量处理系统及电力管理系统等与直接燃料电池系统基本相同，只是增加了重整器、加热器、CO 转换与净化器等装置，用以将汽油、天然气、甲醇、甲烷、液化石油气等燃料转换为纯氢。

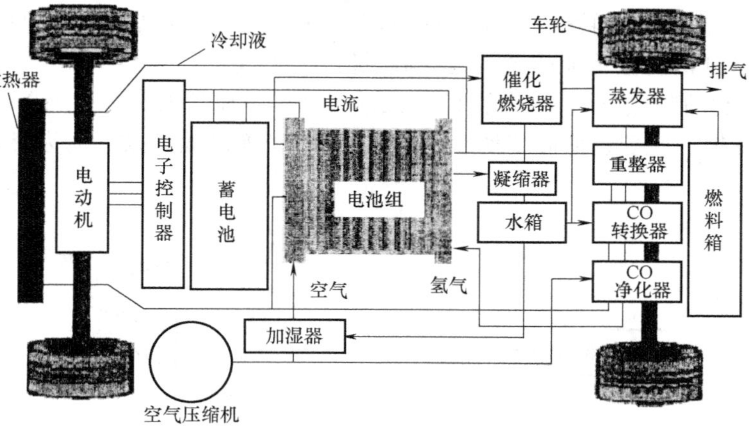

图 6-15　重整燃料电池电动汽车动力系统的基本组成

2. 重整燃料电池氢气产生的过程

重整燃料电池电动汽车采用的燃料不同，其制氢过程（重整技术）也会有所不同。

（1）车载醇类制氢过程　醇类燃料（甲醇、乙醇、二甲醚等）的车载制氢过程大体相同，均需经重整、变换、一氧化碳脱除等几个步骤。以甲醇为燃料的车载制氢过程如图 6-16 所示。

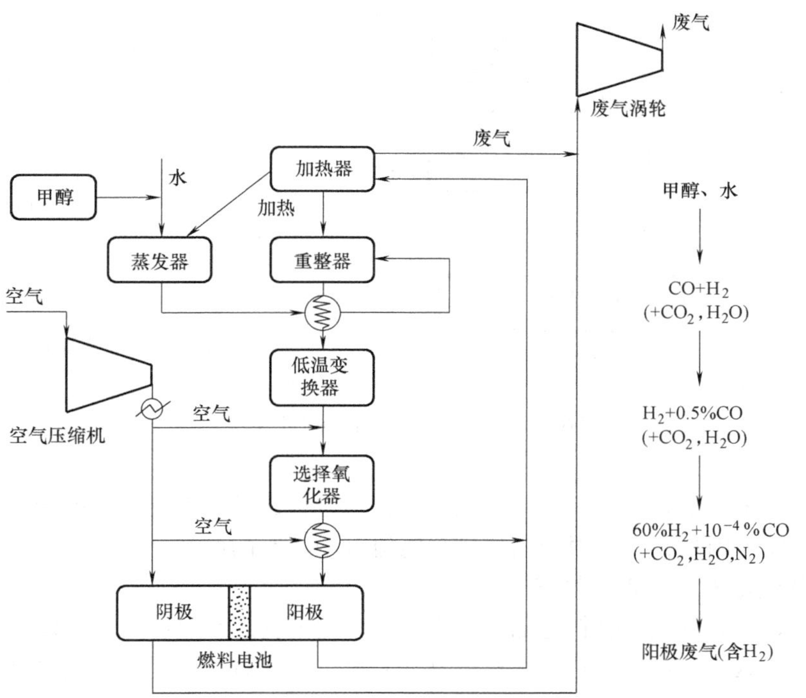

图 6-16　以甲醇为燃料的车载制氢过程

注：图中的百分数为体积分数。

储存在普通容器中的甲醇在进入重整器以前，通过加热器加热，使甲醇和纯水的混合物在高温（621℃）下变成混合气，然后进入重整器分离出氢。由于重整器产生的氢气中含有少量CO，因此，需要通过转换器中的催化剂将CO转换为CO_2后排出，使之最终进入燃料电池的H_2中。CO的含量不能超过规定的低限值（0.001%）。

（2）车载烃类制氢过程　烃类燃料（汽油、柴油、LPG及天然气等）制氢通常包括氧化重整、高温变换、脱硫、低温变换、CO净化及燃烧等过程。以汽油为燃料的车载制氢过程如图6-17所示。

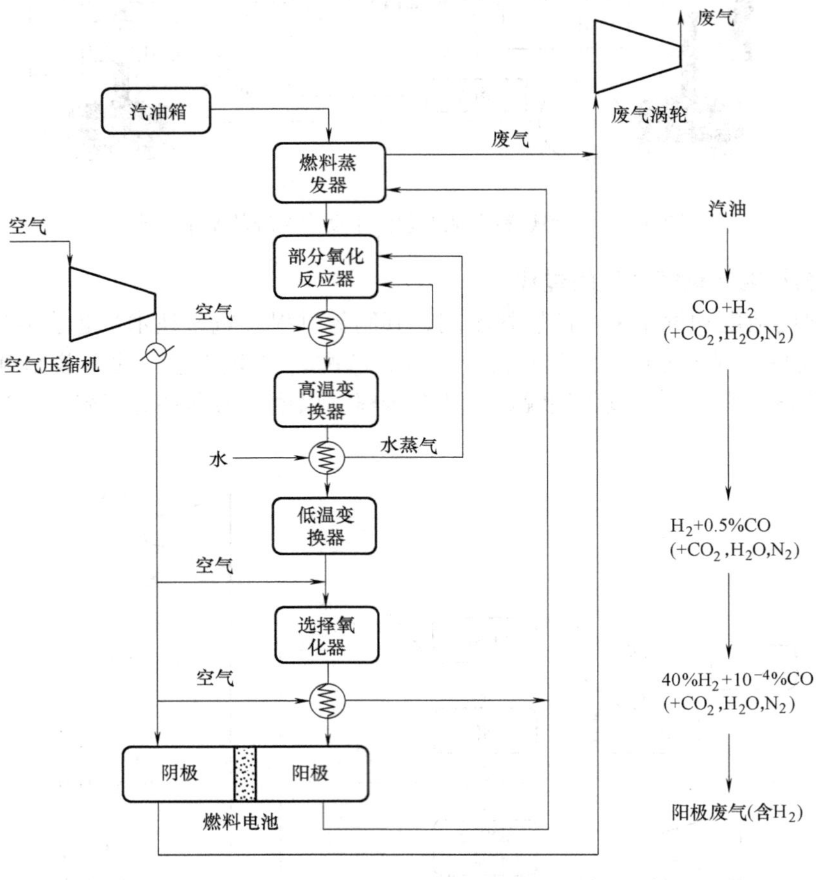

图6-17　以汽油为燃料的车载制氢过程

烃类车载制氢需要高温和脱硫，因此，其重整过程比醇类难度大。由于天然气是气体燃料，车载储运较为困难，因而很少用作燃料电池电动汽车的燃料。

3. 重整燃料电池电动汽车的优缺点

使用车载重整器制氢的燃料电池电动汽车，其主要优点是燃料存储方便，只需要普通的容器，不需要加压或冷藏。但是，车载重整器制氢也存在着一些问题，主要有：

1）燃料电池系统起动时间较长，动态响应较慢。当然，对于配备辅助蓄能装置的重整燃料电池电动汽车来说，辅助蓄能装置可很好地解决这一问题。

2）重整装置不仅需要复杂的控制过程，而且其体积和质量会减少车辆可利用的空间，增加更多的能量消耗。

3）当制取的氢气纯度不高时，可能会使催化剂中毒并产生一些污染。

由于上述不足，在现已推出的燃料电池电动汽车中，采用重整技术的相对较少。

第五节　燃料电池电动汽车的工作方式与动力匹配

一、燃料电池电动汽车的储氢方式

目前的燃料电池电动汽车大都以纯氢为燃料，为使燃料电池电动汽车能达到所需的续驶里程，在车上就需要有一定储量的氢。车载储氢主要有压缩氢气、液态氢和金属储氢三种形式。

1. 压缩氢气形式

氢气的密度小，需要通过压缩来增加其储存量。压缩氢气的压力一般在 20～30MPa 或更高，因而要求储氢气瓶能承受高压，且质量轻、使用寿命长。高压储氢气瓶的材料用铝或石墨材料，通常制成环形压力容器。这有助于提高容积效率，满足续驶里程的要求，而且便于在车上安装。

不同类型的燃料电池电动汽车，高压储氢气瓶的布置形式也有所不同。燃料电池电动轿车的高压储氢气瓶通常安装在后座椅下或行李箱下，而大客车的储氢气瓶通常安装在车辆的顶部或裙部。图 6-18 所示的是某种燃料电池大客车储氢气瓶的布置方式。

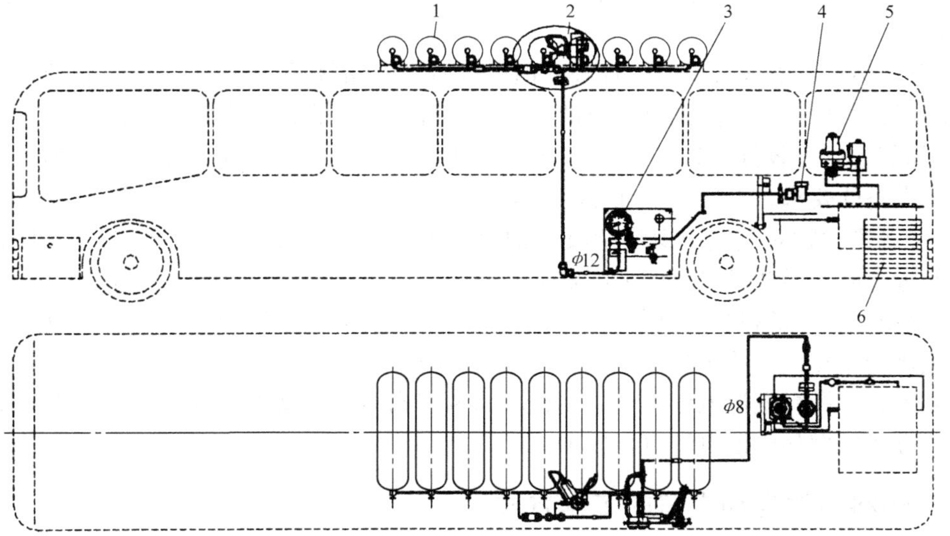

图 6-18　燃料电池大客车储氢气瓶的布置方式

1—储氢气瓶　2—车顶控制气路　3—压力表　4—滤清器　5—减压阀　6—燃料电池

2. 液态氢形式

相对于气态氢，液态氢具有较高的能量密度，可显著提高单位容积氢的质量，有利于降低运输成本，提高燃料电池电动汽车的续驶里程。但是，液态氢需要将气态氢冷却到－253℃才能得到，氢气的液化过程时间较长，而且需要消耗大量的能量。另一个问题是，液态氢难于较长时间储存，只能储存在供应站，而在运输时也需要专用运输车辆。

车载液态氢储存罐如图 6-19 所示。液氢储存罐需要有良好的绝热性能，因此，其外壳通常用绝热材料包裹，其内部设有液位计和压力调节（控制）装置。

液态氢需要转换为氢气才能提供给燃料电池，而液态氢汽化过程需要吸收热量，因此，在供氢系统中，还需要设置热交换器和压力调节系统。

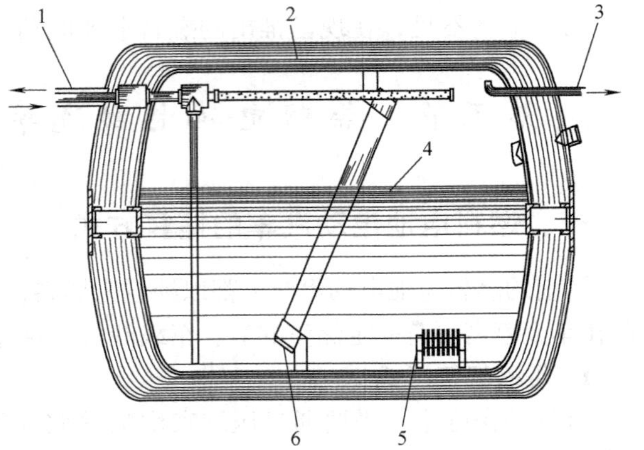

图 6-19　车载液态氢储存

1—液氢进出口　2—绝热材料　3—安全排气口
4—液态氢　5—压力仪表　6—液位计

3. 金属储氢形式

利用金属氢化物储氢，就是将氢气加压至 3～6MPa，使进入容器的氢在高压下附在金属小颗粒上，完成氢与金属的结合，同时放出热量。由于从金属小颗粒中释放出氢时，需要吸收外部的热量，因此，金属储氢容器不仅需要有一定的耐压强度，还要有足够的换热面积，以满足充氢和放氢时的热量传递。为了尽可能多地储存氢，需要储氢金属表面呈小颗粒状，并在适当的温度范围和压力范围内能够储存或释放氢气。

金属储氢通常被认为是最安全的储氢方式。相比于高压储氢罐储氢方式，金属储氢的特点如下：

1）单位体积的储氢容量有所提高，但单位质量的储氢量并不高。金属储氢罐包括容器和储氢材料，其单位质量的储氢量要低于高性能材料制成的高压储氢气瓶。

2）储氢的压力较低（1～2MPa），远低于压缩储氢气瓶的压力，因而其安全性较高，降低了充氢设备的要求，充氢的能耗也较小。

3）金属氢化物对氢气中少量杂质（如 O_2、H_2O、CO 等）的敏感度高于燃料电池电极催化剂的敏感度，因此，对氢的纯度要求更高了。

4）金属氢化物的机械强度较低，反复充放氢后会出现粉碎现象。目前的金属储氢装置的金属氢化物反复充放的次数不多，而且价格较高。

总体上看，燃料电池电动汽车采用金属储氢方式的运行成本很高，因此，目前采用这种车载储氢方式的燃料电池电动汽车较少。

二、燃料电池电动汽车的工作方式

目前燃料电池电动汽车多采用燃料电池＋蓄电池的混合动力模式。在电动汽车起步、加速、匀速、滑行、减速、制动等不同的行驶工况时，燃料电池的工作模式是不同的，大体可分为燃料电池模式、混合动力模式、蓄电池模式、能量回馈模式等，如图 6-20 所示。

1. 燃料电池模式

当燃料电池电动汽车工作在燃料电池模式时，电动机的电力全由燃料电池提供。当蓄电池在非充足电状态（SOC<1），且燃料电池的电能供给电动机后尚有富余时，燃料电池还可向蓄电池充电，如图6-20a所示。燃料电池电动汽车在低负荷、匀速、滑行等行驶工况时，通常工作在燃料电池模式。

2. 混合动力模式

混合动力模式是指燃料电池和蓄电池共同提供电动机所需电力的工作方式，如图6-20b所示。在燃料电池电动汽车加速行驶、高速行驶、上坡、超车或重载的情况下，当燃料电池输出的电功率已不能满足驱动车辆所需的功率时，由蓄电池提供瞬时能量来补充燃料电池电动汽车加速、上坡的动力需要，或由蓄电池持续地协助燃料电池供电，以满足燃料电池电动汽车在持续高速或重载下对电源持续电功率输出的需求。

3. 蓄电池模式

蓄电池模式是指燃料电池停止输出电能，车辆单独由蓄电池提供电力，如图6-20c所示。当燃料电池还未起动，而蓄电池的SOC值大于最小临界值时，由蓄电池提供电动汽车起步时所需的电能。此外，当燃料耗尽或燃料电池电堆发生故障时，若蓄电池的SOC值大于最小临界值，则也可由蓄电池短时间内独立供电。工作在蓄电池模式的燃料电池电动汽车，对蓄电池容量和输出功率的要求相对较高。

4. 能量回馈模式

能量回馈模式是指电动机工作在发电机状态，将车辆的动能转换为电能，并向蓄电池充电的工作方式，如图6-20d所示。在燃料电池电动汽车下坡、遇红灯减速及非紧急制动等情况下，当蓄电池又处于非充足电状态（SOC值在最大临界值以下）时，控制器就将电动机转换为发电机工作方式，将车辆的动能转换为电能，通过向蓄电池充电来实现能量回馈。

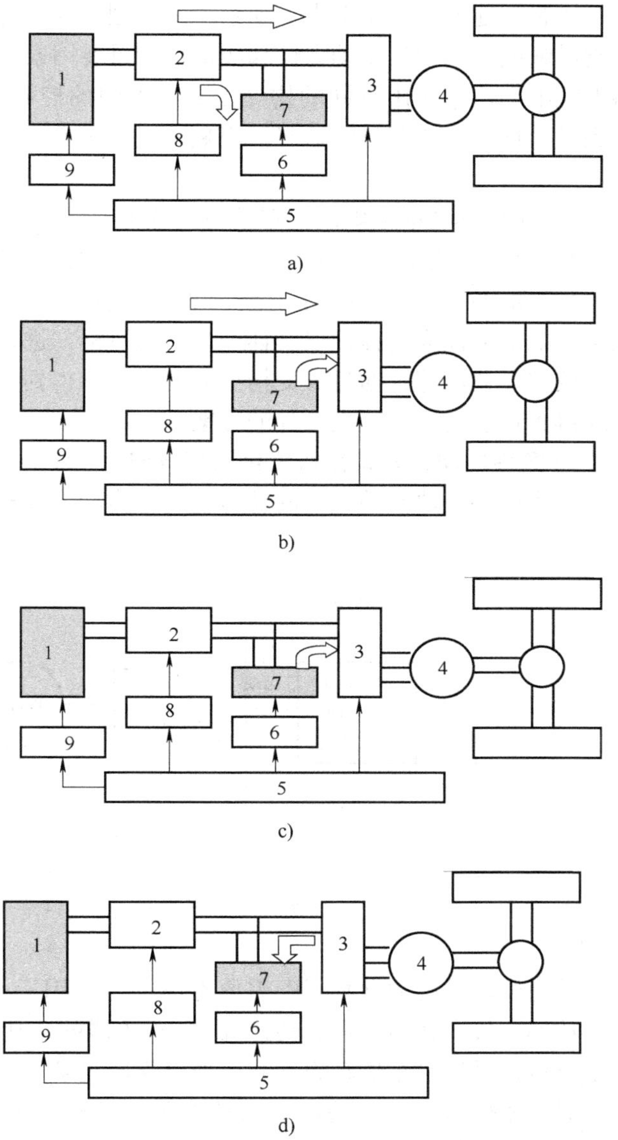

图6-20　燃料电池电动汽车的工作模式

a）燃料电池模式　b）混合动力模式

c）蓄电池模式　d）能量回馈模式

1—燃料电池　2—DC/DC转换器　3—电动机控制器　4—电动机

5—整车控制器　6—蓄电池能量管理　7—蓄电池

8—DC/DC电子控制器　9—燃料电池控制器

三、燃料电池电动汽车动力系统参数的匹配

燃料电池电动汽车动力系统的最佳匹配，就是要在确保车辆有良好动力性的前提下，具有最优的经济性。

1. 燃料电池电动汽车动力系统参数匹配的基本思路

燃料电池电动汽车动力驱动系统的构型方式、各系统参数的匹配、整车的控制策略均是影响燃料电池电动汽车动力性和经济性的重要因素，且三者之间相互关联，互相影响。当燃料电池电动汽车采用不同的构型方式、不同的控制策略、不同的参数匹配时，整车的动力性和经济性将会有明显的差异。燃料电池电动汽车动力系统参数匹配的基本思路和步骤如下：

1）选定燃料电池电动汽车动力系统构型方式。

2）针对选定的构型方式，选定某种能量分配策略。

3）动力系统参数匹配：以已知的整车参数、目标工况、基本能量分配策略为条件，以满足车辆动力性为前提，以最佳经济性为目标，进行动力系统的参数匹配。

按照上述步骤，通过改变构型方式，就可得到不同构型方式下的动力系统参数匹配，并最终得到理想的系统选型设计的方案。

2. 实用的动力系统参数优化匹配方法

可将燃料电池电动汽车的动力系统分为动力源和动力驱动系统两部分，如图 6-21 所示。

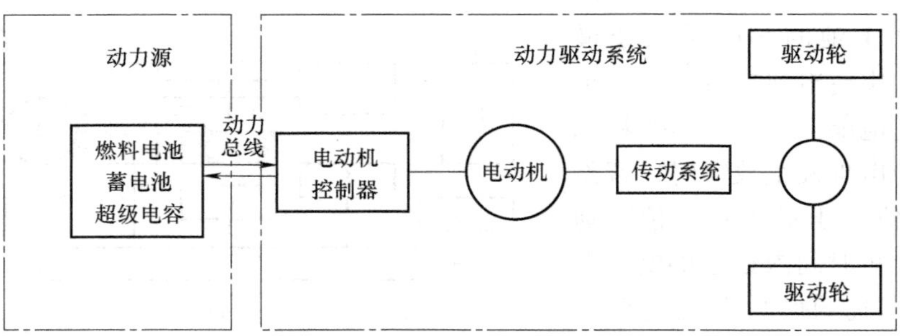

图 6-21　燃料电池电动汽车动力系统的组成

动力驱动系统的参数匹配需要考虑的主要因素有驱动电动机的相关参数（额定功率与最大功率、最大转矩、最高转速等）、变速器的速比、主减速器的速比及直流总线电压等。其主要目标是满足车辆动力性和工作可靠性要求。

混合型燃料电池电动汽车的动力源包括燃料电池系统、蓄电池及超级电容（有的话）等。动力源参数的匹配涉及各动力源的混合方式和混合比。动力源的参数优化匹配目标主要是整车的燃料经济性最优和制造成本最低，主要考虑的因素有：燃料电池的额定功率、蓄电池的容量、蓄电池的串联数量及蓄电池的初始 SOC 值等。

实现燃料电池电动汽车动力系统参数匹配过程的具体方法有：

（1）理论计算法　理论计算法是根据给定的整车参数和动力性指标要求，运用汽车理论相关的公式进行计算，得到动力系统各动力总成的参数。

（2）工况分析法　工况分析法的主要目的是获取车辆的动力和功率需求信息，从而得到整车对各动力总成的动力性能和系统能量的最低需求。工况分析主要包括典型工况分析、特征工况分析及工况适应性分析。典型工况分析是指针对所设计车辆的典型使用循环工况进行分析，例如，作为城市公交车，其典型工况可选为城区公交、城郊公交等循环工况；特征工况分析包括最高车速、最大爬坡度、起步及加速等工况分析；工况适应性分析是指设计车辆对除典型工况之外的其他要求的适应性分析，以判断该车辆是否具有更广泛的用途。

（3）仿真分析法　仿真分析法是借助于 Advisor、Matlab/Simulink 等仿真软件，针对车辆的整体设计要求与部件信息，搭建整车及各部件的仿真模型，并编制相应的程序和输入数据文件，通过仿真来确定各部件参数对整车性能的影响，从而进行各总成参数的设计与匹配。仿真分析法在程序运行时需要输入的信息中，包括了目标工况信息，工况选择时可参照工况分析法。

3. 能量管理策略与优化

对于具有两个或两个以上能量源的混合型燃料电池电动汽车，能量管理策略对车辆能量的消耗和能量源的使用寿命均有着重要的影响。能量管理策略主要包括功率分配策略、速比控制策略、制动能量回馈策略三部分。其核心是功率分配。只有三者有机配合并实现最优化管理，才能在有效降低能量消耗的同时，延长燃料电池和蓄电池的使用寿命。

（1）能量管理系统的主要任务　对于燃料电池 + 蓄电池的混合型燃料电池电动汽车，如何协调这两个动力源的功率输出比例，对提高能量的利用率及整车的经济性至关重要。能量管理系统的主要任务可归结为以下几点：

1）要在不损害蓄电池，并且蓄电池处于合理工作状态的情况下，满足车辆动力性的设计要求，以确保车辆良好的驾驶性能。

2）根据驾驶人的驾驶操作判断其转矩需求，再根据管理子系统的限制条件来确定转矩控制指令。

3）确定燃料电池系统的运行状态（包括开启与关闭），以便通过能量管理获得最大的燃料经济性。

4）确定动力系统的驱动模式和各模式之间的转换机制，并确定传动系统的速比。

在上述能量管理系统的任务中，蓄电池工作状态的控制是能量管理策略所要解决的基本问题，需要考虑以下几个因素：

1）蓄电池的充放电效率与其本身的内阻密切相关，且是 SOC 的函数。因此，能量管理必须考虑选择蓄电池的最佳工作区域，以降低蓄电池充放电损失，同时保留额外的吸收峰值功率的空间。

2）蓄电池所存储的能量在整个循环工况下要达到平衡。

3）蓄电池的充放电深度会影响其循环寿命，因此，能量管理必须控制蓄电池的充放电深度。

（2）能量管理系统的构成　燃料电池电动汽车能量管理系统的基本结构如图 6-22 所示。能量管理系统通过相关的传感器、开关、电压信号获取当前的状态（包括车速、蓄电池的 SOC 等）及驾驶人的转矩需求信息，进行汽车最佳挡位、燃料电池开启/关闭、制动能量回馈、功率分配等控制。

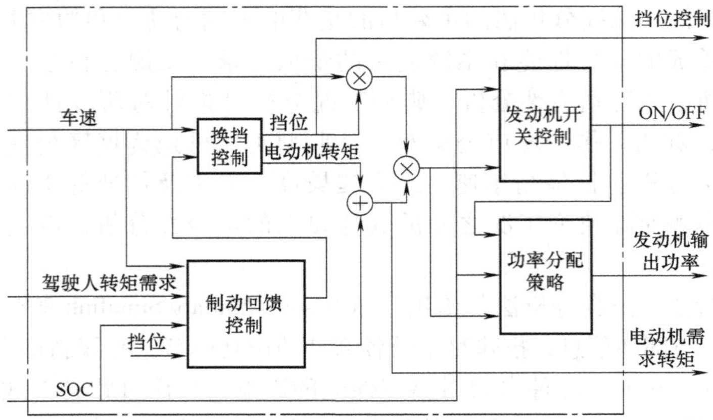

图 6-22 燃料电池电动汽车能量管理系统的基本结构

第六节 燃料电池电动汽车的安全系统

由于目前的燃料电池电动汽车大都采用氢气作燃料，而氢气的泄漏将会造成危险，因此，燃料电池电动汽车必须考虑针对氢气的安全措施。通常采用两种措施：一是储氢装置和输送管路宜选用不易造成泄漏的材料和结构；二是实时监测燃料电池系统中氢的泄漏情况。

一、燃料电池系统的安全保护措施

1. 氢气源切断保护装置

当汽车发生碰撞时，氢气的泄漏将会引发严重的安全事故。为此，一些燃料电池电动汽车设置了相应的保护装置。当汽车发生碰撞事故时，保护装置会根据碰撞传感器所发出的信号及时切断电源和气源，以避免因氢气泄漏而造成更为严重的事故。

2. 用吸能车架保护燃料电池系统

一些燃料电池电动汽车的车身、车架采取了特殊的结构措施，以保护燃料电池系统在汽车发生碰撞时不易受损。本田燃料电池电动汽车 FCX 的纵梁结构如图 6-23 所示。

该车架的结构特点是：当从前面碰撞时，前纵梁可吸收冲击能量，可减少驾驶室的变形；如果侧面发生了碰撞，则地板梁可吸收能量，也可减少驾驶室的变形和对燃料电池系统的影响。

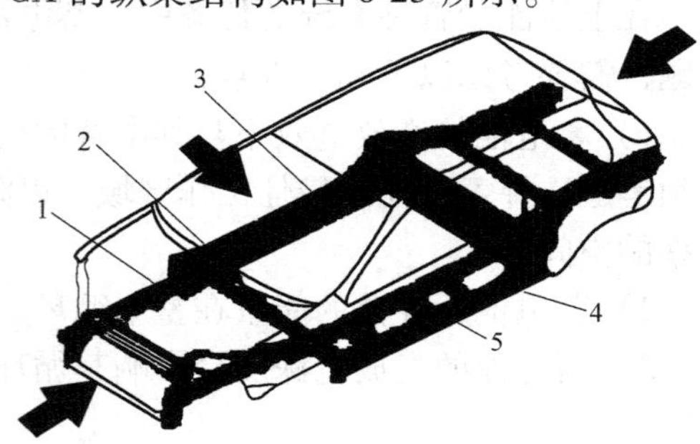

图 6-23 本田燃料电池电动汽车 FCX 的纵梁结构

1—前纵梁 2—横梁 3—地板梁 4—侧门框 5—横悬梁

3. 储氢气瓶的安全措施

储氢气瓶压力高达 25 ~ 35MPa。当汽车发生碰撞时，如果高压储氢气瓶受损破裂，则后果将不堪设想。为此，除了选用高强度的储氢气瓶外，在汽车的结构上还要考虑尽可能减小汽车碰撞时对储氢气瓶的冲击。本田燃料电池电动汽车 FCX 后端的双层车架结构如图 6-24 所示。

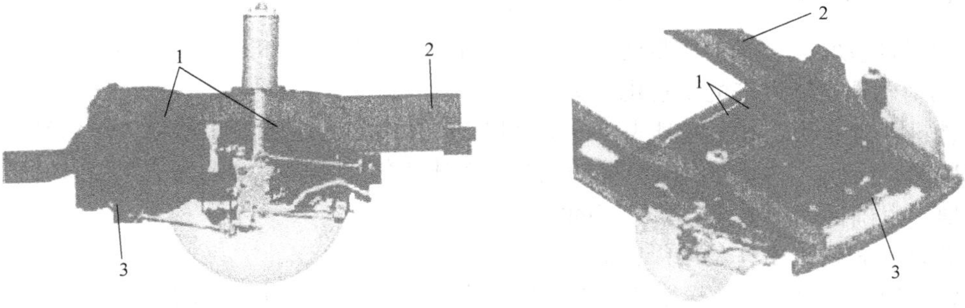

图 6-24　本田燃料电池电动汽车 FCX 后端的双层车架结构

1—储氢气瓶　2—后车架　3—后副车架

二、燃料电池电动汽车氢气监测系统

燃料电池电动汽车氢气监测系统通常由氢传感器、控制器、报警及安全处理装置等组成，如图 5-25 所示。氢传感器将周围氢气含量参数转换为电信号，并输送给控制器，然后控制器根据氢传感器的信号判断是否有氢气泄漏及泄漏的严重程度，并输出相应的控制信号，使危险报警装置发出危险警报，或使安全保险电路工作（切断高压电路或关闭氢气源），及时排除安全隐患。

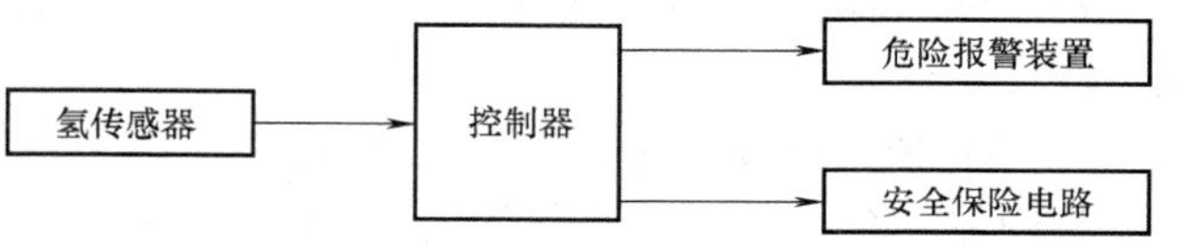

图 6-25　燃料电池电动汽车氢气监测系统

1. 车上氢安全控制系统

一些燃料电池电动汽车的氢安全控制系统配备有多个氢传感器。例如，某燃料电池电动客车在车顶部的储氢气瓶舱、乘客舱、燃料电池舱和水箱附近各安装了一个氢传感器，以监测周围空气中氢气的含量。当任何一个传感器检测到氢气含量达到爆炸下限（体积分数为 4%）的 10%、30% 和 50% 时，控制器就会发出Ⅰ级、Ⅱ级或Ⅲ级报警控制信号，使危险报警装置工作（声光报警继电器线圈通电，触点吸合），发出相应的声光报警信号。驾驶人可通过手动开关立即使燃料电池停止工作，并关闭储氢气瓶出口电磁阀，以避免造成安全事故。

对于装有自动安全保险装置的车载氢安全控制系统，其控制器在起动危险报警装置的同时，也使安全保险控制电路通电工作，自动关闭燃料电池及氢源出口，以确保安全。

2. 车库氢安全控制系统

存放燃料电池电动汽车的车库也存在氢泄漏的安全隐患，因而安装车库氢安全控制系统也十分必要。

车库氢安全控制系统通常由氢传感器、控制器、报警装置及排/送风装置等组成。氢传感器安装在车库的顶部。当任何一个氢传感器监测到周围空气中氢的体积分数超过了爆炸下限的 10%、30% 或 50% 时，氢监测系统就会发出Ⅰ级、Ⅱ级或Ⅲ级报警信号，起动车库外报警装置，同时，自动开启排风扇或打开换气窗，以避免因车库内氢气的含量过高而引发安全事故。

三、燃料电池电动汽车其他安全措施

燃料电池电动汽车通常还采取防静电和防爆措施，并制定严格的氢操作规程，以确保安全。

1. 燃料电池电动汽车的防静电措施

在燃料电池电动汽车加氢时或在行车过程中，不可避免地会产生静电，这极易引发氢气燃烧或爆炸。为此，一些燃料电池电动汽车的车体底部通常设有接地导线，可及时将静电释放回大地，以确保燃料电池电动汽车的安全。

2. 燃料电池电动汽车的防爆措施

燃料电池电动汽车的防爆措施主要是防止电路中产生电火花，以避免电火花点燃氢气而产生燃烧或爆炸事故。防爆措施主要有：

1）采用防爆型氢传感器，不用触点式传感器。这是因为触点式传感器在氢气含量达到设定值时通过触点的动作输出信号，容易产生触点火花而引发事故。

2）在氢安全系统中采用防爆固态继电器，也是为了防止继电器触点动作时产生电弧放电而点燃氢气。

3）当氢安全控制系统发出报警时，禁止进行开关电气设备的操作，以避免相关的电源插座、接触器、继电器及开关触点产生电火花而点燃氢气。

4）当燃料电池电动汽车储氢气瓶内存有氢气时，严禁在车上进行电焊等会产生电弧的相关操作。

3. 燃料电池电动汽车氢安全操作规程

为确保安全，燃料电池电动汽车在调试、起动、进库、出库过程中均应严格执行氢安全操作规程。燃料电池电动汽车氢安全操作规程主要有：

1）严禁在车库内进行大规模的加氢操作。

2）在燃料电池电动汽车起动前，应检查燃料电池系统管路的气密性，确保无泄漏。

3）在调试及燃料电池电动汽车起动前，应用氮气吹扫管路，并且在调试时必须由专人配备便携式氢含量探测仪来检查氢泄漏情况。

4）雷雨天气禁止做系统的调试及其他相关的操作。

5）当发现安全问题时，必须立即停止调试。

第七节　燃料电池电动汽车的性能与存在的问题

一、燃料电池电动汽车的性能与关键技术

对于燃料电池电动汽车而言，最被关注的性能指标主要有续驶里程、最高车速、最大爬坡度、最大转矩、功率及最大功率等。这些性能指标的高低，除了与燃料电池的性能这一关键因素有关外，还与车载储氢技术、辅助蓄能装置、电动机及其控制技术、动力系统的构型与整车的布置、整车的控制技术等密切相关。

1. 燃料电池电动汽车的主要性能

目前，燃料电池电动汽车的部分性能指标还不如普通燃油汽车。表 6-3 列出了典型燃料电池电动汽车的性能指标。从表 6-3 中可大体了解燃料电池电动汽车的性能状况。采用不同

燃料的燃料电池电动汽车的性能比较见表 6-4。

表 6-3 典型燃料电池电动汽车的性能指标

车辆名称		丰田 FCHV	本田 FCX	FCHV-BUS2
长×宽×高		4735mm×1815mm×1685mm	4165mm×1760mm×1645mm	10515mm×2490mm×3360mm
车辆质量/kg		1860	1680	—
乘坐人数/人		5	4	60
续驶里程/km		300	355	250
最高车速/(km/h)		155	150	80
燃料电池	种类	PEMFC	PEMFC	PEMFC
	功率/kW	90	78	90×2
电动机	种类	交流同步电动机	交流同步电动机	永磁同步电动机
	最大转矩/(N·m)	260	272	—
	最大功率/kW	80	60	80×2
燃料	种类	纯氢	纯氢	纯氢
	储存方式	压缩氢气	压缩氢气	压缩氢气
	储气压力/MPa	35	34.4	35
辅助蓄能装置		镍氢电池	超级电容	镍氢电池

表 6-4 采用不同燃料的燃料电池电动汽车的性能比较

燃料		制造厂	车名	FC 功率/kW	最高车速/(km/h)	续驶里程/km	辅助蓄能装置
氢气	25MPa	丰田公司	FCHV-4	90	>150	>250	蓄电池
		丰田公司	FCHV-BUS1	90	>80	>300	蓄电池
		本田公司	FCX-V3	60	130	180	超级电容
		大发公司	Move FCV-K-Ⅱ	30	105	120	蓄电池
		福特公司	Focus FCV	67(电动机)	>128	160	蓄电池
	30MPa	戴姆斯-克莱斯勒公司	NeCar 1	50	90	130	无
	35MPa	丰田公司	FCHV	90	>155	300	蓄电池
		本田公司	FCX-V4	78	140	315	超级电容
		本田公司	FCX	85	150	355	超级电容
		戴姆勒-克莱斯勒公司	Citaro	>200	80	>200	无
		戴姆勒-克莱斯勒公司	F-Cell (A 级)	85	140	145	蓄电池
	70MPa	铃木公司	MR WAGON-FCV	38	110	200	—
液态氢		通用公司	HydroGen 1	80	140	400	蓄电池
		通用公司	HydroGen 3	94	150	400	无
		大众公司	Hymotion	75	140	350	无
		戴姆勒-克莱斯勒公司	NeCar 4	70	145	450	无

（续）

燃　料	制造厂	车名	FC 功率 /kW	最高车速 /(km/h)	续驶里程 /km	辅助蓄能装置
金属氢化物	马自达公司	Demio	20	90	170	超级电容
	戴姆勒-克莱斯勒公司	Natrium	40	129	483	蓄电池
	丰田公司	FCHV-3	90	150	300	蓄电池
甲醇	戴姆勒-克莱斯勒公司	NeCar 5	85	150	450	无
	马自达公司	PREMACY FC-EV	65(电动机)	124	—	无
汽油	丰田公司	FCHV-5	90	—	—	蓄电池
	通用公司	Chevrolet 5-10	25	102	386	蓄电池

2. 燃料电池电动汽车的关键技术

（1）燃料电池系统　燃料电池技术是燃料电池电动汽车最关键的技术之一。燃料电池电堆的净输出功率、耐久性、低温起动性及成本等，直接影响燃料电池电动汽车的性能和发展。目前，降低燃料电池成本是燃料电池电动汽车研究的最重要目标，而控制燃料电池成本最有效的手段则是减少燃料电池材料（电催化剂、电解质膜及双电极等）的成本，降低加工（膜电极制作、双电极加工和系统装配等）费用。在降低燃料电池成本的同时，进一步提高燃料电池的性能，是目前燃料电池电动汽车技术研究的重点。此外，燃料电池系统也还有许多需要攻克的工程技术难题，例如：系统的起动与关闭时间、系统的能量管理与变换操作、电堆水热管理模式以及低成本高性能的辅助装置（空气压缩机、传感器及控制模块）等。

（2）车载储氢装置　目前燃料电池电动汽车大都以纯氢为燃料。车载储氢装置对燃料电池电动汽车的动力性及续驶里程影响很大。如前所述，常见的车载储氢装置有高压储氢气瓶、低温液氢瓶及金属氢化物储氢装置三种。除液态储氢方式外，目前的车载储氢装置的质量储氢密度和体积储氢密度均较低，而液态储氢需要很低的温度条件，其成本和能耗都很高。如何有效地提高体积储氢密度和质量储氢密度，是车载储氢装置研究的重点。

储氢气瓶采用质量轻、机械强度大的材料，通过减小储氢气瓶的质量和提高储氢压力来提高储氢装置的体积储氢密度和质量储氢密度，这是通常的研究方案。另一个比较理想的方案是，采用储氢材料与高压储氢复合的车载储氢新模式，即在高压储氢容器中装填质量较轻的储氢材料。这种储氢装置与纯高压储氢方式（>40MPa）相比，既可以降低储氢压力（约10MPa），又可以提高储氢的能力。复合式储氢装置的技术难点是如何开发吸氢和放氢性能好、成形加工工艺好、质量轻的储氢材料。

（3）辅助蓄能装置　对于混合型燃料电池电动汽车而言，辅助蓄能装置性能的好坏、能量控制策略的优劣等对燃料电池电动汽车动力性和经济性的影响都很大。因此，研究与开发高性能的辅助蓄能装置，也是燃料电池电动汽车发展所必需的。

目前，燃料电池电动汽车用辅助蓄能装置主要有蓄电池、超级电容和飞轮电池三种。对于用于燃料电池电动汽车的蓄电池来说，功率密度高、短时间大电流的充放电能力强尤为重要。目前，燃料电池电动汽车采用镍氢电池的较多。锂离子电池由于具有比能量大、比功率高、自放电少、无记忆效应、循环特性好、可快速放电等特点，已被一些燃料电池电动汽车用作辅助蓄能装置。相比于蓄电池，超级电容具有短时间内大电流充放性能好（可达蓄电池的 10 倍）、充放电效率高、循环寿命长等许多优点。作为唯一的辅助蓄能装置（FC + C）或作为辅助蓄能装置之一（FC + B + C），超级电容在燃料电池电动汽车上的应用将会逐渐增多。

（4）电动机及其控制技术　电动机用于产生驱动车轮转动的电磁转矩，其性能对燃料电池电动汽车的动力性和经济性影响极大。与工业用电动机相比，燃料电池电动汽车用驱动电动机在最大功率、最高转矩、工作效率、调速性能等方面均有较高的要求。目前，燃料电池电动汽车上使用较多的主要是永磁无刷直流电动机、交流异步电动机、交流同步电动机及开关磁阻电动机等。研究与开发出功率更大、更加高效且体积小、质量轻的电动机，并配以更加先进可靠的电动机控制技术，也是燃料电池电动汽车发展所要解决的关键技术之一。

（5）系统管理策略与电子控制技术　显而易见，整车动力系统的优化设计、能量管理策略、整车热管理及整车电子控制（动力控制、能量管理、热管理及制动能量回馈等自动协调控制）等，对燃料电池电动汽车的动力性、经济性也起到了关键的作用。因此，整车动力系统参数的选择与最优化设计、多动力源的能量管理策略与最优化控制、整车热管理的最优化控制、整车各控制系统的协调控制等，均是燃料电池电动汽车发展必须面对的关键课题。

二、燃料电池电动汽车存在的主要问题

燃料电池电动汽车有燃油汽车无法比拟的优势，但是，由于燃料电池电动汽车的性能、成本及燃料的供给配套设施等问题还尚待解决，因此完全替代燃油汽车还尚需时日。

1. 燃料电池电动汽车的性能还有待提高

与燃油汽车相比，燃料电池电动汽车的动力性、耐久性、起动性能（起动时间及低温起动）、续驶里程等均需要提高。

燃料电池是燃料电池电动汽车的核心部件，必须要解决的问题是提高功率密度、耐久性和起动性能。

重整器是确保燃料电池电动汽车能使用纯氢以外燃料的关键部件。提高重整器的工作可靠性、循环寿命、起动性和负荷响应性，以及小型化和轻量化，是重整燃料电池电动汽车必须要解决的问题。此外，开发实用型的汽油重整器具有极为重要的意义，因为当汽油重整器在燃料电池电动汽车上大规模使用时，燃料电池电动汽车燃料供给的基础设施可以与燃油汽车共用。

氢储存技术的提高是解决以纯氢为燃料的燃料电池电动汽车续驶里程问题的关键，目标是一次加氢的续驶里程能达到 500km 以上。

2. 制造成本和运行成本过高

制造成本和运行成本过高是制约燃料电池电动汽车商用化的最大障碍，而燃料电池电动汽车制造成本居高不下的最主要原因就是价格昂贵的燃料电池。

在燃料电池中，无孔石墨双极板的成本（包括石墨板材料价格和加工费用）占了整个燃料电池系统成本的 50% 以上。无孔石墨板的优点是导电性好、质量轻、耐腐蚀，缺点是

机械强度低、不易加工且难以薄片化。如今世界上正在研究改用金属板或复合板作双电极，这不仅可以降低材料费用，而且可以减薄双极板，降低加工难度，实现大批量生产，从而较大幅度地降低燃料电池的成本，提高燃料电池的比功率。

质子交换膜的费用也较高，其成本在燃料电池系统中排第二位。目前广泛采用的质子交换膜的工作温度极限是85℃，为确保燃料电池正常工作，就必须消耗燃料电池51%的能量，以移走燃料电池工作所产生的热量，这就大大降低了燃料电池的比能量。提高质子交换膜材料的工作温度极限和降低膜的厚度，是提高燃料电池的比能量，降低成本的有效途径。

催化剂铂是昂贵的金属，减少其用量可有效降低燃料电池的成本。但现在的燃料电池催化剂铂的用量已减至很低的水平，因此，单纯通过减少铂的用量来降低燃料电池的成本已较困难。提高铂的回收技术或寻求铂的替代品，成了降低燃料电池成本最有效的措施。

目前的燃料电池制造成本已降至每千瓦数百美元，但距离商用化还很远。据比较分析，只有当燃料电池的生产成本降至50 $/kW 的水平时，燃料电池电动汽车的价格才能与燃油汽车相抗衡。

对氢燃料电池电动汽车而言，氢气的制备、储藏和运输成本要远高于汽油和柴油，因此燃料电池电动汽车的运行成本也较高。降低氢燃料的成本或研究与开发高效的汽油重整器，也是燃料电池电动汽车能被市场接受所要努力的方向。

3. 燃料供给体系的建立尚需时日

目前，燃料电池电动汽车的燃料供给体系尚未建立，加氢站、加甲醇站等基础网络设施建设几乎为零。目前，全球范围内投入使用的加氢站仅有100多家，并且大都不具有商业用途。要使燃料电池电动汽车实现商用化，氢燃料的供应及燃料供给基础设施建设必须同步进行。

当大规模地使用燃料电池电动汽车时，如何较为经济地获取氢，就成了燃料电池电动汽车应用必须解决的首要问题。虽然通过重整技术可将天然气、汽油等转化为燃料电池所需的氢燃料，但是这要消耗大量的能量，且未能摆脱对有限资源的依赖，也不能完全消除对环境的污染。通过热分解或电解的方法可从水中获取氢，这虽然是一种取之不尽的制氢方法，但需要消耗较多的能源，不具备实用性。利用太阳能制氢是较有前途的制氢方法。太阳能发电后通过电解水制氢，或利用太阳能直接分解水制氢等技术均处于研究与开发之中。此外，生物制氢技术也是获取氢源的有效途径。只有到了能以太阳能或其他再生能源获取廉价氢燃料的时候，燃料电池电动汽车的燃料问题才算从根本上解决了。

气态氢的密度很小，需要通过高压储存，而液态氢又需要低温存储。因此，氢燃料生产基地的储存设备、运输装备和充氢站等，相比于汽油和柴油的储存设备、运输装备和加油站等均要复杂得多。加氢站的技术要求和费用要比加油站高得多，这需要国家给予政策扶持。在美国及欧洲一些国家，有关加氢站建设的法规早已成型，我国也正在积极做相关的工作。

只有当燃料电池电动汽车的性能及成本能与燃油汽车相抗衡，又有完备的燃料供给体系时，燃料电池电动汽车才能真正实现商用化。

第七章　电动汽车控制技术基础理论

本章将介绍应用于电动汽车控制的各种控制技术的基本概念、系统的构成、控制原理等，从中可了解这些控制理论及其在电动汽车控制系统中的作用。

第一节　状态空间分析法

线性控制理论是系统与控制理论中最为成熟和最为基础的一个组成分支，是现代控制理论的基石。系统与控制理论的其他分支，都不同程度地受到线性控制理论的概念、方法和结果的影响和推动。建立在状态空间法基础上的线性系统的分析和综合方法通常称为现代线性系统理论。

一、基本概念

1. 状态

系统的状态就是系统过去、现在和将来的状况。系统的状态可以定义为信息的集合，表征系统运动的信息。

2. 状态变量

系统的状态变量是指可以完全表征系统运动状态的最少个数的一组变量（如 x_1、x_2、…、x_n），并且满足下列两个条件：

1）在任何时刻 $t=t_0$，这组变量的值 $x_1(t_0)$、$x_2(t_0)$、…、$x_n(t_0)$ 都表示系统在该时刻的状态。

2）当系统在 $t \geqslant t_0$ 时的输入和上述初始状态确定的时候，状态变量应完全能表征系统在将来的行为。

3. 状态矢量

设一个系统有 n 个状态变量 x_1、x_2、…、x_n，用这 n 个状态变量作为分量所构成的矢量 X，称为该系统的状态矢量。

4. 状态空间

状态矢量所有可能值的集合称为状态空间。系统在任一时刻的状态都可用状态空间中的一点表示。

5. 状态方程

系统状态变量与系统输入之间关系的一阶方程组称为状态方程。

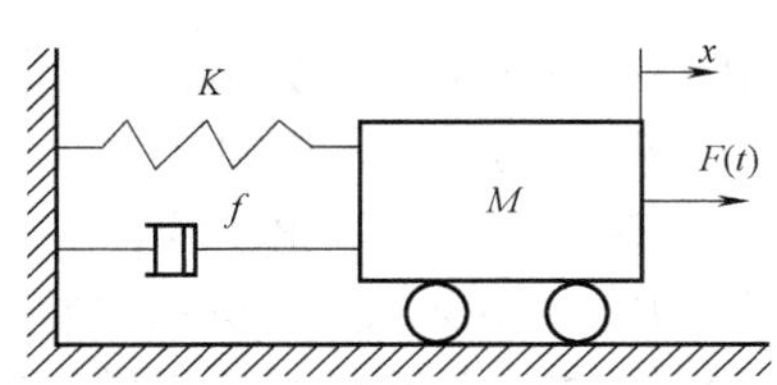

图 7-1　机械动力系统简图

【例 1】 某机械动力系统简图如图 7-1 所示。

质量-弹簧-阻尼系统的微分方程式为

$$M\frac{d^2x}{dt^2}+f\frac{dx}{dt}+Kx=F(t) \tag{7-1}$$

等式两边同除以 M 得

$$\frac{d^2x}{dt^2}+\frac{f}{M}\frac{dx}{dt}+\frac{K}{M}x=\frac{1}{M}F(t) \tag{7-2}$$

选择位移 $x_1(t)$ 和速度 $x_2(t)$ 作为系统的状态变量，可把上述方程化为两个一阶微分方程，即

$$\begin{cases}\dot{x}_1=x_2\\ \dot{x}_2=-\dfrac{K}{M}x_1-\dfrac{f}{M}x_2+\dfrac{1}{M}F\end{cases} \tag{7-3}$$

若用矢量矩阵的形式表示，则可写成

$$\begin{pmatrix}\dot{x}_1\\ \dot{x}_2\end{pmatrix}=\begin{pmatrix}0 & 1\\ -\dfrac{K}{M} & -\dfrac{f}{M}\end{pmatrix}\begin{pmatrix}x_1\\ x_2\end{pmatrix}+\begin{pmatrix}0\\ \dfrac{1}{M}\end{pmatrix}F \tag{7-4}$$

写成矢量矩阵形式的标准型，即

$$\dot{X}=AX+Bu \tag{7-5}$$

这就是系统的状态方程。

6. 输出方程

在指定系统输出的情况下，该输出与状态变量间的函数关系式称为系统的输出方程。

例如：在上述系统中，指定 $x_1=x$ 作为输出，一般输出符号用 y 表示，则有 $y=x_1$，写成矢量矩阵形式为

$$y=(1\quad 0)\begin{pmatrix}x_1\\ x_2\end{pmatrix} \tag{7-6}$$

写成标准式为

$$Y=CX \tag{7-7}$$

7. 状态空间表达式

状态方程和输出方程构成对一个系统性能的完整描述，称为系统的状态空间表达式。若系统是 $r\times m\times n$ 维空间，即

$$u=\begin{pmatrix}u_1\\ u_2\\ \vdots\\ u_r\end{pmatrix},\ Y=\begin{pmatrix}y_1\\ y_2\\ \vdots\\ y_m\end{pmatrix},\ X=\begin{pmatrix}x_1\\ x_2\\ \vdots\\ x_n\end{pmatrix} \tag{7-8}$$

若是线性系统，可写成

$$\begin{aligned}\dot{X}&=AX+Bu\\ Y&=CX+Du\end{aligned} \tag{7-9}$$

式中　A——$n\times n$ 系数矩阵；

B——$n\times r$ 控制矩阵；

C——$m\times n$ 输出矩阵；

D——$m\times r$ 直接传递矩阵。

8. 状态空间表达式的系统框图

状态空间表达式的系统框图如图 7-2 所示。

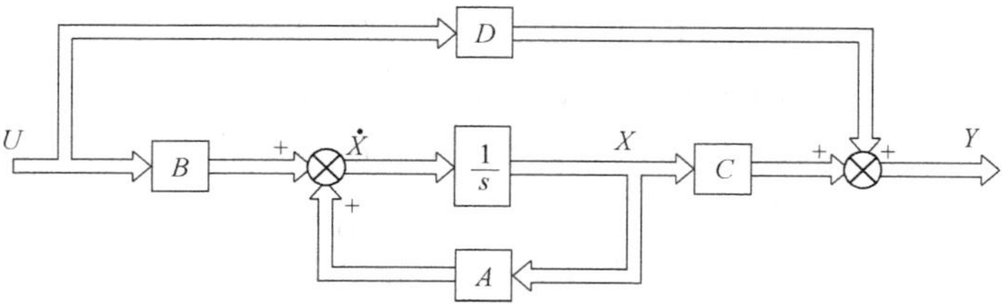

图 7-2　状态空间表达式的系统框图

二、线性系统能控性和能观测性

1. 能控性的概念

设系统为

$$\begin{aligned}\dot{X} &= AX + Bu \\ Y &= CX\end{aligned} \tag{7-10}$$

如果用一个适当的控制信号，在有限的时间内（$t_0 \leqslant t \leqslant t_1$）使初始状态 $X(0)$ 转移到任意终止状态 $X(t_1)$，那么 $\dot{X} = AX + Bu$ 所代表的系统就称为状态能控的；如果对任意初始状态都能控，则这个系统就称为状态完全能控的。

2. 能控性判定准则

线性系统 $\dot{X} = AX + Bu$ 状态完全能控的充分必要条件是：矢量 B、AB、A^2B、…、$A^{n-1}B$ 是线性无关的，或者 $n \times n$ 矩阵 $M = [B \vdots AB \vdots A^2B \vdots \cdots \vdots A^{n-1}B]$ 的秩为 n（即满秩）。

3. 能观测性的概念

系统的状态方程和输出方程为

$$\begin{aligned}\dot{X} &= AX \\ Y &= CX\end{aligned} \tag{7-11}$$

式中　X——n 维矢量；

Y——m 维矢量；

A——$n \times n$ 矩阵；

C——$m \times n$ 矩阵。

如果在有限时间内，每个初始状态 $x(0)$ 都能由 $y(t)$ 的观测值确定，那么系统就称为完全能观测的。

4. 能观性判定准则

线性定常系统完全能观测的充分必要条件是矩阵

$$V = \begin{pmatrix} C \\ CA \\ CA^2 \\ \vdots \\ CA^{n-1} \end{pmatrix} \tag{7-12}$$

的秩为 n。

下面举例说明如何判断系统的能控性和能观测性。

【例 2】　已知系统的状态方程为

$$\begin{pmatrix}\dot{x}_1\\\dot{x}_2\\\dot{x}_3\end{pmatrix}=\begin{pmatrix}1&1&0\\0&1&0\\0&1&1\end{pmatrix}\begin{pmatrix}x_1\\x_2\\x_3\end{pmatrix}+\begin{pmatrix}0&1\\1&0\\0&1\end{pmatrix}\begin{pmatrix}u_1\\u_2\end{pmatrix}$$

$$\begin{pmatrix}y_1\\y_2\end{pmatrix}=\begin{pmatrix}1&0&1\\0&1&0\end{pmatrix}\begin{pmatrix}x_1\\x_2\\x_3\end{pmatrix}$$

试判断系统的能控性和能观测性。

解 （1）构造能控性判别矩阵 Q_C

$$Q_C=(B\quad AB\quad A^2B)=\begin{pmatrix}0&1&1&1&2&1\\1&0&1&0&1&0\\0&1&1&1&2&1\end{pmatrix}$$

因为 $\text{rank}Q_C=2<n$，所以系统是状态不完全能控的。

（2）构造能观测性判别矩阵 Q_O

$$Q_O=\begin{pmatrix}C\\CA\\CA^2\end{pmatrix}=\begin{pmatrix}1&0&1\\0&1&0\\1&2&1\\0&1&0\\1&4&1\\0&1&0\end{pmatrix}$$

因为 $\text{rank}Q_O=2<n$，所以系统是状态不完全能观测的。

三、状态空间方程的能控标准型和能观测标准型

1. 能控标准型

如果系统的状态方程和输出方程

$$\begin{aligned}\dot{X}&=AX+Bu\\Y&=CX+Du\end{aligned}\tag{7-13}$$

可写为

$$X=\begin{pmatrix}x_1\\x_2\\x_3\\\vdots\\x_n\end{pmatrix},\ A=\begin{pmatrix}0&1&0&\cdots&0\\0&0&1&\cdots&0\\\vdots&\vdots&\vdots&&\vdots\\0&0&0&\cdots&1\\-a_n&-a_{n-1}&-a_{n-2}&\cdots&-a_1\end{pmatrix}$$

$$B=\begin{pmatrix}0\\0\\0\\\vdots\\1\end{pmatrix},\ C=\begin{pmatrix}b_m&b_{m-1}&\cdots&b_0&\underbrace{0\ \cdots\ 0}_{n-m-1}\end{pmatrix}$$

则这种形式的状态方程称为能控标准型。

2. 能观标准型

如果系统的状态方程和输出方程

$$\begin{aligned}\dot{X}&=AX+Bu\\Y&=CX+Du\end{aligned}\tag{7-14}$$

可写为以下形式：

$$\begin{pmatrix}\dot{x}_1\\\dot{x}_2\\\dot{x}_3\\\vdots\\\dot{x}_{n-1}\\\dot{x}_n\end{pmatrix}=\begin{pmatrix}0&0&0&\cdots&0&-a_n\\1&0&0&\cdots&0&-a_{n-1}\\0&1&0&\cdots&0&-a_{n-2}\\\vdots&\vdots&\vdots&&\vdots&\vdots\\0&0&0&\cdots&0&-a_2\\0&0&0&\cdots&1&-a_1\end{pmatrix}\begin{pmatrix}x_1\\x_2\\x_3\\\vdots\\x_{n-1}\\x_n\end{pmatrix}+\begin{pmatrix}b_m\\\vdots\\b_0\\0\\\vdots\\0\end{pmatrix}u\quad\left.\begin{matrix}\\\\\end{matrix}\right\}n-m-1$$

$$Y=(0\quad 0\quad 0\quad\cdots\quad 0\quad 1)\begin{pmatrix}x_1\\x_2\\x_3\\\vdots\\x_{n-1}\\x_n\end{pmatrix}$$

则这种形式的状态方程称为能观测标准型。

在此不做证明，仅给出以下结论：

1）只要是完全能控或完全能观测的系统，就可通过非奇异变换化为能控标准型或能观测标准型。

2）能控标准型和能观测标准型的关系：系数矩阵互为转置关系，而前者的 B 为后者的 C^{T}，前者的 C^{T} 为后者的 B。具有这种结构关系的称为互有对偶关系。

第二节　模糊控制

对于复杂系统，采用一般的控制方法很难实现控制。其主要原因是系统的模型非常复杂，阶数很高或根本无法得到合理的数学模型。那些以数学模型为基础的方法对这样的控制问题无能为力。然而，一个熟练的操作控制人员却能够比较好地操作、控制这样的复杂系统。模糊控制以操作人员的经验为基础。它并不是从精确的数学表达的角度来了解受控制系统，而是根据操作者经验的语言表达来确定各个参数和控制规律，然后在实际系统中进行调试和整定。

操作人员实现复杂系统控制的经验，实际上就是由自然语言总结出的若干规则。要想用计算机完成类似的工作，就必须把这些语言表示的经验总结进行数学处理，然后再根据有关的推理和控制法则作出决策。模糊控制就是要实现这种控制方法。下面简要介绍一下模糊控制系统的工作原理和模糊器的设计问题。

一、模糊控制系统原理

1. 概述

模糊系统是一个被精确定义的系统。模糊控制也是一种被精确定义的特殊的非线性控制。线性系统与控制中“线性”一词用于界定“系统与控制”，类似地“模糊系统与控制”中的“模糊”一词也是用于界定一类特殊的“系统与控制”。从本质上看，尽管模糊系统理论描述的现象可能是模糊的，但理论本身却是精确的。

研究模糊系统理论的原因有两类：

1）现实世界太复杂以至于无法做到精确描述，所以为了得到一个合理的且可跟踪的模型，就必须引入近似性（即模糊性）概念。

2）随着人类向信息时代的迈进，人类的知识变得日益重要，这样就需要一种理论，能系统地描述人类知识并将其同其他信息（如数学模型和感官测量）一起嵌入到工程系统中。

第一类原因虽然正确，但它并未概括出模糊系统理论独一无二的性质。实际上，几乎工程中的所有理论都是以一种近似的方法来描述现实世界的。举例来说，大多数实际系统都是非线性的，但我们都对线性系统的研究做了大量的努力。一个好的工程理论应该是精确的，应既能概括出现实世界的关键性质，又便于用数学分析的方法跟踪研究。在这方面，模糊系统理论同其他工程理论是没有区别的。

第二类原因描述了模糊系统理论的独有特征，并证明了它是作为工程学中的一个独立分支而存在的。根据一般性原则，一个好的工程理论应该能够有效利用所有可得的信息。对于大多数实际系统来说，有两个重要的信息来源：一个是用自然语言描述系统性能的专家；另一个是由传感器提供的测量数据和根据自然法则推导出来的数学模型。因此，一项重要的任务就是怎样将这两类信息整合到系统设计中去。实现这种整合的关键在于怎样将人类的知识整合到同传感器测量结果及数学模型类似的“框架”中。换句话说，关键问题在于怎样把一个人类知识库转换成一个数学公式。要理解模糊系统如何实现这种转换，首先必须了解什么是模糊系统。

模糊系统是一种基于知识或基于规则的系统。它的核心就是由所谓的 IF-THEN 规则所组成的知识库。一个模糊的 IF-THEN 规则就是一个用连续隶属度函数对所描述的某些句子所做的 IF-THEN 形式的陈述。例如，某模糊 IF-THEN 规则可写为：IF 一辆汽车的速度快，THEN 施加给加速踏板的力较小。

模糊系统就是通过组合模糊 IF-THEN 规则构造而成的。下面再看一个例子：

【例 3】 设想设计一个可以自动控制汽车速度的控制器。从概念上讲，有两种设计控制器的方法：第一种方法是采用传统的控制理论，比如设计一个 PID 控制器；第二种方法是模仿驾驶人，也就是把驾驶人所采用的规则转换到自动化的控制器中来。现在，让我们看一下第二种方法。粗略地讲，驾驶人在一般环境下采用以下三类规则来驾驶汽车：

1）IF 速度慢，THEN 施加给加速踏板较大的力。

2）IF 速度适中，THEN 施加给加速踏板正常大小的力。

3）IF 速度快，THEN 施加给加速踏板较小的力。

这里“慢”、“较大”'、“适中”、“正常大小”、“快”、“较小”都是可用连续隶属度函数来描述的。当然，实际情况可能需要更多的规则。我们可以根据这些规则来构造模糊系统。当把模糊系统作为控制器来使用时，也可以把这种控制器叫做模糊控制器。

图 7-3 所示为人工操作的控制系统示意图。操作者首先通过传感器和仪表显示器知道系统的输出量及其变化的模糊信息，然后，操作者就用这些信息，根据已有的经验来分析判断，得出相应的控制决策，实现对被控对象的控制。

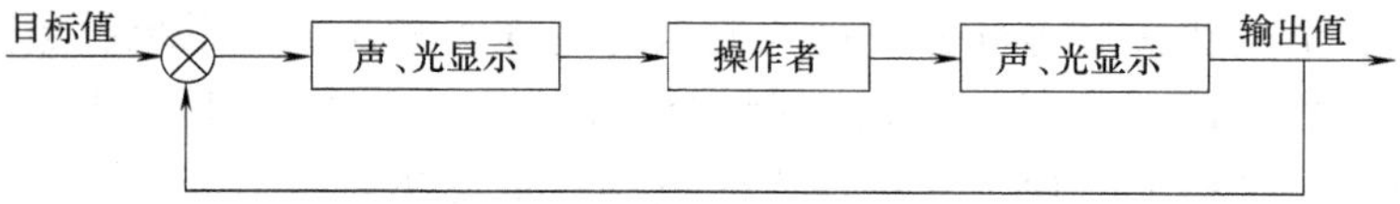

图 7-3　人工操作的控制系统示意图

一般说来，当操作者进行控制时，必须根据输入的偏差及偏差的变化率综合地进行权衡和判定。操作者在对受控过程进行控制时，测量或观测到的偏差值和偏差的变化率是一些清晰的量，经过模糊化以后得到偏差和偏差变化率大、中、小的某个模糊量，再经过操作者的模糊决策后，得到决策的控制输出模糊量。当按照已定的模糊决策去执行具体的动作时，所执行的动作又必须以清晰的量表现出来。因此，图 7-3 所示的控制过程可归结为：将偏差 e、偏差变化率 ec 的清晰量经模糊化得到模糊量 E 和 EC，经模糊近似推理分析得到模糊控制量输出 U，然后经模糊决策判断，得到清晰值的控制量输出 u 去执行控制动作。

由于一个模糊概念可以用一个模糊集合来表示，所以模糊概念的确定问题，就可以直接转换为模糊集隶属度函数的求取问题。因此，对于一类缺乏精确数学模型的被控对象，可以用模糊集合的理论，将人对系统的操作和控制的经验，总结成用模糊条件语句的形式写出的控制规则，通过必要的数学处理，来确定一定的推理法则。这样就可以根据输入的模糊信息，按照控制规则和推理法则，作出模糊决策，完成控制动作。具有上述功能的模糊控制系统框图如图 7-4 所示。

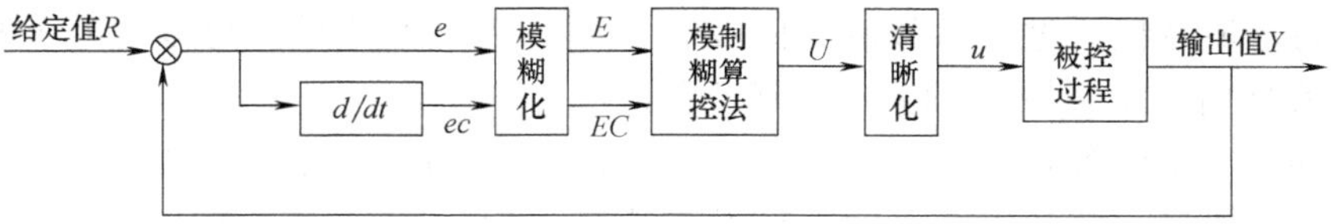

图 7-4　模糊控制系统框图

2. 模糊控制原理及组成

（1）模糊控制原理　最基本的模糊控制系统结构如图 7-5 所示。图 7-5 中，R 为设定值，Y 为系统输出值，它们都是清晰量。

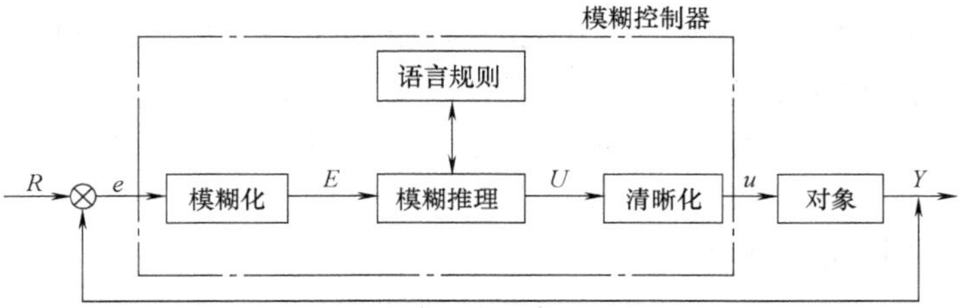

图 7-5　最基本的模糊控制系统结构

从图 7-5 可以看出，模糊控制器的输入量是系统的偏差量 e，它是确定数值的清晰量。通过模糊化处理，用模糊语言变量 E 来描述偏差。模糊推理输出 U 是模糊变量，在系统中要实施控制时，模糊变量 U 还要转化为清晰值，因此要进行清晰化处理，得到可操作的确定值 u，这就是模糊控制器的输出值，通过 u 的调整控制作用，使偏差 e 尽量小。

（2）模糊控制器的组成　模糊控制器的基本组成如图 7-6 所示。它包含模糊化接口、规则库、模糊推理、清晰化接口等部分。输入变量是过程实测变量与系统设定值的差值，输出变量是系统的实时控制修正变量。模糊控制的核心部分是包含语言规则的规则库和模糊推理。模糊推理就是一种模糊变换，它将输入变量模糊集变换为输出变量模糊集，实现论域的转换。

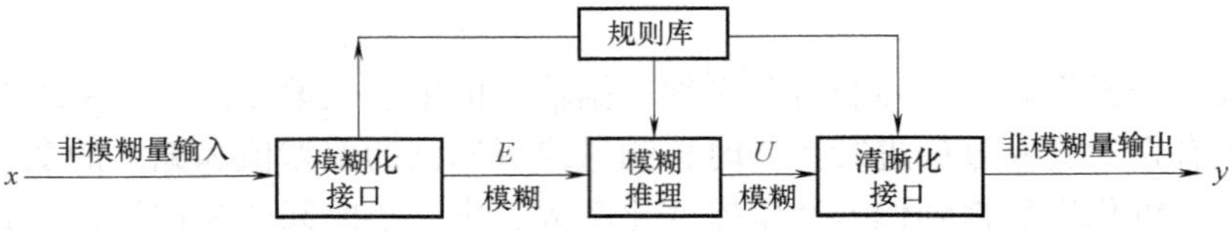

图 7-6　模糊控制器的基本组成

1）模糊化接口。模糊化是将模糊控制器输入量的确定值转换为相应模糊语言变量值的过程。此相应语言变量均由对应的隶属度来定义。

若以偏差 e 为输入，则通过模糊化处理，用模糊语言变量 E 来描述偏差。若以 $T(E)$ 记为 E 的语言值集合，则有

$$T(E)=\{负大，负中，负小，零，正小，正中，正大\}$$

或用其英文字头缩写表示为

$$T(E)=\{NB,\ NM,\ NS,\ ZE,\ PS,\ PM,\ PB\}$$

过程参数的变化范围是各不相同的，为了统一到指定的 $T(E)$ 论域中来，模糊化的第一个任务是进行论域变换。过程参数的实际变化范围称为基本论域。可以通过变换系数（量化因子）来实现由基本论域到 $T(E)$ 论域的变换。

模糊化的第二个任务是求得输入对应于语言变量的隶属度。语言变量的隶属度函数有两种表示方式，即离散方式和连续方式。离散方式是只取论域中的离散点（整数值）及这些点的隶属度来描述一个语言变量。例如：取 $T(E)=[-6,\ +6]$，则 PB 的模糊子集可以写为

$$PB=\frac{0.2}{4}+\frac{0.7}{5}+\frac{1}{6}$$

式中 0.2、0.7、1 就是相应 4、5、6 三个元素属于模糊子集 PB 的隶属度。连续方式将隶属度表示成论域变量的连续函数，最常见的函数形式有三角形、正态型、梯形等。

2）规则库。规则库是由若干条模糊语言控制规则所组成的。这些控制规则可以来自现场操作人员或专家等，是对过程操作的经验性总结。规则库中的控制规则可以用语言规则形式给出。

用语言规则形式描述的规则库的格式如下：

如果（条件）则（结论）

条件是输入，结论是输出，条件可以是多个条件的组合，结论也可以不唯一。

若有 n 个模糊语言控制规则，则可写成：

R_1：IF 条件 P_1　　　THEN 结论 C_1

R_2：IF 条件 P_2　　　THEN 结论 C_2

⋮　　　　　　　　⋮

R_n：IF 条件 P_n　　　THEN 结论 C_n

3）模糊推理。利用模糊推理，可以由输入的模糊集合 E 得到输出的模糊集合 U。推理是从一些模糊前提条件推导出某一结论，这种结论可能存在模糊或确定两种情况。目前，模糊推理有十几种方法，大致分为直接法和间接法两大类。把隶属度函数的隶属度值视为真值进行推理的方法是直接推理法，其中最常用的是 Mamdani 的 max-min 的合成法。

4）清晰化接口。清晰化又称为去模糊和解模糊。根据规则经过推理得到的是模糊集合（单点集合除外）。它仍然无法被执行机构识别并执行。因此需要将模糊集合变成清晰值，这个过程称为清晰化。清晰化的方法很多，其中最简单的一种是最大隶属度法。

（3）模糊控制器的结构

1）单变量模糊控制器。在模糊控制系统中，具有一个输入变量和一个输出变量的系统称为单变量模糊控制系统，一个单变量模糊控制系统所采用的模糊控制器称为单变量模糊控制器。通常把模糊控制器的输入量个数称为模糊控制器的维数，如图 7-7 所示。

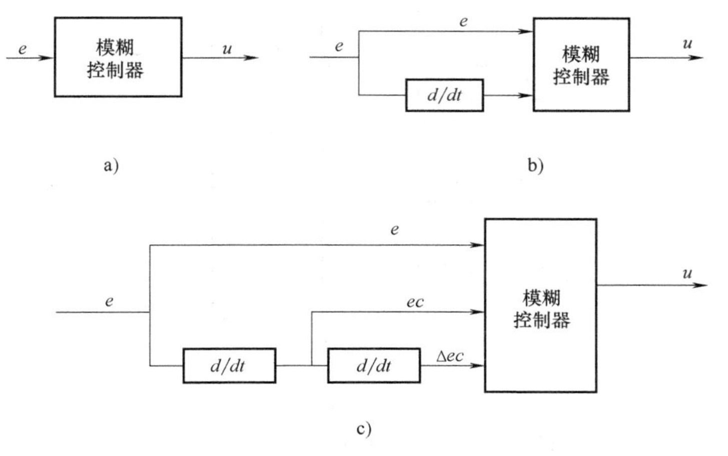

图 7-7　单变量模糊控制器框图

a）一维模糊控制器　b）二维模糊控制器　c）三维模糊控制器

一维模糊控制器如图 7-7a 所示。它的输入变量是系统的偏差量 e，输出变量是系统的控制量的变化值 u。由于仅采用偏差控制，所以系统的动态控制性能不佳，一般用于一阶被控对象。

二维模糊控制器如图 7-7b 所示。它的输入量是偏差量 e 和偏差变化率 ec，以控制量的变化值 u 作为输出量。它比一维模糊控制器有较好的控制效果，且易于计算机的实现，是目前广为采用的一类模糊控制器。

三维模糊控制器如图 7-7c 所示。它的三个输入变量分别为系统偏差量 e、偏差变化率 ec 和偏差变化的变化率 Δec，以控制量的变化值 u 作为输出量。由于这类模糊控制器结构较复杂，推理运算时间长，所以一般较少采用。

2）多变量模糊控制器。在模糊控制系统中，多于一个输入变量和输出变量的系统称为多变量模糊控制系统。多变量模糊控制系统所采用的模糊控制器往往具有多变量结构，称为多变量模糊控制器，如图 7-8 所示。

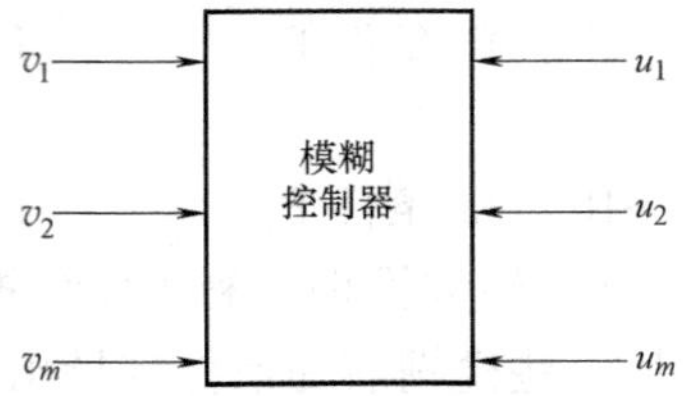

图 7-8　多变量模糊控制器框图

它有 m 个输入 v_k（$k=1, 2, \cdots, m$）和 n 个输出 u_i（$i=1, 2, \cdots, n$）。要设计一个多输入多输出（MIMO）的模糊控制器，通常先将其分解成若干个多输入单输出（MISO）的模糊控制器，然后再进行设计。其分解结构如图 7-9 所示。

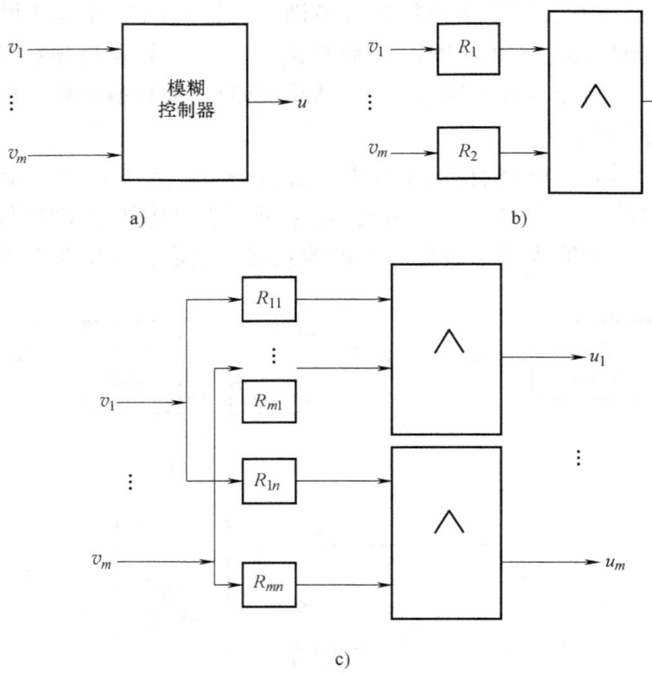

图 7-9　多变量模糊控制器分解结构

a）MISO 结构（一）　b）MISO 结构（二）　c）MIMO 结构

图 7-9b 所示结构是图 7-9a 所示结构的等效结构，是多变量模糊控制器的一个子系统。控制输出量为

$$u=v_1 \cdot R_1 \wedge v_2 \cdot R_2 \wedge \cdots \wedge v_m \cdot R_m \tag{7-15}$$

其中，模糊关系定义为

$$R=\bigcup_{i=1}^{l}(v_{ki} \times u_1);\ k=1, 2, \cdots, m \tag{7-16}$$

式中　l——模糊控制规则数。

对应于图 7-9c，多变量模糊控制器的输出为

$$\begin{aligned} u_1 &= v_1 \cdot R_{11} \wedge v_2 \cdot R_{21} \wedge \cdots \wedge v_m \cdot R_{m1} \\ u_2 &= v_1 \cdot R_{12} \wedge v_2 \cdot R_{22} \wedge \cdots \wedge v_m \cdot R_{m2} \\ &\vdots \\ u_n &= v_1 \cdot R_{1n} \wedge v_2 \cdot R_{2n} \wedge \cdots \wedge v_m \cdot R_{mn} \end{aligned}$$

其模糊关系为

$$R_{kj}=\bigcup_{i=1}^{l}(v_{ki}\times u_{ji});\ k=1,2,\cdots,m\qquad j=1,2,\cdots,n \tag{7-17}$$

二、模糊控制器设计

由于模糊控制是由计算机实现的，因此模糊控制器的硬件就是规模不同的计算机系统。所谓设计是指实现模糊控制的软件设计。涉及模糊控制算法的设计有下面几项内容：

1）确定模糊控制器的输入变量和输出变量。

2）设计模糊控制器的控制规则。

3）确立模糊化和非模糊化方法。

4）选择模糊控制器的输入变量及输出变量的论域并确定模糊控制器的参数（如量化因子、比例因子）。

5）编制模糊控制算法的应用程序。

6）合理选择模糊控制算法的采样时间。

1. 清晰量的模糊化

（1）语言变量和语言变量值　语言变量是以自然或人工语言的词、词组或句子作为值的变量，如温度、水位、速度等都可以作为语言变量。

模糊控制器的输入语言变量多取自系统偏差 e 及其变化率 ec，输出语言变量取自控制量的变化。这种结构反映模糊控制器具有非线性 PD 控制规律，从而有利于保证系统的稳定性，并可减少响应过程的超调量以及削弱其振荡现象。

语言变量的取值称为语言变量值，例如可以将“温度”划分成“高”、“较高”、“中”、“较低”、“低”等五个等级，温度的“高”、“较高”、“中”、“较低”、“低”称为“温度”这个语言变量的语言值。语言值可用模糊集来描述。

一般在设计模糊控制器时，人们对于偏差、偏差变化率和控制量的变化等语言变量，常用“正大（PB）”、“正中（PM）”、“正小（PS）”，“零（0）”、“负小（NS）”、“负中（NM）”和“负大（NB）”这 7 个语言值来描述。有时将“零”分为“正零（$P0$）”和“负零（$N0$）”两个值，以表示偏差的变化在当前是增加趋势还是减小趋势。这样，就构成了 8 个语言变量值 $\{PB, PM, PS, P0, N0, NS, NM, NB\}$。

一般来说，每个语言值宜选用 2～10 个值。语言值多了会使控制规则变得复杂，制定起来也比较困难。因此，在选取语言变量值时，既要考虑控制规则的灵活与细致性，又要兼顾其简单与易行的要求。

（2）语言变量隶属度函数的设定　过程参数的变化范围即模糊控制器输入量的实际范围称为基本论域，它是一个连续域。在设计模糊控制器时，需将输入语言变量的基本论域转换成指定的有限整数的离散论域。

设输入语言变量的基本论域为 $X=[x_{\mathrm{L}}, x_{\mathrm{H}}]$，$x_{\mathrm{L}}$ 表示低限值，x_{H} 表示高限值。把此论域转换成离散域 $N=[-n, -n+1, \cdots, -1, 0, 1, \cdots, n-1, n]$。其中，$n$ 是在 $x_{\mathrm{L}}\sim x_{\mathrm{H}}$ 范围内将连续变化的输入语言变量离散化后分成的档数，一般常取 6 或 7。这需经过转换系数来实现。两个论域间的转换系数为

$$k=\frac{2n}{x_{\mathrm{H}}-x_{\mathrm{L}}} \tag{7-18}$$

k 称为量化因子，若在 x 论域中有 a，则可以找到论域 N 中的元素 y 与之对应。

$$y = ka$$

如果求出的 y 含有小数，则可采用四舍五入的方法对 y 取整数。

设偏差的基本论域为$[-e_L, e_H]$，偏差所取的离散域即模糊子集的论域为 $E=\{-n, -n+1, \cdots, -1, 0, 1, \cdots, n-1, n\}$，则偏差的量化因子可表示为

$$k_e = \frac{2n}{e_H - e_L} \tag{7-19}$$

同理，偏差变化率的量化因子可表示为

$$k_{ec} = \frac{2n}{ec_H - ec_L} \tag{7-20}$$

对于系统控制量的变化 u，基于量化因子的概念，定义 k_u 为其比例因子。

$$k_u = \frac{u_H - u_L}{n} \tag{7-21}$$

其中，$[u_L, u_H]$ 为控制量变化的基本论域；n 为基本论域 $[u_L, u_H]$ 的量化档数。从式（7-21）可见，比例因子 k_u 与量化档数 n 之积便是实际加到被控过程上去的控制量的变化 u。

语言变量论域上的模糊子集由隶属度函数 $u(x)$ 来描述。隶属度函数 $u(x)$ 可以通过总结操作者的操作经验或采用模糊统计方法来确定。其中，对于常采用的论域 $\{-6, -5, -4, -3, -2, -1, -0, +0, +1, +2, +3, +4, +5, +6\}$ 来说，在其上定义的8个语言变量值（PB，PM，PS，$P0$，$N0$，NS，NM，NB）的模糊子集当中，具有最大隶属度“1”的元素习惯上取为

$$u_{PB}(x) = 1 \qquad x = +6$$
$$u_{PM}(x) = 1 \qquad x = +4$$
$$u_{PS}(x) = 1 \qquad x = +2$$
$$u_{P0}(x) = 1 \qquad x = +0$$
$$u_{N0}(x) = 1 \qquad x = -0$$
$$u_{NS}(x) = 1 \qquad x = -2$$
$$u_{NM}(x) = 1 \qquad x = -4$$
$$u_{NB}(x) = 1 \qquad x = -6$$

图 7-10 所示为一种具有三角形分布的隶属度函数图。其中各个值的范围分别为：

NB(负大)　　$-6 \sim -4$

NM(负中)　　$-6 \sim -2$

NS(负小)　　$-4 \sim 0$

ZE(零)　　$-2 \sim +2$

PS(正小)　　$0 \sim +4$

PM(正中)　　$+2 \sim +6$

PB(正大)　　$+4 \sim +6$

在各个值的给定范围外，它们的隶属度均为零。

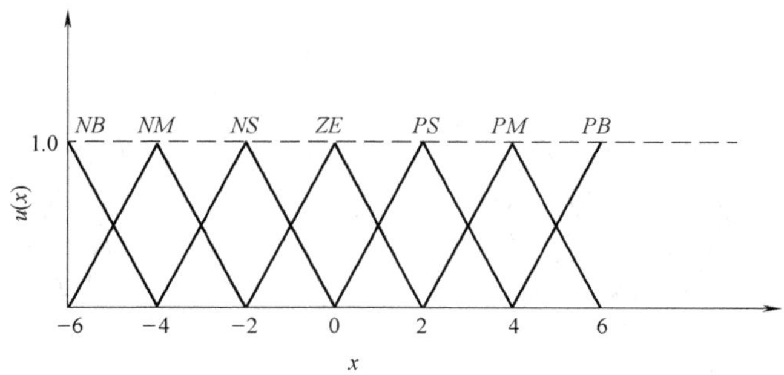

图 7-10　具有三角形分布的隶属度函数图

隶属度函数还常采用正态函数：

$$u(x)=e^{-\left(\frac{x-a}{b}\right)^2} \tag{7-22}$$

其中参数 a 对于模糊集合 PB，PM，PS，$P0$，$N0$，NS，NM，NB 分别取 +6，+4，+2，+0，−0，−2，−4 和 −6；参数 b 取大于零的正数。若 b 值大，则 $u(x)$ 曲线宽；若 b 值小；则 $u(x)$ 曲线窄。

确定语言变量的模糊子集的隶属度函数 $u(x)$ 时应注意：

1）一个语言变量的各个模糊子集（语言值）之间并没有明确的分界线，反映在模糊集的隶属度函数曲线上，就是这些隶属度函数必定是相互重叠的。在一个模糊控制系统中，隶属度函数之间的重叠程度直接影响着系统的性能。一般重叠率在 0.2～0.6 选取。图 7-11 给出了几个隶属度函数重叠的例子。

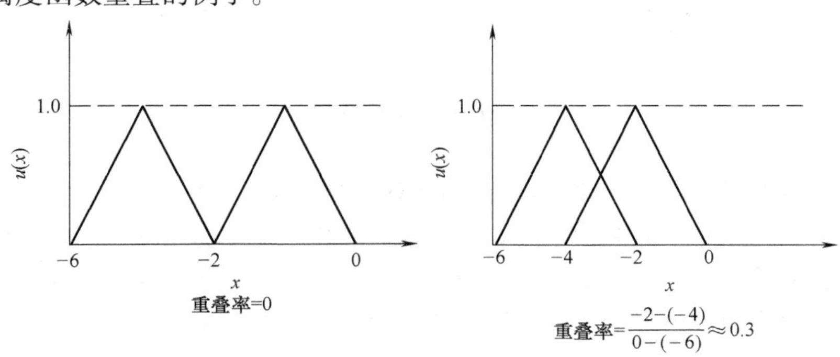

图 7-11　隶属度函数的重叠情况

2）隶属度函数在整个论域上可以是均匀对称分布的，也可以是非均匀或不对称分布的，如图 7-12 所示。可将三角形模糊子集的"零"固定在所谓的"工作区"上，而其他模糊子集则向"零"靠拢，这种分布有助于提高系统的控制精度。

3）在定义某一语言变量，如偏差、偏差变化率和控制量变化的全部模糊集合（如 PB，…，NB）时，要考虑它们对论域 $[-n,\ +n]$ 的覆盖程度，应使论域中的任何一点对这些模糊集合隶属度的最大值都不能太小，否则在这样的点上会出现"空档"，从而引起失控。为此，语言变量的全部模糊集合所包含的非零隶属度对应的论域元素个数，应当是模糊集合总数的 3～4 倍。

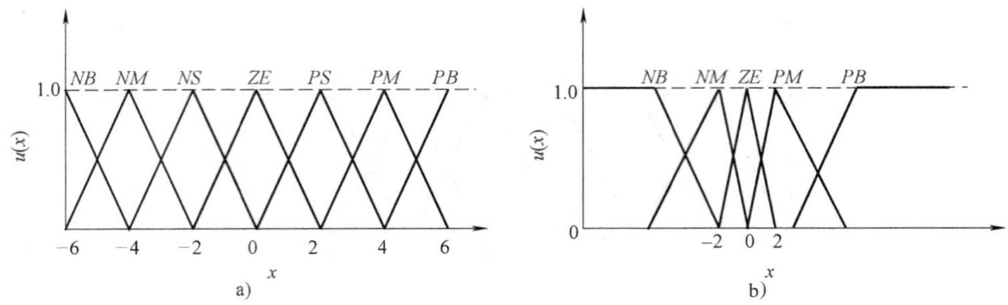

图 7-12 隶属度函数的分布

a）均匀对称分布 b）不均匀分布

4）隶属度函数 $u(x)$ 的形状，对控制效果影响较大。图 7-13 中的 $u_A(x)$ 是窄型隶属度函数，反映模糊集合 A 具有高分辨率特性。如果系统偏差 e 采用高分辨率模糊集合 A,则偏差控制的灵敏度就高。像图 7-13 中 $u_B(x)$ 这样的宽型隶属度函数，反映模糊集合 B 具有低分辨率，控制灵敏度低。

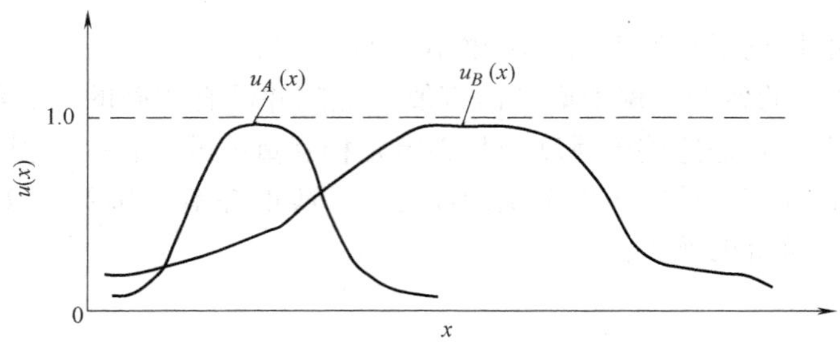

图 7-13 隶属度函数

（3）清晰量转换为模糊量 图 7-4 所示的模糊控制系统，是一个最为普遍和典型的模糊控制系统。它含有偏差 e、偏差变化率 ec 两个输入量和一个控制量 u。它们都是清晰量。这三个物理量都要从基本论域通过量化转换到离散论域，再在离散论域给出若干语言变量值，同时用隶属度函数说明各语言变量值从属于各自论域的程度，从而实现整个论域元素的模糊化过程。

在选定模糊控制器的语言变量（如偏差 E、偏差变化率 EC 和控制量变化 U）及其所取的语言值（如 PB，…，0，…，NB），并确定了语言变量（如 E，EC 和 U）在各自论域上的模糊子集（如 PB，…，0，…，NB）之后，可为语言变量（如 E，EC 和 U）分别建立用以说明各语言值从属于各自论域程度的表格，称此表格为语言变量的赋值表。

对于偏差 e，可把基本论域通过量化变换到离散论域 $\{-6, -5, -4, -3, -2, -1, -0, +0, +1, +2, +3, +4, +5, +6\}$，并取正大、正中、正小、正零、负零、负小、负中、负大（PB，PM，PS，$P0$，$N0$，NS，NM，NB）8 个语言变量档次。各个语言变量值的隶属度函数可写成表 7-1 所示的值。表 7-1 便为偏差 E 的语言变量赋值表。

同理，可写出关于语言变量偏差变化率 EC 及控制量 U 的赋值表，分别见表 7-2 及表 7-3。

表 7-1　*E* 的语言变量赋值表

语言值 \ u(x) \ E	-6	-5	-4	-3	-2	-1	-0	+0	+1	+2	+3	+4	+5	+6
NB	1	0.8	0.4	0.1	0	0	0	0	0	0	0	0	0	0
NM	0.2	0.7	1	0.7	0.2	0	0	0	0	0	0	0	0	0
NS	0	0	0.1	0.5	1	0.8	0.3	0	0	0	0	0	0	0
NO	0	0	0	0	0.1	0.6	1	0	0	0	0	0	0	0
PO	0	0	0	0	0	0	0	1	0.6	0.1	0	0	0	0
PS	0	0	0	0	0	0	0	0.3	0.8	1	0.5	0.1	0	0
PM	0	0	0	0	0	0	0	0	0	0.2	0.7	1	0.7	0.2
PB	0	0	0	0	0	0	0	0	0	0	0.1	0.4	0.8	1

表 7-2　*EC* 的语言变量赋值表

语言值 \ u(x) \ EC	-6	-5	-4	-3	-2	-1	0	+1	+2	+3	+4	+5	+6
NB	1	0.8	0.4	0.1	0	0	0	0	0	0	0	0	0
NM	0.2	0.7	1	0.7	0.2	0	0	0	0	0	0	0	0
NS	0	0	0.2	0.7	1	0.9	0	0	0	0	0	0	0
0	0	0	0	0	0	0.5	1	0.5	0	0	0	0	0
PS	0	0	0	0	0	0	0	0.9	1	0.7	0.2	0	0
PM	0	0	0	0	0	0	0	0	0.2	0.7	1	0.7	0.2
PB	0	0	0	0	0	0	0	0	0	0.1	0.4	0.8	1

表 7-3　*U* 的语言变量赋值表

语言值 \ u(x) \ U	-6	-5	-4	-3	-2	-1	0	+1	+2	+3	+4	+5	+6
NB	1	0.8	0.4	0.1	0	0	0	0	0	0	0	0	0
NM	0.2	0.7	1	0.7	0.2	0	0	0	0	0	0	0	0
NS	0	0.1	0.4	0.8	1	0.4	0	0	0	0	0	0	0
0	0	0	0	0	0	0.5	1	0.5	0	0	0	0	0
PS	0	0	0	0	0	0	0	0.4	1	0.8	0.4	0	0
PM	0	0	0	0	0	0	0	0	0.2	0.7	1	0.7	0.2
PB	0	0	0	0	0	0	0	0	0	0.1	0.4	0.8	1

2. 模糊控制规则及控制算法

对于一个典型的模糊控制系统，控制规则的条件部分使用两个变量，即偏差 e 和偏差变

化率 ec，结论部分可以是控制量或其变化量。根据结论输出的不同，将模糊控制器分为下列两种类型：

1）位置式表示为

$$R_i: \text{IF} \quad e(k) \quad \text{is} \quad A_i \quad \text{and} \quad ec(k) \quad \text{is} \quad B_i \quad \text{THEN} \quad u(k) \quad \text{is} \quad C_i$$

式中 R_i 表示第 i 条控制规则。位置式模糊控制器是以控制量的值作为输出的。

2）速度式表示为

$$R_i: \text{IF} \quad e(k) \quad \text{is} \quad A_i \quad \text{and} \quad ec(k) \quad \text{is} \quad B_i \quad \text{THEN} \quad \Delta u(k) \quad \text{is} \quad C_i$$

位置式模糊控制器相当于 PD 型（比例、微分）控制器，而速度式模糊控制器相当于 PI 型（比例、积分）控制器。图 7-14 是速度型模糊控制器框图。图 7-14 中，各量的关系为

$$e(k) = r - y(k)$$

$$ec(k) = e(k) - e(k-1)$$

$$u(k) = u(k) - u(k-1)$$

图 7-14 中，k_e、k_{ec}分别为偏差 e 和偏差变化率 ec 的量化因子，$k_{\Delta u}$为控制量比例因子。速度式模糊控制器输出值是控制量的变化量。在实际设计系统时，常采用速度式模糊控制器。

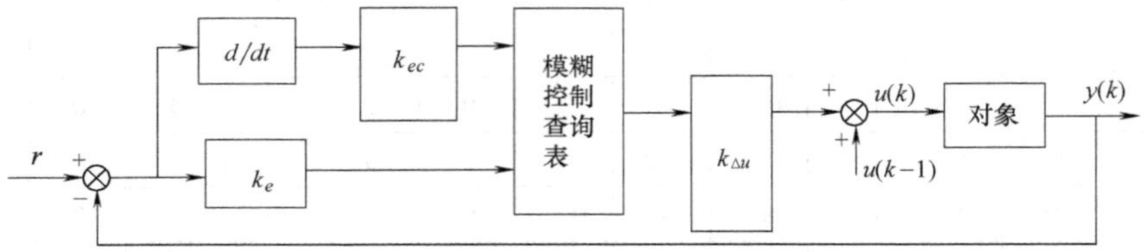

图 7-14　速度型模糊控制器框图

（1）模糊控制规则的确定　模糊控制规则的设计是模糊控制器设计的关键部分。模糊控制规则的确定通常有几种途径：

1）来自操作者的经验。针对某一具体过程，根据长期的操作经验将其归纳成一组规则。

2）来自现场实验。在条件许可的情况下，通过人工设定控制作用，经过实验数据的综合和归纳，得到控制规则。

3）来自对过程的认识和推理。根据对过程特征（如阶跃响应）的共同特点及其与输入变量的关系，推断出一组控制规则。

现介绍两种获得控制规则的方法：

1）根据过程知识生成控制规则。一个典型系统的单位阶跃响应如图 7-15 所示。在图 7-15 所示曲线上可以找到若干个特征点 a、b、c、d、e、f、g、h 等，每一个点表示了偏差和偏差变化率的一个特征状态。

这里设 $e = SV - AV$，e 为偏差，SV 为给定值，AV 为测量值，$ec = e(k) - e(k-1)$，k 表示采样时刻。如果设定 e 有 8 个模糊变量，即 PB、PM、PS、$P0$、$N0$、NS、NM、NB，ec 有 7 个模糊变量，即 PB、PM、PS、0、NS、NM、NB，并且将控制输出也分为 PB、PM、PS、0、NS、NM、NB 7 档，则可以根据响应曲线的形状确定控制规则。

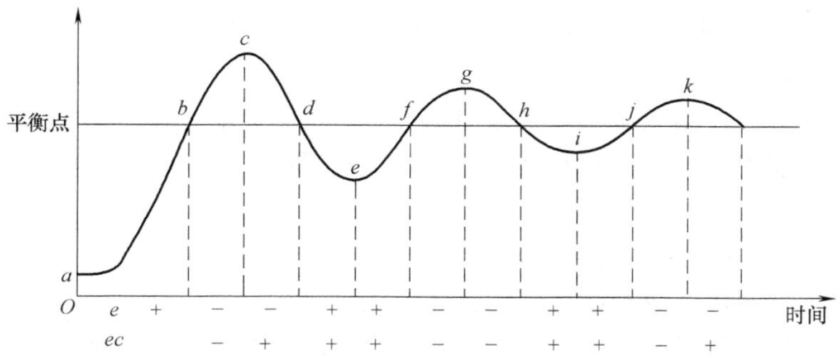

图 7-15　典型系统的单位阶跃响应

在响应的起始点 a 处，偏差 e 很大且为正，偏差的一阶差分几乎等于零。为了得到快速的系统响应，必须加大被控对象的输入量，即操作量，因此操作量的增量必须为最大。此时的语言控制规则可写成：

IF e is PB and ec is 0 THEN u is PB

在 b 处，为了减小系统的超调量，必须最大限度地减小操作量，因此控制规则可写成：

IF e is $N0$ and ec is NB THEN u is 0

IF e is $P0$ and ec is NB THEN u is PS

同样，可以写出 c、d 等点处的控制规则，共有 16 条规则。如果只取这几条控制规则进行模糊推理的话，就会出现“未定义的盲区”。这样的控制效果是很差的，因此要扩充控制规则，进而补全所有控制规则（见表 7-4）。这样生成的规则对这一类系统有普遍意义。

表 7-4　由阶跃响应生成的模糊控制规则

ec \ u \ e	NB	NM	NS	$N0$	$P0$	PS	PM	PB
PB	NB	NB	NM	NS (d)	0 (d)	0	0	0
PM	NB	NB	NM	NS (h)	0 (h)	0	0	0
PS	NB	NM	NM	0	0	0	PS	PM
0	NB (c)	NM (g)	NS (k)	0	0	PS (i)	PM (l)	PB (a)
NS	NM	NS	0	0 (j)	0 (j)	PS	PM	PB
NM	0	0	0	0 (f)	PS (f)	PM	PB	PB
NB	0	0	0	0 (b)	PS (b)	PM	PB	PB

2）根据系统测量数据生成控制规则。对实际的控制系统，可根据系统的输入、输出测量数据生成模糊控制规则。

设有一个两维模糊控制系统，输入量有偏差 e 和偏差变化率 ec，输出量为控制量 u。对于它们的测量值分别用 a、b、c 来表示。如果对系统进行 n 次测量，则会得到 n 组数据对，即

$$(a_1, b_1, c_1), (a_2, b_2, c_2), \cdots, (a_n, b_n, c_n)$$

利用这 n 组数据便可生成控制规则。具体方法如下：

①确定语言变量值及隶属度函数。设 e、ec 和 u 的取值范围分别为

$$a_i \in [a^-, a^+], b_i \in [b^-, b^+], c_i \in [c^-, c^+] \quad (i=1, 2, \cdots, n)$$

将上述取值范围分成若干语言变量等级，例如 PB、PM、PS、ZE、NS、NM、NB，并确定相应的隶属度函数。测量值的语言变量值和隶属度函数如图 7-16 所示。

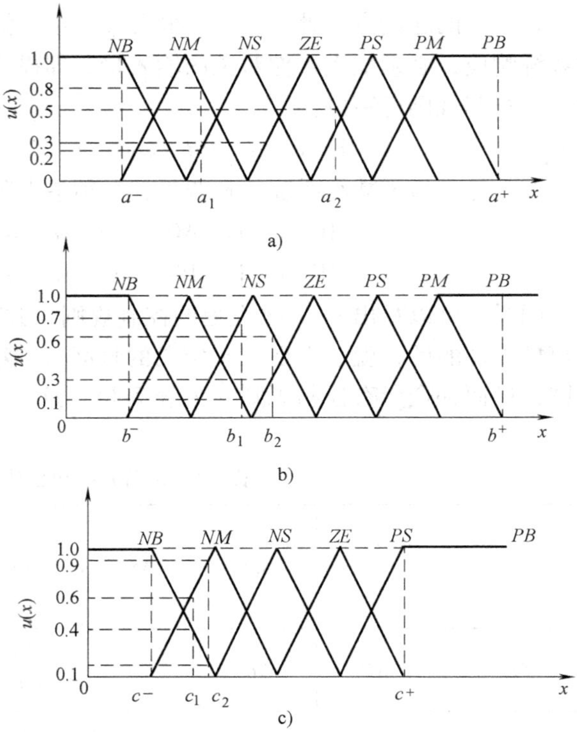

图 7-16 测量值的语言变量值和隶属度函数
a）偏差 e 的语言变量值 b）偏差变化率 ec 的语言变量值
c）输出 u 的语言变量值

②从测量的数据对生成控制规则。从数据对生成控制规则可按下述步骤进行：

第一步，确定数据对 (a_i, b_i, c_i) 对语言变量值的隶属度。

以图 7-16 为例，在图 7-16a 中，a_1 对 NM 的隶属度为 0.8，对 NS 的隶属度为 0.2，对其他语言变量的隶属度为 0。即

$$u_{NM}(a_1)=0.8$$

$$u_{NS}(a_1)=0.2$$

由图 7-16b 可知：

$$u_{NM}(b_1)=0.1$$

$$u_{NS}(b_1)=0.7$$

由图 7-16c 可知：

$$u_{NB}(c_1)=0.4$$

$$u_{NM}(c_1)=0.6$$

第二步，取数据对 (a_i, b_i, c_i) 对语言变量值的最大隶属度，分别用 $\max u(a_i)$，$\max u(b_i)$，$\max u(c_i)$ 表示。

由第一步可知

$$\max u(a_1)=u_{NM}(a_1)=0.8$$

$$\max u(b_1)=u_{NS}(b_1)=0.7$$

$$\max u(c_1)=u_{NM}(c_1)=0.6$$

第三步，由最大隶属度生成控制规则。

由第二步可知，在图 7-16 中，数据对 (a_1, b_1, c_1) 相应的最大隶属度为

$$[\max u(a_1), \max u(b_1), \max u(c_1)] = [u_{NM}(a_1), u_{NS}(b_1), u_{NM}(c_1)]$$

据此可写出一条规则：

$$\text{IF}\quad e = NM \quad \text{and} \quad ec = NS \quad \text{THEN} \quad u = NM$$

在图 7-16 中，对于数据对（a_2，b_2，c_2），可写出规则：

$$\text{IF}\quad e = ZE \quad \text{and} \quad ec = NS \quad \text{THEN} \quad u = NM$$

依次便可由 n 组测量数据，生成 n 条控制规则。

③为每一条规则赋予一个置信度。由于有许多对数据信息，而对于每一对数据（a_i，b_i，c_i）将产生一条控制规则 R^i，这样就很有可能出现自相矛盾的规则，即出现“IF”部分相同而“THEN”部分不相同的规则。为解决这一矛盾，需为每一条数据对产生的规则赋予一个置信度，在自相矛盾的规则中只选用具有最高置信度的那条规则。这样不仅解决了规则间的矛盾，而且减少了规则数目。

在一条控制规则中，每个测量值对语言变量值的隶属度的相互乘积称为这条规则的置信度，并用 $D(R^i)$ 表示。

例如，对于第一条规则 R_1，则有置信度

$$\begin{aligned} D(R_1) &= u_{NM}(a_1)u_{NS}(b_1)u_{NM}(c_1) \\ &= 0.8 \times 0.7 \times 0.6 \\ &= 0.336 \end{aligned}$$

在实际控制中，人们对测量数据对往往存在先验知识。例如，一个对被控制系统较熟悉的操作人员或专家，可以凭自己对系统的了解而判别出测量数据的可靠程度，从而能指出哪些数据对是合理的，哪些是较合理的，哪些是较不合理的。这时，人们可以对数据对进行评判，对每个数据对给出一个合理度 J，并将第 i 对数据对的合理度记为 J_i。这样，第 i 条控制规则的强度则由规则中的每个测量值对语言变量值的隶属度的相互乘积再乘合理度 J_i 产生，即

$$D(R^i) = u(a_i)u(b_i)u(y_i)J_i \qquad (0 \leqslant J_i \leqslant 1) \tag{7-23}$$

在实际应用中，实时数据有不同的可靠性。对可靠性较高的数据赋予较高的合理度，而对可靠性较低的数据赋予较低的合理度。当不考虑合理度时，可认为合理度 $J=1$。

（2）模糊控制规则的性质　对同一被控过程，不同的方法和不同的设计人员，可能会得出不同的规则表。这当然是允许的，但是就控制的实现来说，任何的规则表都必须具备下列三点性质：

1）一致性。在相同或相近的输入条件下，规则的结论必须相同或相近，称为规则的一致性。如果不是这样，则互相矛盾的规则结论会使控制失败。

2）完整性。规则的模糊输出必须覆盖全部输出论域，即在相邻的模糊输出之间不能有不属于任一模糊输出的论域值，否则由规则得到的论域输出值将发生跳跃，这在实际控制系统中都是不希望出现的。

3）交互性或重叠性。这是指由规则的执行而引起的模糊输出集合间的交互或重叠。由于推理方法的不同，如转移法、合成法等，可能导致推理输出是规则输出的高阶集合，造成输出集合间的重叠，减弱控制作用的变化。这是一个比较复杂的问题，主要通过适当选择推理方法来解决。

（3）模糊控制算法　模糊控制算法的目的就是从输入的连续精确量中，通过模糊推理

的算法过程，求出相应的清晰值的控制算法。模糊控制算法有多种实现形式。为了便于在数字计算机中实现，同时考虑算法的实时性，模糊控制系统目前常采用的算法有：合成推理的关系矩阵法、合成推理的查表法、合成推理的解析公式法、强度转移法和后件函数法等。

1）合成推理的查表法。查表法就是把所有可能的输入量都量化到语言变量论域的元素上，并以输入论域的元素作为输入量进行组合，求出输入量论域元素和输出量论域元素之间关系的表格。这个表格中元素的关系是按模糊控制规则给出的，称为模糊控制表。模糊控制表有两种生成方法；一种是直接从控制规则求出控制量，称为直接法；另一种是先求出系统的模糊关系 R，再根据输入求出控制量，最后把控制量精确化，可得控制表，称为间接法。

2）合成推理的解析公式法。在简单的模糊控制算法中，可将控制规则概括为式（7-24）。

$$u = \langle (e + ec)/2 \rangle \tag{7-24}$$

其中，$<x>$ 表示一个与 x 同号，而绝对值大于或等于 $|x|$ 的最小整数。例如：$< -0.6 > = -1$，$< -2.6 > = -3$

如果将偏差 e、偏差变化率 ec 和控制量 u 的论域均取为

$$\{-3,\ -2,\ -1,\ 0,\ +1,\ +2,\ +3\}$$

则将可以得到一个典型的模糊控制表，见表 7-5。

表 7-5　典型的模糊控制表

ec / u / e	-3	2	-1	0	+1	+2	+3
-3	-3	-3	-2	-2	-1	-1	0
-2	-3	-2	-2	-1	-1	0	1
-1	-2	-2	-1	-1	0	1	1
0	-2	-1	-1	0	1	1	2
+1	-1	-1	0	1	1	2	2
+2	-1	0	1	1	2	2	3
+3	0	-1	1	2	2	3	3

3）合成推理的关系矩阵法。设控制系统的控制规则格式为

$$\text{IF}\quad E = A_i \quad \text{and} \quad EC = B_j \quad \text{THEN} \quad U = C_{ij}$$

其中 $i = 1, 2, \cdots, m$；$j = 1, 2, \cdots, n$；E 是偏差，A_i 是偏差的语言变量值，EC 是偏差变化率，B_j 是偏差变化率的语言变量值，U 是控制量，C_{ij} 是对应于 A_i 和 B_j 的控制量的语言变量值。则有模糊关系 R，且 R 为

$$R = \bigcup_{ij} A_i \times B_j \times C_{ij} \tag{7-25}$$

其中 $i = 1, 2, \cdots, m$；$j = 1, 2, \cdots, n$；运算符“×”表示对模糊量求内积，即模糊关系的隶属度函数为

$$u_R(a, b, c) = \bigvee_{i=1, j=1}^{i=m, j=n} u_{A_i}(a) \wedge u_{B_j}(b) \wedge u_{C_{ij}}(c) \tag{7-26}$$

其中 $\forall a \in A$，$\forall b \in B$，$\forall c \in C$；A、B、C 分别是偏差、偏差变化率、控制量的论域。

对于待定输入精确量 a^*，b^*，则有输出

$$U=(A\times B)R \tag{7-27}$$

即
$$u_U(c)=\bigvee_{a\in A,\ b\in B}u_A(a^*)\wedge u_B(b^*)\wedge u_R(a,b,c) \tag{7-28}$$

最后再用重心法对 U 求精确量，即可得到最终的控制量 u。

实现上述推理过程需执行复杂的矩阵运算，计算量大，在线实施推理很难满足控制系统的实时性要求。

3. 模糊量到精确量的转换方法

根据规则经过推理得到的是模糊集合（单点集合除外），但它仍然无法被执行机构识别和执行，因此需要将模糊集合变成清晰值，这个过程称为清晰化，或者称为非模糊化，也称为判决。清晰化的具体算法很多，较常用的有下列几种：

（1）最大隶属度法　它取对应于输出模糊集中隶属度值最大的论域中的值作为输出，即 $u=u^*$，而 $u_C(u_C{}^*)=\max[u_C(u)]$式中 C 为输出模糊集合，u 为输出论域中的元素。当输出集合中的最大隶属度对应于不止一个论域值时，则取对应论域值的算术平均值作为输出，此时也称为最大平均隶属度法。

例如，若输出

$$C=\frac{0.2}{2}+\frac{0.8}{3}+\frac{1}{4}+\frac{0.8}{5}+\frac{0.2}{6}$$

则解模糊输出 $u=4$（因为 $u_C(4)=1$，最大）。

若输出
$$C=\frac{0.2}{2}+\frac{0.8}{3}+\frac{0.8}{4}+\frac{0.8}{5}+\frac{0.2}{6}$$

则有
$$u=\frac{3+4+5}{3}=4$$

（2）取中位数法　对于已知的模糊子集（由模糊合成关系得到），求得对应的隶属度函数曲线，计算出该隶属度函数曲线与横坐标所围成的面积，再除以 2，将所得的平分结果作为控制量。这种方法综合地考虑了各个点上的情况，充分地利用了模糊子集提供的信息量，但是计算工作比较麻烦。

（3）重心法（加权平均法）　对用连续函数描述的情况，有

$$u=\frac{1}{T}\int_0^T u(u_i)\,\mathrm{d}u$$

对用离散描述的情况，输出值由加权平均法求得，即

$$u=\frac{\sum u(u_i)u_i}{\sum u(u_i)} \tag{7-29}$$

式（7-29）中 $i=1,2,\cdots,n$ 表示集合覆盖的元素个数。

例如，若输出集合为

$$C=\frac{0.3}{-1}+\frac{0.8}{-2}+\frac{1}{-3}+\frac{0.5}{-4}+\frac{0.1}{-5}$$

则用加权平均法求得

$$u=\frac{(-1)\times0.3+(-2)\times0.8+(-3)\times1+(-4)\times0.5+(-5)\times0.1}{0.3+0.8+1+0.5+0.1}=-2.74$$

对 u 取整后，可取 -3 级对应的精确量为被控过程的实际控制量变化。

第三节　神经网络控制

神经网络控制是20世纪80年代末期发展起来的自动控制领域的前沿学科之一。它是有学习能力的，属于学习控制，是智能控制的一个分支，为解决复杂的非线性、不确定、不确知系统的控制问题开辟了新途径。神经网络控制是（人工）神经网络理论与控制理论相结合的产物，是一门发展中的学科。它汇集了包括数学、生物学、神经生理学、脑科学、遗传学、人工智能、计算机科学、自动控制等学科的理论、技术、方法及研究成果。

一、神经网络的基本概念

1. 生物神经元及生物神经网络

人类研究自身大脑的目的之一是通过对大脑神经网络系统的结构、功能及信息处理的探索，构造出与大脑智能相近的人工神经网络，并反过来应用于工程或其他领域。通过研究发现，人脑神经网络大约是由10^{12}个叫做神经元的单元构成的，每个神经元又与10^2～10^4个其他神经元通过相互连接，构成功能强大而又复杂的人脑神经网络。因此，研究人脑神经系统的工作过程总是先从单个神经元（即生物神经元）开始的，再由生物神经元构成生物神经网络。

生物神经元由细胞体、树突和轴突三部分组成，如图7-17所示。树突是细胞的输入端，通过细胞体间连接的节点“突触”接受四周细胞传出的神经冲动（即脉冲）。轴突相当于细胞的输出端，其端部的众多神经末梢（突触）为信号的输出端子，用于传出神经冲动。生物神经元具有兴奋和抑制两种工作状态。当传入的神经冲动使细胞膜电位升高到阈值（约40mV）时，细胞进入兴奋状态，产生神经冲动，由轴突输出；相反，当传入的神经冲动使细胞膜电位下降到低于阈值时，细胞进入抑制状态，没有神经冲动输出。

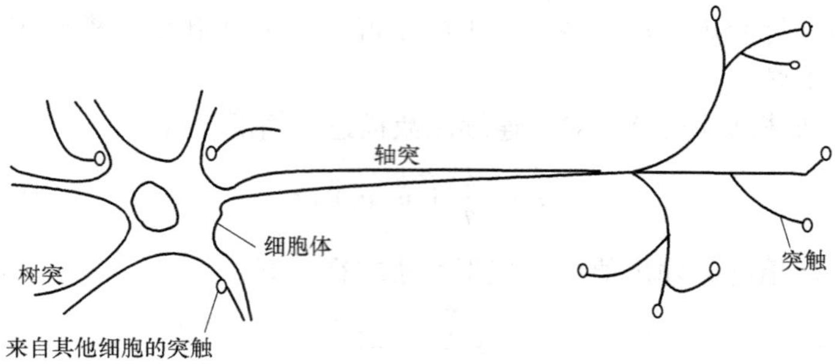

图7-17　生物神经元结构

从生物控制论的观点来看，神经元作为控制和信息处理的基本单元，其工作特性和功能可归纳为以下几方面：

1）时间和空间整合功能。神经元对于不同时间通过同一突触传入的神经冲动（兴奋性或抑制性刺激）具有时间累积能力，对于同一时间通过不同突触传入的神经冲动具有空间累积能力。这两种功能相互结合，具有时空累积的输入信息处理功能，一旦这种累积超过某个阈值，神经元即产生动作电位或神经冲动。

2）兴奋与抑制状态。神经元具有两种常规工作状态：兴奋——当传入冲动的时空累积结果超过阈值时，细胞进入兴奋状态，产生神经冲动，由轴突输出；抑制——当传入冲动的时空累积结果低于阈值时，细胞进入抑制状态，无神经冲动输出。

3）脉冲与电位转换。突触界面具有脉冲/电位信号转换功能。沿神经纤维传递的电脉冲为等幅、恒宽、编码的离散脉冲信号，而细胞膜电位变化为连续的电位信号。在突触接口处进行的“数—模”转换，是通过神经介质以化学方式实现的变化过程。

4）神经纤维传导速度。神经冲动沿神经纤维传导的速度为1～150m/s。

5）突触延时和不应期。信息的传递有时延和不应期。时延一般为0.3～1ms，不应期是指在相邻的两次冲动之间需要一个时间间隔，在此期间对激励不响应，不能传递神经冲动。

6）学习功能、遗忘和疲劳效应。由于突触传递信息的强度是可变的，即可以增强、减弱和饱和，所以细胞具有学习功能、遗忘和疲劳效应，这说明神经元具有可塑性。

2. 生物神经网络系统

人类大脑神经系统是由神经元通过相互连接构成的。由前面介绍的神经元结构及特性可以知道，树突在从突触接受信号后，把信号引导到神经元躯体，信号在那里累积，激起神经元兴奋或抑制，从而决定了神经元的状态。当神经元躯体内的累积超过阈值时，神经元被驱动，沿着轴突发送信号到其他神经元。神经元结合部的突触决定了神经元之间相互作用的强弱。虽然人脑神经系统是由神经元通过相互连接构成的，并且每个神经元的结构和功能又十分简单，但是大量神经元所构成的神经网络的行为却是丰富多彩的和异常复杂的，其整体的活动性质并不等于单个神经元活动的简单相加，这主要是由于以下几方面的原因：

1）大脑信息储存在神经元之间是通过改变突触的效能而实现的，即储存在神经元突触之间的连接强度分布上。每一个信息记录在许多神经元的突触连接处，每一个神经元与其他神经元之间的突触连接处又同时记录着许多不同的信息。这种储存方式本质上是分布式的。在分布储存的内容中，有许多是完成同一功能的，这就导致网络的储存具有容错性，即当其中某些神经元受到损伤或死亡时，仍不至于丢失其记忆的信息。

2）大脑的操作是大规模并行的。在大脑的神经系统中，大脑的活动反映在每个神经元并行地操作上，且每一神经元储存的信息也同时参与操作。在神经元被驱动时，信号在不同神经元之间经突触连接沟通。正因为如此，人才能在很多因素起作用的情况下，只用少数几次运算就能做出判断，而且往往制约条件越多判断越快。

3）大脑的信息处理功能与储存功能是合二为一的。神经元之间突触连接强度的变化反映了神经元对激励的响应（即信息处理过程），同时其响应结果又反映了信息的记忆。这种合二为一的优点是同时有大量相关知识参与信息过程，这对于提高网络信息处理的速度和智能是至关重要的。

4）在大脑中，神经元之间的突触连接大部分是后天在环境的激励下逐步形成的，并且随着环境刺激性值的不同而不同。这种能形成和改变神经元之间突触连接的现象称为可塑性。大脑的记忆也是由环境的刺激在神经元之间形成新的突触连接，或者使原来就有的突触连接加强而形成的。由于环境的刺激，形成和调整神经元之间的突触连接，并逐渐构成神经网络的现象，称为神经系统的自组织性。人脑神经系统的可塑性和自组织性是学习和记忆的基础。

大脑这个智能系统的活动不单纯取决于上述几个方面的控制，还涉及人的意识控制，即还受人的理想、目标、情感、意志、气质和性格等因素的控制和制约。

目前，大部分人工神经网络是按上述人脑组织和活动模式进行构造的。为了模拟大脑的功能，人们设计了许多人工神经网络的结构和算法。随着这一领域的不断发展，将会设计出更多更完善的人工神经网络模型及算法。

二、人工神经网络

根据前面介绍的人脑神经网络系统，可以通过设计人工神经网络来模拟人脑神经网络的特性。人工神经网络的研究首先是从人工神经元开始的，然后再由人工神经元构成人工神经网络。应该指出，这里所指的人工神经元及由它所构造的人工神经网络并不是人脑神经系统的真实描写，而是对其结构和功能进行了简化并保留了其主要特性的某种抽象与模拟。

1. 人工神经元模型

一种简化的人工神经元模型如图 7-18 所示。图 7-18 中 x_n 为输入信号，s_i 为内部状态的反馈信息，θ_i 为神经元的阈值，f 为表示神经元活动的特性函数。它具有这样的特性：该人工神经元（简称神经元）是一个多输入、单输出的信息处理单元；神经元输入分为兴奋性输入和抑制性输入两种类型；神经元输出有阈值特性，即只有当输入总和超过其阈值时神经元才被激活，向外输出冲动，而当输入总和未超过阈值时神经元不会输出冲动。基于这些特性，神经元模型的输入和输出关系可描述为

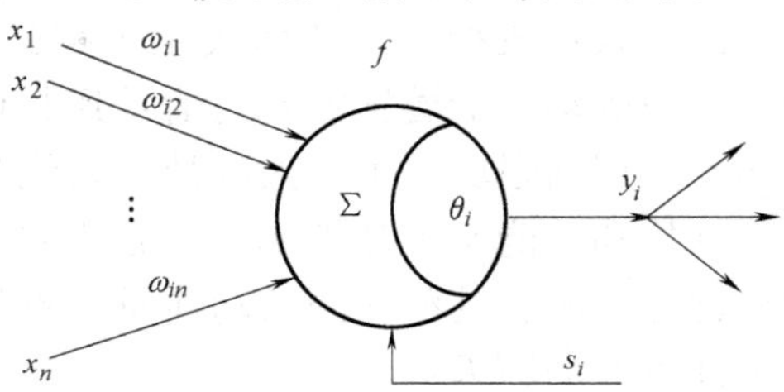

图 7-18　一种简化的人工神经元模型

$$\left.\begin{aligned} I_i &= \sum_{j=1}^{n} \omega_{ij}x_j + s_i - \theta_i = \sum_{j=1}^{n+1} \omega_{ij}x_j \\ y_i &= f(I_i) \end{aligned}\right\} \tag{7-30}$$

式（7-30）中，为方便起见，将（$s_i - \theta_i$）并入 ω 中，即令 $\omega_{i(n+1)} = s_i - \theta_i$，输入向量 X 中也相应地增加一个分量 $x_{n+1} = 1$，其变为

$$X = (x_1,\ x_2,\ \cdots,\ x_n,\ 1)^{\mathrm{T}}$$

式（7-30）中，$x_j(j=1,\ 2,\ \cdots,\ n)$ 表示来自神经元 j 的信息输入；ω_{ij} 表示神经元 j 到神经元 i 的连接权值（$0 \leqslant \omega_{ij} \leqslant 1$），其值表示神经元之间的连接强度或记忆强度；$f(I_i)$ 为神经元的输出特性函数（或响应函数）；y_i 表示神经元 i 的信息输出。不同的神经元输出特性函数有不同的输出特性，因此根据神经元输入和输出特性的不同，可选用不同的特性函数。在实际应用中，神经元输出特性函数常选用的类型有：阶跃函数、线性函数和 S 型函数等。这些人工神经元模型能反映生物神经元的基本持性，但也有不同之处。首先，生物神经元传递的信息是神经冲动（即脉冲），而人工神经元模型传送的是模拟电压；其次，模型中用一个等效的模拟电压来模拟生物神经元的神经冲动密度，所以模型中只有空间累加而没有时间累加；再有，模型未考虑时延、不应期和疲劳等因素。

2. 人工神经网络的基本结构类型

与生物神经网络相同，人工神经网络也是由单个神经元按照一定规则连接起来而构成

的。当神经元模型确定之后，一个神经网络的特性及功能就主要取决于网络的连接结构及学习方法了。人工神经网络的几种基本结构如图 7-19 所示。

（1）前向网络　前向网络的结构如图 7-19a 所示。前向网络中的神经元分层排列，最上一层为输出层，最下一层为输入层，输出层与输入层之间为隐含层。隐含层的层数可以是一层，也可以是多层。前向网络中的每个神经元只与前一层的神经元相连接。前向网络在神经元网络中应用非常广泛，感知器、BP 网络、径向基函数网络等都属于这种结构。

（2）有反馈的前向网络　有反馈的前向网络的结构如图 7-19b 所示。网络本身是前向型的，但从输出层到输入层有反馈回路。神经认知机就采用此类网络结构，用来存储某种模式序列。

（3）层内有互联的前向网络　层内有互联的前向网络的结构如图 7-19c 所示。通过层内神经元之间的相互连接，可以实现同一层神经元之间横向抑制或兴奋的机制，从而限制层内能同时动作的神经元个数，或者把层内神经元分为若干组，让每组作为一个整体来动作。例如可以利用横向抑制机制把某层内具有最大输出的神经元挑选出来，抑制其他神经元，使它们处于无输出状态。一些自组织竞争型神经网络就属于这种网络结构。

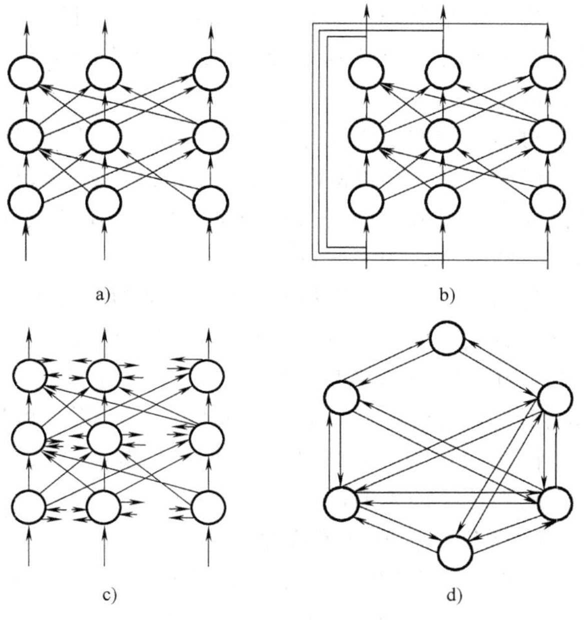

图 7-19　人工神经网络的几种基本结构
a）前向网络　b）有反馈的前向网络
c）内层有互联的前向网络　d）互联网络

（4）互联网络　互联网络的结构如图 7-19d 所示。互联网络有局部互联和全互联两种。全互联网络中的每个神经元都与其他神经元相连。局部互联是指互联只是局部的，有些神经元之间没有连接关系。Hopfield 网络和 Boltzmann 机属于互联网络结构。在无反馈的前向网络中，信号一旦通过某个神经元，过程就结束了，而在互联网络中，信号要在神经元之间反复往返传递，网络处在一种不断改变状态的动态之中。从初态开始，经过多次变化，才会到达某种平衡状态，这可能是某种稳定的平衡态，也可能是周期振荡或其他类型的平衡态。

3. 人工神经网络的工作过程

人工神经网络的工作过程主要由两个阶段组成。其中一个阶段是工作期，此时各神经元之间的连接权值固定不变，只参与各神经元的计算工作，按照式（7-30）求出神经元的输出，使神经元的状态发生变化，以求达到稳定状态。另一阶段是学习期，此时各神经元的状态不变，而神经元之间的连接权值通过学习样本或其他方法发生改变，以使神经网络具有所希望的输出特性。前一阶段进行得较快，而后一阶段则进行得很慢。

从理论上讲，人工神经网络是一种大规模并行处理的自学习、自组织、非线性动力学系统。所谓动力学系统是指在给定空间 ϕ 中，对所有点 x 随着时间变化所经过的路径的描述。

例如，如果 ϕ 是某个物理系统的状态空间，假定 t 是任意整数，在 $t=t_0$ 时刻，将空间 ϕ 中点 x 的位置记为 x_{t0}，则 ϕ 上的动力学系统就将告诉我们 x_{t0+1}，x_{t0+2}，…，x_{t0+n}是什么。一般地，若 t 为任意实数，即 $t\in R$，记 x 在 t 时刻的位置为 x_t，那么实数空间 R 到 ϕ 的映射 $t\rightarrow x_t$ 就是 ϕ 中的一条曲线。当时间从 $-\infty$ 推移到∞时，把 x 所经历的全部过程称为 x 的轨迹。

对于用动力学系统理论来解释人工神经网络的工作，可以这样来看：如果把神经网络的工作看作是一个计算过程，则计算用的程序就是网络的动力学方程组，而改变和建立神经网络联系（连接权值）的学习过程则可称为编制程序的过程。从动力学系统演化的观点来讲，神经网络中的动力学过程有快、慢之说。快过程是短期记忆的基础，是指从输入态到它邻近的某平衡态的多映射过程。在神经网络快过程进行的同时，权重也会发生慢慢的变化，即使没有快过程，权重也会有所变化。这样，整个记忆经历着一个动力学过程。这个过程的目标并不是一个平衡态，而是一个具有结构的自组织系统。它通过神经网络与环境的交互作用，把环境的统计率反映到本身结构之中而保持下来。通过权值的变化实现的记忆是持久的，称为长期记忆。

对上述动力学演化过程的研究现在有两种观点：

1）学习网络学派提出的学习算法是把慢过程看作与快过程分离的过程，认为快过程是自治动力学过程，而慢过程则是一个外加的对于权重进行系统调整的过程，并把权重看作动力系统的参数，而不是动力学变量。

2）自组织系统方法把权重看作动力学变量，它不需要外加在系统之上的用于调整参数的学习算法，而是建立一个统一的自治动力学系统，使得学习和适应过程可以自发地进行，即在与环境的不断相互作用中，联系（连接权）的模式可以定向变化，使神经网络在环境影响下达到自组织，知识和经验因此而积累。可见，学习算法是一种根据例子纠错的过程，知识被认为是纠错的结果，标准是已知的例子；自组织系统则强调正确的（即不断出现的）联系的强化。前者着眼于个别的神经权系的调整，而后者着眼于整个联系模式的进化过程。

4. 人工神经网络的特性

根据上面介绍的人工神经网络模型，我们知道人工神经网络已经具有了生物神经网络的某些基本特性，如学习特性、概括和抽取等。

（1）学习特性　人工神经网络可以根据外界环境修改自身的“工作程序”，这就使它比其他任何方法在接受自身感兴趣的外界信息方面更敏感。这种学习机制使网络能适应其自身组织形式内的各种学习算法，而学习算法是指网络能通过训练实例来决定自身的行为。当出现一组输入信息时，它们能不断调整，产生一系列一致的结果，犹如人们智能活动的“习惯成自然”一样，反映出网络的学习性能。

（2）概括　一旦训练后，人工神经网络的响应能在某种程度上对外界输入信息的少量丢失或神经网络组织的局部缺损不再很敏感。这种机制与大脑每日有大量神经细胞正常死亡但并不影响大脑的功能，或者大脑局部损伤会引起某些功能的逐渐衰退但不是功能完全丧失一样。这反映了神经网络的鲁棒性，即它具有容错能力。

（3）抽取　神经网络还有一种抽取外界输入信息特征的特殊功能，如对它进行一张人像的一系列不完整的照片识别训练之后，再任选一张缺损的照片让神经网络识别，神经网络将会作出一个完整形式的人像照片的响应。在某种意义上可以说它能“创造”出以前从未见到的某些东西。

人工神经网络的这些基本特性说明，它具有人类右半脑直觉形象思维的特性，与传统的人工智能理论和方法所具有的左半脑逻辑思维的特性有着互补的作用，两者的结合将具有更为强大的功能。

从前面的内容可以知道，神经元通过连接后构成神经网络，只有再配以相应的学习算法，才能具有强大的功能。神经网络学习的目的是使网络能用一组输入矢量产生一组所希望的输出矢量。学习过程是应用一系列输入矢量并通过预先确定的算法调整网络的权值来实现的。

在学习过程中，网络的权值是慢慢地变化的。神经网络的学习方法按有无教师监督，可分为有教师监督学习和无教师监督学习两类。有教师监督学习方法用于联想记忆和优化计算的 Hopfield 网络。无教师监督学习方法主要有四种基本形式，分别是信号 Hebb 学习、竞争学习、微分 Hebb 学习和微分竞争学习。其中最为常用的是 Hebb 学习。除此以外，还有许多更为有效的学习算法，如 BP 算法、Baltzmann 算法等。如果想了解更多的内容，可参考有关神经网络的专业书籍。

第四节　自适应控制

控制系统在设计和实现中普遍存在着不确定性。为了解决控制对象参数在大范围变化时，一般反馈控制、最优控制和采用经典校正方法不能解决的控制问题，参照日常生活中生物（包括人类）能够通过自觉调整本身参数（如增益滞后时间、超前因素等）改变自己的习性来适应新环境的特性，提出了构思自适应控制器的设想。这种自适应控制器应能够及时修正自己的特性以适应对象和扰动的动态特性变化，使整个控制系统始终获得满意的性能。为此，所构思的自适应控制方法应该做到：在系统运行中，依靠不断采集控制过程信息，确定被控对象的当前实际工作状态，优化性能准则，产生自适应控制规律，从而实时地调整控制器的结构或参数，使系统始终自动地工作在最优或次最优的运行状态下。

一、自适应控制的基本概念

自适应控制至今尚无统一的定义，主要有以下几种提法可在不同程度上反映它的内涵：

1）自适应控制就是根据控制条件自行调整的一种控制。

2）一个自适应系统，能够利用其中可调系统的输入状态和输出状态来度量某一性能指标，并能将该指标与规定好的性能指标进行比较，然后由自适应机构来修正可调系统的参数，或产生一个辅助输入信号，以使系统的性能指标接近规定的指标。

3）自适应系统能在线并实时地了解对象，根据不断丰富的对象信息，通过一个可调环节的调整，使系统的性能达到技术要求或最优。

4）自适应控制就是根据要求的性能指标与实际系统的性能指标比较所获得的信息，修正控制规律或控制器参数，使系统能够保持最优或次最优工作状态。

5）自适应控制是在系统工作过程中，系统本身不断地检测系统参数或运行指标，并根据参数的改变或运行指标的变化，改变控制参数或控制作用，使系统运行于最优或接近最优的工作状态。

综上所述各种提法，作为较完善的自适应控制应该具有以下三方面功能：

1）系统本身可以不断地检测和处理信息，了解系统当前状态。

2）进行性能准则优化，产生自适应控制规律。

3）调整可调环节（控制器），使整个系统始终自动运行在最优或次最优工作状态。

自适应控制是现代控制的重要组成部分，它同一般反馈控制相比较有以下突出特点：

1）一般反馈控制主要适用于确定性对象或事先确知的对象，而自适应控制主要研究不确定对象或事先难以确知的对象。

2）一般反馈控制具有强烈抗干扰能力，即它能够消除状态扰动引起的系统误差，而自适应控制因为有辨识对象和在线修改参数的能力，因而不仅能消除状态扰动引起的系统误差，而且还能消除系统结构扰动引起的系统误差。

3）一般反馈控制系统的设计必须事先掌握描述系统特性的数学模型及其环境变化状况，而自适应控制系统设计则很少依赖数学模型的全部，仅需要较少的验前知识，但必须设计出一套自适应算法。因而将更多地依靠计算机技术来实现。

4）自适应控制是更复杂的反馈控制，它在一般反馈控制的基础上增加了自适应控制机构或辨识器，还附加了一个可调系统。

二、自适应控制的基本结构与分类

1. 自适应控制系统的基本结构

通常，自适应控制系统的基本结构有两种，即前馈自适应控制和反馈自适应控制。

（1）前馈自适应控制结构　前馈自适应控制又称为开环自适应控制。它借助对作用于过程信号的测量，并通过自适应机构按照这些测量信号改变控制器的状态，达到改变系统特性的目的。没有“内”闭环反馈信号而实现控制器参数是前馈自适应控制的突出特点。前馈自适应控制结构如图 7-20 所示。

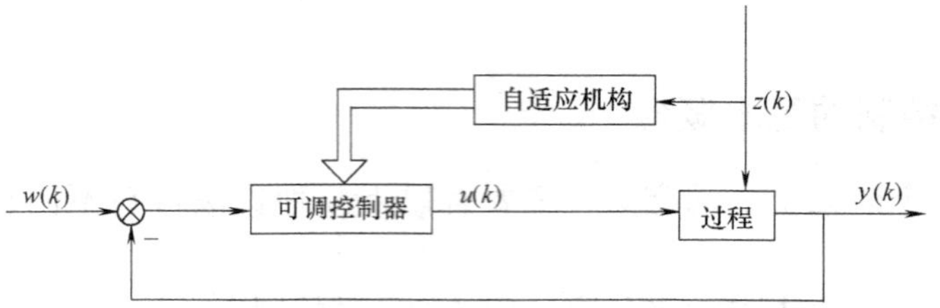

图 7-20　前馈自适应控制结构

这种结构类似于一般扰动的复合控制，所不同的是增添了自适应机构和可调控制器。1950 年，增益调度的前馈自适应控制方案被首次用于飞机。此时，增益被设计为可观测信号的前置量，以描述运动状态。被计算参数以特性曲线表的形式存储在计算机中，以便同控制器参数适配来控制运行状态。前馈自适应控制由于可预先知道其过程状态和无须对可观测过程的输入和输出信号进行辨识，因此能够快速反应过程变化，这是该结构方案的优点。其缺点是，忽略了不可观测信号、干扰和意料之外的过程状态变化，且大量参数存储必须有许多操作，从而限制了该方案的使用。

（2）反馈自适应控制结构 如果过程品质变化不能直接由外过程信号测量确定，则可采用图 7-21 所示的反馈自适应控制方案。这是应用最广泛的自适应控制结构，其特点如下：

1）过程特性或信号变化可借助测量各内控制回路信号进行观测。

2）除基本回路反馈外，自适应机构还将形成附加反馈级。

3）闭环信号流通道能产生非线性第二反馈级。

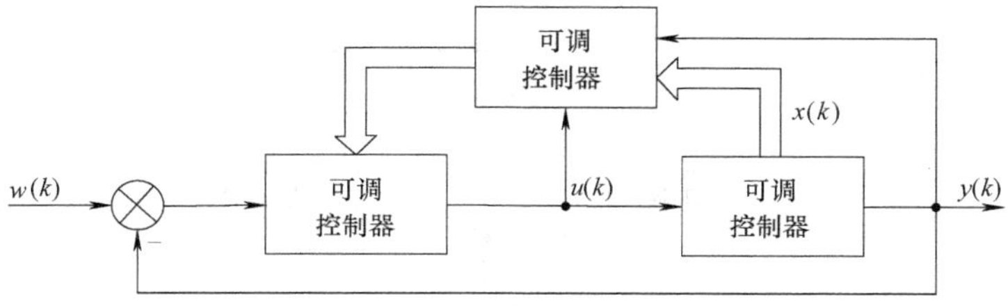

图 7-21 反馈自适应控制结构

2. 自适应控制系统的分类

（1）按被控对象的性质分类 按被控对象的性质可以分为确定性自适应控制系统和随机自适应控制系统两大类。

（2）按功能分类 按照自适应系统的功能可分为参数或非参数自适应控制系统、性能自适应控制系统、结构自适应控制系统。

（3）按结构特点分类 按照系统的结构特点可分为前馈自适应控制系统和反馈自适应控制系统。

（4）从实用角度分类 从实用角度讲，自适应控制系统又可分为模型参考自适应控制系统、自校正控制系统和其他自适应控制系统三大类。

1）模型参考自适应控制系统。模型参考自适应控制系统的基本结构如图 7-22 所示。其设计目标是，使系统在运行过程中力求保持被控过程的响应特性与参考模型动态性能的一致性，而参考模型始终具有所期望的闭环性能。

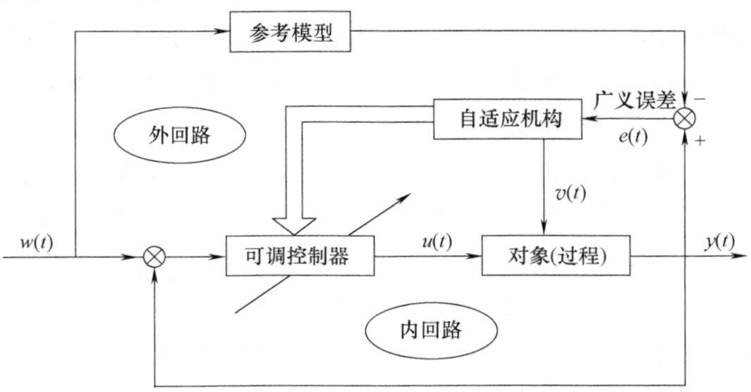

图 7-22 模型参考自适应控制系统的基本结构

模型参考自适应控制系统的主要技术问题是实现性能比较和自适应控制器的设计。其实际运行可分三个阶段：

①比较闭环性能，产生广义误差 $e(t)$。

②按照自适应规律计算控制器参数。

③调整可调控制器。

按照自适应规律设计方法的不同，可以产生各种不同的模型参考自适应控制系统。

2）自校正控制系统。自校正控制又称为自优化控制或模型辨识自适应控制。典型的自校正控制系统的基本结构如图 7-23 所示。

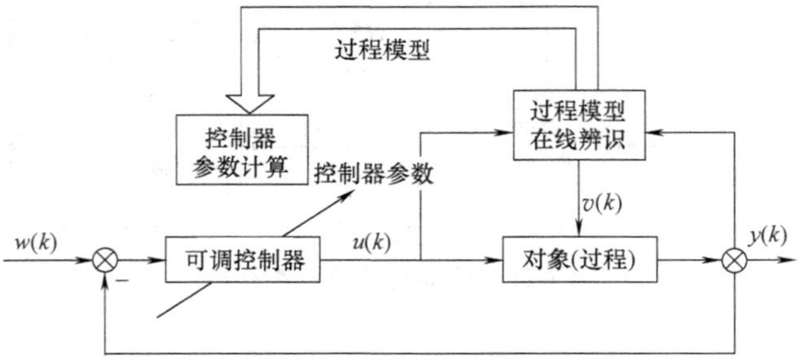

图 7-23　典型的自校正控制系统的基本结构

自校正控制系统具有三大要素：过程信息采集、控制性能准则优化、控制器调整。

①过程信息采集是指在测量过程中的输入、输出或状态信号的基础上，连续确定被控制过程的实际状态。过程模型辨识和参数估计及不可测量信号（如随机噪声信号）估计，是信息采集的相应方法。根据信息采集和估计方法的不同，形成各类自校正控制系统。

模型辨识完全建立在对控制过程输入和输出信号测量的基础之上。控制器参数的计算则来自被辨识的过程模型或估计参数，而且辨识和控制器设计算法都是在闭环实时在线的情况下实现的。

②控制性能准则优化是指回路性能计算和决策如何调整自适应控制器。

③控制器调整是指新的控制器参数计算及控制回路中旧参数的更换。

自校正控制系统的设计目标是，在所有输入信号和过程条件下，确定最优化过程模型和获得闭环系统的最优控制品质。在设计中，大多数自校正控制系统使用了分离原理，使过程或信号估计与控制器优化设计分离进行。

3）其他形式的自适应控制系统。其他形式的自适应控制系统是指除前述自校正控制系统和模型参考自适应控制系统以外，基于先进理论的自适应控制系统以及非线性自适应控制系统、多变量过程自适应控制系统、全系数自适应控制系统。近年来，在自适应控制系统中应用的先进理论有：人工智能、神经元网络、模糊集合论、鲁棒控制、变结构控制等。由此产生了基于人工智能的自适应控制系统、基于神经元网络理论的自适应控制系统、基于模糊集合论的自适应控制系统、鲁棒自适应控制系统以及变结构自适应控制系统等。

第五节　控制技术在电动汽车上的应用实例

控制技术在电动汽车上的应用相当广泛，主要应用于性能仿真、能量分配、发动机和电动机的转矩控制等方面。本节通过三个实例对控制技术在电动汽车上的应用进行介绍。

一、电动汽车前向仿真中驾驶人模型的 PI 控制

对电动汽车进行性能仿真是研究电动汽车的必要手段。其仿真方式有前向和后向之分，两者的差别在于有无驾驶人模型（具体参见本书第八章）。

电动汽车前向仿真过程如图 7-24 所示。仿真是从输入循环工况开始的。循环工况即电动汽车在循环规定时间内所需要达到的速度曲线。实际车速应该能在较小的误差范围内适时跟踪循环车速。当速度高于循环工况的要求时，控制策略就会减少对汽车的动力输入，减少对发动机和电动机总功率的分配，降低车速；反之，则需要增加动力装置的功率输入，以增加动力，提高车速。

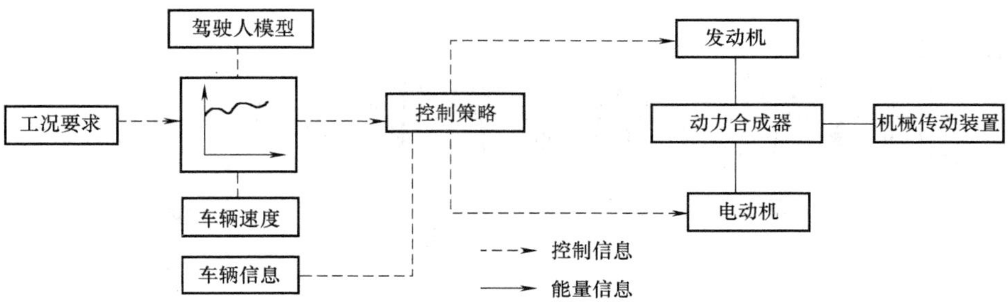

图 7-24　电动汽车前向仿真过程

在仿真过程中，车辆实际车速的判断及需要修正的转矩或功率是通过驾驶人模型来实现的。图 7-25 所示为这一模型控制的基本原理。

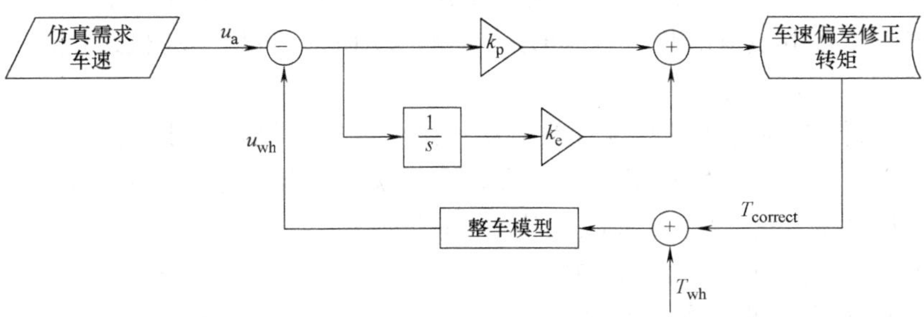

图 7-25　驾驶人模型 PI 控制的基本原理

图 7-25 中输入的是仿真需求车速 u_a，即循环工况。整车模型根据控制策略为发动机和电动机分配转矩，经过动力合成器最终驱动车辆行驶。车辆向驾驶人模型反馈车辆的实际车速 u_{wh}，驾驶人模型计算两车速的差值，通过 PI 控制器计算整车需要增加或减少的修正转矩，从而控制策略在下一个仿真时刻对动力分配予以修正，将实际车速最终与需求车速的误差限制在所要求的范围内。

图 7-26 是某电动汽车进行 NEDC 循环仿真得到的结果。图 7-26a 所示为目标车速和实际车速，图 7-26b 所示为车速的绝对误差。可见，驾驶人模型中的 PI 控制器能较好地修正车速偏差，为整车控制策略的制定奠定基础。

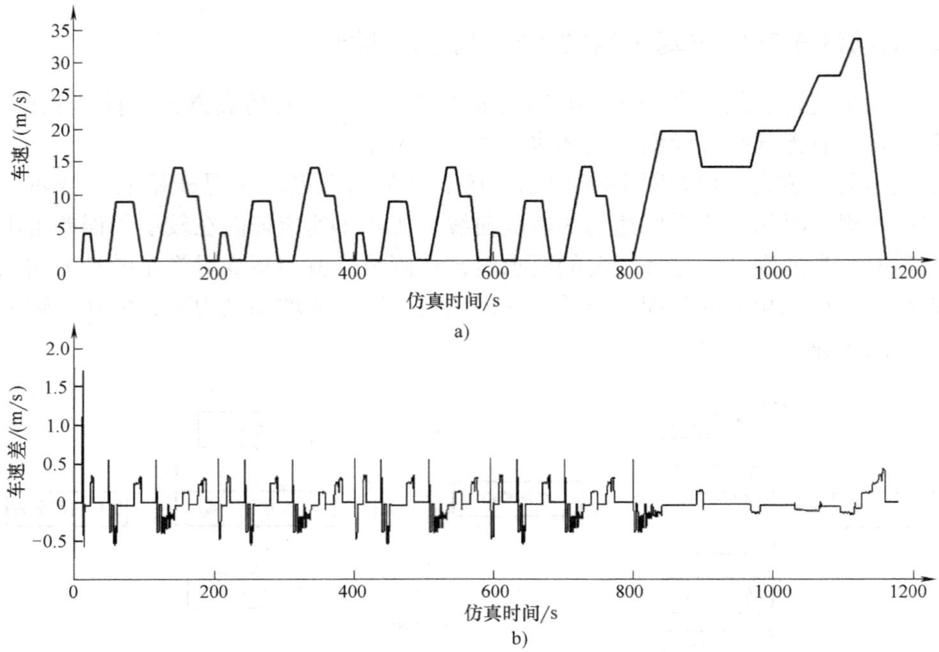

图 7-26　某电动汽车进行 NEDC 循环仿真得到的结果

a）目标车速和实际车速　b）车速的绝对误差

二、并联式混合动力电动汽车能量管理的模糊控制

1. 控制目标

并联式混合动力电动汽车的能量管理是关键技术。能量管理的目标是实现最佳燃油经济性并兼顾整车排放及电池荷电状态（SOC），一般采用的策略是发动机最优曲线能量管理策略。这种分配策略的思想如下：

1）从稳态条件下的发动机万有特性出发，将一定发动机转速或一定负荷下的发动机最低比油耗点连成曲线，即为发动机最优曲线。当并联式混合动力电动汽车的车速或功率需求达到一定的切换值时，车辆即从纯电动模式切换到以发动机为主的混合驱动模式。在该模式下，通常发动机工作在发动机最优曲线上，其功率和车辆需求功率的差值依靠电动机来填补，只有当电池 SOC 不足或过高以及电动机的填补能力不能满足整车功率要求时，发动机的工作点才偏离最优曲线。图 7-27 中的粗线即为发动机最优工作曲线。

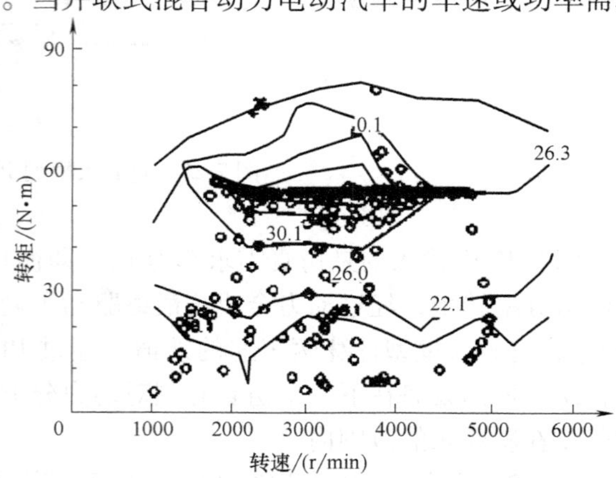

图 7-27　发动机最优工作曲线及其能量管理策略的发动机工作点

2）从电池的能量效率和寿命出发，SOC 应工作在合理的范围内。此外，并联式混合动力电动汽车电池组电量的维持要靠发动机带动发电机来发电，因此能够保

持循环工况始终电池 SOC 基本平衡是并联式混合动力电动汽车设计尤其是整车能量管理策略设计的重要原则。

对 SOC 的控制常采用 SOC 门限值和模式切换点控制这两种方法。一般 SOC 门限值为：下限 0.2 或 0.4，上限 0.7 或 0.9。一旦 SOC 达到门限值，即强制充电以恢复电量，或禁止充电以保护电池。模式切换点控制则是在行驶中根据 SOC 的高低，动态调整纯电动模式到混合驱动模式的切换点，当 SOC 低时减少纯电动驱动模式的使用，反之则多使用纯电动驱动模式。

以上的 SOC 控制与按发动机最优曲线进行功率分配一起构成发动机最优曲线能量管理策略。然而这种策略存在以下缺点：

1）并联式混合动力电动汽车不需外部充电，其消耗的所有能量都来自发动机。当车辆的需求功率与最优曲线上的最优功率差别不是很大时，发动机工作点通过电动机调节到最优曲线上所获得的效率的提高不足以克服电动机调节所需能量在转换中的损失，此时采用最优曲线策略就得不偿失了。通过分析可知，发动机工作点向最优曲线上下两侧适当延展是可以减小整车油耗的。

2）最优曲线策略只以发动机为优化对象，没有考虑其他部件，特别是电动机的效率分布。电动机一般在高转速区（转速大于 3000r/min）整体效率高，且在中等偏大负荷时有最高的效率；在低转速区整体效率较低，且最高效率曲线位于中等偏小的负荷区。电动机的效率分布越不均匀，其工作点的控制对整车效率的影响就越大。

3）最优曲线策略在功率分配时并不考虑电池 SOC 的高低。当车辆达到预设模式切换点的机会较少而 SOC 又变化时，如果长时间高速巡航而电动机间歇参与驱动，则电池组的 SOC 会达到门限值甚至在门限值之间振荡。这既使电池远离了其最佳效率区，又使车辆不得不频繁进入强制充电或禁止充电的低效率模式。

针对发动机最优曲线策略存在的缺点，结合并联式混合动力电动汽车能量管理系统的特点，在保留原有模式切换策略的基础上，模糊逻辑被用来建立新的混合模式功率分配策略。

2. 模糊逻辑控制策略

模糊逻辑控制策略有以下优点：

1）可以表达并联式混合动力电动汽车控制中难以精确定量表达的规则，如当功率要求离最优曲线较近时，则尽量少用电动机。

2）可以方便地实现不同影响因素（功率需求、SOC、电动机效率等）的折中。

3）鲁棒性好。在并联式混合动力电动汽车的设计中，有模型、部件参数、测量值、工作条件或环境等大量不确定因素，这使得并联式混合动力电动汽车的控制系统应有较强的鲁棒性。研究表明，模糊控制鲁棒性强的特点很适合在并联式混合动力电动汽车中应用。

模糊功率分配策略的结构如图 7-28 所示。三个模糊输入分别如下：

1）整车的需求功率和当前发动机转速对应的最优曲线上最优功率的差值。

2）当前电池组 SOC。

3）当前电动机转速。

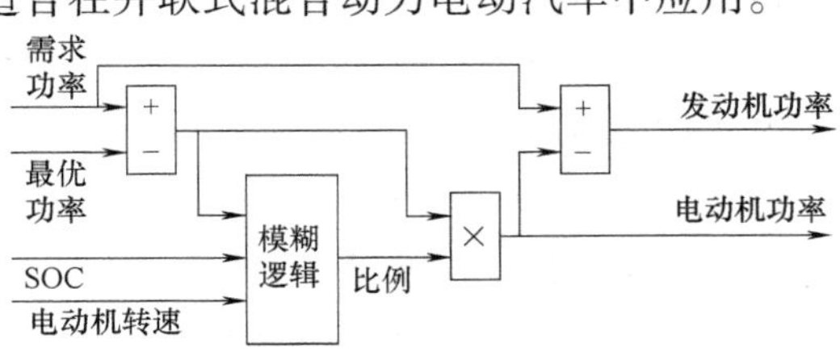

图 7-28　并联式混合动力电动汽车模糊功率分配策略的结构

模糊输出为一比例系数，其与前面的功

率差值相乘得到电动机应承担的调节功率。发动机功率等于总的需求功率减去电动机的调节功率。

三个模糊输入的语言变量和隶属度函数如图7-29所示。功率差的论域范围和语言变量的个数根据整车最大功率、发动机最大功率、发动机经济功率区和原先设定的模式切换功率来选择。其中，“负”表示整车功率需求较最优功率低很多；“零”表示整车功率需求与最优功率差别不大；“正小”代表整车功率需求大于最优功率较多，但并不比发动机最大功率大很多；“正大”则表示整车功率需求很高，已经大大超过发动机最大功率。电池组SOC的正常范围与电池内阻最低的范围基本重合。根据电动机效率和转速的关系划分电动机转速的语言变量。各变量的隶属度函数都选用梯形，便于参数的调整。

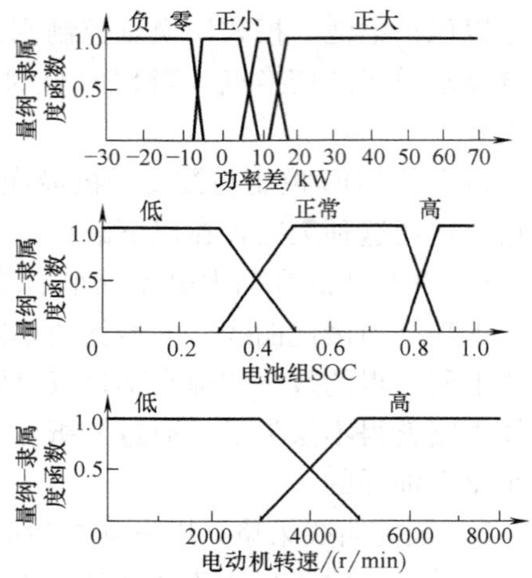

图7-29 三个模糊输入的语言变量和隶属度函数

3. 模糊逻辑推理与模糊规则

采用takagi-sugeno模糊推理，输出隶属度类型为常数。模糊化使用单点模糊集合，清晰化则使用加权平均法。and运算采用最小算子，not运算为求补。模糊规则见表7-6。

模糊规则的制定主要根据对并联式混合动力电动汽车工作原理的理解和在仿真、试验中获得的经验。可以看出，模糊规则的核心如下：

1）当功率差为零时，说明功率需求点处于发动机最经济区，这时不用电动机进行工作点的调节；当功率差较大时，使用电动机将发动机工作点调至经济区甚至最优曲线上。

2）如果SOC偏离正常区域，则相应增加充电或用电负荷，尽量使SOC恢复至正常区。

3）当电动机转速较高时，可以增加电动机调节的功率；反之，使电动机工作在中等偏小负荷。

表7-6 模糊规则

条件	结论	条件	结论
如果(功率差是负)and(SOC是not高)	1.00	如果(功率差是正小)and(SOC是低)and(电动机转速是低)	0.33
如果(功率差是负)and(SOC是高)	0.50	如果(功率差是正大)and(SOC是not低)and(电动机转速是低)	0.67
如果(功率差是零)	0	如果(功率差是正大)and(SOC是not低)and(电动机转速是高)	1.00
如果(功率差是正小)and(SOC是not低)	1	如果(功率差是正大)and(SOC是低)and(电动机转速是低)	0.33
如果(功率差是正小)and(SOC是低)and(电动机转速是高)	0.50	如果(功率差是正大)and(SOC是低)and(电动机转速是高)	0.50

4. 仿真结果

（1）FTP-72 城市工况的结果　将原有的发动机优化曲线策略和新的模糊逻辑策略都放入在 Matlab/Simulink 中建立的并联式混合动力电动汽车整车前向仿真模型中，模型和其余控制参数完全相同，仿真车速均能够顺利跟踪 FTP-72 工况的目标车速。两种策略在 FTP-72 工况下的发动机工作点分别如图 7-27 和图 7-30 所示。可以看出，模糊策略既使发动机工作点向最优曲线两侧延展，又保证大多数工作点集中于发动机经济区。这是我们预期的效果。两种策略在 FTP-72 工况下的电动机效率对应的工作时间比例如图 7-31 所示。可见模糊策略使电动机更多的时间处于效率较高的区域。两种策略在 FTP-72 工况下均能在不达到电池 SOC 门限值的情况下实现工况始末 SOC 的平衡。经过一个 SOC 平衡的 FTP-72 工况，最优曲线策略总的充电能量约为 5.53MJ，而模糊策略总的充电能量仅为 4.79MJ。这说明模糊策略减少了电动机的使用，相应减少了能量在转换过程中的损失。仿真的 SOC 平衡油耗（不开空调），最优曲线策略为 7.93L/100km，模糊策略为 7.64L/100km，经济性提高了 3.7%。

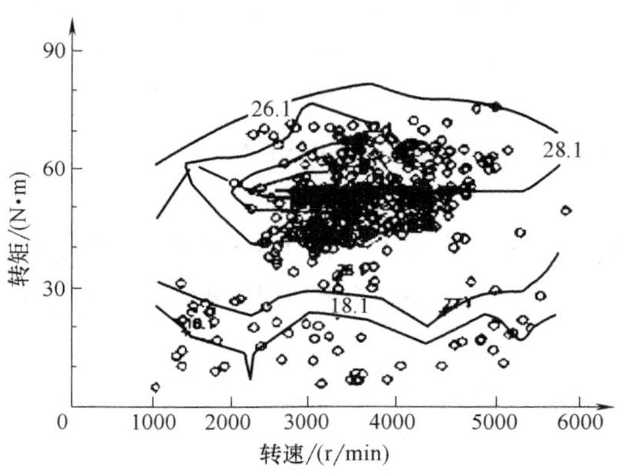

图 7-30　模糊逻辑策略控制的发动机工作点

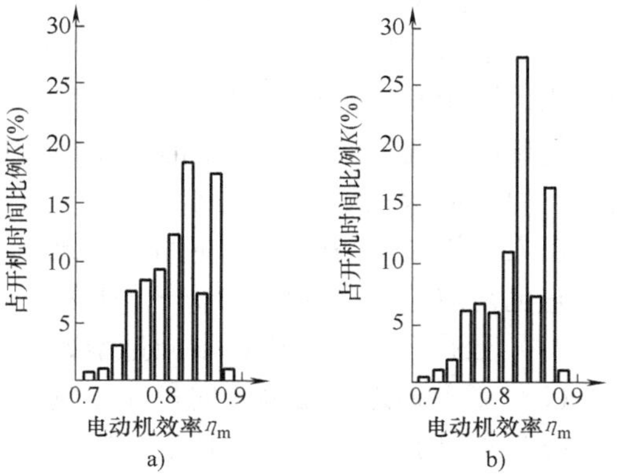

图 7-31　两种策略在 FTP-72 工况下的电动机效率对应的工作时间比例

a）最优曲线能量管理策略　b）模糊逻辑能量分配策略

（2）HWFET 公路工况的结果　在 HWFET 公路工况下，由于整车功率需求持续较高，最优曲线策略仅依靠模式切换点的调节来控制 SOC，就使得 SOC 持续下降至低门限值 0.2。此时，车辆不得不强制全力充电，这既造成发动机满负荷的油耗上升，又使车辆在遇到瞬时大功率需求时无法使用电动机辅助动力。当连续几个 HWFET 工况时，电池组 SOC 便出现在门限值之间“振荡”的情况，如图 7-32 中的曲线 1，SOC 在 0.2 和 0.5 之间“振荡”。模糊策略则由于有功率分配上的变化，使得 SOC 在没有达到门限值的情况下获得平衡，如图 7-32 中的曲线 2。这反映了模糊能量管理策略较“发动机最优曲线”策略对于不同工况有更强的适应性。

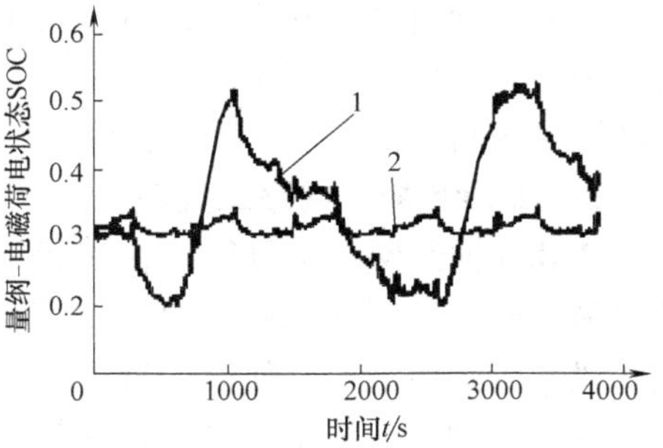

图 7-32　两种策略在 FTP-72 工况下的 SOC 控制结果

1—发动机最优曲线策略的 SOC 振荡

2—模糊策略的 SOC 平衡

在多个连续 HWFET 工况下的 SOC 平衡油耗，最优曲线策略为 50L/100km，模糊策略为 6.18L/100km，经济性提高了 4.9%，优于发动机最优曲线策略。

三、基于神经网络的电动汽车发动机转矩估计

电动汽车需要对发动机和电动机进行能量分配。发动机所输出的实际转矩不能在车测定，办法之一是对发动机转矩进行估计。发动机的转矩需要根据发动机的节气门开度、转速等信息进行估计。利用已有的试验数据，制定出各种脉谱是发动机控制中常用的手段。然而，发动机的工况复杂，台架试验不可能测出所有工况下的特性。这就需要对试验数据进行插值处理，这种处理实质上就是对试验中没有测定的数据进行估计。由于发动机特性的严重非线性，所以常规的插值法难以做到任意和全局的逼近，而神经网络正是解决这一问题的有效工具，利用这一工具可以实现对发动机转矩特性的估计。

1. 人工神经网络的选择

人工神经网络的种类很多，选择何种类型的网络，需要根据实际问题来确定。发动机转矩估计要求从大量的发动机试验数据中获得相关信息，以便对发动机转矩预测模型进行分析和预测。影响发动机转矩预测模型的因素很多，没有一个明确的数学解析式可用于计算，这属于复杂的非线性问题。采用前馈反向传播网络模型（Back Propagation Networks，简称 BP 网络）可以有效地解决这类问题。

在人工神经网络的实际应用中，绝大部分的神经网络模型采用 BP 网络和它的变化形式。它也是前向网络的核心部分，体现了人工神经网络最精华的部分。BP 网络主要用于：

（1）数据压缩　减少输出向量维数以便于传输或存储。

（2）函数逼近　用输入向量和相应的输出向量训练网络以逼近函数。

（3）模式识别　用一个特定的输出向量将它与输入向量联系起来。

（4）分类　把输入向量以所定义的合适方式进行分类。

理论证明，只要有足够的隐含层和隐含层单元数，BP 网络就可以逼近任意的非线性映射关系，且不需建立数学解析式模型。因为，BP 网络主要根据所提供的原始数据，通过训练和学习，找出输入和输出之间的内在联系，从而求得问题的解答，而不是依靠对问题的先验知识和规则，所以具有很好的适应性。

另外，通过训练和学习以后，BP 网络能把系统的信息分布存储在权值矩阵和神经元的转换函数系数中，也就是说 BP 网络具有记忆转矩输出特性信息的能力，并且这种记忆会适应转矩输出特性的改变，但会始终反映转矩输出特性。

2. Matlab 神经网络工具箱

Matlab 神经网络工具箱是在 Matlab 环境下开发出来的工具箱之一。它以人工神经网络理论为基础，利用 Matlab 编程语言构造出许多典型神经网络的激活函数，如 S 型、线性、饱和线性等激活函数，使设计者将所选定网络输出的计算转变为对激活函数的调用。另外，可以根据各种典型修正网络权值的规则，加上网络的训练过程，利用 Matlab 语言编写各种网络权值训练的子程序。Matlab 神经网络工具箱的内容非常丰富，包含了很多现有的神经网络新成果，其中就有 BP 网络模型。

Matlab 神经网络工具箱集成了多种学习算法，并对常规 BP 算法进行了改进，提供了一系列快速学习算法。表 7-7 对其中几种典型的学习算法进行了比较。这里选用 trainlm 对发动

机试验数据进行训练。

表 7-7　Matlab 神经网络工具箱中典型的 BP 算法比较

算法名称	对应工具箱中的训练函数	特点
梯度下降法	traingd	最基本的 BP 算法，收敛速度很慢。学习步长的选择很重要，过大容易振荡，无法收敛到深窄的极小点；过小则容易爬行，或者陷于局部极小
附加动量的梯度下降法	traingdm	收敛速度较快，学习时间较短
自适应学习步长法	Traingda，traingdx	可以根据误差性能函数进行调节，能够解决标准 BP 算法中学习步长选择不当的问题，从而避免较大误差，但速度较慢
弹性 BP 算法	trainrp	可以消除偏导数的大小对权值的有害影响，收敛速度最快，占用内存小，但不适合解决函数逼近问题
四种共轭梯度法	Traincgf，traincgp，traincgb，trainscg	分别采用 Fletcher-Reeves 算法、Polak-Ribiers 算法、Powell-Beale 算法、成比例共轭梯度算法。这几种方法收敛速度比普通的梯度下降法要快很多，且计算代价比较低
拟牛顿算法	trainbfg	需要的迭代次数比较少，但由于每步都要存储 Hessian 矩阵，所以单步计算量和存储量都很大，适合小型网络
一步割线算法	trainoss	为共轭梯度法和拟牛顿算法的一种折中方法。由于不需要存储 Hessian 矩阵，trainoss 算法单步需要的计算量和存储量都比 trainbfg 要小，比共轭梯度法略大
Levenberg-Marquardt 优化算法	trainlm	学习速度很快，但占用内存很大，对于中等规模的网络，是最好的一种训练算法
贝叶斯规则法	trainbr	对 Levenberg-Marquardt 算法进行修改，降低了确定最优网络结构的难度

3. BP 网络结构和参数的确定

在已经确定了选择 BP 神经网络的情况下，剩下的问题就是选择网络的结构和参数。对于 BP 网络，需选择网络的层数、每层的神经元数、初始权值、阈值、学习算法、数值修改频度、神经元传递函数及参数、学习率及动向量因子等参数。这里有些项的选择有一些指导原则，但更多的是靠经验和试凑。

（1）数据预处理　数据预处理可以改进数据的质量，从而有助于提高其后的 BP 神经网络训练的精度和性能。数据预处理是将得到的原始数据转化为能被人工神经元网络识别的数据，是数据挖掘的重要内容之一。

数据变换是数据预处理的一个重要部分。数据变换就是将数据转换成适合于挖掘的形式。这里的数据变换主要是指数据的规范化，即将特征向量数据按比例缩放，使之落入一个小的特定区间。在 BP 神经网络中，Sigmoid 函数用于将神经元的输入范围（$-\infty$，$+\infty$）映射到（0，1）或（-1，1）。当输入变量很大时，Sigmoid 函数的斜率将接近于 0，这可能导致在利用 Sigmoid 函数训练 BP 网络时出现梯度下降的问题。即使梯度有很小的变化，也会引起权值的微小变化，使权值远离最乐观的值。另外，如果各输入值未进行数据变换，则取值范围大的数据项所取的权值一般要超过取值范围小的数据项所取的权值，这会造成映射的失真。规范化可以帮助防止具有较大初始值的数据项与具有较小初始值域的数据项相比，造成权值过大。另外，规范化有助于加快BP神经网络学习阶段的速度。有四种主要的数据规范化方法：最小-最大规范化、z-score规范化、按小数定标规范化和扩大区间的最小-最大规范化。

1）最小-最大规范化。对原始数据进行线性变换。假定min$A$、max$A$分别为数据项A的最小值和最大值，最小-最大规范化通过式（7-31）进行计算。

$$v' = \frac{v - \min A}{\max A - \min A}(new\max A - new\min A) + new\min A \tag{7-31}$$

将A的值映射到区间（newmax$A$，newmin$A$）中的v'。最小-最大规范化能保持原始数据值之间的关系。如果今后的输入落在A的原始数据区之外，则该方法将面临“越界”错误。

2）z-score规范化（或零-均值规范化）。A的值是基于A的平均值和标准差规范化。A的值v被规范化为v'，由式（7-32）计算。

$$v' = \frac{v - \overline{A}}{\sigma_A}v \tag{7-32}$$

式（7-32）中，$\overline{A}$和σ_A分别为A的平均值和标准差。当数据项A的最小值和最大值未知时，该方法很有用，但不能保证把数据值全部映射到某一个指定的区间内。

3）小数定标规范化　通过移动A的小数点位置进行规范化。小数点的移动位数依赖于A的最大绝对值，由式（7-33）计算。

$$v' = \frac{v}{10^j} \tag{7-33}$$

式（7-33）中，j是使得max（v'）<1的最小值。

4）扩大区间的最小-最大规范化。混合规范化方法，首先以最小-最大规范化方法为基础，以保持原始数据值之间的关系，然后对所有数据项都确定一个区间，以保证今后的输入不会落在此数据区间之外。在确定这个区间时要对实际数据进行估计，太大了会使规范化失去意义，太小了会造成数据“越界”的错误。这就解决了既要对原始数据进行线性变换，又不能造成数据“越界”的矛盾。具体操作为：假定min$A$、max$A$分别为数据项A的最小值和最大值，另外确定min$'A$，max$'A$分别为数据项A扩大的最小值和最大值，此区间要保证今后的输入不会落在区间之外，一般取$\min' A = \min A(1-10\%)$，$\max' A = \max A(1+10\%)$。为确定区间的最小-最大规范化，通过计算将A的值映射到区间（newmin$A$，newmax$A$）中的v'。

$$v' = \frac{v - \min' A}{\max' A - \min' A}(new\max A - new\min A) + new\min A \tag{7-34}$$

通过数据预处理，样本数据的质量能够得到改进，有助于提高其后的BP神经网络的精度和性能。这里选用最大-最小规范化方法进行估计模型的数据预处理。

（2）BP神经网络隐含层数目的确定　在BP神经网络的训练样本问题解决以后，网络的输入层结点数和输出层结点数便已确定，接着要确定BP神经网络的隐含层数目。

隐含层能从输入数据提取信息特征。增加隐含层数目可增加神经网络的处理能力，但必将使网络训练复杂化，从而增加网络的训练时间。理论研究证明，多层前馈网最多只需两个隐含层。对于闭区间内的任何一个连续函数，都可以用一个隐含层的BP网络来逼近，因而一个三层的 BP 网络可以完成任意 N 维到 M 维的映射。在设计网络结构时，一般先考虑设一个隐含层，只有当一个隐含层的隐结点数很多而仍不能改善网络性能时，才考虑再增加一个隐含层，以此类推。

（3）BP 神经网络隐含层神经元数的确定　隐含层神经元的作用是从学习样本中提取并存储其内在规律。每个隐含层神经元有若干个权值，而每个权值都是增强网络映射能力的一个参数。如果隐含层神经元数量太少，则网络从学习样本中获取的信息能力就差，不足以概括和体现训练集中的样本规律；如果隐含层神经元数量过多，则又可能把学习样本中的噪声数据也学会并记牢，从而出现所谓"过度拟和"问题。此外，隐含层神经元数太多还会增加训练时间。设置多少个隐含层神经元，取决于学习样本数、样本噪声的大小以及样本中蕴含规律的复杂程度。

确定最佳隐含层神经元的常用方法是试凑法。可先设置较少的神经元数训练网络，然后逐渐增加神经元数用于同一样本集，然后对结果进行比较并确定最佳的隐含层神经元数，一般采用一些经验公式来确定隐含层神经元数，即

$$m = \sqrt{n+1} + a \tag{7-35}$$

$$m = \log_2^n \tag{7-36}$$

$$m = \sqrt{nl} \tag{7-37}$$

以上各式中 m 为隐含层神经元数，n 为输入层神经元数，l 为输出层神经元数，a 为 1 ~ 10 之间的常数。也可先设置较多的隐含层神经元数，然后逐渐减小。

（4）BP 神经网络初始权值的选取　网络权值的初始化决定了网络训练从误差曲面的哪一点开始，因此初始化方法对缩短网络的训练时间至关重要。神经元的激励函数都是关于零点对称的，如果每个神经元的净输入均在零点附近，则其输出不仅远离激励函数的两个饱和区，而且是其变化最灵敏的区域，必然使网络的学习速度较快。

实践证明，利用 Matlab 软件可以对权值进行自动初始化，故初始权值由 Matlab 软件自动初始化。

（5）神经网络的泛化　神经网络是否成功不在于样本点本身拟合误差的大小，关键在于其泛化效果。如果对样本点以外的其他输入点均有较好的拟合，则说明该神经网络结构合理，否则，训练出来的神经网络毫无价值。因此，应从收敛精度和泛化效果两方面来分析所建模型的精度。

通常以均方误差值 σ 来判断收敛精度及泛化效果的优劣：

$$\sigma = \sqrt{\frac{1}{N}\sum_{i=1}^{N}(e_i)^2} = \sqrt{\frac{1}{N}\sum_{i=1}^{N}(A_i - B_i)^2} \tag{7-38}$$

式中　N——样本数据的个数；

e_i——样本的第 i 个误差；

A_i——样本的第 i 个实际值；

B_i——样本的第 i 个预测值。

均方差误差值越小，说明收敛精度和泛化效果越好。

4. 发动机转矩估计模型

通过对不同结构模型的训练及结果对比，决定采用拓扑结构为 2 ×7 ×4 ×1 的 BP 网络，

即输入层有 2 个神经元，分别对应节气门开度和转速的归一化值，第一、二隐层的神经元数量分别为 7 和 4，输出层有 1 个神经元，对应转矩值的归一化值，如图 7-33 所示。

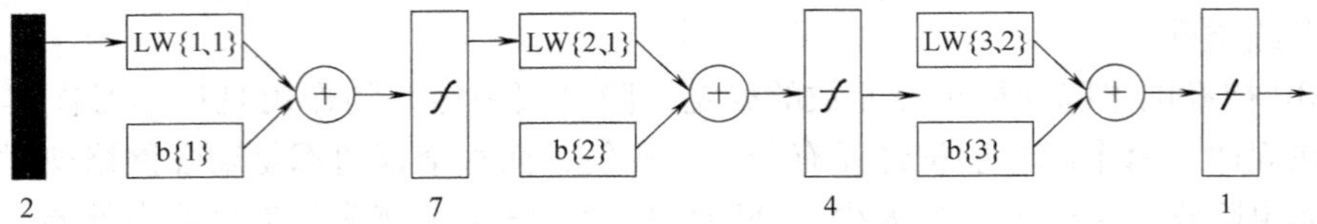

图 7-33 发动机转矩神经网络估计模型

训练完成后，计算训练样本的收敛精度，得 $\sigma_1 = 0.4\mathrm{N \cdot m}$；使用训练得到的神经网络模型，以剩余的数据为样本，进行模型的泛化效果检验，得 $\sigma_2 = 1.1\mathrm{N \cdot m}$，达到训练和估计效果。

使用所建的神经网络预测模型，设定发动机节气门开度为 5% ~95% （间隔为 5%）、转速为 1000 ~5000r/min （间隔为 50r/min） 范围内的稳态工况点，进行输出转矩估计，得到图 7-34 所示的基于神经网络的发动机转矩估计 MAP。

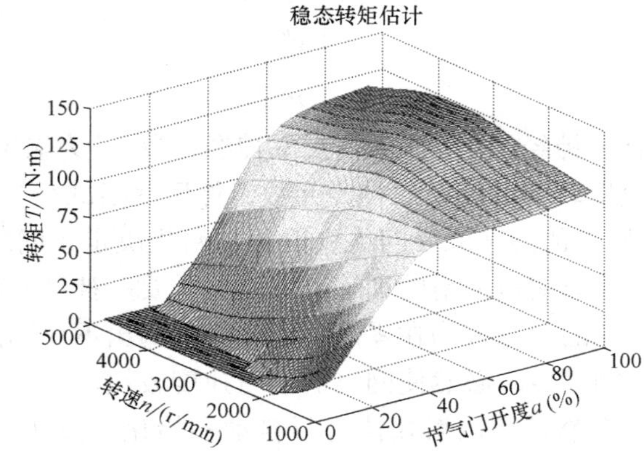

图 7-34 基于神经网络的发动机转矩估计 MAP

第八章　电动汽车的建模与仿真

电动汽车是一个复杂的系统，集成了车身、动力驱动、能源、能量管理等子系统。由于电动汽车本身及各子系统存在大量非线性环节和时变特性，所以不可能在解析的基础上设计和优化电动汽车。系统建模与仿真在电动汽车系统集成、设计与性能预测等方面具有重要意义。其重要性体现在以下几个方面：

1）电动汽车各子系统之间相互作用且联系紧密，但电动汽车不同子系统之间的相互作用是不同的，这些相互作用会影响整车的成本、性能、安全性等重要指标。通过仿真可以定量分析各子系统对整车性能的影响及其相互之间的作用。

2）对电动汽车进行原型试验，成本高而且费时。在进行必要的试验之前应对系统性能进行模拟分析，可以对电动汽车的设计、匹配等进行全面的评估，并发现设计中可能存在的一些问题，而这些问题往往是测量和试验手段不易发现的。

3）电动汽车，尤其是混合动力电动汽车控制策略的制定和优化是核心技术。如何快速、经济地对控制策略进行评价是关键问题。建模与仿真为解决这一问题提供了良好的途径。

第一节　建模与仿真方法

一、系统建模与仿真的含义

系统建模与仿真技术是以相似原理、模型理论、系统工程、控制技术、人工智能、信息技术、软件工程等有关专业技术为基础，以计算机系统与应用相关的物理效应设备及仿真器为工具，利用模型对已有或设想的系统进行研究、分析、设计、加工生产、试验、运行、评估等活动的一门多学科综合性技术。

相似原理是系统建模与仿真最主要的基础理论之一。根据仿真所研究问题的不同，相似方式可以是空间相似、时间相似、功能相似、动态特性相似、信息相似等。电动汽车油泥模型及风洞试验利用的是空间相似；电动汽车仿真软件中的各种道路循环考虑了汽车的起动、加速、巡航、减速制动等过程，实际上是一种时间相似；电动汽车的整车控制策略可以让汽车以预先编制好的程序完成各种数学运算、逻辑推理、能量分配等工作，具备了人脑的一部分功能，实际上是计算机与人脑的功能相似；由汽车车身、轮胎与悬架、减振器等组成的双质量机械系统与由电阻、电感、电容等电器元件组成的电系统，都可以用二阶线性微分方程的形式来描述，其单位阶跃响应等是相似的，属于动态特性相似；汽车虚拟现实驾驶系统中人与虚拟环境的信息交互与真实驾驶环境中人与真实环境的信息交互存在信息相似，即运动、视、听、触觉等信息相似。

二、建模与仿真的分类

从不同的角度，可以将建模与仿真进行不同的分类。

1. 根据仿真系统结构和实现手段分类

根据此方法可以将仿真分为物理仿真、数学仿真、半实物仿真等。

（1）物理仿真　按照实际系统的物理性质构建系统的物理模型，并在物理模型上进行试验研究。直观、形象是物理仿真的优点，但物理仿真模型构造与修改困难，周期长，投资大。

（2）数学仿真　对实际系统进行抽象，建立系统的数学模型，并将数学模型转化为仿真计算模型，在仿真计算模型上试验的过程称为数学仿真。数学仿真以计算机为仿真环境，具有方便、灵活、经济的优点，但系统越复杂，数学模型越难以建立，从而影响仿真的精度和正确性。

（3）半实物仿真　又称为硬件（实物）在回路仿真（Hardware in the Loop，简称 HIL），是将数学模型与物理模型（或实物）联合起来进行仿真，即系统的一部分以数学模型描述，这一部分通常是较为简单或规律较为清楚的子系统；另一部分以物理模型（或实物）引入仿真回路，这一部分一般是较为复杂或规律尚不完全清楚的子系统。半实物仿真兼顾了物理仿真和数学仿真的优势，是不可缺少的仿真手段。

2. 根据仿真时钟与自然时钟之间的比例关系分类

原型实际系统的时间标尺称为自然时钟，系统仿真模型所采用的时间标尺为仿真时钟。根据两种时钟的比例关系，可以将系统分为实时仿真和非实时仿真。

（1）实时仿真　仿真时钟与自然时钟完全一致，即原型系统与仿真系统的运行速度相同。当仿真模型中存在物理模型或实物时，应进行实时仿真。

（2）非实时仿真　仿真时钟慢于或快于自然时钟，分别称为亚实时仿真和超实时仿真。

3. 根据系统是否连续进行分类

根据仿真系统是否连续，可分为连续系统仿真和离散时间系统仿真。

（1）连续系统仿真　系统状态随着时间连续变化的系统称为连续系统，可以用微分方程或偏微分方程来描述。需要指出的是，将连续系统按采样时间进行离散化处理，可以得到离散时间差分方程模型。严格来讲，这类模型仍然属于连续系统，而且在连续系统进行数字仿真时必须进行离散化，并最终转化为差分模型。

（2）离散时间系统仿真　系统状态在某些随机时间点上发生离散变化的系统。这类系统是由时间驱动的，具有随机特性，且状态变化是离散的。

三、电动汽车仿真方法

并联式混合动力汽车仿真模型按功率流方向一般可分为两种：前向仿真和后向仿真。其仿真流程如图 8-1 所示。

从图 8-1 可以看出，前向仿真与后向仿真结构最大的不同在于驾驶人模型的存在与否。前向仿真结构中有驾驶人模型，其作用是根据循环工况的需求车速和仿真实际所得车速实时调整加速/制动踏板，从而使车辆控制器能够按照驾驶人的意图进行能量管理。驾驶人对加速/制动踏板的调整通常以转矩的方式体现出来。控制器按照驾驶人对转矩的需求计算出动力源应该处于的工作状态及应该提供的转矩，从而实现对整车的控制。在整个仿真系统中，控制信号和功率流完全按照与实车相同的传递路线进行传递。

后向仿真模型不考虑驾驶人的意图。后向仿真模型从系统的需求出发，先假定车辆能够按照制定的循环工况行驶，通过仿真计算得到为了满足循环工况要求车辆各个部件应该处于的状态，以此作为车辆性能分析的依据。在这种结构中，对车辆行驶所需的驱动转矩，按照循环工况要求的车速进行每一时间步长的实时计算，并沿着与实际转矩传递路线相反的方向进行传递。控制器根据能量管理策略，将传动部件传送的整车需求功率进行分配后，将其以需求值的形式传递给各个动力源，从而实现控制。

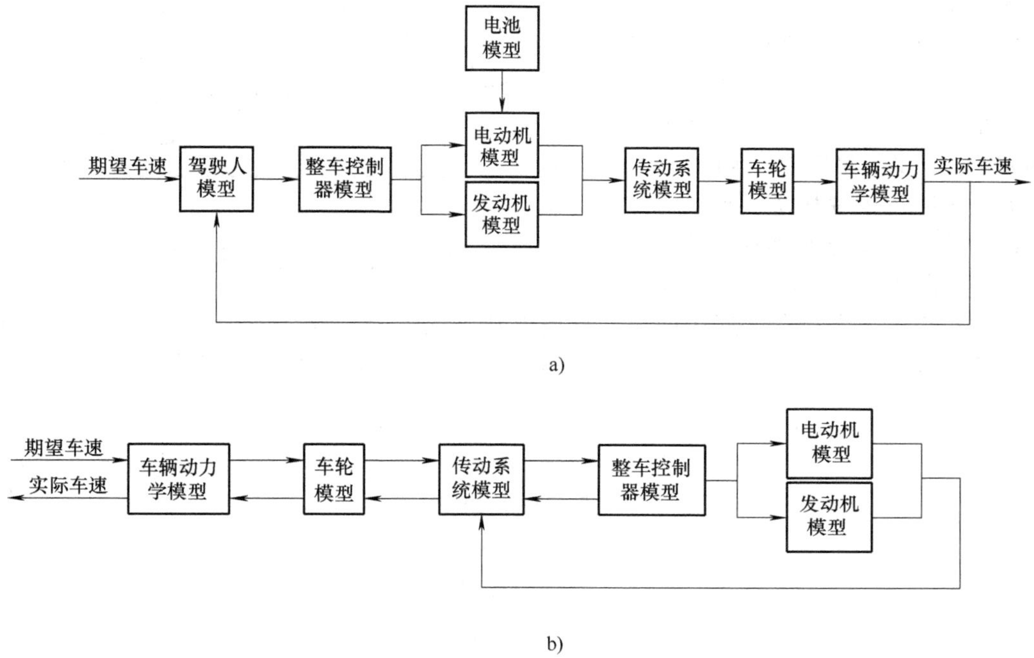

图 8-1 电动汽车的前向和后向仿真流程

a）前向仿真流程 b）后向仿真流程

前向仿真与后向仿真方法在仿真精度及仿真时间方面存在差异。由于前向仿真结构中存在相关传动部件动态变化过程的计算，因而对积分运算有较高的要求。在前向仿真时，通常采用高阶的解算器进行积分运算，以提高仿真的精度。由此所对应的仿真步长较小，一般取0.01s，因而仿真速度慢，同时导致计算过程中需要保存的数据量较大，这就要求计算机有较强的存储能力。后向仿真则不同，在后向仿真模型中大量采用数据表的形式。这样，车辆系统就建立在一种准静态基础之上，不考虑传动系统实际的瞬态变化过程，因此大大降低了对积分运算的要求，从而对于解算器的要求较低。后向仿真计算步长可以较大，一般为1s，因此仿真速度较快，对计算机的存储能力要求也较低。

鉴于各自的特点，前、后向仿真模式的实际应用不尽相同。前向仿真一般用于对已选定的部件进行详细设计及动态仿真，在寻求并优化与之相匹配的整车控制策略的原则指导下，适当改进相应的设计参数，以达到整车性能满足设计要求的目的。后向仿真一般用于初期的系统预估，对所需开发的电动汽车整车结构及相应控制策略进行初步的筛选与评估。

第二节　电动汽车整车及部件建模

一、整车动力学建模

电动汽车的整车动力学建模主要是指整车的纵向动力学建模。电动汽车整车动力学模型如图 8-2 所示。

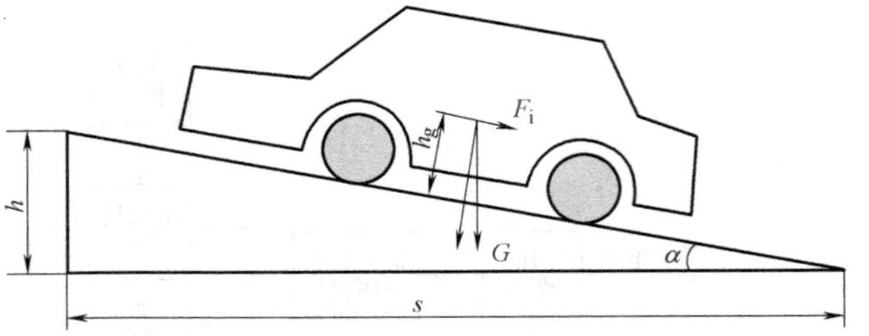

图 8-2　电动汽车整车动力学模型

该模型可以完成汽车行驶阻力计算，并根据牛顿力学可求出整车的速度。汽车行驶时必须克服来自路面的滚动阻力 F_f 和来自空气的阻力 F_w，在上坡行驶时还要克服坡度阻力 F_i，在加速行驶时需要克服加速阻力 F_j。其中，滚动阻力与路面状况以及汽车载重有关；空气阻力与车体迎风面积、车速以及空气阻力系数有关；坡度阻力与汽车重力以及道路坡度有关；加速阻力是汽车克服其质量加速度时的惯性力。各阻力的计算式分别为

$$F_f = m_a g f \tag{8-1}$$

$$F_i = m_a g \sin\alpha \tag{8-2}$$

$$F_w = \frac{C_d A v^2}{21.15} \tag{8-3}$$

$$F_j = \delta m_a \frac{dv_a}{dt} \tag{8-4}$$

式中　m_a——汽车整备质量（kg）；

g——重力加速度（m/s^2）；

f——车轮滚动阻力系数，与轮胎状况、路面状况以及车速等有关；

C_d——空气阻力系数；

A——汽车迎风面积（m^2）；

v——风与汽车的相对速度，无风时为汽车车速 v_a（km/h）；

α——道路坡度角；

δ——汽车旋转质量换算系数，主要与飞轮的转动惯量、车轮的转动惯量以及传动系统的传动比有关，$\delta > 1$；

dv_a/dt——汽车行驶加速度（m/s^2）。

于是，汽车行驶阻力和为

$$F_z = F_f + F_i + F_w \tag{8-5}$$

最后，可得车辆行驶速度计算式为

$$v = \int \frac{(F_{dr} - F_z)}{m_a} dt \tag{8-6}$$

二、部件建模

1. 发动机模型

发动机是混合动力汽车的主要动力源。发动机模型的准确性对混合动力电动汽车的整车性能有着很大的影响。由于发动机特性的高度非线性，因此发动机真实模型很复杂。

目前发动机的仿真模型一般分为基于数学模型的描述法以及基于数据的查表法。前者是通过流体力学、动力学、热力学及化学等对发动机的进气、喷油、燃烧及冷却等过程进行详细的数学描述。这种方法虽然能对发动机的瞬态进行准确的预测，但是很多相关数据很难获得，并且较慢的运算速度也不适合仿真的要求。查表法是在数据表格中直接存入实际测得的试验数据，当仿真需要某点运行数据时，直接在有关表格中查取。这种方法计算简单并且能够较好地满足仿真精度的要求。图 8-3 所示为某发动机的查表模型，也称为脉谱（MAP）。

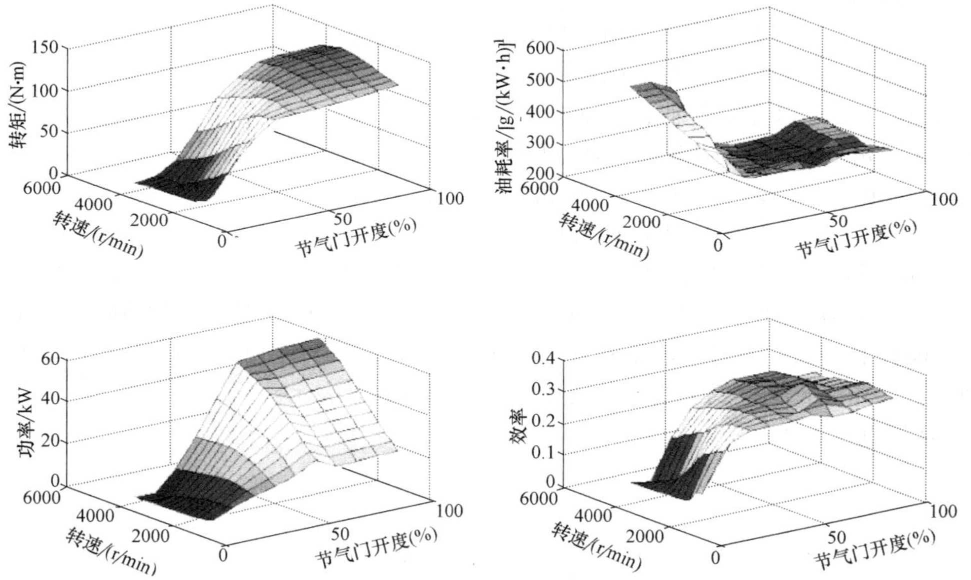

图 8-3　某发动机转矩、燃油消耗率、功率及效率的查表模型

2. 电动机模型

电动汽车中的电动机类型及控制方法较多。下面以直接转矩控制交流异步电动机为例，说明电动机数学模型的建立过程。

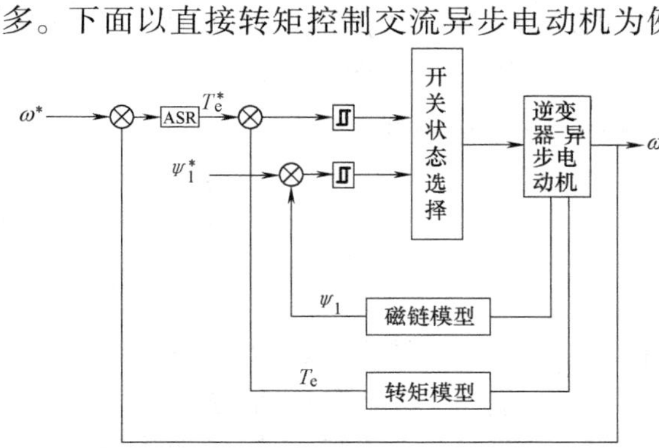

图 8-4　直接转矩控制系统原理

直接转矩控制系统原理如图 8-4 所示。针对矢量控制技术中转子磁链难于准确观测的问题，直接转矩控制系统直接在每个采样周期采集现场的定子磁链幅值 Ψ_1 和转矩值 T_e 后分别与给定的定子磁链幅值 Ψ_1^* 和转矩值 T_e^* 相比较，以控制定子磁链偏差和转矩值偏差分别在相应范围内为目的，从而确定逆变器 6 个电力开关的开关状态。这种双位式 Bang-Bang 控制避开了将定子电流分解

成转矩分量和励磁分量，省去了旋转坐标变换。因此，直接转矩控制系统较矢量控制系统具有结构更简单、动态响应更快、调速范围更宽以及对参数变化鲁棒性更强的优点。

（1）三相/二相变换　在采用数学模型描述异步电动机特性时，鉴于电动机自身的非线性、强耦合性以及高阶次，通常采用坐标变换的办法将交流电动机数学模型转化为等效直流电动机的数学模型，这样就降低了问题的复杂性。坐标变换的思想就是在产生相同旋转磁动势的基础上，建立三相交流绕组、二相交流绕组和旋转的直流绕组之间的等效关系，从而得到与异步电动机绕组等效的直流电动机模型。相应的电流、电压以及磁链变换矩阵为

$$\begin{aligned}[i_\alpha \quad i_\beta \quad i_0]^T &= C_{3s-2s}[i_A \quad i_B \quad i_C]^T \\ [u_\alpha \quad u_\beta \quad u_0]^T &= C_{3s-2s}[u_A \quad u_B \quad u_C]^T \\ [\Psi_\alpha \quad \Psi_\beta \quad \Psi_0]^T &= C_{3s-2s}[\Psi_A \quad \Psi_B \quad \Psi_C]^T\end{aligned} \tag{8-7}$$

式中　i_α，i_β，i_0——α 轴、β 轴、0 轴电流（A）；

u_α，u_β，u_0——α 轴、β 轴、0 轴电压（V）；

Ψ_α，Ψ_β，Ψ_0——α 轴、β 轴，0 轴磁链（Wb）；

i_A，i_B，i_C——A 轴、B 轴、C 轴电流（A）；

u_A，u_B，u_C——A 轴、B 轴、C 轴电压（V）；

Ψ_A，Ψ_B，Ψ_C——A 轴、B 轴、C 轴磁链（Wb）；

C_{3s-2s}——三相/二相变换矩阵。

（2）电动机在二相静止坐标系中的数学模型　根据交流电动机理论，且假设：三相绕组对称，磁动势沿气隙圆周按正弦分布；忽略磁路饱和的影响，各绕组的自感和互感都是线性的；忽略铁心损耗；不考虑温度和频率变化对电动机绕组电阻的影响。基于以上假设，异步电动机在两相静止坐标系下的数学模型可用下列方程来表示：

1）定子电压方程

$$\begin{cases} u_{\alpha 1} = R_1 i_{\alpha 1} + \dfrac{\mathrm{d}\Psi_{\alpha 1}}{\mathrm{d}t} \\ u_{\beta 1} = R_1 i_{\beta 1} + \dfrac{\mathrm{d}\Psi_{\beta 1}}{\mathrm{d}t} \end{cases} \tag{8-8}$$

式中　$u_{\alpha 1}$，$u_{\beta 1}$——定子在 α 轴、β 轴上的电压分量（V）；

$i_{\alpha 1}$，$i_{\beta 1}$——定子在 α 轴、β 轴上的电流分量（A）；

$\Psi_{\alpha 1}$，$\Psi_{\beta 1}$——定子在 α 轴、β 轴上的磁链分量（Wb）；

R_1——定子电阻（Ω）。

2）转子电压方程

$$\begin{cases} u_{\alpha 2} = R_2 i_{\alpha 2} + \dfrac{\mathrm{d}\Psi_{\alpha 2}}{\mathrm{d}t} + \Psi_{\beta 2}\omega_r \\ u_{\beta 2} = R_2 i_{\beta 2} + \dfrac{\mathrm{d}\Psi_{\beta 2}}{\mathrm{d}t} - \Psi_{\alpha 2}\omega_r \end{cases} \tag{8-9}$$

式中　$u_{\alpha 2}$，$u_{\beta 2}$——转子在 α 轴、β 轴上的电压分量（V）；

$i_{\alpha 2}$，$i_{\beta 2}$——转子在 α 轴、β 轴上的电流分量（A）；

$\Psi_{\alpha 2}$，$\Psi_{\beta 2}$——转子在 α 轴、β 轴上的磁链分量（Wb）；

R_2——转子电阻（Ω）；

ω_r——转差角速度（rad/s）。

3）定子磁链方程

$$\begin{cases}\Psi_{\alpha1}=L_1i_{\alpha1}+L_mi_{\alpha2}\\ \Psi_{\beta1}=L_1i_{\beta1}+L_mi_{\beta2}\end{cases}\tag{8-10}$$

式中　L_1——定子电感（H）；

L_m——定、转子间的互感（H）。

4）转子磁链方程

$$\begin{cases}\Psi_{\alpha2}=L_2i_{\alpha2}+L_mi_{\alpha1}\\ \Psi_{\beta2}=L_2i_{\beta2}+L_mi_{\beta1}\end{cases}\tag{8-11}$$

式中　L_2——转子电感（H）。

对于笼型异步电动机，则有

$$u_{\alpha2}=0;\ u_{\beta2}=0\tag{8-12}$$

由此，得到交流电动机输出的电磁转矩为

$$T_e=pL_m(i_{\beta1}i_{\alpha2}-i_{\beta2}i_{\alpha1})\tag{8-13}$$

式中　p——电动机磁极对数。

进而得到电动机转矩平衡方程为

$$T_L=T_e-J\frac{d\omega_m}{dt}\tag{8-14}$$

式中　T_L——电动机轴上的负载转矩（N·m）；

J——电动机轴上的转动惯量（kg·m^2）；

ω_m——转子机械角速度（rad/s）。

图 8-5 给出了采用上述数学建模方法得到的由直接转矩控制的交流电动机输出转矩对其电子节气门的响应结果。

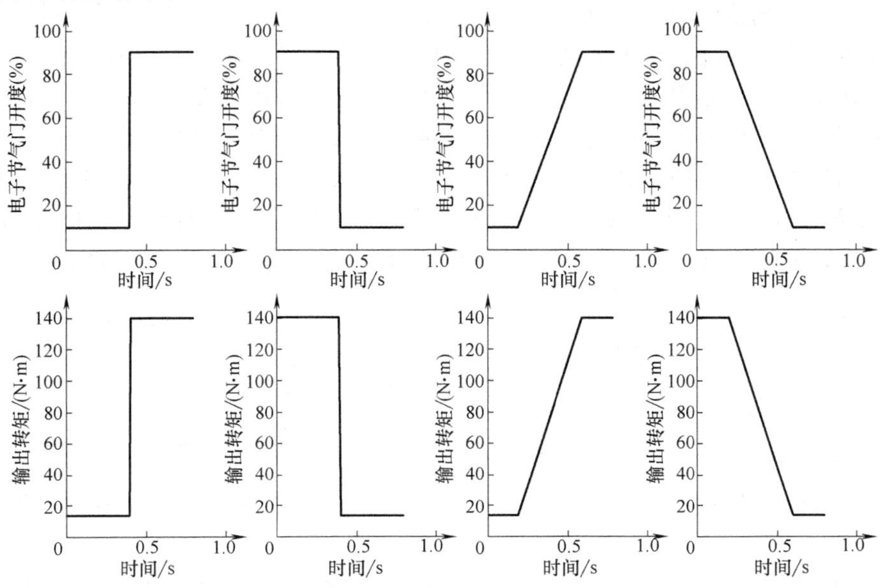

图 8-5　交流电动机输出转矩对其电子节气门的响应结果

与发动机建模一样，电动机模型也可以先通过试验测定其特性，进而建立查表模型。图 8-6 所示为某电动机查表模型。

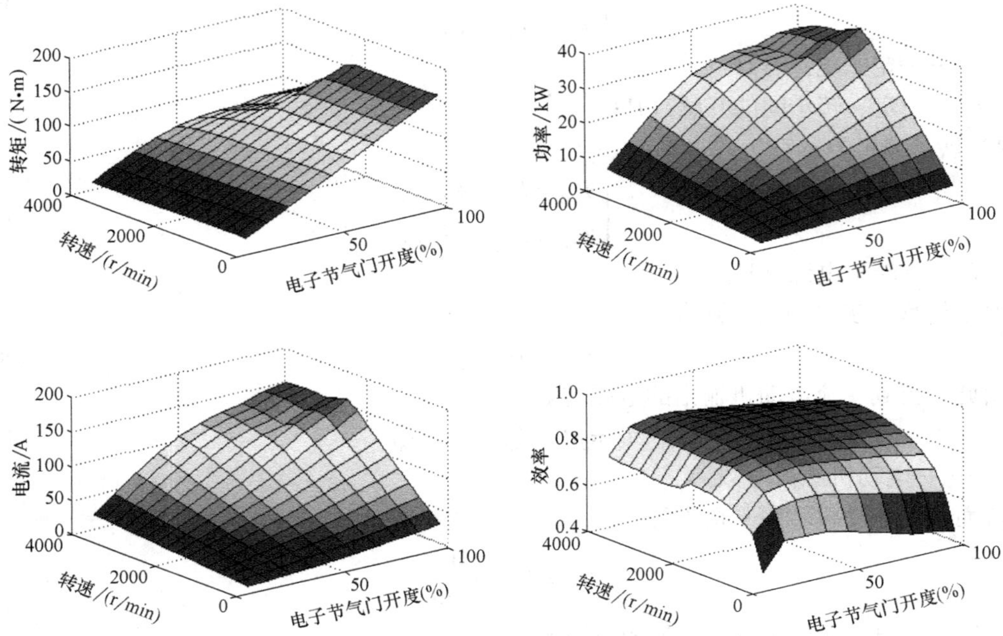

图 8-6　电动机查表模型

3. 蓄电池模型

由于蓄电池在充放电时伴随有复杂的电化学反应，并且化学反应产生的热量导致蓄电池温度也会发生变化，因此，蓄电池的电化学特性是一个与各种随机变量相关的非线性函数。实际上，电化学电池动态模型的建立一方面要从分析它的内在机理出发，另一方面还要借助试验测试来拟合非线性变量之间的关系，故很难建立精确的数学模型。

蓄电池的建模方法一般是通过等效电路来模拟电池的特性。目前，蓄电池的模型主要有三种：RC 电池模型、Rint 电池模型、神经网络电池模型。其中，神经网络电池模型需要大量的试验样本，应用不多。图 8-7、图 8-8 分别是 RC 电池模型和 Rint 电池模型的等效电路。

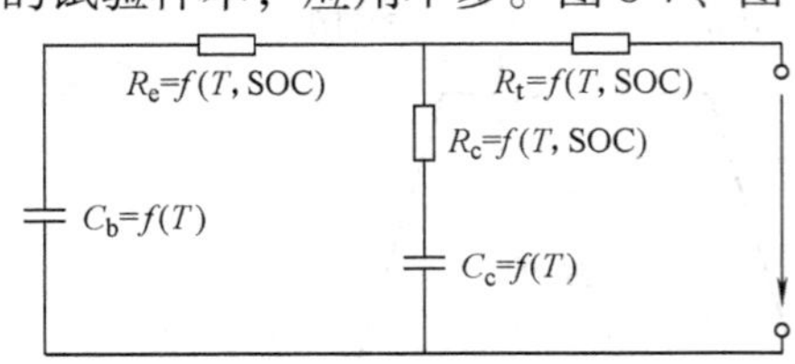

图 8-7　RC 电池模型的等效电路

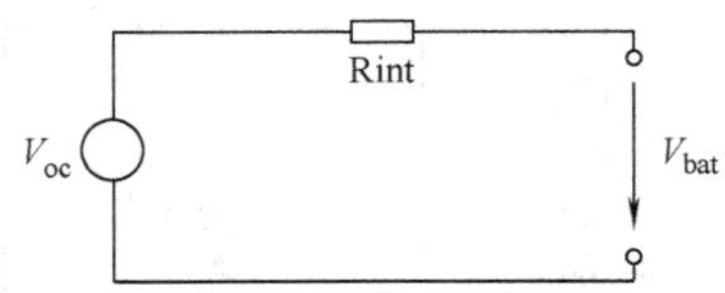

图 8-8　Rint 电池模型的等效电路

在 RC 电池模型中，电容 C_b 很大，用来表示电池的容量，只与温度有关；电容 C_c 比较小，表示电池的表面效应，只与温度有关。电阻 R_e、R_c、R_t 与电池温度和 SOC 有关。Rint

电池模型把电池等效为包括一个电压源和一个电阻（电池的内阻）的等效电路。在此模型中，电池所能容纳的电量被视作定值，电池受到最小电压的限制，充放电的量受到充电效率的影响，充电时受到最大电压的限制。在电池被看作具有已知内阻的理想电压源后，与电池相连接的部件（如发电机或电动机）将被看作能量源或负载。内阻模型通过计算电池的SOC来确定电池所需要补充的能量和所能输出的能量，仿真精度较RC电池模型低。

下面以Rint电池模型为例说明电池的建模过程。将蓄电池模型分为三个子模块：电池组温度计算模块、电池组SOC值计算模块及电池组电压模块。

在电池温度计算模块中，电池温度按照式（8-15）和式（8-16）计算。

$$T_{ess}=\int\frac{Q_{loss}+Q_{ess\_case}}{m_{ess}C_{ess}}dt \tag{8-15}$$

$$Q_{loss}=\begin{cases}I_{ess}^2R_{ess}\\I_{ess}^2R_{ess}-I_{ess}U_{ess}(1-\xi)\end{cases} \tag{8-16}$$

式中　Q_{loss}——电池组放/充电状态时，内阻的热量损失（J）；

I_{ess}——电池组放/充电电流（A）；

U_{ess}——电池组端电压（V）；

ξ——电池组充电系数；

Q_{ess_case}——电池组传递到箱体的热量（J）；

m_{ess}——电池组质量（kg）；

C_{ess}——电池比热容［J/(kg·K)］；

R_{ess}——电池组电阻（Ω）。

电池组SOC值按照式（8-17）计算：

$$SOC=\frac{Q_{ess}(T_{ess})-\int\frac{I_{ess}}{3600}dt}{Q_{ess}(T_{ess})} \tag{8-17}$$

式中　Q_{ess}——电池组最大总电量，受电池组温度影响（A·h）。

电池组端电压按照式（8-18）计算：

$$U_{ess}=n_{ess}(\varepsilon_{ess}-I_{ess}r_{ess}) \tag{8-18}$$

式中　n_{ess}——单体电池个数；

ε_{ess}——单体电池电动势（V）；

r_{ess}——单体电池内阻（Ω）。

其中，ε_{ess}，r_{ess}受电池组温度和SOC值影响，要通过试验数据查表获得。

4. 传动系统建模

（1）离合器动力学模型　机械摩擦式离合器在接合与分离过程中，可简化为图8-9所示的两等效集中转动惯量的力学模型。

图8-9中：J_e为发动机旋转部分以及离合器主动部分（外转子）的总转动惯量，单位为kg·m^2；J_n为简化到离合器从动部分（内转子）的当量转动惯量，

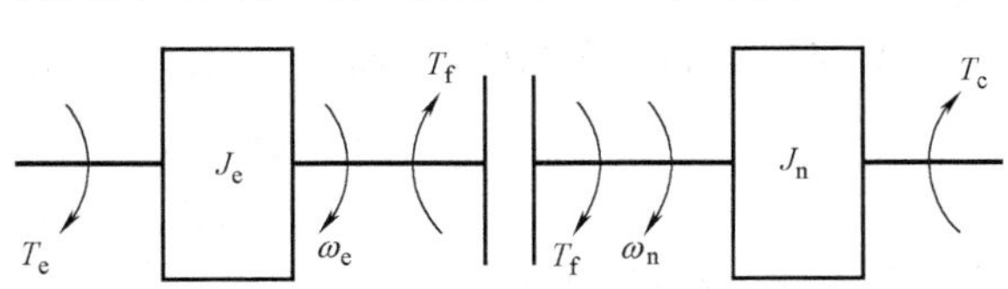

图8-9　简化的离合器动力学模型

单位为 $kg \cdot m^2$；ω_e、ω_n 为离合器主、从动件角速度，单位为 rad/s；T_e 为发动机输出力矩，单位为 $N \cdot m$；T_f 为离合器传递的力矩，单位为 $N \cdot m$；T_c 为离合器从动件上所受的当量阻力矩，该当量阻力矩由汽车车轮所受的道路阻力矩经动力传动系统转化得到，单位为 $N \cdot m$。

由动力学原理建立该力学模型系统的运动微分方程组如下：

1）离合器主、从动件滑磨阶段的运动微分方程组为

$$\begin{cases} J_e \dfrac{d\omega_e}{dt} = T_e - T_f \\ J_n \dfrac{d\omega_n}{dt} = T_f - T_c \end{cases} \tag{8-19}$$

2）离合器主、从动件角速度相等阶段的运动微分方程为

$$(J_e + J_n)\frac{d\omega}{dt} = T_e - T_c \tag{8-20}$$

在计算 J_n 时，为简便计，忽略离合器从动件到驱动轮全部旋转零件的转动惯量的影响，仅将 J_n 看作汽车平移质量，即将汽车总质量换算到离合器从动轴上的转动惯量。

依据动能相等原理有

$$\frac{1}{2}J_n\omega_n^2 = \frac{1}{2}m_a v^2 \tag{8-21}$$

对于传动系统有

$$\omega_n R_r = v i_g i_0 \tag{8-22}$$

联立解得

$$J_n = \frac{m_a R_r^2}{i_g^2 i_0^2} \tag{8-23}$$

式中　m_a——汽车总质量（kg）；

v——汽车行驶速度（m/s）；

R_r——车轮半径（m）；

i_g——汽车变速器某挡位传动比；

i_0——汽车主减速器传动比。

（2）变速器动力学模型　变速器在电动汽车的动力传动系统中占有重要位置。它以改变传动比来满足汽车不同行驶条件下对牵引力的需求，此外，还实现倒车行驶和中断动力的传递。

根据变速器的输入与输出轴转矩的传动关系，可得变速器动力学模型。

$$\begin{cases} T_{out} = (T_{in} - T_{loss}) \times i_g \\ J_{out} = (J'_{in} + J'_{out}) \times (i_g)^2 + J_{in} \end{cases} \tag{8-24}$$

式中　T_{out}——部件输出转矩（$N \cdot m$）；

T_{in}——部件输入转矩（$N \cdot m$）；

T_{loss}——部件损失转矩（$N \cdot m^2$）；

i_g——部件传动比；

J_{out}——部件输出转动惯量（$kg \cdot m^2$）；

J'_{in}——部件输入轴的转动惯量（$kg \cdot m^2$）；

J'_{out}——部件输出轴的转动惯量（$kg \cdot m^2$）；

J_{in}——部件输入转动惯量（$kg \cdot m^2$）。

（3）主减速器模型　主减速器主要完成减速增扭作用，其模型相对简单。主减速器的模型如下：

1）主减速器传递的转矩

$$T_{fd} = T_{cou} i_0 \tag{8-25}$$

2）主减速器输出的角速度

$$\omega_{fd} = \omega_{cou} / i_0 \tag{8-26}$$

式中　T_{cou}——传动轴传递的转矩（$N \cdot m$）；

ω_{cou}——传动轴角速度（rad/s）；

i_0——主减速器传动比。

（4）车轮模型　由于现在越来越多的轮胎制造商以“魔术公式”系数的形式提供轮胎数据，故轮胎采用“魔术公式”轮胎模型，便于获得拟合参数。

$$y = D\sin\{C\arctan[Bx - E(Bx - \arctan Bx)]\} \tag{8-27}$$

式（8-27）中，D 为曲线峰值；C 为曲线形状系数，它控制了“魔术公式”中正弦函数的范围；B、C、D 的乘积对应于原点处的斜率；E 表示曲线峰值处的曲率。当 x 表示轮胎的纵向滑移率时，y 为轮胎的纵向力；当 x 表示轮胎的侧偏角时，y 为轮胎的侧向力或回正力矩。

在对车辆转向行驶时的滑移率进行研究时，滑移率与侧偏角同时存在且相互影响，因此有必要考虑轮胎的联合工况。根据轮胎的刷子理论模型，可采用式（8-28）对纯工况时的轮胎特性进行修正来近似实现轮胎的联合工况模型。

$$\begin{cases} F_t = \dfrac{s}{\sqrt{s^2 + \tan^2\alpha}} F_{t0}(s) \\ F_s = \dfrac{\tan\alpha}{\sqrt{s^2 + \tan^2\alpha}} F_{s0}(\alpha) \end{cases} \tag{8-28}$$

$F_{t0}(s)$ 为纯驱动/制动工况下的轮胎纵向力特性，$F_{s0}(\alpha)$ 为纯转弯工况下的轮胎侧向力特性，均由“魔术公式”计算得到。

1）滑移率 $s_i(i=1, 2, 3, 4)$ 的计算

$$s_i = \begin{cases} \dfrac{\omega_i R - u_{ti}}{\omega_i R} & \omega_i R \geqslant u_{ti}(\text{驱动时}) \\ -\dfrac{u_{ti} - \omega_i R}{u_{ti}} & \omega_i R \leqslant u_{ti}(\text{制动时}) \end{cases} \tag{8-29}$$

式(8-29)中，$u_{ti}(i=1, 2, 3, 4)$ 为轮心速度，可用式(8-30)计算。

$$\begin{cases} u_{t1} = \left(u + \frac{1}{2}Br\right)\cos\delta_{T1} + (v + ar)\sin\delta_{T1} \\ u_{t2} = \left(u + \frac{1}{2}Br\right)\cos\delta_{T2} - (br - v)\sin\delta_{T2} \\ u_{t3} = \left(u - \frac{1}{2}Br\right)\cos\delta_{T3} + (v + ar)\sin\delta_{T3} \\ u_{t4} = \left(u - \frac{1}{2}Br\right)\cos\delta_{T4} - (br - v)\sin\delta_{T4} \end{cases} \tag{8-30}$$

式(8-30)中，u_{t1}、u_{t2}、u_{t3}、u_{t4}分别为前左、后左、前右、后右车轮轮心速度。

2）侧偏角 $\alpha_i(i=1, 2, 3, 4)$的计算

$$\begin{cases} \alpha_1 = \delta_{T1} - \arctan\left(\dfrac{v + ar}{u + \frac{1}{2}Br}\right) & \alpha_2 = \delta_{T2} + \arctan\left(\dfrac{br - v}{u + \frac{1}{2}Br}\right) \\ \alpha_3 = \delta_{T3} - \arctan\left(\dfrac{v + ar}{u - \frac{1}{2}Br}\right) & \alpha_4 = \delta_{T4} + \arctan\left(\dfrac{br - v}{u - \frac{1}{2}Br}\right) \end{cases} \tag{8-31}$$

式（8-31）中，α_1、α_2、α_3、α_4 分别为前左、后左、前右、后右车轮的轮胎侧偏角。图 8-10 所示为由轮胎模型得到的特性曲线。

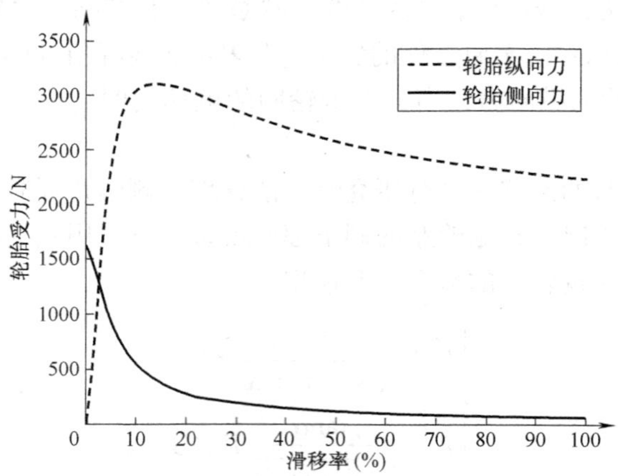

图 8-10　由轮胎模型得到的特性曲线

第三节　电动汽车仿真软件

电动汽车仿真可以采用专业软件和通用软件。专业的电动汽车仿真软件主要包括 AVL 公司的 ADVISOR、PSAT、CRUISE，德克萨斯大学的 E-ELPH，香港大学的 EVSIM，斯图加特大学的 FASLMA 等。通用的软件主要是 Matlab 及其 Simulink 和 Stateflow 等工具箱。专业的仿真软件也广泛采用 Matlab 作为编程环境，并与 Matlab 有方便和丰富的接口 API。下面主要以应用较多的 ADVISOR、PSAT 和 CRUISE 进行介绍。

一、ADVISOR

ADVISOR（Advanced Vehicle Simulator）高级车辆仿真器是由美国可再生能源实验室（National Renewable Energy Laboratory）在 Matlab 和 Simulink 软件环境下开发的仿真软件。该软件从 1994 年开始开发与使用，2002 年之前能在网站上免费下载该软件，2003 年后 AVL 公司购买了该软件的版权。

1. ADVISOR 的主要特点

ADVISOR 是在 Matlab 和 Simulink 软件环境下的一系列模型、数据和脚本文件。它在给定的道路循环条件下，利用车辆各部分的参数，能快速地分析传统汽车、纯电动汽车和混合动力汽车的燃油经济性、动力性以及排放性等各种性能。此外，该软件的开放性也允许对用户自定义的汽车模型和仿真策略做仿真分析。它主要有以下特点：

1）仿真模型采用模块化的思想设计。各个模块都有标准的数据输入/输出端口，便于模块间进行数据传递。各总成模块都很容易扩充和修改，各模块也可以随意地组合使用。用户可以在现有模型的基础上根据需要对一些模块进行修改，重新整合自己所需要的汽车模型。这样能大大节省建模时间，提高建模效率。

2）仿真模型和源代码全部开放。用户可以方便地研究 ADVISOR2002 仿真模型及其工作原理，在此基础上根据需要修改或重建部分仿真模型，调整或重新设计控制策略，使之更接近于实际情形。

3）采用了独特的混合仿真方法。ADVISOR 采用了以后向仿真为主，以前向仿真为辅的混合仿真方法。这样便较好地集成了两种方法的优点，使仿真计算量较小、运算速度较快，同时又保证了仿真结果的精度。

4）在 Matlab 和 Simulink 软件环境下开发研制，语法结构简单，数值计算高效，图形功能完备，集成了诸多专业仿真工具包，而且它还提供了方便的应用程序接口。

5）能与其他多种软件进行联合仿真。ADVISOR 设计了开放的软件接口，能与 Saber、Simplorer、VisualDOC 等软件进行联合仿真，为用户改进和拓展其功能提供了方便。

ADVISOR 软件也有一些缺陷。例如，它的部件模型都是准静态的，不能预测小于 0.1s 左右时间范围内的一些现象，机械振动、电磁振荡等许多动态特性也不能通过该软件进行仿真。

2. ADVISOR 的基本功能

（1）基本用途　ADVISOR 可以用来仿真汽车的动力性能和经济性能。动力性能包括加速性、最高车速和爬坡性能。经济性主要是指标准工况下的燃油经济性。

ADVISOR 适用的车型一般为前轮驱动型，适用的汽车种类有传统汽车、纯电动汽车、混合动力汽车、燃料电池汽车。

（2）高级用途　ADVISOR 不仅仅用来仿真汽车性能，实际上它还提供了一个仿真平台，为整车和部件参数设计及研究提供了便捷的方法，如可以用来对实际参数（如整车质量、滚动阻力系数、变速器速比）进行优化匹配。

对于混合动力汽车，其控制策略影响和制约着整车的性能，可用该软件来研究和考察控制策略参数的匹配。对于传统汽车，其变速器换挡规律影响着整车的经济性和动力性，也可用 ADVISOR 来考察自动变速器的换挡规律。

3. ADVISOR 的仿真方法

图 8-11 所示为 ADVISOR2002 采用的后向与前向相结合的仿真方法。软件首先进行后向仿真，由道路循环模块提供给汽车所应该满足的行驶轨迹，向整车模块请求所需的速度。整车模块利用汽车行驶方程式计算出满足这一速度请求所需的车轮转速和力，再向车轮和车轴模块发出请求，请求沿后向路径逐级向上级模块如主减速器模块、变速器模块、离合器模块、机械负载模块等传递，直到发动机模块（燃料转换器）计算出需要发动机提供的实际功率，由此完成后向仿真过程。后向仿真不需要驾驶人模型，计算速度也很快。但是，由于仿真过程中所使用的各种特性参数都是在稳态时测定的，所以该方法并不能用于实际行驶状态下汽车的动态仿真。在完成后向仿真后，便进行前向仿真。它首先从发动机模块开始，将后向仿真计算出的发动机功率沿前向路径传递给机械负载模块，再将所获得的转矩和转速传递给下一级模块，然后将所得仿真数据再逐级向下传递直到车轮和车轴模块，从而计算出汽车的实际速度。前向仿真包括驾驶人模型，并且考虑了请求速度和当前速度，更接近于汽车的实际状况，计算结果较后向仿真更为准确。但这种仿真方法会增加计算量，使运行速度减慢，而且传动系统的功率计算还要依赖于汽车的实际状态。

ADVISOR 的这种后向和前向结合的仿真方法主要还是以后向仿真法为主。在整个仿真过程中，需要遵循以下两个假设：

1）传动系统中任何总成不可能从与其直接连接的并且为其提供动力的上级总成获得超出其使用需要的能量。

2）无论是在前向还是在后向仿真时，同一总成的效率都相同。

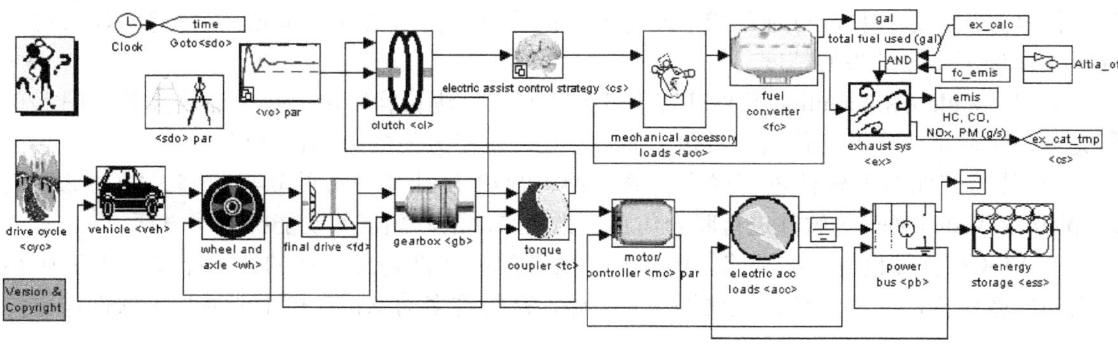

图 8-11　ADVISOR2002 采用的后向与前向相结合的仿真方法

4. ADVISOR 的仿真过程

（1）定义车辆的仿真参数

1）选择传动系统类型。ADVISOR 提供了两种方式来定义车辆传动系统的类型。其中一种方式是 ADVISOR 内部已有的电动汽车的数据文件，用户可以在此基础上修改；另一种方式是将 ADVISOR 内部的传统汽车、纯电动汽车、混合动力汽车等 8 种类型的传动系统作为模板，用户可以在此基础上定义自己的传动系统。另外，用户还可以定义新的传动系统。

2）设置部件的仿真参数。ADVISOR 设计了车辆、发动机、能量存储系统和电动机等多个部件的仿真模型。此外，ADVISOR 还设计了自动尺寸功能和比例计算（scale）功能。比例计算功能主要用于优化研究中。因为在优化前用户没有对应于新部件的数据，所以必须选择一个已经存在的某部件初始化文件的数据作为基础，按比例计算出新部件的数据。不同部件的比例计算必须选择不同的参数作为比例因子。例如，发动机、电动机和发电机是基于效率和功率进行比例计算的，发动机也能基于缸径和行程进行比例计算。

3）设计控制策略。ADVISOR 提供了并行电动辅助（Parallel Electrical Assist）、自适应控制策略（Adaptive Control Strategy）、模糊逻辑控制策略（Fuzzy Losic Control Strategy）等6种控制策略模板。用户可以直接使用也可以自己设计自己的控制策略。

（2）运行仿真

1）选择仿真工况。ADVISOR 提供了道路循环、多重循环和测试过程3种仿真工况来仿真车辆的性能。

2）加速性能仿真。该功能可以仿真车辆的以下性能：3组从初速度加速到末速度所需要的最短时间；某一时间段内车辆行驶的最大距离；行驶某一段距离所需要的最短时间；最大速度和最大加速度。

3）爬坡性能仿真。仿真车辆在给定速度下的爬坡性能。

（3）仿真结果

1）仿真参数图。该图显示部件参数值随着仿真时间变化的情况。

2）参数仿真报告。该报告包括行驶距离、最大速度、最大加速度和爬坡能力。

3）能源消耗图。该图显示了各个部件在做功模式和能量再生模式下的输入能量、输出能量、损失能量和效率。

4）比较仿真。最大可以同时打开8个仿真结果和测试数据，并将其显示在同一幅坐标图上。

5）虚拟回放。在 GUI 上动态显示仿真结果，其界面与交互式仿真的 GUI 相同。

二、PSAT

1999年，为响应美国政府提出的 PNGV 计划，美国 Argonne 国家实验室（Argonne Nation Laboratory，简称 ANL）在福特、通用和戴姆勒-克莱斯勒三大汽车公司的指导和资助下开发了 PSAT（PNGV System Analysis Toolkit，即 PNGV 系统分析工具包）软件。该软件也是在 Matlab 和 Simulink 软件环境下开发的，所不同的是其脚本文件不再是可见的 M 文件，而是加密成 P 文件，内核不完全向用户开放。

1. PSAT 的基本功能

1）根据用户需求，选择最合适的传动系统来满足电动汽车的性能要求。

2）可以用来开发高级控制策略并能快速将其应用到实际车辆的开发中。

3）对电动汽车系统中各个部件的尺寸和控制策略进行优化。

4）能方便地集成高级动态模型。

5）通过改变部件的参数和道路循环来实现参数研究功能。

此外，PSAT 还提供了丰富的部件模型库。用户可以选择不同级别的部件模型进行仿真。例如，发动机模型有简单模型和复杂模型，简单模型仅需用户通过设置 ON/OFF 参数来运行发动机；复杂模型则需要用户通过设置燃料流量和空气流量等参数来满足计算发动机转矩的需要。

PSAT5.1 以后的版本增加了伴侣仿真软件 PSAT-PRO，能在实验台上控制任何结构的混合动力汽车的动力系统。PSAT-PRO 不仅能使用 PSAT 中的模型以实时方式来控制原型，而且能校正 PSAT 中的模型。PSAT-PRO 的主要功能如下：

1）实时仿真。车辆部件和车辆模型被分别设置到两个不同的系统中互相通信。在这种方式下，车辆模型就像一个实际系统，实时地做出反应。

2）硬件在回路仿真。这种仿真功能提供了仿真模型与测试数据的无缝集成，易于使用快速原型方法开发和调试系统，采集测试数据，并将其与仿真结果作比较，验证模型的正确性。

3）快速原型。用户可以将系统控制模型集成到车辆控制单元中，这样就可以执行一次测试，分析结果，调整模型，再执行相同的测试。用这种方法，控制模型可以根据所提供的测试数据来进行精确调整。

2. PSAT 的仿真方法与原理

（1）前向仿真方法　如前所述，前向仿真方法与后向仿真方法的主要区别是车辆仿真程序包括了驾驶人模型。它能通过考虑请求速度和现在速度来生成节气门和制动命令（通常使用比例积分控制器）。节气门命令被转换成发动机、电动机的转矩，其中发动机产生的转矩被送到变速器模型，然后根据效率和传动比计算转换转矩，该转矩再按照车辆中实际功率流的方向向前传送，直到计算出轮胎的驱动力和汽车的速度。

前向仿真方法适合用于开发硬件在回路系统，其控制仿真效果特别理想。因为前向仿真方法能处理实际传动系统中的测量数据，例如控制信号和真实转矩（不是 ADVISOR 中的请求转矩）。车辆控制器能在仿真过程中有效地开发和测试。

（2）仿真原理　PSAT 的模型是根据用户对传动系统的定义，在仿真前动态生成 Simulink 的 mdl 文件。图 8-12 所示为混合动力汽车在 PSAT5.2 的 Simulink 环境中的顶级模型。它从上到下分为驾驶人、控制器、部件控制单元和传动系统四个模块。其中，驾驶人模块根据道路循环的请求速度和汽车实际速度，使用 PI 控制器计算出对车轮的驱动转矩。控制器模块主要包括控制策略，其作用是将对汽车传动系统的请求转矩按照一定的算法分配给发动机和电动机，并且将这些控制信息传递到部件控制单元。部件控制单元的作用是生成汽车各部件的控制指令，包括发动机指令、电动机指令、变速系统指令等，然后将这些控制指令传递到传动系统模块。传动系统模块包括发动机、排气系统、蓄电池、电动机等部件的模型。这些模型经过计算，得到汽车中各个部件的工作状态，并将这些参数组合成传动系统信息总线反馈到控制器模块。

3. PSAT 的仿真过程

（1）定义车辆的结构类型　PSAT 提供了两种方式定义车辆的结构类型：一种是 PSAT 内部保存了包括 Insight 和 Prius 在内的 10 种商品化电动汽车的数据，用户可以选择合适汽车的数据文件，在此基础上做修改；另一种是 PSAT 内部保存了多达 130 种类型的电动汽车的结构数据文件，供用户自定义选择。其过程如下：

1）选择仿真的车型：传统汽车、电池电动汽车、燃料电池电动汽车、并联式混合动力电动汽车、串联式混合动力电动汽车、混联式混合动力电动汽车。

2）选择传动轴的数目：2wd——一个轮轴传递转矩到路面；4wd——两个轮轴传递转矩到路面，转矩由变速器机械地分配；2×2wd——两个轮轴传递转矩到路面，第二个轮轴的转矩由电动机提供。

3）选择主电动机的位置：starter _ motor _ alternator——电动机在离合器或变矩器之前；pre-transmission——电动机在离合器或变矩器之后，在传动系统之前；post-transmission——电动机在传动系统之后；Motorwheels——电动机直接与车轮连接。

4）选择辅电动机的位置：Motorwheels——电动机直接与车轮连接。

5）选择传动系统的类型：dm——手动变速；au——自动变速；ct——无级变速器变速；planetary——行星齿轮系统（通常用于混联式混合动力电动汽车）。

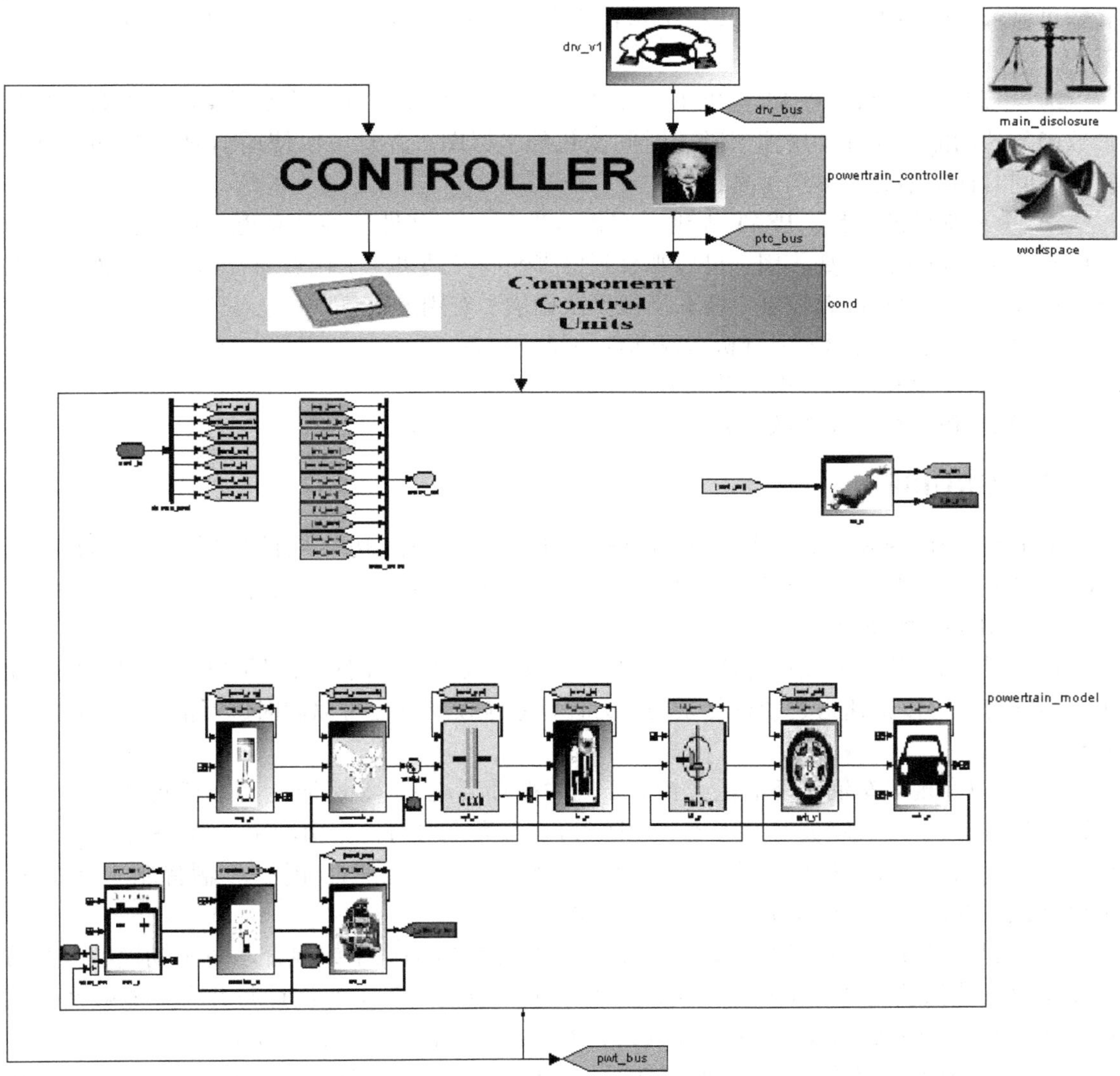

图 8-12 混合动力汽车在 PSAT5. 2 的 Simulink 环境中的顶级模型

（2）设置车辆的仿真参数 与 ADVISOR 类似，PSAT 设计了车辆、发动机、能量存储系统和电动机等多个部件的仿真模型，也设计了自动尺寸功能和比例计算功能。

（3）运行仿真

1）设计控制策略。定义完车辆的特性后，用户需要定义驱动策略、制动策略和换挡策略。动态策略是依赖于传动系统的类型，不允许用户修改。

2）选择仿真类型。PSAT 提供了 6 种仿真类型：运行单一的道路循环（drivecycle）、运行连续几个道路循环、运行 FTP（Federal Test Procedure，联邦试验规程）过程、运行减速测试、运行加速测试、计算最大的爬坡能力。

（4）分析仿真结果　PSAT 提供了以下 6 个方面的仿真分析功能：

1）访问仿真结果。PSAT 可以用 Matlab 文件格式保存每次的仿真结果，可以将多组仿真结果显示在同一坐标上进行比较。PSAT 提供了 GUI 和 Matlab 命令行两种方式访问仿真结果。

2）绘制仿真参数。PSAT 提供了在 GUI 界面坐标的 X、Y 轴上绘制任意部件参数或部件参数函数的功能，这并不局限于随着时间变化的坐标图，并且可以使用缩放（Zoom）和保留功能同时详细地分析多组仿真结果。

3）分析部件的特性。PSAT 提供了在仿真期间分析部件特性的功能，可以将多个参数集中到一个窗口上。例如，用户可以观察到仿真期间发动机的工作点随着挡位变化而动态变化的情况，这为用户改善控制策略和换挡算法提供了有用的信息。

4）以电子表格的形式来分析车辆部件的能源和效率

5）仿真结果和测试数据的动画显示功能。

6）比较仿真结果和测试数据。

三、CRUISE

AVL 公司在 1998 年首次推出 CRUISE1.0 版，作为汽车仿真软件得到了广泛的应用。2005 年之后，相继发行的新版本 CEUISE3.0 和 CEUISE3.1 等在功能上有了进一步的增强。

1. CRUISE 的特点

1）便捷的图形化的建模方法和模块化的建模手段使得不同项目组可以对模型进行方便快捷的整合，可以快速搭建各种复杂的动力传动系统模型，也可以同时进行前向或后向仿真分析。

2）可以实现对车辆循环油耗（针对不同的循环工况）、等速油耗（在任意挡位和车速下）、稳态排放、最大爬坡度（考虑驱动防滑）、最大牵引力（牵引功率）、最大加速度、最高车速、原地起步连续换挡加速、超车加速性能（直接挡加速性能）、车辆智能巡航控制、制动/反拖/滑行等一系列车辆性能的计算分析。

3）在基于传统车辆模型的基础上可以快速搭建纯电动汽车或混合动力车辆模型，并可通过 Matlab 或黑箱（BlackBox）模块，实现整车复杂控制策略的设计与开发；能够便捷地对新型动力传动模式（AT、AMT、DCT、CVT 等）及其控制策略进行研究分析。

4）根据预先设定的动力性、经济性或排放性指标，可以对模型中的参数进行快速优化组合，并可以对动力传动系统进行匹配优化。

5）可以与硬件系统（如 dSPACE、ETAS 等）进行联合仿真，满足用户对车辆系统动态实时仿真分析的需求；可对动力总成及与其相关联的 ECU 控制策略进行分析和调试，实现车辆动力学的快速原型开发和硬件在环仿真功能，极大地提高了开发效率并缩短了开发流程。

6）提出了动力总成分层建模的方法，可以将动力总成的不同元件搭建在用户自己设定的不同层中，使得建模过程更加直观和便捷，可独立对动力总成中某一部件进行仿真分析（无须搭建整个车辆模型），极大地降低了对车辆建模所需参数的要求；可根据用户自定义的目标参数，对驾驶人模型进行系统优化分析。

2. CRUISE 的基本功能

1）用于传统汽车及新概念汽车的动力系统、传动系统、尾气排放系统的开发，汽车性能的预测及整车的仿真计算。

2）进行发动机、电动机、变速器等各部件的选型及它们与车辆的匹配优化。

3）用于汽车控制系统的开发、控制策略的评估、控制参数的优化。

4）用于驾驶性能（如加速性能、制动性能）的优化。

5）用于确定应力/应变计算所需的集中载荷和传动系统振动。

6）进行车辆热量管理系统仿真。

3. CRUISE 的建模仿真方法

CRUISE 采用图形化的用户界面，如图 8-13 所示。用户可以在已有的模块箱（主要包括汽车、离合器、变速器、发动机、电动机、控制器、特殊模块、轮胎等）中选取合适的模块拖放到 CRUISE 的工作区，然后用连线建立各模块之间的连接，包括信号连接、机械连接、电子连接和排放连接，如图 8-14 所示。各个模块仿真参数的设置可以通过 CRUISE 的参数设置窗口来完成，对一些特性复杂的模块（如电动机），可以在参数设置窗口通过编辑图表曲线建立曲线图（如速度-转矩特性曲线）来实现参数设置。

和 ADVISOR 与 PSAT 类似，CRUISE 同样具有更丰富的图形与报表等后处理功能。

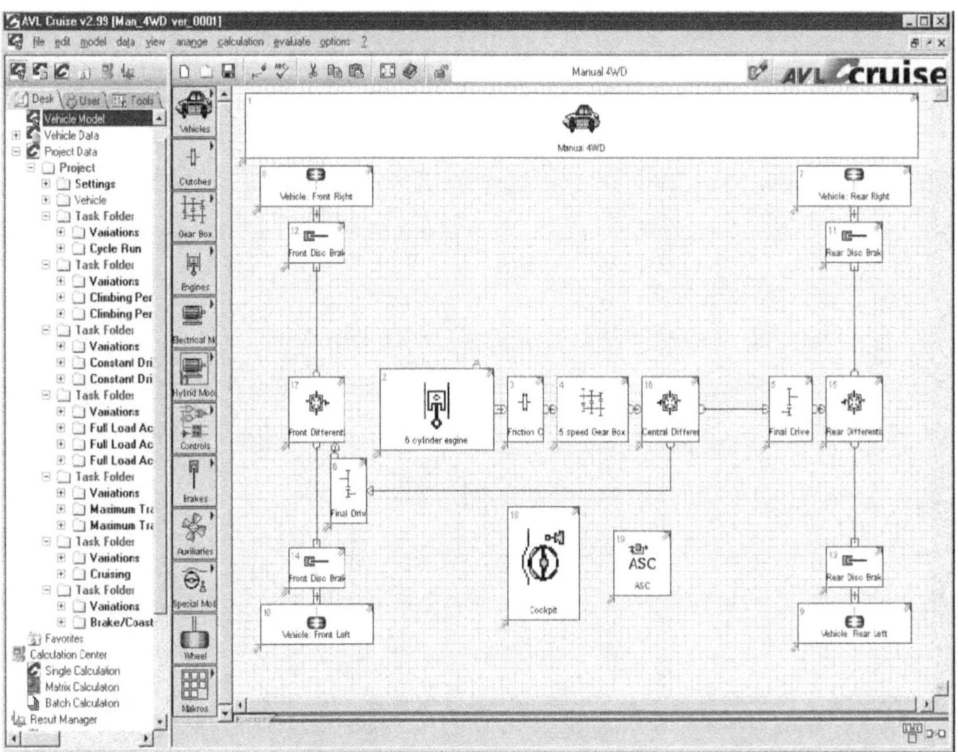

图 8-13　CRUISE 的图形界面

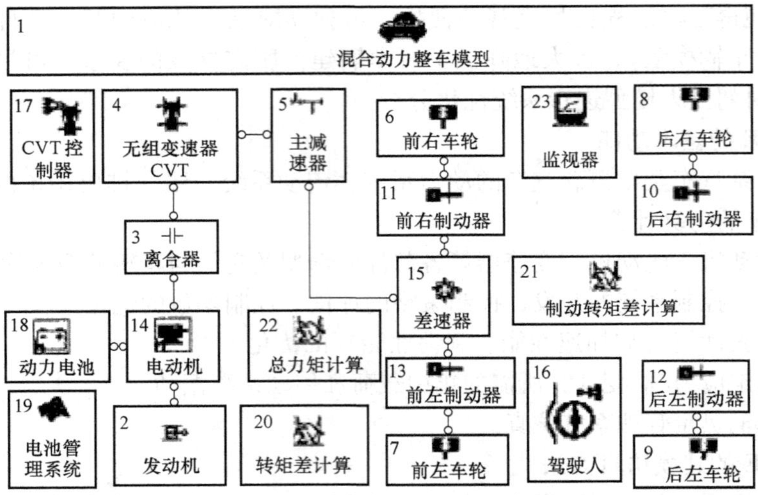

图 8-14　CRUISE 中的混合动力汽车结构模型

参 考 文 献

[1] Mehrdad Ehsani, Yimin Gao, Sebastien E Gay. 现代电动汽车、混合动力电动汽车和燃料电池车——基本原理、理论和设计 [M]. 倪光正, 倪培宏, 熊素铭, 译. 北京: 机械工业出版社, 2008.

[2] 陈全世. 先进电动汽车技术 [M]. 北京: 化学工业出版社, 2007.

[3] 李兴虎. 混合动力汽车结构与原理 [M]. 北京: 人民交通出版社, 2009.

[4] 崔胜民. 新能源汽车技术 [M]. 北京: 北京大学出版社, 2009.

[5] 陈全世, 仇斌, 谢起成, 等. 燃料电池电动汽车 [M]. 北京: 清华大学出版社, 2005.

[6] 电气学会, 电动汽车驱动系统调查专门委员会. 电动汽车最新技术 [M]. 康龙云, 译. 北京: 机械工业出版社, 2008.

[7] 张金柱. 混合动力汽车结构、原理与维修 [M]. 北京: 化学工业出版社, 2008.

[8] 李兴虎. 电动汽车概论 [M]. 北京: 北京理工大学出版社, 2005.

[9] 李言俊, 张科. 自适应控制理论及应用 [M]. 西安: 西北工业大学出版社, 2005.

[10] 赵静炜, 孙惠, 陈全世. GB/T 18386—2005 电动汽车能量消耗率和续驶里程 试验方法 [S]. 北京: 中国标准出版社, 2006.

[11] 刘桂彬, 冯屹, 赵春明, 等. GB/T 18388—2005 电动汽车 定型试验规程 [S]. 北京: 中国标准出版社, 2005.

[12] 赵静炜. GB/T 18385—2005 电动汽车 动力性能 试验方法 [S]. 北京: 中国标准出版社, 2005.

[13] 赵静炜, 许秀香, 刘翔海. GB/T 19596—2004 电动汽车术语 [S]. 北京: 中国标准出版社, 2005.

[14] 张良均, 等. 神经网络实用教程 [M]. 北京: 机械工业出版社, 2008.

[15] 余志生. 汽车理论 [M]. 5 版. 北京: 机械工业出版社, 2009.

[16] 胡骅, 宋慧. 电动汽车 [M]. 2 版. 北京: 人民交通出版社, 2006.

[17] 李士勇. 模糊控制·神经控制和智能控制论 [M]. 哈尔滨: 哈尔滨工业大学出版社, 1998.

[18] 刘兴堂. 应用自适应控制 [M]. 西安: 西北工业大学出版社, 2003.

[19] 曾光奇, 等. 模糊控制理论与工程应用 [M]. 武汉: 华中科技大学出版社, 2006.

[20] 诸静. 模糊控制理论与系统原理 [M]. 北京: 机械工业出版社, 2005.

[21] 韩力群. 人工神经网络教程 [M]. 北京: 北京邮电大学出版社, 2006.

[22] 张元伟, 华智刚, 赵福堂, 等. 电动汽车续驶里程及其影响因素的研究 [J]. 北京理工大学学报, 2001 (5): 574-578.

[23] 钟文彬, 周林杰. 纯电动乘用车总布置设计研究 [J]. 上海汽车, 2010 (8): 2-7.

[24] 孙文凯, 严运兵, 刘旺. 汽车离合器起步接合过程的仿真研究 [J]. 武汉科技大学学报: 自然科学版, 2006 (4): 368-371.

[25] 彭涛, 陈全世. 并联混合动力电动汽车的模糊能量管理策略 [J]. 中国机械工程, 2003, 14 (9): 797-800.

[26] 张亚军, 杨盼盼. 纯电动汽车再生制动系统的建模与仿真 [J]. 武汉理工大学学报, 2010, 8 (15): 90-94.

参考文献

读者信息反馈表

感谢您购买《电动汽车概论》一书。为了更好地为您服务，有针对性地为您提供图书信息，方便您选购合适图书，我们希望了解您的需求和对我们教材的意见和建议，愿这小小的表格为我们架起一座沟通的桥梁。

姓　　名		所在单位名称		
性　　别		所从事工作（或专业）		
通信地址			邮　　编	
办公电话		移动电话		
E-mail				

1. 您选择图书时主要考虑的因素（在相应项前面画✓）：

（　　）出版社　（　　）内容　（　　）价格　（　　）封面设计　（　　）其他

2. 您选择我们图书的途径（在相应项前面画✓）：

（　　）书目　（　　）书店　（　　）网站　（　　）朋友推介　（　　）其他

希望我们与您经常保持联系的方式：

□电子邮件信息　□定期邮寄书目

□通过编辑联络　□定期电话咨询

您关注（或需要）哪些类图书和教材：

您对我社图书出版有哪些意见和建议（可从内容、质量、设计、需求等方面谈）：

您今后是否准备出版相应的教材、图书或专著（请写出出版的专业方向、准备出版的时间、出版社的选择等）：

非常感谢您能抽出宝贵的时间完成这张调查表的填写并回寄给我们，我们愿以真诚的服务回报您对机械工业出版社技能教育分社的关心和支持。

请联系我们——

地　　址　北京市西城区百万庄大街22号　机械工业出版社技能教育分社

邮　　编　100037

社长电话　（010）88379083　88379080　68329397（带传真）

E-mail　jnfs@cmpbook.com